MostUsedWords.com presents

Swedish Frequency Dictionary

Intermediate Vocabulary

2501-5000 Most Common Swedish Words

Book 2

First Printing, 2017

Jolie Laide LTD
12/F, 67 Percival Street, Hong Kong

www.MostUsedWords.com

Contents

Why This Book? 4

How To Use This Dictionary 7

Swedish English Frequency Dictionary 8

Adjectives 259

Adverbs 265

Conjunctions 268

Prepositions 269

Pronouns 270

Nouns 271

Verbs 289

Alphabetical order 294

Contact, Further Reading and Resources 323

Why This Book?

Hello, dear reader.

Thank you for purchasing this book. We hope it serves you well on your language learning journey.

Not all words are created equal. The purpose of this frequency dictionary is to list the most used words in descending order, to enable you to learn a language as fast and efficiently as possible.

First, we would like to illustrate the value of a frequency dictionary. For the purpose of example, we have combined frequency data from various languages (mainly Romance, Slavic and Germanic languages) and made it into a single chart.

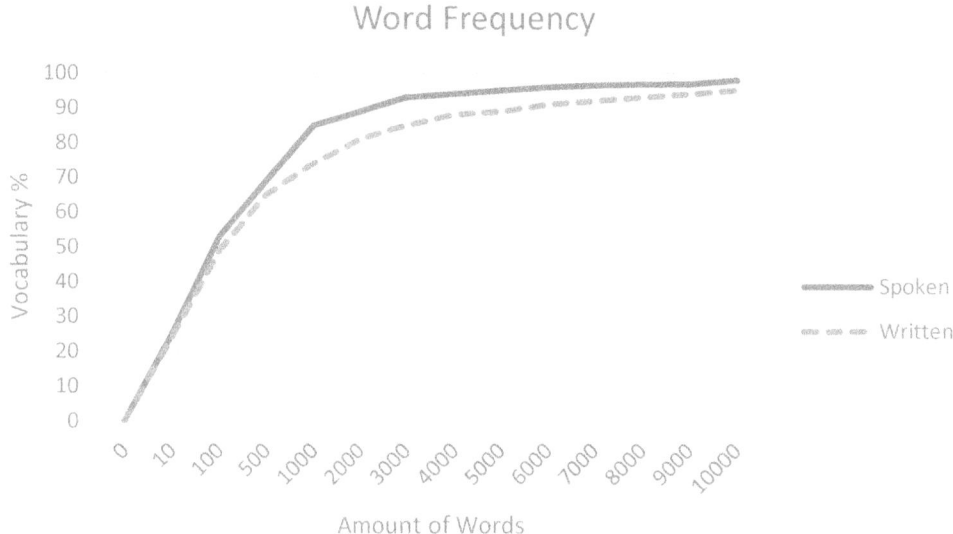

The sweet spots, according to the data seem to be:

Amount of Words	Spoken	Written
• 100	53%	49%
• 1.000	85%	74%
• 2.500	92%	82%
• 5.000	95%	89%
• 7.500	97%	93%
• 10.000	98%	95%

Above data corresponds with Zipfs law and Pareto´s law.

Zipf's law states that given some corpus of natural language utterances, the frequency of any word is inversely proportional to its rank in the frequency table. Thus the most frequent word will occur approximately twice as often as the second most frequent word, three times as often as the third most frequent word, etc.: the rank-frequency distribution is an inverse relation.

For example, in the Brown Corpus of American English text, the word "the" is the most frequently occurring word, and by itself accounts for nearly 7% of all word occurrences (69,971 out of slightly over 1 million). True to Zipf's Law, the second-place word "of" accounts for slightly over 3.5% of words (36,411 occurrences), followed by "and" (28,852). Only 135 vocabulary items are needed to account for half the Brown Corpus.

Pareto's law, also known as the 80/20 rule, states that, for many events, roughly 80% of the effects come from 20% of the causes.

In language learning, this principle seems to be on steroids. It seems that just 20% of the 20% of the most used words in a language account for roughly all vocabulary you need.

To put his further in perspective: The Concise Oxford English Dictionary has over 240.000 words in current use, while you will only need to know 2.1% (5000 words) to achieve 95% and 89% fluency in speaking and writing. Knowing the most common 10.000 words, or 4.2%, will net you 98% fluency in spoken language and 95% fluency in written texts.

(Yes, this is a frequency dictionary of Swedish, but the above example is purely for illustration purposes. It is safe to assume that all languages follow a similar pattern.)

Keeping this in mind, the value of a frequency dictionary is immense. At least, that is if you want to speak a language fast. Study the most frequent words, build your vocabulary and progress naturally. Sounds logical, right?

But how many words do you need to know for varying levels of fluency?

While it's important to note that it is impossible to pin down these numbers and statistics with 100% accuracy, these are a global average of multiple sources.

According to research, this is the amount of vocabulary needed for varying levels of fluency.

1. 250 words: the essential core of a language. Without these words, you cannot construct any sentence.
2. 750 words: those that are used every single day by every person who speaks the language.
3. 2500 words: those that should enable you to express everything you could possibly want to say, although some creativity might be required.
4. 5000 words: the active vocabulary of native speakers without higher education.
5. 10,000 words: the active vocabulary of native speakers with higher education.
6. 20,000 words: what you need to recognize passively to read, understand, and enjoy a work of literature such as a novel by a notable author.

Caveats & Limitations.

A frequency list is never "The Definite Frequency List."

Depending on what source material was analyzed, you may get different lists. A corpus on spoken word differs from source texts based on a written language.

That is why we chose subtitles as our source, because, according to science, they cover the best of both worlds: both spoken and written Swedish.

The frequency list is based on analysis of roughly 20 gigabytes of Swedish subtitles.

Visualize a book with almost 16 million pages, or 80.000 books of 200 pages each, to get an idea of the amount words that have been analyzed for this book. A large base text is vital in order to develop an accurate frequency list.

The raw data included over 1 million entries. The raw data has been lemmatized; words are given in their root form.

Some entries you might find odd, in their respective frequency rankings. We were surprised a couple of time ourselves. But the data does not lie. Keep in mind that this book is compiled from a large amount of subtitle data, and may include words you wouldn't use yourself.

You might find non-Swedish loanwords in this dictionary. We decided to include them, because if they´re being used in subtitle translation, it is safe to assume the word has been integrated into the Swedish general vocabulary.

We tried our best to keep out proper nouns, such as "James, Ryan, Alice as well as "Rome, Washington" or "the Louvre, the Capitol".

Some words have multiple meanings. For the ease of explanation, the examples are given in English.

"Jack" is a very common first name, but also a noun (a jack to lift up a vehicle) and a verb (to steal something). So is the word "can" It is a conjugation of the verb "to be able" as well as a noun (a tin can, or a can of soft drink).

This skews the frequency rankings slightly. With the current technology, it is unfortunately not possible to rightly identify the correct frequency placements of above words. Luckily, these words are very few, and thus negligible in the grand scheme of things.

If you encounter a word you think you won't need in your vocabulary, just skip learning it. The frequency list includes 25 extra words to compensate for any irregularities you might encounter.

The big secret to learning language is this: build your vocabulary, learn basic grammar and go out there and speak. Make mistakes, have a laugh and learn from them.

We hope that you will find this frequency dictionary a handy tool. If you like this dictionary, please let others know about it, so they can enjoy it too. Or leave a review/comment online, e.g. on social media, blogs or on forums.

How To Use This Dictionary

abbreviation	*abr*
adjective	*adj*
adverb	*adv*
article	*art*
auxiliary verb	*av*
conjunction	*con*
interjection	*int*
noun	*nn*
numeral	*num*
particle	*part*
phrase	*phr*
prefix	*pfx*
preposition	*prp*
pronoun	*prn*
suffix	*sfx*
verb	*vb*
singular	*sg*
plural	*pl*

Word Order

The most common translations are generally given first. This resets by every new respective part of speech. Different parts of speech are divided by ";".

Translations

We made the decision to give the most common translation(s) of a word, and respectively the most common part(s) of speech. It does, however, not mean that this is the only possible translations or the only part of speech the word can be used for.

Swedish English Frequency Dictionary

2501 generellt — **generally**
adv
Generellt sett lever kvinnor längre än män.
Generally speaking, women live longer than men.

2502 lugnande — **soothing; reposeful**
nn; adj
Ni talar om att debatterna skall äga rum i lugn och ro, men bomber framkallar inga känslor av lugn.
Mr President, you have called for serenity in these debates, but bombs do not create a feeling of serenity.

2503 öster — **east; east**
adv; nn
Slutligen planeras och utlovas en utvidgning mot öster och söder.
Finally, enlargement to the east and to the south was planned and promised.

2504 då och då — **now and then**
adv
Vi åker och fiskar då och då.
We go fishing once in a while.

2505 bruten — **broken**
adj
Om den arbetssökande är fullständigt utlämnad åt arbetsgivarens goda vilja beträffande inhämtande av upplysningar som kan utgöra fakta som ger anledning att anta att det har förekommit diskriminering, kan jämvikten vara bruten mellan arbetsgivarens frihet och den arbetssökandes rättigheter, vilka unionslagstiftningen har tillmätt en stor betydelse.
Where a job applicant appears to be entirely dependent on the good will of the employer with regard to obtaining information capable of constituting facts from which it may be presumed that there has been discrimination, the balance between the freedom of employers to recruit the people of their choice and the rights of job applicants, to which the EU legislature has attached special significance, would therefore seem to have been upset.

2506 näst — **second; next; next to**
adj; adv; prp
Är Sven näst i tur?
Is Sven next?

2507 trosa — **briefs**
nn
De passar perfekt till mina röda läder trosor!
It matches perfect with my red leather panties!

2508 smäll — **bang|slap**
nn
Vi börjar med en smäll!
Let's start this party with a bang!

2509 bete sig — **behave**
vb
Jag tycker att vi borde ge litet mer skydd till personer som beter sig på ett ansvarsfullt sätt än till de som beter sig oansvarigt.
I think we should give a little more protection to people who act responsibly than to those who act irresponsibly.

2510 förtjust — **delighted**
adj
Hon verkar vara förtjust med att prata om sig själv.
She seems to be fond of talking about herself.

2511 slagen — **beaten**
adj
Den anklagade blev slagen och en bekännelse tvingades fram genom brutal behandling.

The accused was beaten and a confession extracted by brutal treatment.

2512	**explodera**	**explode|burst**
	vb	Explosivt: ämnen och preparat som kan explodera vid kontakt med öppen eld eller som är mer känsliga för stötar eller friktion än dinitrobensen
		Explosive: substances and preparations which may explode under the effect of flame or which are more sensitive to shocks or friction than dinitrobenzene

2513	**terapi**	**therapy**
	nn	Detta är särskilt viktigt i samband med tillkomsten av sådana nya behandlingsmetoder som genterapi och därtill knuten cellterapi samt xenogen somatisk terapi.
		This is particularly important in the context of the emergence of new therapies, such as gene therapy and associated cell therapies, and xenogenic somatic therapy.

2514	**svettas**	**sweat**
	vb	När han vaknade var han genomblöt av svett.
		Upon awakening, he would be soaking wet with perspiration.

2515	**parti**	**party**
	nn	Dessutom har ett politiskt parti utan våldsamma anknytningar förbjudits i Belgien.
		Moreover, a political party without any violent connections has been banned in Belgium.

2516	**aktie**	**share**
	nn	Du kallar det för aktier, optioner, derivat, bostadslånskrediter.
		You call them stock, or stock options, derivatives, mortgage–backed securities.

2517	**kompani**	**company**
	nn	Dutroux, Nihoul, Derochette och kompani, eller granskar ni Wathelet?
		Dutroux, Nihoul, Derochette and company or are you targeting Wathelet?

2518	**dyr**	**expensive**
	adj	Den där dunkudden ser dyr ut.
		That down pillow looks expensive.

2519	**nöja sig**	**be satisfied**
	vb	Det kan således inte bli fråga om att nöja sig med ett nedbantat Galileo–program.
		There should, therefore, be no question of making do with a cut–price Galileo project.

2520	**chaufför**	**driver**
	nn	Han är en dålig chaufför.
		He is a bad driver.

2521	**potatis**	**potato**
	nn	Dessa ämnen är växtproteiner som härrör från antingen vete, ärter och potatis, som kan användas som alternativ till det för närvarande godkända ämnet gelatin som utvinns ur animaliska produkter.
		Those substances are plant proteins derived from either wheat, peas or potatoes, which can be an alternative to the currently authorized substance gelatine, derived from animal products.

2522	**kåk**	**shanty**
	nn	Man har under lång tid försökt att förbättra den eländiga sociala situationen för romerna, som lever i samhällets utkant i kåk– eller tältstäder.

Attempts have been made over a long period to improve the poor social situation of the Roma who live on the fringes of society in shanty towns or tent cities.

2523	**potta**	**potty**
	nn	Om jag hämtar en potta eller något, kan du göra det här då?
		Well, how about if I get you, like, a potty or something, can you do it here then?

2524	**uttalande**	**pronouncing**
	nn	Hon har skickat oroväckande rapporter och jag hoppas att hon kommer att få möjlighet att svara på rådets uttalande imorgon.
		She has sent worrying reports and I hope she will have an opportunity to respond to the Council's statement tomorrow.

2525	**liter**	**liter**
	nn	Försäljningsbeteckningen "äggaromatiserat vin" får kompletteras med termen cremovo zabaione om sådan produkt innehåller minst 80 % vin med den skyddade ursprungsbeteckningen "Marsala" och har en äggulehalt på minst 60 gram per liter.
		The sales denomination 'egg–based aromatised wine' may be accompanied by the term 'cremovo zabaione', where such product contains wine of the protected designation of origin 'Marsala' in a proportion of not less than 80 % and has an egg yolk content of not less than 60 grams per litre.

2526	**allesammans**	**all of them|everyone**
	nn	Glada nyheter, allesammans!
		Good news, everyone!

2527	**karaktär**	**character|nature**
	nn	2. Parterna skall se till att skrifter av vetenskaplig karaktär som härrör från gemensam forskning enligt detta beslut och som offentliggörs av oberoende utgivare får så stor spridning som möjligt.
		2. the Parties shall ensure that literary works of a scientific character arising from joint research pursuant to this Decision and published by independent publishers are disseminated as widely as possible;

2528	**praktiskt**	**practically**
	adv	Så praktiskt!
		So practical!

2529	**cirkus**	**circus**
	nn	Stället börjar likna en cirkus och det måste få ett slut.
		The place is becoming a circus and it has to stop.

2530	**rike**	**kingdom|country**
	nn	De ifrågasätter den polsk-tyska gränsen och kräver bildandet av ett fjärde rike.
		They dispute the Polish-German border, and call for the creation of a IVth Reich.

2531	**underkläder**	**underwear|lingerie**
	nn	Någon stoppar bomber i sina underkläder och flyger över Atlanten.
		Someone stuffs some explosives into their underwear and flies over the Atlantic.

2532	**öst**	**east**
	nn	Exempelvis saknade våra partnerländer i öst en regional dimension, men nu har vi lanserat programmet Svartahavssynergin som en skräddarsydd process för länderna i öst.

For example, our eastern partners lacked a regional dimension, but now we have launched this Black Sea Synergy programme as a tailor–made process for the East.

2533	**tugga**	**chew|bite; chew**
	nn; vb	Svälj kapseln hel och tugga den inte!
		Swallow the capsule whole and do not chew it!

2534	**lakan**	**sheet**
	nn	Sängöverkast, sängkläder (linnen) inkluderande lakan och örngott.
		Bed covers, bedding (linen) including sheets and pillow cases.

2535	**offentligt**	**in public**
	adv	Jag har beslutat mig för att svara på alla frågor offentligt.
		I've decided to answer all questions publicly.

2536	**insats**	**input**
	nn	Hasardspel, spel med insats av pengar, kunskapsspel, skicklighetsspel, tips och lotteri.
		Games of chance, gaming, games of knowledge, skill, forecasting games and lotteries.

2537	**mått**	**measure|dimensions**
	nn	Bussarnas europeiska mått kan te sig som en trivial fråga, men så är alls inte fallet.
		European bus measurements may seem a trivial matter, but it is no such thing.

2538	**dumpa**	**dump**
	vb	När det gäller behandlingen av asylsökande och "illegala invandrare" görs det i texten ingen skillnad mellan dem, inte ens när det gäller att dumpa dem i utvisningscentrer.
		As regards the treatment of asylum seekers and 'illegals', the text makes no distinction between them, not even in relation to their being dumped in 'deportation centres'.

2539	**singel**	**single**
	nn	Du är singel, eller hur?
		You're single, right?

2540	**femtio**	**fifty**
	num	Jag har bara femtio med rep.
		I only have fifty meters of rope.

2541	**bagage**	**luggage**
	nn	Om en dörrvakt bär ditt bagage, glöm inte att ge honom dricks.
		If a porter carries your luggage, don't forget to tip him.

2542	**knäcka**	**crack**
	vb	Henne skulle vi knäcka i två delar rätt fort?
		I bet we could break that in half real quickly hey?

2543	**värdighet**	**dignity**
	nn	På– och avstigning kan ske med trygghet, säkerhet och värdighet.
		Embarkation and disembarkation can take place in comfort, safety and dignity.

2544	**smyga**	**creep|slip**
	vb	Du skulle kunna smyga in i den, och så sänker vi ner dig, så att du kan få tag på spelet sedan drar vi upp dig igen.
		You could sneak right in it, we'll lower you down, you could grab the game, and we'll pull you right back up.

2545 budskap — **message**
nn

När det gäller de mer konkreta frågor som jag har tagit upp, det vill säga reformprogrammet, håller jag med er om att det viktiga är att vi preciserar vårt budskap och vi prioriterar de politiska debatterna.

With regard to the most tangible issues that you raised, the agenda of reforms, I should like to express my agreement with you, in that the most important thing we can do is to make our message more specific and to give primacy to political debates.

2546 skiljas — **divorce|part**
vb

Den stat som överväger att tillgripa en utvisningsåtgärd bör således noga väga de skäl som talar för utvisning mot den utländske medborgarens motstridande intressen (inklusive hans individuella rättigheter, rätten att inte skiljas från sin familj, hans tillgångar och annan eventuell anknytning till bosättningsstaten, och hans berättigade förväntningar).(

The reasons underlying deportation are, moreover, to be carefully weighed by the State adopting the measure in order to take account of the countervailing interests of the alien (including his individual rights, the right not to be separated from his family, property and other possible ties with the State of residence, and his legitimate expectations).

2547 diskret — **discreet**
adj

Den kan vara uppenbar, om avgiftsbeloppet är högre för importerade eller exporterade produkter än för inhemska produkter eller produkter som är avsedda för den inhemska marknaden. Den kan också vara mer diskret, om den ligger i den kompensation som de avgiftsskyldiga åtnjuter.

It may be obvious, if the rate of charge is higher on imported or exported products than on national products or those intended for the national market, and it may be less obvious if it lies in the offset enjoyed by those paying the charge.

2548 lucka — **hatch|gap**
nn

Den tyska regeringen har för sin del anfört att det nämnda förslaget till avgörande behandlar ett argument som inte avhandlats mellan parterna, nämligen huruvida det första direktivet eventuellt innehåller en lucka som behöver täppas igen. Samma regering har vidare anfört att EU–domstolen inte har tillräcklig kännedom om omständigheterna i målet för att avgöra det.

The German Government submits that that opinion raises an argument that has not been debated by the parties, namely the presence of a possible lacuna in the First Directive, which it is necessary to fill, and that the Court does not have sufficient information to give a ruling.

2549 kista — **coffin**
nn

Du såg en stängd kista.

You saw a closed casket.

2550 vardagsrum — **living room**
nn

Ibland kan den se ut som ett rullande vardagsrum snarare än ett fortskaffningsmedel.

Sometimes it can look more like a living room on wheels than a means of transportation.

2551 oväsen — **noise|commotion**
nn

Det är inte oväsen från krig!

It is not the noise of war!

2552 kvinnlig — **female|feminine**
adj

Under den förberedande debatten bidrog vi främst genom att lägga fram förslag från arbetsmöten i Portugal, med fackligt aktiva inom sektorer med

kvinnlig dominans, främst inom handel och tjänster, textil–, klädes– och skoindustrin, samt inom industrier med elektriskt och elektroniskt material.
During the preparatory debate, we made our contributions, specifically by tabling amendments arising from working meetings in Portugal with union activists in sectors in which women make up a large part of the workforce, such as commerce and services, textile industries, the garment and shoe–making industries and the electrical and electronic components sectors.

2553	**utifrån**	**from the outside**
	adv	Avslutningsvis säger det sig självt att medlemsstaterna måste vara beredda att organisera fördelningen av flygtrafikledning utifrån den tekniska utvecklingen.

Finally, it goes without saying, Commissioner, that the Member States will have to be prepared to organise the distribution of air traffic control on the basis of technological development.

2554	**live**	**live; live**
	adj; adv	Utbildnings– och underhållningstjänster, nämligen produktion och presentation av tv–shower, musikshower, prisutdelningar och komedishower inför levande publik som alla sänds live eller bandade för senare sändning.

Educational and entertainment services, namely production and presentation of television shows, music shows, award shows and comedy shows before live audiences which are all broadcast live or recorded for later broadcast.

2555	**skåp**	**cabinet|cupboard**
	nn	Skåp för datorer.

Cabinets for computers.

2556	**knarkare**	**junkie**
	nn	Det där visar att det inte var knarkare.

Those take the junkies out of play.

2557	**avsikt**	**intention|objective**
	nn	Jag har för avsikt att använda den.

I have the intention to use it.

2558	**parkera**	**park**
	vb	Parkera i parkeringshuset Focus Affärscentrum, intill Svenska Mässan.

Park in the multi–storey car park at Focus shopping centre, next to the Swedish Exhibition & Congress Centre.

2559	**version**	**version**
	nn	Du kan spara en ytterligare version av ett dokument med kommandot Versioner.

Save an additional version of the document with the Version command.

2560	**sexuellt**	**sexually**
	adv	Och kvinnor ansågs vara lika mäktiga som männen ekonomiskt, socialt och sexuellt.

And women were regarded as just as economically, socially and sexually powerful as men.

2561	**psykolog**	**psychologist**
	nn	Vilken psykolog som helst kan berätta för dig att fruktan i en organism är länkat till flyktmekanismen.

And any psychologist will tell you that fear in the organism is linked to flight mechanism.

2562	**klipp**	**cut|clip**
	nn	Jag vill visa ett kort klipp av en ung kvinna.

I'm going to show a clip of one young lady.

2563	**brist**	**lack|shortage**
	nn	Men i flera frågor upplevde vi total brist på sensibilitet, och vi lyssnade till det nederländska ordförandeskapets verksamhetsprogram här i Strasbourg. Här i Strasbourg där Europaparlamentets plenum upprepade gånger har tagit upp de allvarligaste frågor i samband med Turkiets kränkning av de mänskliga rättigheterna, och där Europadomstolen för de mänskliga rättigheterna i Strasbourg under de senaste månaderna har fattat två beslut, där den fördömer Turkiet, med avseende både på de mänskliga rättigheterna gällande det kurdiska folket, och i samband med den cypriotiska egendomen i de av den turkiska armén ockuperade delarna av republiken Cypern.

Over some issues, however, we have seen a complete lack of sensitivity and we are hearing the Dutch presidency's programme here in Strasbourg, in Strasbourg where European Parliament Plenaries have repeatedly raised extremely serious issues concerning human rights violations by Turkey and where the Court of Human Rights in Strasbourg has in recent months proclaimed two decisions condemning Turkey, both in relation to the human rights of Kurds and in relation to the assets of Cypriots in areas of the Republic of Cyprus occupied by Turkish troops.

2564	**plåga**	**torment; torment**
	nn; vb	Flygbuller har därmed blivit en plåga för en allt större del av mänskligheten.

Consequently, aircraft noise has become a plague to an increasing proportion of the population.

2565	**strida**	**fight|conflict**
	vb	Jehova talade om för Jeremia att Judas kungar, furstar, präster och folk skulle "strida mot" honom.

God told Jeremiah that Judah's kings, princes, priests, and people would "fight against" him.

2566	**fästman**	**fiance**
	nn	Är, din fästman snäll?

Is he a kind man, your fiancé?

2567	**uppföra**	**build|behave**
	vb	Min mor sade åt mig att uppföra mig.

My mother told me to behave myself.

2568	**personlighet**	**personality**
	nn	"Skyddet av fotografier i medlemsstaterna regleras av olika ordningar. För att uppnå en tillräcklig harmonisering av skyddstiden för fotografiska verk, särskilt sådana som på grund av sin konstnärliga eller yrkesmässiga karaktär är av betydelse för den inre marknaden, är det nödvändigt att ange den nivå av originalitet som krävs i detta direktiv. Ett fotografiskt verk skall enligt Bernkonventionen anses som originellt om det rör sig om upphovsmannens egna intellektuella skapelse och avspeglar hans personlighet, utan hänsyn tagen till andra bedömningsgrunder såsom värde eller syfte. Skyddet av andra typer av fotografier bör överlåtas till nationell lagstiftning."

', the protection of photographs in the Member States is the subject of varying regimes; , in order to achieve a sufficient harmonisation of the term of protection of photographic works, in particular of those which, due to their artistic or professional character, are of importance within the internal market, it is necessary to define the level of originality required in this Directive; , a photographic work within the meaning of the Berne Convention is to be considered original if it is the author's own intellectual creation reflecting his personality, no other criteria such as merit or

purpose being taken into account; , the protection of other photographs should be left to national law '.

2569	**färdas**	**travel**
	vb	De moderna matsystemen innebär att djursjukdomar färdas långt och färdas snabbt.
		Modern food systems mean that animal diseases travel far and travel quickly.
2570	**över huvud taget**	**at all**
	adv	Vi har över huvud taget inget behov av detta, det finns över huvud taget inget behov för detta, men det finns stater med ett särskilt klimat, där man på grund av de speciella omständigheterna inte tror sig kunna gå tillväga på något annat sätt.
		We do not need it at all, no–one needs it at all, but there are simply some countries that have a particular climate and believe that because of their special situation they have no alternative.
2571	**explosion**	**explosion**
	nn	Den irländska regeringen insisterar på att ett nätverk av avfallsförbrännare, varav en del för giftigt avfall, skapas i mitt hemland och därigenom inleder en explosion av polycykliska aromatiska kolväten (PAH) i vårt vatten, vår luft, vår mark, våra växter och i de irländska medborgarnas celler, där bensener och dioxiner kan anställa förödelse.
		The Irish Government is insisting that a network of waste incinerators, some for toxic waste, be created in my country, thus introducing an explosion of PAHs into our water, air, soil, plants and into the cells of Irish citizens where the benzenes and dioxins can wreak havoc.
2572	**smör**	**butter**
	nn	Jag har bara smör i kylskåpet.
		I only have butter in the fridge.
2573	**detektiv**	**sleuth**
	nn	Så du bara gick tiII mötet och sa att du var en jävIa existentieII detektiv?
		So you come by Huckabees corporate and say you're my fucking existential detectives?
2574	**puls**	**pulse**
	nn	En utgångsenergi som överstiger 1,5 J/puls.
		An output energy exceeding 1,5 J per pulse.
2575	**begäran**	**request|demand**
	nn	Regeringskonferensen ber oss att ändra vår sammansättning för att anpassa oss till villkoren i ändringsfördraget, och det är en helt riktig begäran.
		The IGC is asking us to change our composition to suit the terms of the Reform Treaty, and that is a perfectly proper request.
2576	**central**	**central; central**
	adj; nn	Centrumet liknar inte det amerikanska centrala ledningscentrumet utan är ett slags nätverk i nätverken.
		The centre does not resemble the American Central Direction Center, but is rather a network of networks.
2577	**överhuvudtaget**	**on the whole**
	adv	Jag vet inte hur man spelar golf överhuvudtaget.
		I don't know how to play golf at all.
2578	**haka**	**hook; jaw**
	vb; nn	Haka fast, Montoya!
		Montoya! Hook it up!

2579	**skylt**	**sign|shingle**
	nn	I fönstret till sjukhusets lilla presentbutik hängde en skylt som sade "Volontärer sökes".
		In the window of the hospital's tiny gift shop there was a sign that said, "Volunteers Needed."
2580	**uppförande**	**conduct|behaviour**
	nn	Det här är olämpligt uppförande på allmän plats.
		This is inappropriate behavior in a public place.
2581	**hastighet**	**speed|rate**
	nn	Motorhastigheten och motorcykelns hastighet på provbanan måste bestämmas med noggrannheten ± 3 %.
		Engine speed and motorcycle speed on the test track must be determined to within ± 3 %.
2582	**lata**	**be lazy**
	vb	De flesta dagar skulle jag ge vad som helst för att få lata mig lite." – Nancy Gibbs, tidskriften Time.
		Most days I'd give anything for some sloth."–Nancy Gibbs, in Time magazine.
2583	**räkning**	**account|counting**
	nn	Han glömmer aldrig att betala en räkning.
		He never forgets to pay a bill.
2584	**trafik**	**traffic**
	nn	Detta kommer delvis att innebära mindre trafik i allmänhet, framför allt bil– och flygtrafik.
		Part of this will entail less traffic generally, especially car and air traffic.
2585	**blåst**	**blown; wind**
	adj; nn	Planglas, gjutet, valsat, draget eller blåst, men inte bearbetat på annat sätt.
		Glass cast, rolled, drawn or blown, in sheets, but not otherwise worked.
2586	**inomhus**	**indoors**
	adv	Belysningsinstallationer för fordon, inomhus– och utomhusbelysning.
		Lighting installations for vehicles, interior and exterior spaces.
2587	**recept**	**recipe|prescription**
	nn	Det bör dock noteras att några av dessa substanser (t. ex. tylosin) fortfarande används för veterinärmedicinska ändamål efter förskrivning på recept.
		It should be noted, however, that a few of these substances (e.g. tylosin) continue to be used for veterinary medicinal purposes after prescription.
2588	**halvvägs**	**half-way; midway**
	adv; nn	Trissell löper halvvägs över planen, för att stoppa bollen.
		This Tennessee–bound tracer comes halfway across the field to knock the ball loose.
2589	**bekymrad**	**concerned**
	adj	Sven verkar fortfarande bekymrad.
		Sven still seems concerned.
2590	**telegram**	**telegram|cable**
	nn	Insamling och avsändning av telegram.
		Collection and dispatching of telegrams.
2591	**upphetsad**	**excited|on fire**
	adj	Försöker du få mig upphetsad?
		Are you trying to turn me on, lady lawyer?

2592 januari
nn

january

I dag är det sista dagen i januari.

Today is the last day of January.

2593 troll
nn

troll

När vi träffades så tyckte inte jag att du var ett stort dumt troll.

When we met, I didn't think you're just a big stupid, ugly Ogre.

2594 orange
adj; nn

Orange; Orange

Ukraina hade en orange revolution, men livet där har fortsatt att vara grått.

Ukraine had an Orange Revolution but life there remained grey.

2595 ignorera
vb

ignore

Kommissionen anser följaktligen att det för tillämpningen av kriteriet om en försiktig marknadsekonomisk aktör vid bedömningen av möjligheterna med att ingå kommersiella förbindelser med Ryanair (82) inte går att ignorera följderna av det parallella ingåendet av marknadsföringsavtal och i synnerhet kostnaderna för dessa.

The Commission therefore considers that, for the purposes of applying the market economy operator test, the assessment of the advisability of entering into a commercial relationship with Ryanair (82) cannot ignore the consequences of the parallel conclusion of marketing agreements, and particularly their costs.

2596 rådgivare
nn

advisor|counsellor

Rädslan är en dålig rådgivare.

Fear is a bad counsellor.

2597 kåt
adj

horny|sexy

Är det nåt man blir kåt av?

Is it real sexy?

2598 telefonsamtal
nn

telephone call

Exempelvis sade ADM den 8 december 1993 i fråga om tillhandahållandet av månatliga försäljningsuppgifter till övriga medlemmar att de "måste se upp med telefonsamtal och vara mycket försiktiga".

For example, on 8 December 1993, regarding the submission of monthly sales figures, ADM told the others that they had "to watch their telephones and to be very careful".

2599 sexuell
adj

sexual

I memorandumet fastställs även att FN skall anställa lokal personal, varvid hänsyn skall tas till bl.a. respekt för muslimska värderingar och traditioner, dvs. ett kriterium som innebär en klar religiös och sexuell diskriminering.

The memorandum also stipulates that, in hiring local employees, the UN must abide by criteria including the respect for Islamic values and traditions, which entails clear discrimination on the grounds of religion and gender.

2600 rejäl
adj

proper|good

Jag känner en rejäl skepsis mot opinionsundersökningar.

I have a proper degree of scepticism about opinion polls.

2601 garantera
vb; nn

ensure; guarantee

Gemenskapslagstiftaren är behörig att vidta de straffrättsliga åtgärder som krävs för att garantera att de bestämmelser som denne utfärdar om skydd av immateriella rättigheter får full verkan.

The Community legislator has the power to take the criminal–law measures that are necessary to guarantee the full effectiveness of the rules it lays down on the protection of intellectual property.

2602	**krama**	**hug|squeeze**
	vb	Får jag krama honom?
		Can I just go hug him?

2603	**anklaga**	**accuse|charge**
	vb	Vi måste samarbeta för att finna en lösning i stället för att anklaga varandra.
		Instead of accusing one another, we must work together to come up with a solution.

2604	**medvetslös**	**unconscious|insensible**
	adj	Det är dags för lite mänsklighet i stället för att slå våra hårt arbetande småbönder medvetslösa med byråkratiska knölpåkar.
		It is time for some humanity again, instead of beating our hardworking small farmers senseless with bureaucratic cudgels.

2605	**hälsning**	**greeting|salutation**
	nn	Bra, vi skickar dem en liten hälsning.
		Well, then, I'll send them a little greeting.

2606	**parfym**	**perfume**
	nn	En idé ganska lik en parfym paketerad i en bok, i en stansning.
		Quite the similar idea, then, a perfume packaged in a book, in a die cut.

2607	**fas**	**phase|aspect**
	nn	Det kommer att ta fem år att genomföra fas I, med fas II 2010 och en översyn 2004.
		Phase I will take five years to implement, with phase II in 2010 and a review in 2004.

2608	**tuggummi**	**chewing gum**
	nn	Jag vill tillägga att sötningsmedel (som också förekommer i godis och tuggummi) inte är skadliga för tänderna.
		I would add that sweeteners (which are also found in sweets and chewing–gum) are not harmful to teeth.

2609	**dricks**	**tip**
	nn	Vi ger dem samma dricks som vi ger någon som putsar våra fönster.
		What we give them are the tips we give someone who cleans our windows.

2610	**brottsling**	**criminal|delinquent**
	nn	Den asylsökande kriminaliseras här. En asylsökande är ingen brottsling.
		Asylum seekers are criminalised here but they are not criminals.

2611	**maffia**	**maffia**
	nn	Det har verkligen blivit en maffia som har sina egna laboratorier och sina egna marknader.
		It has become a veritable mafia with its own laboratories and its own circuits.

2612	**skurk**	**villain|heavy**
	nn	Finns det nån nördig super skurk hemsida, där du får Tesla spolar och Blinky samtal?
		Is there some kind of nerdy super– villain website where you get Tesla coils and blinky dials?

2613	**förräderi**	**treason|sell-out**
	nn	Genom högljudda anklagelser om uppvigling och förräderi har de manipulerat styresmän till att vidta åtgärder mot vittnena.
		With cries of sedition and treason, they have manipulated rulers to act against the Witnesses.

2614	**utbyte**	**exchange|yield**

nn	Vi har mycket att vinna på mera handel och mera utbyte.
	We have a lot to gain from more trade and more interchange.

2615 over

over

nn

Det erfordrade kapitalet avgörs enligt en metod som jämför bruttoskadorna med de försäkrade bruttovolymerna ("gross loss over gross exposure method") under en period på (vanligtvis) tio år.

The capital required is determined by a methodology which compares gross claims with gross sums insured (the gross loss over gross exposure method) over (usually) a ten–year period.

2616 livrädd

terrified

adj

Jag är livrädd!

I'm terrified just being here!

2617 knäppa

snap|buckle

vb

Jag önskar att jag kunde knäppa med fingrarna och så försvann de.

I wish I could snap my fingers and they would disappear.

2618 gitarr

guitar

nn

Kan du spela gitarr?

Can you play guitar?

2619 utmaning

challenge

nn

Krisen har ytterligare understrukit hur stor denna utmaning är. Den har lett till en snabbare ekonomisk omstrukturering, och många arbetstagare i sektorer på tillbakagång har blivit arbetslösa på grund av att de inte har den kompetens som behövs i tillväxtsektorerna.

The crisis has underlined the importance of the challenge: it has accelerated the pace of economic restructuring, displacing many workers from declining sectors to unemployment due to a lack of the skills required by expanding sectors.

2620 dödlig

lethal|fatal

adj

Angående: Tragiska lastbilsolyckor med dödlig utgång.

Subject: Tragic truck deaths.

2621 paranoid

paranoid; paranoiac

adj; nn

Varför är du så paranoid?

What are you so paranoid about?

2622 stress

pressure|stress

nn

Om djuren lastas ur och sedan lastas om igen orsakar detta mer stress än om de får vila i fordonet under goda förhållanden.

The unloading and subsequent reloading of animals is more stressful than leaving them resting in the vehicle in good conditions.

2623 byrå

bureau

nn

Åtgärden att anförtro den operativa förvaltningen av stora it–system inom området med frihet, säkerhet och rättvisa åt en byrå påverkar inte de särskilda regler om syfte, rätt till åtkomst, säkerhetsåtgärder och dataskyddskrav som gäller för dessa system.

Entrusting an Agency with the operational management of large–scale IT systems in the area of freedom, security and justice does not affect the specific rules governing the purpose, access rights, security measures and further data protection requirements applicable to those systems.

2624 biff

steak

nn

Jag tänker på dig varje gång jag äter biff!

I think of you every time I chew steak!

2625	**bakifrån**	**from behind**
	adv	Är det okej om jag stryper honom bakifrån?
		Is it okay if I strangle him from behind?
2626	**poesi**	**poetry**
	nn	Hon gillade poesi och musik.
		She liked poetry and music.
2627	**bacon**	**Bacon**
	nn	Bacon, ägg, köttfärssås, rock 'n' roll, motorcyklar.
		Bacon, eggs, bologna, rock 'n' roll, motorcycles.
2628	**våldsam**	**violent|furious**
	adj	Under hela 2006 såg vi en ökning av antalet människor i Darfur som gick en våldsam död till mötes.
		Throughout 2006 we saw an increase in the number of violent deaths in Darfur.
2629	**stöt**	**shock|impulse**
	nn	En lätt elektrisk stöt.
		A mild charge of electricity.
2630	**brygga**	**bridge; pier**
	nn; vb	Kazakstan spelar en viktig roll när det gäller att uppnå en stabil region och kan komma att bli en brygga mellan EU och hela den centralasiatiska regionen.
		whereas Kazakhstan plays an important role in securing regional stabilisation, and can become a bridge between the EU and the whole Central Asian region;
2631	**slips**	**tie**
	nn	Du går genom entré dörren med slips, och du äger sumpmarken och skogen.
		You go through the front door with a tie, and you own the marsh and the woods.
2632	**förvandla**	**turn|metamorphose**
	vb	När det gäller ändringsförslagen till budgetanslagen för programmet bör stärkandet av utbildningsrelaterade åtgärder välkomnas, även om dessa projekt förhoppningsvis kommer att inbegripas på ett sådant sätt att man garanterar att alla åsikter om EU och EU:s politik kommer till uttryck, och inte för att förvandla det till ännu en propagandaplattform.
		As regards the amendments to budget appropriations within the programme, the strengthening of education–related measures is to be welcomed, although such projects will hopefully be incorporated in such a way as to ensure that all opinions on the EU and its policies are heard, and not so as to transform it into yet another platform for propaganda.
2633	**slant**	**coin**
	nn	Jag försöker bara tjäna en slant.
		I'm just trying to make a buck.
2634	**baron**	**baron**
	nn	Jag anser således att ordförande Barón Crespos invändning inte håller.
		I therefore think that the objection raised by Mr Barón Crespo is not a valid one.
2635	**främst**	**principally; uppermost**
	adv; adj	När det gäller upphandling bör skillnaderna främst avse typen av förfarande och de tröskelvärden från vilka varje förfarande ska tillämpas.
		As regards procurement, such differences should mainly pertain to types of procedures and thresholds from which they apply.

2636 spruta
nn; vb
syringe|sprayer; spray
Så vi kunde gå upp dit och spruta honom ur sängen med brandslangen.
So we can go up there and blast him out of bed with a fire hose, man.

2637 allierad
nn; adj
ally; allied
Begreppet allierad får inte vara enkelriktat.
The concept of an ally must not be a one–way road.

2638 ovanligt
adv
unusually
En sexsiffrig inkomst är inte ovanligt för en läkare.
A six–figure income is not uncommon for physicians.

2639 terrorist
nn
terrorist
Som jag nämnde står det dessutom klart att det fortfarande finns ett behov av ett nära samarbete mellan terrorist- och luftsäkerhetsexperter.
Furthermore, as I mentioned, it has become clear that there is still a need for closer cooperation between terrorism and air security experts.

2640 förlorad
adj
lost
30 Mot slutet av år 2006 begärdes förlängning till slutet av år 2008 av fristen för att verkställa planen, till följd av ändringar i investeringsprojekten samt förlorad tid, detta på grund av ändrade ägarförhållanden i Kremikovtzi.
30 Towards the end of 2006, an extension until the end of 2008 of the time–limit for the implementation of the plan was requested due to changes in the investment projects and time lost due to a change in ownership of Kremikovtzi.

2641 vägnar
nnpl
behalf
Jag vill tacka er på samtliga företags vägnar, men också på våra samhällens vägnar.
Thank you on behalf of all enterprises, but also on behalf of our societies.

2642 usch
int
yuk!
Usch, vad det stinker här!?
Yikes, what stinks in here!?

2643 vittnesmål
nn
testimony
E.:s vittnesmål går följaktligen inte emot kommissionens övervägande i detta avseende.
Mr E.'s testimony does not therefore contradict the Commission's findings in that regard.

2644 mönster
nn
pattern|model
Det måste finnas ett mönster.
There must be a pattern.

2645 olyckshändelse
nn
accident
Kostnaden för miljön och den ekonomiska kostnaden för en olyckshändelse belastar inte enbart den verksamhet som berörs utan också de berörda medlemsstaterna. Det är följaktligen lämpligt att vidta åtgärder som kan säkerställa en hög skyddsnivå för hela gemenskapen.
Whereas major accidents can have consequences beyond frontiers; whereas the ecological and economic cost of an accident is borne not only by the establishment affected but also by the Member States concerned; whereas it is therefore necessary to take measures ensuring a high level of protection throughout the Community.

2646 mjuk
adj
soft|smooth
Min kudde är så mjuk!
My pillow is so soft!

2647 inflytande   influence|impact

nn

De olika konflikterna i Afrika har diskuterats, men får inget stöd på grund av rivaliteten mellan stormakterna i väst som sinsemellan fördelar områden med inflytande eller strider om dem.

The various conflicts in Africa were discussed, but no support is being given because of the rivalries between the great Western powers that are either sharing out or contesting spheres of influence.

2648 hån   mockery|scorn

nn

Och sluta nu upp med ert hån, för att era band inte skall bli starka, ty det finns en utrotning, ja något som det har beslutats om, som jag har hört om från den suveräne Herren, härarnas Jehova, för hela landet.

And now do not show yourselves scoffers, in order that YOUR bands may not grow strong, for there is an extermination, even something decided upon, that I have heard of from the Sovereign Lord, Jehovah of armies, for all the land.

2649 framsida   front|face

nn

Detta gör att det inte blir nödvändigt att ange detta på förpackningens framsida.

This rules out the necessity of putting the designation on the front of the package.

2650 skräck   horror

nn

Ingenting efter 70 år av kommunistisk skräck, efter hundra miljoner döda.

It has done nothing after 70 years of communist terror, after one hundred million deaths.

2651 konjak   brandy

nn

Användning av livsmedelstillsatsen E 425 konjak är tillåten i livsmedel i Europeiska gemenskapen enligt vissa villkor som anges i Europaparlamentets och rådets direktiv 95/2/EG av den 20 februari 1995 om andra livsmedelstillsatser än färgämnen och sötningsmedel [3].

The use of the food additive E 425 konjac is authorised in foodstuffs in the European Community under certain conditions by Directive 95/2/EC of the European Parliament and of the Council of 20 February 1995 on food additives other than colours and sweeteners [3].

2652 nykter   sober

adj

Du kan också bli en fara för andra, eftersom du kanske gör sådant som du aldrig skulle ha gjort om du var nykter.

At the same time, you might well become a danger to others, acting in a way that is completely out of character for you.

2653 tragedi   tragedy

nn

Antingen en vägolycka utomlands är en liten repa på en bil eller en tragedi där nära och kära blir skadade eller avlider, så skall stressen inte förstärkas eller förlängas längre än nödvändigt på grund av byråkrati vid behandlingen av gränsöverskridande skadeersättningsanspråk.

Whether a road accident abroad is a minor scratch on a car or a tragedy in which loved ones are hurt or lost, the stress should not be compounded or drawn out longer than necessary due to red tape in cross–border insurance claims.

2654 panna   boiler|forehead

nn

kraftvärmepanna: panna som kan användas vid kraftvärmedrift

cogeneration unit shall mean a unit that can operate in cogeneration mode

2655 agenda   agenda

nn

Betänkande om förnyad social agenda: Utskottet för sysselsättning och sociala frågor/

Report on the Renewed Social Agenda: Committee on Employment and Social Affairs

2656 **rektor**
nn
principal
Rektor för Pusjkin–universitetet i Brest, ansvarig för relegering av studerande.
Responsible for the expulsion of students

2657 **möjligen**
adv
possibly | probably
Jag förstår inte vad det ena har med det andra att göra, utom möjligen att Knolle måste berätta lite ur sin biografi för oss, men det är ju kanske också mycket intressant.
I do not know what one has got to do with the other, apart perhaps from the fact that Mr Knolle felt compelled to tell us a little of his own biography, but this is perhaps not without interest either.

2658 **uttråkad**
adj
bored
Blir man uttråkad och gör nåt dumt plockar han en.
You get bored, frustrated, you do something stupid, and he's got you.

2659 **nerv**
nn
nerve
Institutionerna är den processens nerv, och verktyg.
The institutions are both the heart of this process and the means of achieving it.

2660 **bestå**
vb
consist | continue
De välbärgade och inflytelserika bodde i regel i praktfulla villor uppe på kullarna, och hushållet sköttes av en stor tjänarstab som kunde bestå av hundratals tjänare och slavar.
The wealthy and influential often lived in palatial homes on the hills; their homes were maintained by large households of servants and slaves, sometimes numbering into the hundreds.

2661 **torr**
adj
dry
Hämta mig en torr handduk.
Bring me a dry towel.

2662 **slump**
nn
chance | accident
Det är en slump att internationella medier är i händerna på Förenta staterna.
It is by chance that the United States has a stranglehold over the world's media.

2663 **höja**
vb
raise | improve
Det är omöjligt att höja köttförsäljningspriset proportionerligt för producenterna.
It is impossible to increase proportionally the sale price of meat to the producer.

2664 **sektor**
nn
sector
Berörd(a) sektor(er): Produktion av jordbruksprodukter enligt bilaga I till fördraget.
Sector(s) concerned: Production of agricultural products listed in Annex I to the Treaty.

2665 **tyda**
vb
interpret | decipher
Det är obegripligt varför just bankerna skulle vara ovetande om dessa diskussioner, särskilt eftersom varje företag i en EU–medlemsstat – oavsett anslutningstidpunkt – obestridligen är skyldigt att hålla sig informerad om gällande rätt (detta kan också tyda på skillnader i förhållande till nationell lagstiftning).
It is difficult to see why the banks in particular should have been unaware of these discussions, especially as every undertaking in an Member State of the

Community, irrespective of the date of the accession of that country, is under an indisputable obligation to acquaint itself with the law in force, which may well differ in some respects from the domestic law.

2666	**stål**	**steel**
	nn	Integreringen av ny kunskap med utgångspunkt i nano–, material– och produktionsteknik kommer att stödjas i sektorsvisa eller sektorsövergripande tillämpningar inom områden som hälsa, livsmedel, konstruktion och byggverksamhet, inklusive kulturarv, rymd– och luftfartsindustri, transport, energi, kemi, miljö, information och kommunikation, textil, beklädnad och skodon, skogsbaserad industri samt stål–, maskin– och kemiteknik samt inom de allmänna ämnena arbetarskydd och mätning och provning.

The integration of new knowledge from nano–, materials–, and production–technologies will be supported in sectoral and cross–sectoral applications such as health, food, construction and building including cultural heritage, aerospace industry, transport, energy, chemistry, environment, information and communication, textiles, clothing and footwear, forest–based industry, steel, mechanical and chemical engineering, as well as in the generic subjects of industrial safety and measurement and testing.

2667	**unik**	**unique**
	adj	Någon påminde mig om att varje ängel är unik.

Someone reminded me that every Angel is unique.

2668	**snurra**	**spin|turn; swivel**
	vb; nn	Jorden slutade inte att snurra av den anledningen, och det gjorde inte heller världshandeln.

The earth did not stop turning as a result and neither, moreover, did the world of trade.

2669	**upplevelse**	**experience**
	nn	Det är en fantastisk upplevelse att simma bland korallreven och de mer än hundra arterna av färgrika tropiska fiskar.

It is an extraordinary experience to swim among the coral reefs and the more than one hundred species of colorful tropical fish.

2670	**syre**	**oxygen**
	nn	Detta resulterar i en oförmåga att transportera syre till vävnaderna.

This results in the inability to transport oxygen to the tissues.

2671	**jäkligt**	**devilish|friggin**
	adv	För att vara ärlig, jäkligt bra!

Honestly, pretty frigging good!

2672	**sugen**	**peckish**
	adj	Senare samma dag blev jag sugen på vildhonung!

So later on that same day, I developed a great hankering for some wild honey!

2673	**släcka**	**put out|extinguish**
	vb	Kan du släcka ljusen?

Would you put out the candles?

2674	**häll**	**slab**
	nn	Häll på krossad muskotnöt, om ni vill.

Put a little nutmeg on top if you like. And if you don't like, don't do it.

2675	**marsch**	**route-march**
	nn	Marsch till markskolan!

March to ground school!

2676	**bota**	**cure|remedy**
	vb	Den här medicinen kommer att bota din förkylning.
		This medicine will cure your cold.

2677	**förskott**	**advance|imprest**
	nn	Någon prestation i förskott kommer därför inte att äga rum från Europeiska unionens sida.
		There will therefore be no advance concession from the European Union.

2678	**förvåna**	**amaze|be surprised**
	vb	Det skulle inte förvåna mig.
		That wouldn't surprise me.

2679	**museum**	**museum**
	nn	Fragmentet daterades då med kol–14–metoden och förvarades sedan i ett arkiv till dess det ställdes ut på Israel Museum.
		The fragment was carbon–dated at that time and then archived until it went on display in the Israel Museum.

2680	**gin**	**gin**
	nn	Utom: fruktsprit, sprit (föregånget av namnet på frukten eller bäret) som erhållits genom maceration och destillering samt geist (med namnet på frukten eller bäret eller råvaran som använts), London gin, sambuca, maraschino, marrasquino eller maraskino och mistrà.
		except: fruit spirits, spirits (preceded by the name of the fruit) obtained by maceration and distillation Geist (with the name of the fruit or the raw material used), London Gin, Sambuca, Maraschino, Marrasquino or Maraskino and Mistrà.

2681	**organisation**	**organization**
	nn	Förenta nationerna är en internationell organisation.
		The United Nations is an international organization.

2682	**ros**	**praise**
	nn	Sven köpte en ros åt Mary.
		Sven bought a rose for Mary.

2683	**glädja**	**delight|rejoice**
	vb	Så hur kan vi följa Paulus uppmaning: ”Fortsätt att glädja er i Herren”?
		So how can we follow Paul's exhortation to "continue rejoicing in the Lord" with our brothers?

2684	**såväl , som**	**as well as**
	adv	Det återstår att kontrollera, i Spanien såväl som i andra länder, i Frankrike såväl som i Belgien.
		This is yet to be checked, both in Spain and in other countries such as France and Belgium.

2685	**kål**	**cabbage|cole**
	nn	Kål, lök, morötter, kålväxter, (Brassica), kålrot, rovor, rädisor, rättika, purjolök, rotselleri.
		Cabbage, onion, carrot, Brassica vegetables, swede, turnip, radish, black radish, leek, celeriac.

2686	**engelsk**	**English**
	adj	Nej, jag är engelsk.
		No, I am English.

2687	**onödig**	**unnecessary|wasted**
	adj	För att öka tillgången till information om användning av läkemedel vid behandling av barn och för att undvika onödig upprepning av sådana studier

på barnpopulationen som inte tillför någonting till den samlade kunskapen, bör den europeiska databas som föreskrivs i artikel 11 i direktiv 2001/20/EG innehålla ett europeiskt register över kliniska prövningar av läkemedel för pediatrisk användning, som omfattar alla pågående, i förtid avslutade och slutförda pediatriska studier, både i gemenskapen och i tredjeländer.

In order to increase the availability of information on the use of medicinal products in the paediatric population, and to avoid unnecessary repetition of studies in the paediatric population which do not add to the collective knowledge, the European database provided for in Article 11 of Directive 2001/20/EC should include a European register of clinical trials of medicinal products for paediatric use comprising all ongoing, prematurely terminated, and completed paediatric studies conducted both in the Community and in third countries.

2688	**blixt**	**flash**
	nn	Nyheten om hennes död kom som en blixt från klar himmel.
		The news of her death came as a lightening bolt from the clear blue skies.

2689	**greve**	**earl**
	nn	Greve Olaf försvann efter att en jury ändrat hans straff.
		Count Olaf vanished after a jury of his peers overturned his sentence.

2690	**duscha**	**take a shower**
	vb	Ta kaffe, duscha, läs tidningen – sen är det laddat.
		Get coffee, have a shower, read the newspaper and you're on.

2691	**reagera**	**react**
	vb	För att göra det möjligt för berörda myndigheter i medlemsstaterna, särskilt på livsmedelsområdet, att reagera snabbt och effektivt anser vi att man måste koncentrera varningsmeddelandena till de fall där folkhälsan är akut hotad, och ge medlemsstaternas ansvariga myndigheter nödvändig information om hur de farliga produkterna spritts, så att de kan sätta in omedelbara och välriktade åtgärder.
		In order to ensure that, particularly in the food sector, the appropriate authorities in the Member States are able to respond quickly and effectively, warnings must focus on cases of acute health risk. These authorities must also be given the requisite information on the distribution routes of hazardous products so that they can take immediate, targeted action.

2692	**högkvarter**	**headquarters**
	nn	Arafat sitter på sitt högkvarter, gammal, isolerad, sjuklig och utan förmåga att leda sitt folk.
		Mr President, the situation in the Middle East appears to be one of complete deadlock.

2693	**affärsman**	**businessman**
	nn	Jag är affärsman, och jag kan förstå tillväxt och jag kan förstå sysselsättning.
		I am a businessman and I can understand growth and I can understand jobs.

2694	**försörja**	**support**
	vb	Han jobbade hårt för att försörja sin familj.
		He worked hard in order to support his family.

2695	**lopp**	**race|course**
	nn	Under årens lopp har såväl nationella som internationella transporter av farligt gods på väg ökat betydligt och därmed har olycksrisken ökat.
		en Whereas, over the years, both the national and the international transport of dangerous goods by road have significantly increased, adding to the dangers in the event of an accident.

2696	**ambassad**	**embassy**
	nn	Var finns det en svensk ambassad i USA?
		Where in the U.S.A. is there a Swedish embassy?
2697	**ducka**	**duck**
	vb	Ducka, Sucre!
		Sucre, get down!
2698	**attackera**	**attack**
	vb	På inrådan av sina astronomer bestämde sig Alexander den store för att inte attackera Egypten och for till Indien istället.
		Acting on advice from his astronomers, Alexander the Great decided not to attack Egypt and went to India instead.
2699	**kriminell**	**criminal|flash**
	adj	Kommittén delar oron över de hot som kommissionen nämner, och framhåller att de lokala och regionala myndigheterna skulle kunna bidra till att spåra och påvisa kriminell verksamhet.
		echoes the Commission's concern at the threats identified and stresses the role which local and regional authorities can play in identifying and detecting criminal practices of this kind;
2700	**bilolycka**	**motor accident**
	nn	Gerda Verbist, som är lärare, blev inblandad i en allvarlig bilolycka och behövde omedelbart opereras.
		For example, Gerda Verbist, a schoolteacher, was involved in a serious car accident and had to have immediate surgery.
2701	**husdjur**	**domestic animal**
	nn	Jag uppmanar till att man skall rösta nej till förslaget om fri rörlighet för husdjur.
		I would call for the proposal on freedom of movement for pet animals to be voted against.
2702	**kliva**	**climb**
	vb	Vad får dig att tro att du bara kan kliva in där— och leta upp det vi behöver?
		What makes you think you can just walk in there, and find what we need?
2703	**allmänhet**	**public|general**
	nn	I allmänhet behöver du inte lämna in några handlingar för att styrka dina språkkunskaper, utom för vissa befattningar inom språkområdet (se avsnitt 1.3) eller specialistprofiler.
		In general, no supporting documents are required to prove your knowledge of languages, except for some linguist (see section 1.3) or specialist profiles.
2704	**förgäves**	**vainly**
	adv	Men dessa ändringsförslag drevs vidare, och våra ansträngningar var förgäves.
		However, those amendments were carried and our efforts were unsuccessful.
2705	**kyrkogård**	**cemetery**
	nn	Vernon Park kyrkogård var skändad av ett gäng ungdomar i natt?
		You know the Vernon Park Cemetery was raided by a bunch of kids last night?
2706	**intelligens**	**intellect**
	nn	Den kräver organisatorisk och analytisk skicklighet, såväl som kreativ intelligens.
		It demands organisational and analytical skills, as well as creative intelligence.
2707	**straffa**	**punish**

	vb	Jag visste att Bibeln fördömde det och tänkte att Gud definitivt skulle straffa mig.
		Remembering what I had learned from the Bible, I really believed that God would punish me.
2708	**bekämpa**	**combat|fight**
	vb	Har Europeiska kommissionen finansierat program som syftar till att bekämpa odling av indisk hampa och opiumvallmo för att stärka jordbruksekonomin i Libanon, och om svaret är ja, vilka är de?
		Has the Commission provided funding for programmes to combat the cultivation of cannabis and opium and strengthen Lebanon's agricultural economy and if so what are these programmes?
2709	**moral**	**morality|morale**
	nn	Bestämmelserna i punkt 1 ska inte hindra sådana förbud mot eller restriktioner för import, export eller transitering som grundas på hänsyn till allmän moral, allmän ordning eller intresset att skydda människors och djurs hälsa och liv, att bevara växter, att skydda nationella skatter av konstnärligt, historiskt eller arkeologiskt värde, att bevara icke förnybara naturtillgångar eller att skydda industriell och kommersiell äganderätt.
		Paragraph 1 shall not preclude prohibitions or restrictions on imports, exports or goods in transit justified on grounds of public morality or public policy, the protection of health and life of humans, animals and plants, the protection of national treasures possessing artistic, historic or archaeological value, the conservation of exhaustible natural resources or the protection of industrial and commercial property.
2710	**i morse**	**this morning**
	adv	Han sa samma sak i morse i utskottet.
		He said the same thing this morning in committee.
2711	**handduk**	**towel**
	nn	Jag skulle ju inte vilja åka nånstans utan min underbara handduk,
		I wouldn't want to go anywhere without my wonderful towel.
2712	**deprimerad**	**depressed**
	adj	Kommer du ihåg den där gången på festen när jag var helt deprimerad?
		Do you remember the time at the frat when I was totally depressed?
2713	**tradition**	**tradition**
	nn	Engelska, franska och tyska är de språk som av tradition används mest vid institutionerna för intern kommunikation. De är också de språk som oftast används både i extern kommunikation och vid behandling av olika ärenden.
		It has long been the practice to use mainly English, French, and German for internal communication in the EU institutions and these are also the languages most often needed when communicating with the outside world and dealing with cases.
2714	**struntprat**	**nonsense**
	nn	Att detta är struntprat framgår av hur vi har röstat.
		Our voting behaviour has proved that this is nonsense.
2715	**skiva**	**disc; slice**
	nn; vb	Det är min cd–skiva.
		It's my CD.
2716	**trollkarl**	**wizard|magician**
	nn	Nej, Peter måste vara en trollkarl.
		No, Peter must be a warlock.
2717	**samarbete**	**cooperation**

nn

Utöver de förstärkta särskilda åtgärderna för små och medelstora företag i programmet Kapacitet ingår dessutom den forskning som är av intresse för små och medelstora företag i hela programmet Samarbete. Ämnen av särskilt intresse för dessa företag kommer dessutom att anges i arbetsprogrammen och ansökningsomgångarna. Vidare så har verksamheten inom programmet Människor en särskild betoning på små och medelstora företags deltagande, och sådana företag kommer också att kunna delta i programmet Idéer.

In addition to the strengthened SME specific actions in the Capacities programme: SME research interests are included throughout the Cooperation programme and topics of particular interest to SMEs will be further identified in the work programmes and calls for proposals; the activities in the People programme have a special emphasis on the involvement of SMEs; and SMEs will also be able to participate in the Ideas programme.

2718 **åsna** **ass**

nn

Envis som en åsna.

As stubborn as a mule.

2719 **vidrigt** **offensively|repulsive**

adv

Dom är otroligt vidriga, och inte bra för nått."

They are absolutely disgusting and they're good for nothing."

2720 **burk** **jar|can**

nn

Får jag öppna en burk?

May I open a can?

2721 **ekonomi** **economy**

nn

Som närmare framgår av det generella program för upphävande av begränsningar för etableringsfriheten, som antagits av rådet den 18 december 1961, skall enheten uppfylla ytterligare ett kriterium för anknytning, närmare bestämt ett ekonomiskt kriterium, nämligen att det skall föreligga en "faktisk och varaktig" anknytning till en medlemsstats ekonomi.(

For that purpose, as explained in the General programme for the removal of restrictions on freedom of establishment adopted by the Council on 18 December 1961, it is necessary to satisfy the further criterion of an economic connection, an `effective and continuous' link with the economy of a Member State.

2722 **aska** **ash**

nn

Om denna vulkaniska aska har klargjort något, så är det behovet av mer Europa.

If this volcanic ash has made one thing clear, it is the need for more Europe.

2723 **övervåning** **upstairs**

nn

Den första kretssammankomsten på ön hölls i en restaurang på en övervåning, 1964.

The first local circuit assembly was held in an upstairs restaurant, 1964.

2724 **trakt** **region|clime**

nn

Somliga menar att man inte odlade lin i trakten kring Geser, eftersom tillgången på vatten var något begränsad där.

Some object to the idea that flax was grown in the Gezer area, where water was somewhat scarce.

2725 **begåvad** **talented|brainy**

adj

Finansiering av utbildning för ungdomar, särskilt de begåvad i en svår ekonomisk situation.

Financing education for young people, in particular for talented people in a difficult financial situation.

2726	**vilt**	**game; wild**
	nn; adv	En grupp jägare kommer fram med väskorna fulla av vilt.
		A group of hunters approach, their packs loaded with wild game.

2727	**last**	**load|cargo**
	nn	Och jag vill också tala om vad jag kallar "kunskapens nya last".
		And I also want to talk about what I call our new burden of knowledge.

2728	**gömd**	**hidden**
	adj	Corbit skulle hålla den gömd
		Corbit was supposed to keep that under his hat!

2729	**lojal**	**loyal**
	adj	En tjänsteman ska fullgöra sina arbetsuppgifter på ett objektivt och opartiskt sätt och i överensstämmelse med sin skyldighet att vara lojal mot EU (artikel 11 i tjänsteföreskrifterna).
		Public officials should carry out their duties with objectivity, impartiality and loyalty to the EU (Staff Regulations, Article 11).

2730	**revolver**	**revolver**
	nn	Somebody once said: 'When I hear the word "culture", I reach for my revolver'.
		Någon sa en gång: "När jag hör ordet kultur osäkrar jag min revolver."

2731	**dräkt**	**apparel|costume**
	nn	Skyddskläder för professionella motorcyklister – Jacka, byxor och hel eller delad dräkt – Del 1: Allmänna krav.
		Protective clothing for professional motorcycle riders – Jackets, trousers and one piece or divided suits – Part 1: General requirements.

2732	**intressera**	**interest**
	vb	Hur kan de som känner det så bli motiverade att intressera sig för sitt arbete, kanske rentav tycka om det?
		How can those with such a mind–set be motivated to take a personal interest in their work–let alone find satisfaction in their job?

2733	**avgörande**	**crucial|decisive; decision**
	adj; nn	Beslutet som fattas av författningsdomstolen i Karlsruhe kommer att bli avgörande.
		The decision of the Constitutional Court in Karlsruhe will be pivotal.

2734	**pryl**	**awl**
	nn	de är inte en pryl, de är inte väldefinierade.
		they're not a widget, they aren't exact.

2735	**utpressning**	**extortion**
	nn	Så du är skitstöveln som utövar utpressning!
		So you're the blackmailing prick!

2736	**varg**	**wolf**
	nn	Historiskt sett har den direkta förföljelsen av vissa djurarter (björn, varg, lodjur) haft större betydelse än i dag, men den utgör delvis ett problem även i dag.
		In the past, direct persecution of particular species (bears, wolves and lynx) was more widespread than it is today; direct persecution does, however, remain a problem in some respects.

2737	**menad**	**maenad**

nn

Hur allvarligt menad en politisk utfästelse än är om att den biologiska mångfalden måste bevaras och utvecklas så hjälper det inte om de ekonomiska ramvillkoren inte är de rätta!

Any political commitment to maintain and develop biodiversity, however well meaning, is worthless unless the economic conditions are right.

2738 dimma

nn; vb

fog | mist; bedim

När det gäller gaser, ångor, dimma eller damm ska det anges vilken typ av skyddsutrustning som ska användas, på grundval av farlighet och exponeringsrisk, t.ex. luftrenande andningsapparater med angivande av lämpligt reningsmaterial (patron eller behållare), lämpliga partikelfilter och masker, eller tryckluftsapparater.

For gases, vapours, mist or dust, the type of protective equipment to be used shall be specified based on the hazard and potential for exposure, including air–purifying respirators, specifying the proper purifying element (cartridge or canister), the adequate particulate filters and the adequate masks, or self–contained breathing apparatus.

2739 rörande

prp; adj

concerning; touching

Medlemsstaterna får besluta att kreditinstitut som inte uppfyller villkoren rörande en särskild egen kapitalbas men som existerade den 15 december 1979 får fortsätta att bedriva verksamhet.

Member States may decide that credit institutions which do not fulfil the requirement of separate own funds and which were in existence on 15 December 1979 may continue to carry on their business.

2740 judisk

adj

Jew

Jerobeam höll hårdnackat fast vid sin aggressiva linje, och hans styrkor blev då besegrade av en judisk här som sporrats till kamp genom att prästerna "blåste i trumpeterna".

When Jeroboam stubbornly persisted in his aggression, his forces were defeated by a Judean army that had been greatly encouraged by the priests' "loudly sounding the trumpets."

2741 lasta

vb

load | take in

Unionsfartyg som vill lasta om fångst i Guinea–Bissaus vatten ska göra detta i någon av Guinea–Bissaus hamnar.

All EU vessels wishing to tranship catches in Guinea–Bissau waters shall do so within Guinea–Bissau ports.

2742 internationellt

adv

internationally

Det kan endast vara internationellt legitimt om det förhandlas fram via FN.

It can only be internationally legitimate if negotiated via the United Nations.

2743 nationellt

adj

national

Folkhälsoområdet är nationellt, med nationell lagstiftningskompetens.

Public health is a national area, involving national legislative competence.

2744 oförskämd

adj

insolent | impudent

Var han oförskämd?

Did he insult you?

2745 världskrig

nn

world war

År 1914 drogs nationerna in i ett världskrig.

In 1914 the nations became embroiled in a world war.

2746 guvernör

nn

governor

Jag säger guvernör, för att det är uppenbart att Karzai bara är en amerikansk guvernör.

I say governor because Mr Karzai is clearly little more than a US governor.

2747	**jungfru**	**maiden**
	nn	

Och Amnon led så svårt att han kände sig sjuk för sin syster Tamars skull, för hon var jungfru, och Amnon såg ingen möjlighet att göra något med henne.

And it was so distressing to Am'non that he felt sick on account of Ta'mar his sister, because she was a virgin, and it was difficult in the eyes of Am'non to do anything at all to her.

2748	**välsignelse**	**blessing**
	nn	

Då har du min välsignelse.

Then you have my blessing.

2749	**fylld**	**full|stuffed**
	adj	

Formen fylld med bränsle skall placeras under tanken så att avståndet mellan bränslet i formen och botten på tanken överensstämmer med avståndet mellan vägbanan och tanken i fordonet i olastat tillstånd (se punkt 2.3).

The pan filled with fuel must be placed under the tank in such a way that the distance between the level of the fuel in the pan and the tank bottom corresponds to the design height of the tank above the road surface at the unladen mass (see Section 2.3).

2750	**smälta**	**melt|digest; smelt**
	vb; nn	

Ändå hade olyckan vid Three Mile Island redan visat att en reaktorhärd kan smälta.

That is in spite of the fact that the Three Mile Island accident had already shown that a reactor core could melt down.

2751	**uppror**	**rebellion|mutiny**
	nn	

Adams uppror mot Guds fullkomliga styre ledde till synd och ofullkomlighet.

Failure to submit to God's perfect rule resulted in sin and imperfection.

2752	**tillträde**	**access|entry**
	nn	

Adressen skall vara så detaljerad att den utvisar platsens geografiska läge i förhållande till andra platser som anges i denna eller andra anmälningar och, om tillträde krävs, hur platsen nås.

The address must be sufficiently detailed to indicate the geographical position of the location in relation to other locations specified in this or other declarations, and to indicate how the location may be reached should access be necessary.

2753	**spola**	**flush|rinse**
	vb	

Känner kommissionen till att det finns ett nytt inofficiellt provisoriskt flyktingläger i Teknaf som inrättats efter Operation Clean Heart, en operation som genomfördes av militären i Bangladesh, och att · illegala immigranter tvingas att bo i detta läger under omänskliga förhållanden, samt att myndigheterna i Bangladesh inte beviljar något stöd till lägret och att det från och med juli månad hotas av monsunregnen, som kommer att spola bort lägret och ge upphov till en humanitär kris?

Is the Commission aware of the existence of a new, unofficial makeshift camp in Teknaf, established by the Bangladeshi army after Operation Clean Heart, where · illegal immigrants are forced to live in inhuman conditions and no assistance is given by the Bangladeshi authorities, and which from July will be in danger of being washed away by the monsoon, giving rise to a humanitarian disaster?

2754	**nämligen**	**namely; for**
	adv; conj	

Vi måste bättre kontrollera vad pengarna används till, nämligen fattigdomsutrotning.

We must better control where the money is spent, namely, on poverty eradication.

2755	**laddad**	**charged**
	adj	Jag gör mig inte alltför stora illusioner: denna diskussion är laddad med ideologi.

I do not have too many illusions: this discussion is heavily charged with ideology.

2756	**utomlands**	**abroad**
	adv	Jag vill studera utomlands.

I want to study abroad.

2757	**hugga**	**chop | cut**
	vb	Arbetet med att hugga stenar kan ha skett i närliggande stenbrott, för Jerusalems berggrund är av sådan art att det är lätt att hugga ut block i önskad form och storlek. Stenblocken blir sedan hårda, hållbara och vackra byggstenar när de utsätts för väder och vind.

The hewn stones prepared may have been quarried in that area, for the bedrock of Jerusalem itself is easily cut and chiseled to size and shape, yet, upon exposure to the weather, hardens into durable and attractive building stones.

2758	**back**	**back; back**
	adv; nn	Gruppen De gröna är inte förespråkare för det kortsiktiga mottot: I want my money back.

The Green Group does not support the short-sighted slogan: " I want my money back ".

2759	**svälta**	**starve**
	vb	Sedan låter de det irakiska folket svälta och gör så att barn dör i hundratusental, snart två miljoner, med en metod som är ett brott mot mänskligheten, ett brott som är desto mer avskyvärt eftersom det begås på ett kyligt, lugnt och kliniskt sätt, och pågår år efter år med moraliska pacifistiska motiv som täckmantel, förment inspirerade av mänskliga rättigheter.

And since then, they have been starving the Iraqi people and causing the deaths of children by the hundreds of thousands, soon to reach two million, using a procedure which constitutes a crime against humanity. It is all the more terrible in that it is perpetrated coldly, calmly and clinically and has operated down the years under the cover of moral pacifist motivations which claim human rights as their inspiration.

2760	**nation**	**nation**
	nn	Den förmånen gavs åt en nation som frambringade Guds rikes frukter.

That privilege was given to a nation producing Kingdom fruits.

2761	**effekt**	**effect**
	nn	Vilken effekt kommer det att ha?

What effect will that have?

2762	**verksamhet**	**activity**
	nn	Inom ramen för utvecklingen av det europeiska systemet för elektroniska vägtullar (EETS) 17 kommer följande kompletterande standardiseringsåtgärder att ge positiv effekt: teststandarder för en säker övervakning av tullsystem och för profiler för informationsutbyte mellan verksamhet som rör tjänster och uttag av vägtullar samt översyn av de teststandarder som ligger till grund för det satellitbaserade systemet för elektroniska vägtullar och profilstandarden för korthållskommunikationsbaserade elektroniska vägtullar (DSRC).

Under the European Electronic Toll Service (EETS) deployment 17 the following further standardisation activities would be beneficial: test standards for the secure monitoring of toll systems and for profiles of information exchange between Service Provision and Toll Charging activities, and revision of the test standards forming the basis of satellite–based electronic tolling systems and the profile standard for Dedicated Short–Range Communications (DSRC) –based electronic tolling.

2763	**grekisk**	**Greek**
	adj	Han ser ut som en grekisk gud.
		He looks like a Greek god.

2764 **utgivare** — **publisher**

nn

Som sagt dömdes Morteza Firouzi, utgivare av Iran News , till döden under de senaste dagarna.

As recalled, Morteza Firouzi, the editor of Iran News, has recently been sentenced to death.

2765 **förnuft** — **sense**

nn

Det hör till ett grundläggande sunt förnuft, att man inom ramen för samarbetet med de här länderna skall ge dem medel för att kunna starta om utifrån goda grunder, och för att undvika att alla de ansträngningar de har gjort – åtminstone gäller det för vissa av dem – inte reduceras till noll på grund av att de tyngs av en kraftig skuld.

It is the most basic common sense, within the framework of cooperation with these countries, to give them the means to start off on the right foot so that all the work they have done – at least as far as some are concerned – is not cancelled out by excessive debts.

2766 **skägg** — **beard**

nn

Handverktyg och –redskap (handdrivna), inklusive elektriska och icke–elektriska rak–, skägg– och hårklippningsredskap.

Hand tools and implements (hand–operated), including electric and non–electric shaving, beard and hair cutting appliances/

2767 **himla** — **awful; turn up one's eyes**

adj; vb

Han ligger så himla nära!

He's followin' awful close!

2768 **böter** — **fine|forfeit**

nn

Även om detta begrepp, betraktat separat, i de flesta språkversioner kan ha en större räckvidd än begreppet böter, vilket enbart avser sanktioner av ekonomisk karaktär, finns det språkversioner (närmare bestämt den finska och den svenska) i vilka begreppet, i likhet med begreppet böter som föregår det, endast avser ekonomiska sanktioner.

Whilst in the majority of language versions that term, considered on its own, is capable of bearing a wider meaning than the term 'fines', which only refers to pecuniary penalties, there are language versions (namely, the Finnish and Swedish versions) in which that term, like the term 'fines' which precedes it, necessarily refers to pecuniary penalties.

2769 **tvilling** — **twin**

nn

Och hans tvilling står bakom dig.

And that's his twin standing behind you.

2770 **kongress** — **congress**

nn

Vi kan se att Europeiska unionen just på gemenskapens område har en mångfald instrument som är viktiga för utrikes– och säkerhetspolitiken och i synnerhet för den civila krishanteringen, samt att vi därför kan ställa mer utlandshjälp till förfogande än USA:s kongress, att handelspolitiken hör hemma under kommissionens ansvar, att kärnområdet i våra möjligheter att agera är en gemenskapsuppgift och att vi inte får låta utvecklingen av en utrikes–, säkerhets– och försvarspolitik vara kvar på regeringssamarbetets område.

We can see, precisely in Community matters, that the European Union has a plethora of instruments which are important for foreign and security policy, especially for civil crisis management, and that we are therefore able to provide more foreign aid than the United States Congress, that trade policy is the responsibility of the Commission and therefore that the nucleus of our potential to act is a Community remit and that we should not assign the development of a foreign, security and defence policy to intergovernmental collaboration.

2771 övrigt

adj

other

Gruppen tjänster och övrigt avser de interna och ämnesövergripande verksamheter som krävs för att gemenskapernas institutioner och organ ska fungera.

Services & other are the internal and horizontal activities necessary for the functioning of the Communities' Institutions and bodies.

2772 cigarr

nn

cigar

Jag rökte en cigarr med premiärministern.

I had a cigar with the prime minister.

2773 skick

nn

condition | order

Genom den kompletterande åtgärden för tackor var många av djuren i utbudet i mycket dåligt skick under 1998. 76000 djur utdömdes och gav inget kött.

In 1998, very many of the animals offered through the Ewe Supplementary Measure were in very poor condition. 76000 animals were condemned and yielded no meat.

2774 privatliv

nn

privacy

Ditt följe kanske kan ge oss lite privatliv?

Perhaps your entourage would be so kind as to give us some privacy.

2775 särskild

adj; adv

special | separate; separately

Utöver de förstärkta särskilda åtgärderna för små och medelstora företag i programmet Kapacitet ingår dessutom den forskning som är av intresse för små och medelstora företag i hela programmet Samarbete. Ämnen av särskilt intresse för dessa företag kommer dessutom att anges i arbetsprogrammen och ansökningsomgångarna. Vidare så har verksamheten inom programmet Människor en särskild betoning på små och medelstora företags deltagande, och sådana företag kommer också att kunna delta i programmet Idéer.

In addition to the strengthened SME specific actions in the Capacities programme: SME research interests are included throughout the Cooperation programme and topics of particular interest to SMEs will be further identified in the work programmes and calls for proposals; the activities in the People programme have a special emphasis on the involvement of SMEs; and SMEs will also be able to participate in the Ideas programme.

2776 sallad

nn

salad

Ta lite potatis och tryffel–sallad.

Have a potato and truffle thing, that'll hold you.

2777 generation

nn

generation

Iran har nyligen aviserat sin avsikt att massproducera en ny generation centrifuger som kommer att kräva kapacitet att tillverka Faci–kolfiber.

Iran has recently announced its intention to mass produce new generation centrifuges which will require FACI carbon fibre production capabilities.

2778	**kultur**	**culture**
	nn	Bakteriekultur är den enda kultur somliga besitter.
		Bacteria are the only culture some people have.

2779	**ryck**	**jerk|snatch**
	nn	Ryck upp dig.
		Lighten up.

2780	**kö**	**queue**
	nn	Begäran om ändring av turordningen eller återkallande av ett betalningsuppdrag ska ställas i kö till dess att algoritmen är komplett.
		Requests for reordering or revocation of a payment order shall be queued until the algorithm is complete.

2781	**tå**	**toe**
	nn	Förlust av finger eller tå..
		Loss of finger or toe..

2782	**i och med**	**as a result of**
	phr	Olyckligtvis var min granne med om en trafikolycka och hamnade i koma.
		Unfortunately, my neighbor had a traffic accident and fell into a coma.

2783	**flagga**	**flag; flag**
	nn; vb	Det här är Japans flagga.
		This is the flag of Japan.

2784	**förneka**	**deny|negate**
	vb	Ingen kan förneka detta faktum.
		No one can deny the fact.

2785	**mobiltelefon**	**cellphone**
	nn	Hon tål inte ljus, inte ens skenet från en mobiltelefon.
		She can't stand light, not even the light from a cellphone.

2786	**plugga**	**plug|grind**
	vb	Jag vill plugga utomlands.
		I want to study abroad.

2787	**övergiva**	**abandon|discard**
	vb	Övergivet virke kommer att införlivas i systemet efter att det har utauktionerats och den nya lagliga ägaren har fastställts.
		Abandoned timber will be incorporated into the system once it has been auctioned and new legal ownership established.

2788	**förfärligt**	**awfully**
	adv	Herr talman! Min valkrets i West Midlands omfattar både tätorts– och landsbygdsområden, och tillgången till bredband på landsbygden är rent förfärligt dålig.
		Mr President, my constituency in the West Midlands encompasses both urban and rural areas, and the broadband provision in the rural areas is downright appalling.

2789	**uppriktigt**	**sincerely**
	adv	Dessa brister är mycket förargliga och uppriktigt sagt oacceptabla.
		These are shortcomings that are quite inconvenient and frankly unacceptable.

2790	**logiskt**	**logical**

	adj	När det gäller åtgärd 4 kan kommissionen godta ändring 62, som utvidgar idén om en Internetportal för programmet. Ändring 63 är ett logiskt resultat av den tidigare ändringen, eftersom den stryker en hänvisning till en Internetportal senare i texten. I ändring 66 hänvisas det till ett "begränsat antal" undersökningar, vilket stärker uppfattningen att denna åtgärd har en begränsad räckvidd.

As regards Action 4, the Commission can accept amendment 62, expanding on the idea of an internet gateway for the programme; amendment 63, which results logically from the previous amendment as it suppresses a reference to an internet gateway later in the text; and amendment 66, which refers to a "limited number " of surveys and thus reinforces the notion that this in an action of limited scope.

2791 utmana
vb

challenge|defy

Man går så långt som att utmana Gud genom att med våld invadera Jesu krubba, något som verkar förebåda domedagen.

It is not just the veritable challenge to God represented by the eruption of violence at the birthplace of Jesus that appears to be pre–apocalyptic.

2792 våldtäkt
nn

rape

Stanna vid varje hem och be om förlåtelse för 10 års stöld, våldtäkt och mord.

At every home you pass, beg forgiveness for 10 years of theft, rape and murder.

2793 bekanta
vb

acquaint

När en arbetstagare blir ombedd att arbeta i flera medlemsstater utgör visserligen den ort där de arbetar i de flesta fall den miljö där arbetstagarna är bekanta med de sociala förhållandena och språket.(

It is true that, where an employee is required to work in more than one Member State, the locus laboris corresponds, in most cases, to the social and language environment with which he is familiar.

2794 smita
vb; phr

run away|vamoose; take French leave

Alla övriga har inte gjort sin läxa och det är uppenbart att de har lyckats smita undan för att vi inte har tryckt på tillräckligt.

All the others have not done their homework and have obviously got away with it, because we have not reprimanded them.

2795 motsätta sig
vb

oppose

Skulle inte den bästa reaktionen på detta vara att utbilda journalister att motsätta sig den?

Would the best response to it not be to train journalists to counter it?

2796 brun
adj

brown

Endast en blek brun färg bör bildas (motsvarande Fluid K).

Not more than a pale brown colour should be produced (Matching Fluid K)

2797 irriterande
adj

annoying|irritating

Syftet är att beskriva de förfaranden som används för att utvärdera potentiellt frätande eller kraftigt irriterande egenskaper hos ett testämne, uppmätta som ämnets förmåga att framkalla opacitet och öka permeabiliteten i en isolerad hornhinna från nötkreatur.

The purpose of this test method is to describe the procedures used to evaluate the potential ocular corrosivity or severe irritancy of a test substance as measured by its ability to induce opacity and increased permeability in an isolated bovine cornea.

2798 knep
nn

trick|wiles

Låt oss också se upp så att subsidiaritetsprincipen, som min grupp är särskilt fäst vid, inte ifrågasätts med hjälp av sådana knep.

We should therefore ensure that the principle of subsidiarity, to which my group is particularly committed, is not called into question through such methods.

2799	snarast	rather

adv

Rådet, som företräder medlemsstaterna, är inte närvarande här i dag. Jag uppmanar emellertid medlemsstaterna att snarast förbättra sin förvaltning av EU:s budgetresurser.

The Council, which is not here, represents the Member States, which I urgently call on to improve their management of EU budgetary resources.

2800	otäckt	uncovered; nastily

adj; adv

Är inte det otäckt vackert?

Isn't that hauntingly beautiful?

2801	gymnasium	gymnasium

nn

Maria har undervisningserfarenhet från gymnasium och kurser för teknologer (analys, linjär algebra osv) vid LTU.

Maria has experience in teaching at upper secondary school and at university (mathematics courses for engineering students).

2802	resurs	resource

nn

Radiospektrumet är en naturlig resurs, och därmed en offentlig resurs.

The radio spectrum is a natural and hence a public resource.

2803	väster	west; the west

adv; nn

Vi gick 10 grader väster om vår kurs över natten.

We went 10 degrees west off course overnight.

2804	uppfattning	opinion|idea

nn

Enligt ESK:s uppfattning skall jordbruket på lång sikt endast använda växtnäring från organiskt avfall, som inte blandats med annat miljöfarligt avfall som ökar mängden metaller eller tillför miljöfarliga organiska ämnen.

In the ESC's view, agriculture should in the long run only use nutrients from organic waste kept separate from other pollutant waste which increases the metal content or introduces hazardous organic substances.

2805	sherry	sherry

nn

Sydafrikanska produkter får marknadsföras under beteckningarna "portvin" och "sherry" på Sydafrikas inhemska marknad under en övergångsperiod på tolv år.

South African products may be marketed as "port" and "sherry" on the South African domestic market during a 12 year transitional period.

2806	horn	horn

nn

Ben och benprodukter (utom benmjöl), horn och hornprodukter (utom hornmjöl) samt hovar och hovprodukter (utom hovmjöl) som inte skall användas som foder eller gödselmedel.

Bones and bone products (excluding bone meal), horns and horn products (excluding horn meal) and hooves and hoof products (excluding hoof meal) intended for use different from animal consumption or fertilisers.

2807	foster	fetus|offspring

nn

I dag behövs ingen tro för att man ska kunna se en person i ett ofött mänskligt foster.

No faith at all is needed, today, to see a person in an unborn human foetus.

2808	utomhus	outdoors

adv

Fjäderfähållning utomhus, under förutsättning att fjäderfäet ges foder och vatten inomhus eller under ett skydd som i tillräcklig utsträckning avskräcker vilda fåglar från att landa och därmed förhindrar att vilda fåglar kommer i kontakt med foder eller vatten som är avsett för fjäderfäet.

the keeping of poultry in the open air, provided the poultry are supplied with feed and water indoors or under a shelter which sufficiently discourages the landing of wild birds and thereby prevents contact by wild birds with the feed or water intended for the poultry;

2809	**kommentar**	**comment|annotation**
	nn	Ingen kommentar.
		No comment.
2810	**motell**	**motel**
	nn	Drift av hotell, av motell, av barer och / eller av semesterläger med härbärgering och / eller förplägnad.
		Hotels, motels, bars and/or holiday camps (services for providing food and drink and temporary accommodation).
2811	**smycke**	**jewelry|jewel**
	nn	Europaparlamentet får inte göra intryck av att enbart vara ett exklusivt smycke som unionen pryder sig med.
		The European Parliament must not appear to anyone to be merely an expensive adornment of the Union.
2812	**brådska**	**hurry; hurry**
	nn; vb	Den luktar otillbörlig brådska, och utskotten visste inte vad de röstade om.
		It smacks of undue haste, and the committees did not know what they were voting on.
2813	**villa**	**villa|bungalow**
	nn	De första tio klasserna hölls i avdelningskontorets lokaler, men från och med den elfte klassen har skolan hållits i en egen byggnad i Villa González.
		The branch hosted the first ten classes of the school, but since the eleventh class, the school has been held at its own facility in Villa González.
2814	**säsong**	**season**
	nn	Samma fråga tas upp i avsnittet "Homer Alone" i säsong tre av serien Simpsons.
		In season three of the Simpsons, 'Homer Alone', the same issue is addressed.
2815	**informera**	**inform|instruct**
	vb	Tyvärr måste jag informera dig om att!
		I am sorry to tell you that!
2816	**bevaka**	**watch**
	vb	Jag har inga särskilda intressen att bevaka.
		I have no particular axe to grind.
2817	**gott om**	**plenty of**
	adv	Vi vill ha ett kök med gott om avställningsyta.
		We would like a kitchen with plenty of storage area.
2818	**ensamt**	**alone; by myself**
	adj; adv	Även om ett konkret missbruk skulle kunna påvisas, blir därför fonderna som konsekvens ensamt ansvariga för det enligt artikel 86.
		Consequently, even in the presence of concrete abuses of that kind, the funds alone would be liable on the basis of Article 86.
2819	**imponera**	**make an impression**
	vb	Om tjejer gjorde det. hur skulle killar imponera på dom?
		If girls did it, how would guys impress them?
2820	**koka**	**boil|cook; clod**
	vb; nn	Koka riset!
		Cook the rice!

2821	**positiv**	**positive; hurdy-gurdy**
	adj; nn	Var positiv.
		Stay positive.
2822	**status**	**status**
	nn	Femte delen:"Parlamentet anser , personers status"
		5th part:'condemns, in particular , those stateless persons;'
2823	**stöld**	**theft|steal**
	nn	Färger för säkrande av produkter som skydd mot stöld eller förfalskning.
		Paints for product security, being protection against theft or forgery.
2824	**så pass**	**that**
	conj	Eftersom så många människor vill ha ett europeiskt pass håller andelen skenäktenskap på att öka.
		Because so many people want a European passport, sham marriages are on the rise.
2825	**vite**	**penalty**
	nn	Förplikta Republiken Grekland att till kommissionen utge ett visst angivet vite som uppgår till ett belopp om 71 193,60 euro för varje dags försening med genomförandet av domen kommissionen/Grekland (EU:C:2005:592), räknat från den dag som dom meddelas i förevarande mål till dess att domen kommissionen/Grekland (EU:C:2005:592) följs,
		Order the Hellenic Republic to pay to the Commission a proposed periodic penalty payment in the sum of EUR 71 193.60 for each day of delay in complying with the judgment in Commission v Greece (EU:C:2005:592), from the day on which the judgment is delivered in the present case until the day on which the judgment in Commission v Greece (EU:C:2005:592) has been complied with;
2826	**i mitten av**	**central**
	adj	I mitten av juli fick vi besök av några väldigt oroliga rumänska jordbrukare.
		In mid-July, we received a visit from some particularly anxious Romanian farmers.
2827	**anteckning**	**note**
	nn	Överlåtelsen eller återbördandet gäller från den dag då den anteckning som avses under punkt 1 b görs.
		The transfer or transfer back to the titular holder shall take effect from the date of the entry referred to in paragraph 1(b).
2828	**internationell**	**international**
	adj	Glad internationell kvinnodag.
		Happy International Women's Day!
2829	**sopa**	**sweep|scavenge**
	vb	kombinerad sopnings–och uppsamlingsmaskin med utrustning för att sopa in skräp i banan av ett sugintag. Skräpet samlas sedan upp i en behållare med hjälp av en luftström med hög hastighet eller med ett mekaniskt uppsamlingssystem.
		A sweeping collection machine having equipment to sweep debris into the path of a suction inlet that would then pneumatically by way of a high velocity airstream or with a mechanical pick–up system convey the debris to a collection hopper.
2830	**skal**	**shell|peel**
	nn	I frågor som avses i punkt b skal samråd alltid ske med grupptillsynsmyndigheten.

For the purposes of point (b), the group supervisor shall always be consulted.

2831	**ambassadör**	**ambassador**
	nn	Till exempel mötte jag nyligen Australiens ambassadör för Europeiska unionen.
		For example, I recently met with the Australian Ambassador to the European Union.
2832	**däremot**	**on the contrary**
	adv	Däremot var sökandens deltagande i denna samverkan av direkt ekonomiskt intresse för de kartongtillverkande medlemsbolagen.
		On the other hand, its cartonboard–producing member companies had a direct economic interest in the applicant's participation in such collusion.
2833	**i närheten av**	**near**
	prp	Det här trädet är inte ens i närheten av att vara det högsta i socknen.
		This tree is not even close to being the tallest in the parish.
2834	**täckmantel**	**cover**
	nn	I Hongkong i december förra året såg jag koreanska jordbrukare som kämpade för ett livsuppehälle som för närvarande hotas av transnationella spannmålskoncerner, vilka gör upp sinsemellan, med en strävan att hjälpa utvecklingsländer som täckmantel.
		In Hong Kong last December I witnessed Korean farmers fighting for a livelihood which is currently being threatened by transnational grain corporations, who are bargaining under the guise of endeavouring to help developing countries.
2835	**britt**	**Briton**
	nn	Eftersom jag är britt kan jag, när det gäller frågan om egna tillgångar, säga att jag förstår varför rådet gör detta.
		As a Brit, I can say that, on the issue of own resources, I understand why it is doing this.
2836	**sår**	**wound|sore**
	nn	Det är ett särskilt smärtsamt sår för den kroatiska befolkningen.
		It is a particularly painful wound for the Croatian population.
2837	**charm**	**charm|attraction**
	nn	Mångfalden är det som ger Europa dess charm, men den utgör också en stor svaghet när vi behöver fatta socioekonomiska beslut.
		Diversity is what gives Europe its charm, but it is a permanent weakness, in particular, when we need to take socio–economic decisions.
2838	**hugg**	**grab|cut**
	nn	De ser dess skogar huggas ned och öknar spridas ut sig.
		They see forests being cut down and deserts spreading.
2839	**balans**	**balance**
	nn	Fysisk planering är lika med balans eller, om man så föredrar, återställande av balansen.
		Planning is synonymous with balance, or, if you prefer, with restoring balance.
2840	**id**	**ID**
	nn	Ett nytt nationellt ID-kort i Sverige kan ersätta det svenska passet nästa år.
		A new national ID card in Sweden may replace the Swedish passport next year.
2841	**servera**	**serve**
	vb	Vill du servera mig kaffe i biblioteket sen?

Will you bring me some coffee into the library?

2842	**beskydda**		**protect**
	vb		Du kan inte starta krig mot de som du påstås beskydda.
			Jonas, you cannot start a war against the people you're supposed to protect.

2843 därmed — **consequently**

adv

Den gemensamma parlamentariska AVS–EG–församlingen begär enträget att partnerskapet AVS–EG skall bibehålla sin särskilda karaktär liksom sin partnerskapsanda, och därmed bidra till att uppnå det gemensamma målet att utrota fattigdomen och uppnå millennieutvecklingsmålen.

Insists that the ACP–EU partnership must retain its specificity and spirit of partnership, thus contributing to the mutual objectives of poverty eradication and the achievement of the Millennium Development Goals.

2844 fullständig — **full|complete**

adj

Det formella dokumentationsmaterialet, som skall lämnas till den tekniska tjänsten i samband med att ansökan om typgodkännande lämnas in, skall innehålla en fullständig beskrivning av avgasreningsstrategin och den eventuella momentbegränsaren.

the formal documentation package, which shall be supplied to the technical service at the time of submission of the type–approval application, shall include a full description of the ECS and, if applicable, the torque limiter.

2845 manus — **script**

nn

Tjänster avseende utveckling av karaktärer, storyboard och manus.

Character, story board and script development services.

2846 hedra — **honor|embalm**

vb

Sedan dess har det inte varit möjligt att hedra minnet av dessa offer tillsammans med majoriteten av befolkningen.

Since that time it has not been possible to remember these victims together with the majority population.

2847 halsband — **necklace**

nn

Preparat mot parasiter, Speciellt puder, sprejer och halsband för djur.

Antiparasitic preparations, In particular powders, sprays and collars for animals.

2848 frisyr — **hairstyle|haircut**

nn

"Det ger mig tid att registrera hans huvudform och frisyr och vad han har för form på näsan, ögonen, läpparna och munnen.

"It gives me time to identify the characteristics of the head and hairstyle and the shape of the nose, eyes, lips, and mouth.

2849 undergång — **downfall**

nn

Det är ägnat att inge allvarliga farhågor att provinsstyret i Aceh vill bygga ett stort vägnät med namn Ladia Galaska genom ekosystemet Leuser, något som i slutänden skulle resultera i ekosystemets undergång eftersom vägarna skulle underlätta olaglig avverkning och tjuvjakt på utrotningshotade arter och, vilket erfarenheterna nyligen utvisat, leda till stora översvämningar.

It is of severe concern that the Aceh Government wishes to construct a major road network called Ladia Galaska through the Leuser ecosystem which would lead to its eventual destruction, as it would facilitate illegal logging and the poaching of endangered species and, as experience has recently shown, lead to major flooding.

2850 gripen — **seized**

adj

Övriga upplysningar: gripen 2005 och återsänd till Afghanistan."

Other information: apprehended in 2005 and repatriated to Afghanistan.'

2851	**locka**	**entice|appeal to**
	vb	Översvallande förpackningar är nu en form av reklam för att locka köpare.
		These days, outrageous packaging is a form of advertising in order to entice buyers.
2852	**mogen**	**mature|mellow**
	adj	"Oval" typ med egenskaperna hos Crimson: rund till oval frukt med glänsande mellangrönt skal med mörkgröna strimmor på ytan och krispigt fruktkött som är fast och klarrött när frukten är helt mogen. Vikt mellan 7 och 16 kg.
		Oval type, with the characteristics of the Crimson type: round, oval fruit; moderately bright green rind with dark green streaks; firm, crisp flesh, which is red when fully ripe; weight varying between 7 kg and 16 kg,
2853	**studio**	**studio**
	nn	Detta är ett parlament, inte en studio.
		This is a Parliament not a studio.
2854	**barndom**	**childhood|infancy**
	nn	Han anknyter alltid till sin barndom i sina böcker.
		He always connects to his childhood in his books.
2855	**arv**	**heritage|legacy**
	nn	Vi måste använda Averroës arv för att förespråka pluralism, yttrandefrihet och respekten för mänskliga rättigheter.
		We have to use Averroes' legacy to promote pluralism of thought, free speech and respect for human rights.
2856	**alibi**	**alibi**
	nn	Har Marcus alibi?
		Well, does Marcus have an alibi?
2857	**välgörenhet**	**charity**
	nn	Jag gjorde det med svårighet och beklagande och mot min instinkt.
		I had difficulty doing so, and it was done with regret and against my instincts.
2858	**gruva**	**mine**
	nn	Det har också gett upphov till begreppet Urban mining, eller staden som gruva.
		This has also given rise to urban mining, or the city itself as a mine.
2859	**guide**	**guide**
	nn	In this book you will find four pillars to guide product development processes.
		In this book you will find four pillars to guide product development processes.
2860	**nöt**	**nut**
	nn	Amerikanerna kanske anser att Syrien är en hård nöt att knäcka.
		However, the Americans may find that Syria is a hard nut to crack.
2861	**trolig**	**likely|credible**
	adj	I fransk rätt existerar inte begreppet " trolig ", och det förefaller mig svårt att definiera.
		Under French law, the concept of 'probable ' does not exist and is difficult to define in my opinion.
2862	**princip**	**principle**
	nn	Jag är i princip lika kvalificerad som Sven.
		I'm about as qualified as Sven.

2863	**trogen**	**faithful**
	adj	Sven är Mary trogen.
		Sven is faithful to Mary.

2864	**engelsman**	**Englishman**
	nn	Jag respekterar dig som engelsman.
		I respect you as an Englishman.

2865	**doft**	**fragrance|scent**
	nn	Mycket mer volatila bruna senapsfrön, lite vitvin, betydligt starkare doft, mycket mer delikat arom.
		Much more volatile brown mustard seed, some white wine, a nose hit, much more delicate aromatics.

2866	**bilda**	**form|educate**
	vb	Vi får inte glömma att man med hjälp av kapital som näringslivet i EU investerar eller genom koncessioner kan bilda små och medelstora företag i tredjeland och att EU–medborgare kan få arbete i dessa.
		It should not be forgotten that EU entrepreneurs may use capital investments or concessions to set up SMEs in third countries, employing EU citizens.

2867	**hobby**	**hobby**
	nn	Antogs det här vara min hobby!
		This was supposed to be my hobby!

2868	**uttryck**	**expression|term**
	nn	Till största delen ges uttryck för och understryks vad EU begär, framhåller, betonar, protesterar mot osv. Detta är en lista med påbud.
		For the most part the document articulates and emphasises the need to demand, to insist, to stress, to challenge, and so on.

2869	**religiös**	**religious**
	adj	I memorandumet fastställs även att FN skall anställa lokal personal, varvid hänsyn skall tas till bl.a. respekt för muslimska värderingar och traditioner, dvs. ett kriterium som innebär en klar religiös och sexuell diskriminering.
		The memorandum also stipulates that, in hiring local employees, the UN must abide by criteria including the respect for Islamic values and traditions, which entails clear discrimination on the grounds of religion and gender.

2870	**bidrag**	**contribution|grant**
	nn	Vi behöver parlamentets bidrag, och vi uppskattar detta engagemang och bidrag.
		We need Parliament's contribution and we appreciate this involvement and this contribution.

2871	**filt**	**blanket|felt**
	nn	Filt och bondad duk, impregnerad, överdragen eller belagd med tvål, såpa eller rengöringsmedel,
		Felt and non–wovens, impregnated, coated or covered with soap or detergent,

2872	**patetisk**	**pathetic**
	adj	Detta är ett patetiskt bötesbelopp från en patetisk kommission.
		This is a pathetic fine from a pathetic Commission.

2873	**allergisk**	**allergic**
	adj	Missfärgningen kan vara en allergisk reaktion eller en svag nässelfeber.
		Her discoloration could be an allergic reaction or a mild form of hives.

2874	**bonde**	**peasant**
	nn	Schackpjäser: bonde, springare, löpare, torn, drottning, kung.

The chess pieces are pawn, knight, bishop, rook, queen, and king.

2875	**försäkring**	**insurance|assurance**
	nn	Konsultation och rådgivning, avseende försäkring, sjukförsäkring, bankverksamhet och finansiella tjänster.
		Consulting and advisory services, in the fields of insurance, health care insurance, banking and financial services.

2876 **vem som helst** — **anyone**

prn

Det kan vem som helst se.

Anyone can see that.

2877 **häromdagen** — **the other day**

nn

Tråkigt att du inte kom på ceremonin häromdagen.

I'm sorry you couldn't make it to our little groundbreaking the other day.

2878 **helgon** — **saint**

nn

När João fick veta att Jehova inte godkänner att man använder bilder i tillbedjan, gjorde han sig av med sin samling "helgon".

On learning that Jehovah does not approve of the use of images, João threw away his collection of "saints."

2879 **metall** — **metal**

nn

Sekunder före jag öppnar metall fodralet, föreställde jag mig all ondska i välden.

Seconds before opening the metallic case, I envisioned all the evil flowing into the world.

2880 **julklapp** — **Christmas present**

nn

Det är hans julklapp.

It's his Christmas present.

2881 **mysterium** — **mystery\|mystification**

nn

Genom vilken mekanism, eller snarare vilket mysterium?

By what mechanism does he hope this will be achieved, or rather by what mysterious means?

2882 **hacka** — **hack\|pick; pick**

vb; nn

Sven kunde inte hacka den.

Sven couldn't hack it.

2883 **tretton** — **thirteen**

num

I november 2001 begärde CESA att kommissionen skulle uppdatera den första rapporten enligt handelshindersförordningen och härvid undersöka om gemenskapsindustrin hade upplevt negativa effekter under en period på tretton månader räknat från utgången av den ursprungliga skadeundersökningsperioden (d.v.s. 1 december 200031 december 2001).

In November 2001, CESA requested the Commission to update the first TBR Report, so as to examine whether adverse effects had been suffered by the Community industry during the period covering the 13 months (i.e. 1 December 2000 to 31 December 2001) following the end of the original period considered.

2884 **krok** — **hook\|crook**

nn

Vi gör samma sak för dem -- mer eller mindre, som vi har gjort sedan inbördeskriget, en pinne med en krok.

And we're doing the same thing we did for -- more or less, that we've done since the Civil War, a stick and a hook.

2885 **juice** — **juice**

nn

Enligt min åsikt gäller samma direktiv även för juice, färsk frukt, hemmagjord juice och förpackad juice.

I believe this Directive applies equally to juice, fresh fruit, juice produced in the home, or packaged juice.

2886	**symbol**	**symbol**
	nn	Om du vill ändra namnet på en symbol väljer du det i kombinationsfältets Gammal symbol.

2886 **symbol** — **symbol**
nn
Om du vill ändra namnet på en symbol väljer du det i kombinationsfältets Gammal symbol.
To change the name of a symbol, select it in the Old symbol combo box.

2887 **jämnt** — **level**
adv
Valet var mycket jämnt.
The election was very close.

2888 **täckt** — **covered**
adj
Ungefär 9,4% av jordens yta är täckt av skog.
Forests cover around 9.4% of the earth's surface.

2889 **titel** — **title**
nn
Det är överraskande och olyckligt att detta kapitel har fått en sådan negativ titel, särskilt som innehållet inte håller samma dramatiska tonläge.
The Committee is surprised and disappointed at the negative title of this chapter, particularly since the content of the chapter does not reflect this cataclysmic vision.

2890 **varv** — **turn|lap**
nn
Luftflödet skall sedan omvandlas till pumpflöde (V0) i m3/varv vid pumpinloppets absoluta temperatur och absoluta tryck så här:
The air flow rate shall then be converted to pump flow (V0) in m3/rev at absolute pump inlet temperature and pressure as follows:

2891 **försiggå** — **take place|be going on**
vb
Denna verksamhet, som i första hand avser de särskilda forskningsåtgärderna för små och medelstora företag samt internationellt samarbete, kommer att försiggå inom ramen för följande områden och beröra följande teman:
These activities, which will include specific research activities for SMEs and international cooperation, will be carried out in the following areas and will address the following themes:

2892 **cigg** — **cigarette**
nn
De var mina sista cigg.
Those were my last smokes.

2893 **centimeter** — **centimeter**
nn
I allmänhet har plagg i standardstorlekar (normalstorlekar) för män (pojkar undantagna) den minimilängd som erfordras, om plagget plant liggande, från kragsömmens högsta punkt (motsvarande platsen för den sjunde halskotan) till fållens nederkant har den längd i centimeter som anges i nedanstående tabell (se skissen).
In general, in the case of standard sizes (normal sizes) of men's garments (excluding boys'), this minimum length, measured from the collar seam at the nape (seventh vertebra) to the bottom edge, with the garment laid flat, corresponds to the measurements in centimetres in the table below (see sketch below).

2894 **vision** — **vision**
nn
Kommissionen har också utfärdat rekommendationer för euroområdet som helhet och presenterar sin vision om de politiska åtgärder på EU–nivå som krävs för att komplettera de nationella åtgärderna i syfte att åstadkomma ett långtgående och tvådelat EU–initiativ för tillväxt[12].
The Commission has also issued recommendations for the euro area as a whole, and set out its vision for the EU–level policy action needed to

complement the national measures to deliver an ambitious, two–tiered EU growth initiative[12].

2895	**boxas**	**box**
	vb	Jag kan inte boxas ett skit.
		I can't box worth a shit, see.

2896	**dom**	**judgment|cathedral; they**
	nn; prn	Dom bär dyrbara ringar.
		They are wearing expensive rings.

2897	**anka**	**duck**
	nn	Han går som en anka.
		He walks like a duck.

2898	**leverans**	**delivery**
	nn	Genom sin tolkningsfråga vill den hänskjutande domstolen få klarhet i vilka kriterier som – i samband med uppbörd av mervärdesskatt – ska användas vid bedömningen av huruvida en kopieringsverksamhet, såsom den som är aktuell i målet vid den hänskjutande domstolen, ska kvalificeras som leverans av varor, i den mening som avses i artikel 5.1 i sjätte direktivet, eller som tillhandahållande av tjänster, i den mening som avses i artikel 6.1 i direktivet.
		By its question, the referring court wishes to know the criteria for determining, for the purposes of the collection of VAT, whether reprographics activities, such as those at issue in the main proceedings, must be classified as a supply of goods within the meaning of Article 5(1) of the Sixth Directive or as a supply of services within the meaning of Article 6(1) of that directive.

2899	**muskel**	**muscle**
	nn	Det rör sig om en cirkulär muskel med cylindrisk form, 20 mm i diameter och 15 mm hög.
		It is a circular muscle, cylindrical in shape 20 mm in diameter and 15 mm in height.

2900	**medicinsk**	**medical**
	adj	När man upptäcker exponering som överstiger gränsvärdena krävs en medicinsk undersökning, och arbetsgivaren måste genomföra ytterligare en riskbedömning om man skulle upptäcka att några hälsoskador.
		When exposure exceeding the limit values is detected, a medical examination is required and, in the event that any damage to health as a result of exposure is detected, the employer will be obliged to carry out a reassessment of the risks.

2901	**like**	**equal**
	nn	Du är min like, inte sant?
		You are a match for me, are you not?

2902	**palm**	**palm**
	nn	När kung Salomo i det forntida Israel i poetiska ordalag beskrev en vacker flicka från Shulem, liknade han henne vid en palm.
		King Solomon of ancient Israel poetically described the stature of a beautiful Shulammite girl as resembling a palm tree.

2903	**storebror**	**big brother**
	nn	Ken delade rummet med sin storebror.
		Ken shared the room with his elder brother.

2904	**korsa**	**cross|traverse**

vb	Denna kommer att göra det lättare för invånarna i gränsområdena att korsa EU:s yttre gränser.
	This will make it easier for border residents to cross the external borders of the EU.

2905 konung — **King**

nn

Det var en gång en stor konung som bodde i Grekland.

Once upon a time, there lived a great king in Greece.

2906 änka — **widow**

nn

Jag är änka.

I am a widow.

2907 medalj — **medal**

nn

Hur ger man medalj till nån som inte finns för nåt som inte hänt?

How do you give a medal to someone who doesn't exist, for something that didn't happen?

2908 sopor — **trash**

nn

Uppförande/anläggande och installation av center och enheter för lagring av avfall och sopor från skrotade bilar och center och enheter för återanvändning, bearbetning, förädling, förstöring av avfall och sopor från skrotade bilar.

Construction and installation of centres and units for storing waste from end–of–life vehicles and of centres and units for the recycling, processing, recovery and destruction of waste from end–of–life vehicles.

2909 hävda — **claim|assert**

vb

Inga andra medlemsstater än Irland kunde hävda att de hade förbättrat sitt kontrollsystem under det år som rättelsen avsåg, vilket är skälet till att någon differentiering av rättelserna inte beslutades för de andra medlemsstaterna.

No Member State other than Ireland could claim to have improved their control system in the year being corrected, which is why no differentiation of the corrections was decided for other Member States.

2910 skild — **separate**

adj

Sven är skild.

Sven is divorced.

2911 lustig — **funny|droll**

adj

Den här klänningen kan se lustig ut, men jag gillar den.

This dress may look funny, but I like it.

2912 grekland — **Greece**

nn

Grekland har många öar.

Greece has many islands.

2913 vård — **care|monument**

nn

Med hänvisning till kriteriet avseende arten av den inrättning inom det nationella hälso– och sjukvårdssystemet som är ansvarig för att upprätta det medicinska intyget, är det fråga om sjukhusvård. Om man däremot använder sig av kriteriet avseende den erfordrade behandlingen, rör det sig om "högspecialiserad medicinsk vård" som tillhandahålls av sjukhus eller vårdenheten i utlandet, vilket skulle kunna täcka såväl typiska tjänster vid ett sjukhus (till exempel kirurgiska ingrepp) som eventuella medicinska vårdåtgärder som inte omfattas av denna snäva definition av sjukhusvård (besök hos specialistläkare).

Referring to the criterion relating to the nature of the national health service establishment responsible for drawing up the medical certificate, this concerns hospital care, whereas, when referring to the criterion of the treatment required, this concerns 'highly specialised medical care' provided by the foreign hospital service or care unit, which could cover the typical services of a hospital unit (such as a surgical intervention) and any medical acts that do not fall within that strict concept of hospital care (specialist consultations).

2914	**rekommendera**	**recommend|register**
	vb	Jag skulle inte rekommendera det.
		I'd not recommend it.

2915 **tacksamhet** **gratitude**

nn

Jag skulle i egenskap av ledare för den slovenska delegationen i PPE–DE–gruppen vilja uttrycka min djupa tacksamhet för ert bidrag och särskilt för den uppmärksamhet som ni har visat Slovenien.

Please allow me, as leader of the Slovene delegation in the PPE–DE, to express my sincere gratitude for your contribution and particularly for the attention that you have shown towards Slovenia.

2916 **flit** **diligence**

nn

Det där gjorde du med flit.

You did that with diligence.

2917 **långsam** **lingering\|tardy**

adj

Min nätförbindelse är långsam.

My Internet connection is slow.

2918 **rast** **break**

nn

Det bör också noteras att även arbetstagare som arbetar enligt opt–out–principen i artikel 18 har rätt till en viloperiod på minst 11 sammanhängande timmar varje dygn samt rast om arbetsdagen är längre än sex timmar.

It should also be noted that even workers who are working according to the opt–out under Article 18 are entitled to daily rest of 11 consecutive hours and a rest break after six hours.

2919 **väktare** **guard**

nn

Syftet med underrättelseskyldigheten som finns i artikel 12.2 i direktivet är just att möjliggöra för kommissionen att utföra sin roll som gemenskapsrättens väktare.

The purpose of the communication obligation under Article 12(2) of the Directive is precisely to allow the Commission to fulfil its role as guardian of Community law.

2920 **baksäte** **rear seat**

nn

Vi åker tillsammans, men det finns ett fram — och ett baksäte med ett fönster emellan.

We're all driving together, but there's a front seat, a back seat and a window in between.

2921 **smal** **narrow\|slim**

adj

Sven är lång och smal.

Sven is lean and tall.

2922 **musiker** **musician**

nn

Och det enda mansporträtt Leonardo målade, "Porträtt av en musiker".

And lastly, the only portrait of a male that Leonardo painted, "The Musician."

2923 **brådskande** **urgent\|hurried**

adj

Nyligen meddelade domstolen sin andra dom i ett förfarande för brådskande mål om förhandsavgörande i målet Santesteban Goicoechea,(66) där den tog upp en begäran om förhandsavgörande som hade framställts av en

förundersökningsavdelning vid Cour d'appel de Montpellier (Frankrike) till sakprövning.
Recently, when giving its second preliminary ruling under the urgent procedure, the Court accepted, in Santesteban Goicoechea, (66) a reference from the indictment division of a French court of appeal.

2924	**yra**	**rave; frenzy**
	vb; nn	

Låt honom yra, så att folk känner till hans galenskap.
Let him rave, so that men shall know him mad.

2925 pil
nn
arrow
Dom använde en armborst pil.
It's where the crossbow bolt hit.

2926 motsats
nn
contrast
Alpharma har vidare gjort gällande att gemenskapens institutioner i motsats till vad som anges i utkastet till riktlinjer (punkt 3.2), inte med största möjliga insyn lät samtliga parter delta i undersökningen av de olika möjligheterna till hantering när resultaten av riskutvärderingen var kända.
Alpharma further claims that, contrary to the statement in the Draft Guidelines (paragraph 3.2), the Community institutions did not involve all the parties concerned, with maximum transparency, in consideration of the various possible management options once the results of the risk assessment were known.

2927 dansare
nn
dancer
Dansare, välkomna till Liquid Silver.
Dancers, welcome to Liquid Silver.

2928 järn
nn
iron
Foderrör och andra rör av sådana slag som används vid borrning efter olja eller gas, svetsade, av valsade platta produkter av järn eller stål, med en ytterdiameter av högst 406,4 mm (utom produkter av rostfritt stål eller gjutjärn)
Casing and tubing of a kind used in drilling for oil or gas, welded, of flat–rolled products of iron or steel, of an external diameter of not exceeding 406,4 mm (excl. products of stainless steel or of cast iron)

2929 lada
nn
barn
Ser du en lada?
Do you see a barn?

2930 bokstav
nn
letter
Förse passet med en inresestämpel överkryssad med outplånligt svart bläck och på den motsatta högra sidan med outplånligt bläck införa den bokstav eller de bokstäver som anger skälet eller skälen till nekandet (en förteckning över dessa skäl finns i ovan nämnda standardformulär för nekad inresa).
affix an entry stamp on the passport, cancelled by a cross in indelible black ink, and write opposite it on the right–hand side, also in indelible ink, the letter(s) corresponding to the reason(s) for refusing entry, the list of which is given on the abovementioned standard form for refusing entry;

2931 tempel
nn
sanctuary
Titta på den där byggnaden. Är det ett tempel?
Look at that building. Is it a temple?

2932 blivande
adj
future
Förstainstansrätten konstaterar vidare att eftersom dess blivande underleverantör för utförandet av en del av det omtvistade kontraktet var den vid tiden för inledningen av anbudsförfarandet aktuella uppdragstagaren,

hade den utvalda anbudsgivaren, redan från inledningen av anbudsförfarandet, kunnat ha fullständig kännedom om programvaran Autonomys funktion på grund av att en provversion hade installerats i den version av CORDIS som användes vid denna tidpunkt.

The Court finds, next, that, given that its intended subcontractor for the performance of part of the contested contract was the incumbent contractor at the time of the opening of the tendering procedure, the successful tenderer was in a position, from the beginning of the tendering procedure, to have full knowledge of how the Autonomy software operated, since a trial version had been installed in the version of CORDIS in operation at that time.

2933	**fångad**	**captured**
	adj	Bli inte fångad på Alistairs mark.
		I wouldn't get caught— sneaking around Alistair's haunt!

2934	**rättvis**	**equitable|fair**
	adj	Budgeten måste också vara rättvis: rättvis i fråga om utgifter, men också rättvis i fråga om bidrag.
		The budget also needs to be fair: fair in spending, but fair in contributions too.

2935	**häromkring**	**hereabout**
	adv	Jag står för kvalitet häromkring, mitt namn är känt för det.
		I represent quality round here, my name is known for it.

2936	**sällsynt**	**rare**
	adj	Medan jag förberedde mig inför en resa till Bermuda råkade jag läsa om en sällsynt fågel som kallas Bermudapetrell.
		While preparing for a visit to Bermuda, I came across a reference to a rare bird called the cahow.

2937	**disk**	**disk|counter**
	nn	Men vad som är nytt, är att när vi roterar disken runt denna axeln, nu blir denna ljusskivan faktiskt en sfär av ljus.
		But what is new is that, when we rotate this disc about this axis, this disc of light actually becomes a sphere of light.

2938	**final**	**finals**
	nn	Detta var alltså ett slags grande finale för den gamla sortens kemikaliepolitik, och det var väl en bra final att vi kom överens på ett effektivt sätt.
		It was therefore a type of grand finale for the old style of chemicals policy and it was certainly a good finale for us to reach agreement so efficiently.

2939	**sammanlagt**	**in total**
	adv	I Finland var koldioxidutsläppen 1996 sammanlagt sextio miljoner ton.
		Total carbon dioxide emissions in Finland were sixty million tonnes in 1996.

2940	**fräck**	**cheeky|brazen**
	adj	Du är inte lite fräck, unge man
		You've got balls, young man!

2941	**skottlossning**	**shooting|gunfire**
	nn	Det blev skottlossning och min tjej blev inspärrad!
		There was shooting and my girl was locked up!

2942	**ljust**	**brightly**
	adv	Inkluderande alkoholsvagt och alkoholfritt ljust öl.
		Including low–alcohol and non–alcoholic weissbier.

2943	**ytterst**	**exceedingly; extreme**

	adv; adj	Jag är ytterst motiverad.
		I'm highly motivated.
2944	**miljontals**	**hundreds of billions**
	adv	Detta innebär att bolagens beslut berör miljontals producenter och konsumenter.
		Consequently the companies' decisions affect millions of producers and consumers.
2945	**lämplig**	**suitable|appropriate**
	adj	ska genomgå tillfredsställande psykiatrisk utvärdering innan bedömning som lämplig kan göras.
		shall undergo satisfactory psychiatric evaluation before a fit assessment can be made.
2946	**cirkel**	**circle**
	nn	Rita en cirkel.
		Draw a circle.
2947	**betalning**	**payment**
	nn	Självklart behövs det även åtgärder för gränsöverskridande kvalitetskontroll (gäller även tillgångskvalitet) och gränsöverskridande tillhandahållande av och betalning för hälsovårdstjänster.
		Action is of course also needed in the fields of cross–border quality assurance (including quality of access) and cross–border service delivery and payment.
2948	**förstånd**	**understanding|sense**
	nn	Eftersom den som har förstånd kan förbinda nya upplysningar med sådant som han redan vet, kan det sägas att "för den förståndige är kunskap lätt".
		Because a person with understanding is able to connect new information to things he already knows, it can be said that "to the understanding one knowledge is an easy thing."
2949	**pannkaka**	**pancake**
	nn	Johnny Vegas omelett, sällsynt, Janes beroende, friterad, pannkaka, såsen på sidan och rostat bröd.
		Johnny Vegas omelette, rare, Jane's addiction, fried, pancakes, side of sausage and toast.
2950	**mystisk**	**mysterious|mystic**
	adj	Bokens sökande efter sina läsare är invecklad och mystisk.
		A book's search for its readers is involved and mysterious.
2951	**värdefull**	**valuable**
	adj	Europaparlamentet betonar nödvändigheten av att betrakta bioavfall utan förorenade ämnen som en värdefull naturresurs för framställning av kompost av hög kvalitet.
		Stresses that bio–waste which is free of pollutants needs to be regarded as a valuable natural resource that can be used to produce quality compost;
2952	**motstå**	**resist**
	vb	Tyvärr kan många människor inte motstå hasardspelets lockelser.
		Unfortunately, many people cannot resist the lure of gambling.
2953	**polisman**	**policeman**
	nn	Man måste betala en arbetande polisman.
		I mean, you got to give a working police his due.
2954	**fastän**	**although; not but**
	conj; adv	Fastän de ser ut som det är Carlos och Juan inte enäggstvillingar, bara bröder.

Even though they look like it, Carlos and Juan are not identical twins, only brothers.

2955	**palats**	**palace**
	nn	När David komponerade den här psalmen befann han sig inte i ett palats eller ens i ett hus.
		At the time that David composed this psalm, he was not in a palace or even in a house.
2956	**schema**	**schedule**
	nn	Schema för veckan som börjar 4 augusti:
		Schedule for Week of August 4:
2957	**karate**	**karate**
	nn	Kan du lite karate, jujutsu eller något?
		Do you know a little karate, a little jujitsu or something?
2958	**räddning**	**rescue|salvation**
	nn	Vi bör alla följa rådet: "Fortsätt att med fruktan och bävan arbeta på er egen räddning."
		All of us need to "keep working out [our] own salvation with fear and trembling."
2959	**ange**	**indicate|state**
	vb	Förslaget kommer att avse principen om att utnyttja flexibilitetsmekanismen samt ange de behov och belopp som krävs.
		The proposal will concern the principle of making use of the Flexibility Instrument and will identify the needs to be covered and the amount.
2960	**generös**	**gcncrous**
	adj	Hon är inte bara vänlig utan även generös.
		She's not just friendly but also generous.
2961	**bostad**	**residence|accommodation**
	nn	Förutom antalet brott, behandlas flyktigt två särskilda brottstyper: bostadsinbrott (det vill säga att bryta sig in i en bostad för att stjäla) och våldsbrott (det vill säga våld mot person, rån och sexualbrott).
		In addition to the total number of crimes, two specific types of crime recorded by the police are briefly dealt with: domestic burglary (defined as gaining access to a dwelling by the use of force to steal goods) and violent crime (defined as violence against the person, robbery and sexual offences).
2962	**strumpa**	**stocking**
	nn	Jag upptäckte i morse att jag satt på mig en grön strumpa och en blå strumpa.
		This morning I found that I had put on one green sock and one blue sock.
2963	**tunnelbana**	**subway**
	nn	Det är billigt att åka tunnelbana i Peking.
		It is cheap to take the subway in Beijing.
2964	**utspela sig**	**take place**
	vb	Därför måste vi med en viss oro invänta vad som kommer att utspela sig under rådets möte i Wien.
		So we must watch with some concern to see what happens at the Council meeting in Vienna.
2965	**skift**	**turn|relay**
	nn	Hittar direkta radbrytningar som infogats med hjälp av SkiftRetur.
		Finds a hard row break which has been inserted with ShiftEnter.
2966	**tält**	**tent**

nn Omedelbart efter olyckan rådde stor brist på det mesta, däribland vatten, livsmedel, tält och filtar.

The rest of the world responded to the tsunami disaster by making extremely generous donations, whether on an individual, governmental or institutional basis.

2967 **stryka** **delete|iron**

vb Jag hatar att stryka.

I hate to iron.

2968 **ikapp** **in competition**

adv Vi är bundna av anslutningsfördraget, och huruvida vi ska kunna komma ikapp beror på om EU:s rika hälft stabiliseras och om solidariteten i unionen får överhanden framför det nationella egenintresset.

We are bound by the Accession Treaty, and our ability to further catch up hinges on whether Europe's richer half stabilises, and whether Community solidarity is able to supersede national self–interest.

2969 **tass** **paw**

nn 14 timmar makeup för att komma in i figuren med tydliga tassar, klor och en piskande svans, som en gecko.expand_more

14 hours of prosthetic make-up to get into a creature that had articulated paws, claws and a tail that whipped around, like a gecko.

2970 **skruva** **screw|twist**

vb Dom kommer att skruva till det och kalla den " dödsmaskinen ".

They'll twist it around and label it a " death machine "

2971 **lovande** **promising|auspicious**

adj Den verksamhet som föreslås inom detta projekt innebär att det vetenskapliga och tekniska samfundet kommer att studera specifika tekniska frågor och utveckla innovativa processer som förbättrar den nuvarande CTBT–prestandan och bedömningen av denna, först genom en serie målinriktade workshoppar för att utforska nya idéer och sedan genom att utveckla och testa lovande teknik och så att man får fram användbara processer/

The proposed activities of this project will engage the scientific and technical community in examining specific technical issues and developing innovative processes that improve upon the existing CTBT performance and its assessment, first through a set of targeted workshops to explore the new ideas, and second by testing the promising techniques and developing them into workable processes.

2972 **än så länge** **so far**

adv Än så länge är demokratiförslagen inte tillräckligt konkreta.

So far, the proposals relating to democracy are not sufficiently concrete.

2973 **tandläkare** **dentist**

nn Han är gift med en tandläkare.

He's married to a dentist.

2974 **åtgärd** **measure**

nn De stålrelaterade tillgångarna från avvecklingen av SIF överfördes till DLP via ett dotterbolag som kallades Duferco La Louvière Produits Longs (DLLPL, jämför åtgärd 6).

The steel assets resulting from the dismantling of SIF were affiliated to DLP through a subsidiary called Duferco La Louvière Produits Longs ('DLLPL', see Measure 6).

2975 **nöd** **need|distress**

nn   När det gäller åtgärder mot skadlig interferens av mobila tjänster för sjöfarten och luftfarten (punkt 1.14 på dagordningen) växer oron över att rutinmässig eller olaglig kommunikation mellan fartyg påverkar nöd– och säkerhetskommunikationen för fartyg och flygplan i HF–bandet i de två banden för nödsignaler.
Concerning measures to address harmful interference to maritime mobile & aeronautical mobile services (agenda item 1.14), there is a growing concern that routine or illegal communications between ships is impacting on distress and safety–of–life communications of ships and aircraft in the HF bands in the two distress signal bands.

2976 **chips**   **chips**

nn   Därför dras slutsatsen att införlivandet av dram–chips eller monterade dram–minnen i (standard) dram–minnen i sammansättningar ,".
Therefore, it is concluded that the incorporation of DRAM chips or mounted DRAMs in (non–customised) multi–combinational forms of DRAMs , '.

2977 **gömställe**   **hideaway**

nn   Äldstebrodern sade till dem att vi redan hade gett oss i väg och till och med hade passerat deras gömställe.
The elder told them that we had already left and had even passed by their hideout.

2978 **sexig**   **sexy**

adj   Om man, tycker den förlamande passionerade blicken är sexig.
If, uh, you know, if you find that crippling sense of passionate heat behind those big eyes sexy.

2979 **intet**   **nil**

nn   Intet i [Wienkonventionen om konsulära förbindelser] hindrar stater att ingå internationella överenskommelser som bekräftar, kompletterar, utvidgar eller preciserar dess bestämmelser."
Nothing in the [VCCR] shall preclude States from concluding international agreements confirming or supplementing or extending or amplifying the provisions thereof.'

2980 **elegant**   **elegant; handsomely**

adj; adv   Ingen hårspray, håll det elegant.
No hair spray, no teasing, just elegant.

2981 **vid sidan av**   **alongside**

prp   Vid sidan av energieffektivitet är energibesparingsåtgärder av central betydelse.
Alongside energy efficiency, energy-saving measures are of key importance.

2982 **solnedgång**   **sunset**

nn   När vi träffades första gången var det en exakt likadan solnedgång.
When we first met there was a sunset just like this, very,

2983 **rekord**   **record**

nn   Somliga anställda blir som idrottsmän som gör extrema uppoffringar för att slå nya rekord.
Some workers become like the athlete who makes extreme sacrifices to set a new record.

2984 **bur**   **cage|crate**

nn   Bevarande i sump eller i bur.
Live storage in fixed tanks or cages.

2985 **ansökan**   **application**

nn   Varje ansökan av detta slag skall motiveras.

Any such request must be substantiated.

| 2986 | **gram** | **gram** |

nn

En liter mjölk innehåller ungefär trettio gram protein.

A liter of milk contains about thirty grams of protein.

2987 avvakta

vb

wait on

Så allt jag kan göra är att avvakta.

So all I can do is just watch and wait.

2988 latin

nn

Latin

Latin är ett dött språk.

Latin is a dead language.

2989 anklagad

nn

accused

Jag upprepar: oavsett vem som är anklagad!

I would stress: whoever the accused person is.

2990 krypa

vb

crawl

Maskiner skall vara konstruerade och tillverkade så att lasterna inte kan krypa på ett farligt sätt eller falla fritt och oväntat, inte ens om det skulle inträffa ett partiellt eller totalt energibortfall eller när operatören slutar manövrera maskinen.

Machinery must be designed and constructed in such a way that the loads cannot creep dangerously or fall freely and unexpectedly, even in the event of partial or total failure of the power supply or when the operator stops operating the machine.

2991 sammanträffande

nn; adj

meeting|coincidence; coincident

Den i förordningen likaledes nyinförda artikel 46b innehåller särskilda bestämmelser vid sammanträffande av förmåner av samma slag enligt två eller flera medlemsstaters lagstiftning.

Article 46b, also incorporated into the regulation at that point, contains special provisions applicable in the case of overlapping of benefits of the same kind under the legislation of two or more Member States.

2992 schweiz

nn

Switzerland

Byrån skall även i Schweiz ha de befogenheter den beviljats genom förordningen.

The Agency shall enjoy also in Switzerland the powers granted to it under the provisions of the Regulation.

2993 direktör

nn

director|governor

I mer än två år har tjänsten som direktör för Europaparlamentets kontor i Luxemburg varit vakant.

For over two years, the post of head of the European Parliament Office in Luxembourg has been vacant.

2994 innanför

prp; adv

within; within

Innanför pappersskikten skall det finnas en säck av polyetylen, minst 0,08 mm tjock och sammansvetsad i botten.

Inside the paper layers, a polyethylene bag at least 0,08 mm thick shall be fused to the bottom.

2995 droppe

nn

drop

Hon får kvinnorna att plantera nya träd och vattna dem, droppe för droppe.

She gets the women to plant new trees and water them, drop by drop.

2996 hinder

nn

obstacle|hindrance

Detta är en förutsättning för näringen, inte ett hinder som måste övervinnas.

This is a prerequisite for the industry, not an obstacle that has to be overcome.

2997	**blond**	**blonde|fair**
	adj	En av männen, som talade bruten tyska, sa att de inte var intresserade av att se lägenheten eftersom jag är kvinna, jag är blond och att jag tittade männen i ögonen.
		One of the men, who spoke broken German, said they were not interested in viewing the property because I am a woman, I am blonde, and because I looked the men into their eyes.

2998	**organ**	**organ**
	nn	Celler i ett organ är beroende av de vävnadsmaterial som deras föregångare byggt upp.
		Cells in an organ depend on the tissues built up by their predecessors.

2999	**israel**	**Israeli; Israel**
	nn; nn	En tullkvot på import av kalkonkött som har sitt ursprung i och kommer från Israel öppnas inom en årlig volym om högst 1 400 ton.
		A tariff quota for the import of turkey meat originating in Israel shall be opened within the limits of an annual volume of 1 400 tonnes.

3000	**undervisa**	**teach|educate**
	vb	Bestämmer jag mig för att undervisa er, blir jag värre än två fäder.
		If I decide to teach you, I'll be worse than two fathers to you.

3001	**begripa**	**comprehend|see**
	vb	De bör därför inrätta en produktgodkännandeprocess för att i förväg säkerställa att deras investeringsprodukter inte exponerar icke–professionella investerare mot underliggande tillgångar vars risk– och avkastningsprofil inte är lätt att begripa.
		They should therefore set up a prior product approval process to ensure that their investment products do not expose retail investors to underlying assets the risk and reward profile of which is not easily understandable.

3002	**förlovad**	**engaged**
	adj	Men om du var förlovad, med en läkare?
		What if you were engaged to a doctor?

3003	**våt**	**wet**
	adj	Naturligtvis visar historien att han blev väldigt våt och med nöd och näppe undkom att drunkna.
		Of course, history records that he got very wet and narrowly avoided drowning.

3004	**kyl**	**fridge**
	nn	Varje förpackning skall i outplånlig skrift vara märkt med ordet ”HONGKONG” och med godkännandenumret/registreringsnumret för den anläggning, det fabriksfartyg, det kyl– eller fryshus eller det frysfartyg från vilket produkterna kommer, utom då det rör sig om frysta fiskeriprodukter i bulk avsedda för tillverkning av livsmedelskonserver.
		All packages shall bear the word 'HONG KONG' and the approval/registration number of the establishment, factory vessel, cold store or freezer vessel of origin in indelible letters, except in the case of frozen fishery products in bulk and intended for the manufacture of preserved foods.

3005	**inställning**	**attitude|adjustment**
	nn	Jag vill gratulera Pilar del Castillo Vera till hennes utmärkta betänkande och tacka för hennes öppna och inkluderande inställning vid utarbetandet av förslaget.

I would like to congratulate Mrs del Castillo Vera on her excellent report and thank her for her open and inclusive attitude to drawing up this proposal.

3006	**hjul**	**wheel**
	nn	Resväskor (med eller utan hjul).
		Travelling bags with or without wheels.
3007	**oväntad**	**unexpected**
	adj	Den stadiga ökningen av nätkostnader, särskilt för hushållen, är inte oväntad med tanke på omvandlingen av energisektorn, men den kan mildras genom en bättre styrning av näten.
		The sustained increase in network costs, in particular for households, is not unexpected in the context of energy sector transformation, but could be mitigated through better network governance.
3008	**blott**	**only; mere; if only**
	adv; adj; conj	Allt i denna värld är blott en dröm.
		Everything that is in this world is but a dream.
3009	**professionell**	**professional**
	adj	Är kommissionen beredd att främja utbildningen av valpersonal i Moçambique, professionell eller frivillig, samt att upplysa allmänheten om demokratiska regler och värden, i första hand barn i skolålder?
		Is it prepared to encourage the training of electoral staff in Mozambique, both professional and voluntary, and likewise to make the population (particularly schoolchildren) aware of the rules and values of democracy?
3010	**moln**	**cloud**
	nn	Det finns inte ett enda moln på himlen.
		There isn't a single cloud in the sky.
3011	**bolag**	**company**
	nn	(ICC) var, vid den aktuella tidpunkten, i beslutshänseende beroende av inte bara Caffaro S.p.A., ett bolag som är noterat på den italienska börsen och som kontrollerar ICC till 100 procent, utan även av sökanden, som är majoritetsägare i Caffaro S.p.A. med ett aktieinnehav på mellan 53 procent och 59 procent.
		(ICC) was managerially dependent not only on Caffaro S.p.A., a company quoted on the Italian stock exchange and controlling ICC as to 100 %, but also on the applicant, a majority shareholder of Caffaro S.p.A. of between 53 % and 59 %.
3012	**ersättare**	**substitute|proxy**
	nn	Herman Suykerbuyk utnämns till ledamot av Regionkommittén som ersättare för Hugo Weckx under återstoden av dennes mandatperiod, dvs. till och med den 25 januari 1998.
		Mr Herman Suykerbuyk is hereby appointed a member of the Committee of the Regions in place of Mr Hugo Weckx for the remainder of the latter's term of office, which runs until 25 January 1998.
3013	**process**	**process**
	nn	IHK Halle–Dessau understryker att flygplatsens modernisering har varit en successiv, kontinuerlig process som inleddes i början av 1990–talet.
		The Chamber of Industry and Commerce wishes to point out that the airport's modernisation has been a gradual, continuous process which began in the early 1990s.
3014	**samtlig**	**all**
	adj	Den behöriga myndigheten skall se till att samtlig personal som utför offentlig kontroll:

The competent authority shall ensure that all of its staff performing official controls:

3015	härskare	ruler
	nn	Vi kommer alldeles som Jesu Kristi apostlar, som blev förföljda, att säga: "Vi måste lyda Gud som vår härskare mer än människor." *Like Jesus Christ's persecuted apostles, we will say: "We must obey God as ruler rather than men."*
3016	bekymra	worry|trouble
	vb	Han betonade vikten av att följa honom utan att bekymra sig om vad andra gjorde. *Once more Jesus corrected Peter's viewpoint, stressing the need to 'be his follower' without concern for what others might do.*
3017	beundrare	fan|admirer
	nn	Ni nämnde Gulliver, och jag är en stor beundrare av Jonathan Swift, men jag tycker inte att detta är ett bra exempel. *You mentioned Gulliver and I am a great admirer of Jonathan Swift, but I do not believe this is the appropriate example.*
3018	ovanpå	on; on the top of
	prp; adv	Transportörtillbehör, nämligen, gjutna plastformar som är införda mellan valsarna på transportören, vilket medför ett platt arbetsutrymme ovanpå transportvalsarna. *Conveyor accessories, namely, molded plastic forms that are inserted between conveyor rollers, that creates a flat workspace on top of conveyor rollers.*
3019	strategi	strategy
	nn	Stöd till fiskeriministeriet med att formulera politik och strategi för fiske och vattenbruk: 50 000 euro. *Aid for the fisheries ministry for drawing up fisheries and aquaculture development policies and strategies: EUR 50 000*
3020	helsike	hell
	nn	För helsike, Paige! *Damn it, Paige!*
3021	bakhåll	ambush
	nn	Han ligger i bakhåll för att föra bort den nödställde med våld. *He keeps lying in ambush to carry off some afflicted one by force.*
3022	skärm	screen
	nn	Datorspel (program), nöjesspel [programvaror] för användning tillsammans med extern skärm eller monitor, videospel för användning med televisionsapparater. *Computer games (programs), amusement games (software) adapted for use with an external display screen or monitor, video games for use with television sets.*
3023	begravd	buried
	adj	Pilatus blir pressad att döma Jesus till döden; Jesus dör på en påle och blir begravd. *Pilate is pressured into condemning Jesus to death; Jesus dies on the stake and is buried.*
3024	uppnå	achieve|compass
	vb	Vi samtycker till målen där vårt löfte att kämpa för att utradera fattigdomen tagits upp, inte bara i samband med att finansiera och medfinansiera projekt för att främja utvecklingen, utan att också prioritera utbildning och hälsa och stärka det civila samhället för att kunna stärka demokrati, öppenhet och god

offentlig förvaltning, utan vilka demokratin inte kommer att stärkas och den önskade utvecklingen inte kommer att uppnå sina mål.

We agree with the objectives which take up our commitment to the fight to eradicate poverty, not only in terms of the financing and co–financing of projects to promote development, but prioritising education, health and strengthening civil society in order to strengthen democracy, transparency and good governance, without which democracy will not be strengthened and the desired development will not achieve its objectives.

3025	**framgångsrik**	**successful**
	adj	

Tror du att Steve Jobs skulle ha varit lika framgångsrik som han varit om hans efternamn varit "Joobs" istället?

Do you think that Steve Jobs would have been as successful as he has been if his last name were "Joobs" instead?

3026	**påve**	**pope**
	nn	

Emellertid ändrades allt detta i oktober 1978 när en polsk kardinal valdes till påve.

However, all of this changed in October 1978 with the election of a Polish cardinal as Pope.

3027	**matte**	**maths**
	nn	

Som utbildningsnamnet antyder är det mycket matte och fysik på programmet.

As the name suggests, it is all about math and physics.

3028	**knuffa**	**shoulder|shove**
	vb	

Gå ut och knuffa då!

Then get out and push!

3029	**tillgänglig**	**available|accessible**
	adj	

Den här boken finns bara tillgänglig i en affär.

This book is available at one shop only.

3030	**aktivitet**	**activity**
	nn	

Upplysningar om vulkanisk aktivitet, vulkaniska utbrott och vulkaniskt askmoln.

Information concerning pre–eruption volcanic activity, volcanic eruptions and volcanic ash clouds.

3031	**järnväg**	**railway|rail**
	nn	

Vi har diskuterat tre förslag om den fortsatta vägen mot en avreglerad järnväg.

We have discussed three proposals for moving towards a liberalised rail system.

3032	**profil**	**profile**
	nn	

Den profil som kännetecknar dem som riskerar att drabbas av funktionell analfabetism bör urskiljas samtidigt som man bör undvika att ge en stereotyp beskrivning av denna situation, och mot denna bakgrund kan Regionkommittén och aktörerna på lokal och regional nivå konstatera följande:

The Committee of the Regions and grassroots players, in view of both the desirability of mapping the profile of persons liable to be affected by functional illiteracy and the need to avoid possible stereotypes in this regard, would highlight the following points:

3033	**värt**	**worthy**
	adj	

Resultatet var värt noll.

The result was worth zero.

3034	**backe**	**slope**

	nn	Helt plötsligt rullade jag i full fart nerför en backe och rätt in i en parkerad bil.
		Suddenly I was rolling down a slope out of control, and I crashed into a parked car.

3035 uppriktig

adj

sincere|frank

Det är tydligt att ingen lag eller norm utformad av någon människa, hur intelligent eller uppriktig hon än må vara, kan fylla detta behov.

Obviously, no law or standard proposed by any human, no matter how intelligent or sincere, can meet that need.

3036 värdig

adj

worthy

I syfte att bekämpa social utestängning och fattigdom ska unionen erkänna och respektera rätten till socialt stöd och till stöd till boendet som, i enlighet med närmare bestämmelser i unionsrätten samt i nationell lagstiftning och praxis, är avsedda att trygga en värdig tillvaro för alla dem som saknar tillräckliga medel.

In order to combat social exclusion and poverty, the Union recognises and respects the right to social and housing assistance so as to ensure a decent existence for all those who lack sufficient resources, in accordance with the rules laid down by Union law and national laws and practices.

3037 glida

vb

slide|slip

Det är nödvändigt att begränsa det, eftersom det med tanke på att definitionerna är så tydliga handlar om att inte glida över på problem som inte rör folkhälsa, det vill säga endast användning i eller på den mänskliga kroppen.

Such demarcation lines are necessary as the definitions are precise and it is important not to step outside the sphere of public health. This directive concerns applications to the human body only.

3038 naturlig

adj

natural|unaffected

Jordens måne är en naturlig satellit.

The earth's moon is a natural satellite.

3039 först och främst

adv

first and foremost

Det är först och främst medlemsstaterna som ansvarar för sysselsättningspolitiken.

Employment policy is primarily the responsibility of the Member States.

3040 godhet

nn

goodness

En dygdig människa visar godhet.

A virtuous person has goodness.

3041 sträcka

vb; nn

stretch|reach; distance

Jag måste sträcka på mig.

I have to stretch.

3042 muta

nn; vb

bribe; bribe

Är avsikten att muta Frankrike till att godkänna EU: s finansieringsplaner genom olagliga subventioner?

Is the intention to bribe France to adopt the EU' s financial plans using illegal subsidies?

3043 stinkande

adj

stinking

Han körde en liten, stinkande Lada-Taxi.

He drove a small, stinking Lada-Taxi.

3044 återigen

adv

again

Samtidigt vill jag dock återigen göra er uppmärksam på vår arbetsordning, närmare bestämt bilaga II.3 om genomförande av frågestunden i artikel 109.

At the same time, however, I should like to draw your attention once more to our Rules of Procedure, namely to Annex II(3), concerning the conduct of Question Time under Rule 109.

3045	**fnask**	**hooker**
	nn	Är de fnask?
		Are they hookers?

3046	**teknologi**	**technology**
	nn	Vi måste framför allt se över lönerna för forskare och specialister på teknologi.
		Above all, let us look at the salaries paid to scientists and technologists.

3047	**medlidande**	**compassion|sympathy**
	nn	Jag vill även uttrycka min sorg och mitt medlidande med ETA:s många onödiga offer.
		I also join in the expressions of regret and sympathy in respect of ETA's very many unnecessary victims.

3048	**elefant**	**elephant**
	nn	Jag visste inte hur man hyr en elefant, får tag på en elefant.
		I had no idea how you hire an elephant, get an elephant.

3049	**underhållning**	**entertainment**
	nn	Musikalisk underhållning i form av musikföreställningar.
		Musical entertainment services in the nature of musical performances.

3050	**oberoende av**	**irrespective of**
	adv	Det borde gälla oberoende av infrastrukturoperatörens rättsliga form.
		This should apply irrespective of the legal form of the infrastructure operator.

3051	**arbetslös**	**unemployed|jobless**
	adj	Å ena sidan utbetalas förmånen av arbetslöshetsförsäkringens medel och förutsätter att sökanden är arbetslös och uppfyller kravet avseende försäkringsperiod.
		On the one hand, it is paid from unemployment benefit funds and requires the applicant to be unemployed and to have completed the eligibility period for unemployment benefit.

3052	**riskabel**	**risky|perilous**
	adj	Det gav uttryck för vårt misstroende mot en riskabel, överdrivet tvingande, sjuårig finansiell programplanering.
		It reflected our contempt for a risky and excessively restrictive seven–year financial programme.

3053	**hädanefter**	**henceforth**
	adv	Den 2 januari 2008 meddelade CLECE María Socorro Martín Valor att hon från och med den 1 januari 2008 tillhörde Ayuntamiento de Cobisas personal, eftersom det var kommunen som hädanefter skötte städningen av de aktuella lokalerna.
		On 2 January 2008, CLECE informed Mrs Martín Valor that, as of 1 January 2008, she would become a member of the staff of the Ayuntamiento de Cobisa, since that body would henceforth carry out the cleaning of the premises in question.

3054	**grepp**	**grip|handle**
	nn	De centrala myndigheternas grepp blir allt hårdare igen, enligt Sovjetmodell.
		The grip of the central government is becoming tighter in true Russian style.

| 3055 | **konsert** | **concert** |

nn	Medlemsstaterna får utfärda intyg för musikinstrument för icke–kommersiella gränsöverskridande transporter av musikinstrument för ändamål såsom, men inte begränsat till, personligt bruk, konsert, produktion (inspelning), utsändning, undervisning, uppvisning eller tävling, om instrumenten uppfyller samtliga följande krav:

Member States may issue a musical instrument certificate for non–commercial cross–border movement of musical instruments for purposes including, but not limited to, personal use, performance, production (recordings), broadcast, teaching, display or competition, where such instruments meet all of the following requirements:

3056 somlig — **some**

prn

Därför detta skulle leda till orimligt höga dumping marginaler för somlig export tillverkare och till oskäligt låga dumping marginaler för andra export tillverkare i jämförelse med en situation där reell individuell vinst förekommer, i sådana fall där dessa har etablerats i fall av fullständigt samarbete.

This is so because it would lead to unjustifiably high dumping margins for some exporting producers and to unjustifiably low dumping margins for some other exporting producers as compared to a situation where the real individual profit figures, i.e. those established in the case of full cooperation, had been used.

3057 packad — **packed | packaged**

adj

Provningarna ska utföras på en platt, tillräckligt lång och bred provningsyta som är täckt med packad snö och som har en lutning på högst 2 %.

The test shall be done on a flat test surface of sufficient length and width, with a maximum 2 per cent gradient, covered with packed snow.

3058 hertig — **Duke**

nn

När hertig Vilhelm av Normandie (Vilhelm Erövraren) invaderade England år 1066 lät han bygga en rad fästningar i syfte att sätta skräck i de fientliga anglosaxarna.

After Duke William of Normandy invaded England in 1066, he constructed a series of castles to intimidate the hostile Anglo–Saxons.

3059 omkull — **over**

adv

Jag slog också min hustru, Kustriyah, när jag var arg – ofta så hårt att hon föll omkull.

I also beat my wife, Kustriyah, knocking her to the ground in a rage.

3060 fyr — **lighthouse | lad**

nn

På de hotell där jag har bott fick man, trots att hotellen var tre–, fyr– eller till och med femstjärniga, inte titta på den statliga televisionen, och det går hur som helst inte alltid eftersom den vanligen sänds i ett dåligt bildformat.

In the hotels I used, even though they had three, four or even five stars, you were not allowed to watch public television, and anyway it is not always possible to do so as it is normally broadcast in a snowy format.

3061 honung — **honey**

nn

Europeiska kommissionen tycker inte om europeisk honung, den föredrar kinesisk honung.

The European Commission does not like European honey, it prefers Chinese honey.

3062 vandra — **hike | walk**

vb

Att blygsamt vandra med Gud innebär alltså att vi har en realistisk syn på hans krav och på hur vi ska kunna leva upp till dem.

Therefore, "to walk modestly with" means to have a realistic view of what he requires and of what we can give.

3063	**februari**	**February**
	nn	Den internationella konferensen skulle gå av stapeln i februari i år.
		The international conference was to be held in February this year.

3064	**grevinna**	**countess**
	nn	Pa sex manader kundejag fa henne att ga för grevinna pa ambassadbalen.
		In six months, I could pass her off as a duchess at an Embassy Ball.

3065	**gissning**	**guess**
	nn	Min egen gissning är år 2004 eller år 2005.
		My own guess is that we are looking at 2004 or 2005.

3066	**omdöme**	**opinion|judgement**
	nn	Jag önskar alla, i detta historiska ögonblick, klarhet och gott omdöme.
		At this historic time, I would like us all to be guided by clarity and wisdom.

3067	**allmän**	**general|public**
	adj	Av den anledningen är det tämligen konstgjort att på ett forcerat sätt skapa partier uppifrån när det inte finns någon allmän europeisk opinion.
		That is why it is rather artificial, at a moment when there is no European public opinion, to create parties from above in a forced way.

3068	**tjusig**	**charming**
	adj	Jag tyckte Emilio var tjusig, då.
		I found Emilio attractive, then.

3069	**invånare**	**residents|inhabitant**
	nn	Som EU–invånare kan du köpa produkter och tjänster från hela EU.
		As an EU resident, you can buy products and services from anywhere in the EU.

3070	**beredskap**	**preparedness**
	nn	Att upprätthålla de förra skulle innebära en beredskap att offra de senare.
		Upholding the former would imply a readiness to sacrifice the latter.

3071	**önskning**	**desire**
	nn	Du har uppfyllt min önskning, men jag tror att det saknas två.
		You have fulfilled my wish to but I think it is missing two.

3072	**öre**	**bean|cent**
	nn	Jag har inte ett öre.
		I don't have a cent.

3073	**attraktiv**	**attractive**
	adj	Mary är attraktiv.
		Mary is attractive.

3074	**pålitlig**	**reliable|trustworthy**
	adj	skriftlig. – (PT) Jag röstade för detta betänkande, eftersom de kompromissändringsförslag som introducerats till kommissionens ursprungliga förslag kommer att lämna ett viktigt bidrag till att garantera patienterna tillgång till en pålitlig och oberoende information om de receptbelagda humanläkemedel som är tillgängliga på marknaden.
		in writing. – (PT) I voted in favour of this report since I welcome the fact that the compromise changes introduced into the proposal initially presented by the Commission will have contributed decisively to guaranteeing patient access to reliable and independent information on prescription–only medicines that are available on the market.

3075	**mysig**	**cozy**
	adj	Nu gör jag iordning en mysig liten.

I'm making a nice little area for you to.

3076	**ärad**	**honored**

adj

Jag är både stolt och ärad över att vara tillbaka i Europaparlamentet.

Mr President, I am both proud and honoured to be back in the House.

3077	**klagomål**	**complaint	plaint**

nn

Den 4 november 2005 mottog kommissionen ett klagomål som ingivits i enlighet med artikel 5 i förordning (EG) nr 384/96 om skydd mot dumpad import från länder som inte är medlemmar i Europeiska gemenskapen (nedan kallad "grundförordningen") av Eurométaux (nedan kallad "den klagande") såsom företrädare för en tillverkare som svarar för en betydande del, i detta fall mer än 50 %, av gemenskapens produktion av vissa volframelektroder.

On 4 November 2005, the Commission received a complaint lodged pursuant to Article 5 of Regulation (EC) No 384/96 on protection against dumped imports from countries not members of the European Communities (the basic Regulation) by Eurometaux (the complainant) on behalf of a producer representing a major proportion, in this case more than 50 %, of the total Community production of certain tungsten electrodes.

3078	**ved**	**firewood**

nn

Sulfitmassa av ved, med undantag av dissolvingmassa.

Chemical wood pulp, sulphite, other than dissolving grades.

3079	**tequila**	**tequila**

nn

Alkoholhaltiga drycker med ett alkoholinnehåll om ej högre än 22 volymprocent innehållande vin eller vermut och möjligen innehållande tillskott av sprit (dock ej tequila eller metzcal–sprit).

Alcoholic beverages with an alcoholic content not higher than 22% in volume containing wine or vermouth and possibly containing added spirits (though not tequila or mescal spirits).

3080	**langare**	**pusher	peddler**

nn

Efter hans död tog Jovan över hans område och langare.

After his death, took over Jovan his area and drug dealers.

3081	**remissinstans**	**body considering proposed legislation**

nn

Kommissionen bad remissinstanserna att svara skriftligen, och tog sedan kontakt enskilt med företrädare för branschen och klassificeringssällskapen.

The Commission also called on the groups consulted to send in detailed comments in writing and thereafter established bilateral contacts with representatives of industry and the recognised organisations.

3082	**skapare**	**maker**

nn

Om vi uppskattar detta dyrbara förhållande till vår Skapare, kommer vi att se till att vandra oklanderligt i hans ögon.

If we value this privileged relationship with our Creator, we will take care to walk faultlessly in his eyes.

3083	**trampa**	**tread; pedal**

vb; nn

Människor som har hopp om framtiden har något att förlora och är alltså beredda att kämpa för fred i stället för att trampa vidare i status quo, eller ännu värre, att tro att våld är en lösning.

People who have hope in the future have something to lose and are therefore prepared to fight for peace instead of plodding along in the status quo or, even worse, thinking that violence is the answer.

3084	**italienare**	**Italian**

nn

Om han var italienare skulle det inte vara någon konflikt alls.

If he was Italian there would be no dispute at all.

3085	**dumskalle**	**blockhead|imbecile**
	nn	Dumskalle, varför vänder du dig inte om?
		Dumb-ass, why don't you turn around?
3086	**hopplös**	**hopeless; redemption**
	adj; nn	Ensamhet kommer Inte av hopplös kärlek, utan av att inte älska alls.
		Real loneliness is not bein' in love in vain, but not bein' in love at all.
3087	**sup**	**drink**
	nn	Medlemsstaterna ska bevilja SUP–bolag fullständig juridisk personlighet.
		Member States shall grant SUPs full legal personality.
3088	**stadigt**	**firmly**
	adv	Arbetslöshetsnivån i de 25 starkaste EU–regionerna har stadigt legat kring 4 % samtidigt som arbetslösheten i genomsnitt har ökat från 20 % till 24 % i de 25 hårdast drabbade regionerna.
		The level of unemployment in the 25 best performing EU regions has remained steady at 4 % but has risen from 20 % to 24 % on average in the 25 most affected regions.
3089	**inifrån**	**from within**
	adv	Frustrerade på grund av sina misslyckade försök att förändra kyrkan inifrån, har medlemmarna inom den nyligen organiserade rörelsen brutit med traditionen och börjat samarbeta med asiatiska och afrikanska religiösa ledare för att påbörja "en missionsverksamhet i USA".
		Frustrated with failed efforts to change their church from within, the new mission broke with tradition and joined Asian and African leaders to begin "a missionary outreach to the United States."
3090	**spion**	**spy**
	nn	På den tiden utgjorde tanken på en spion i rymden en känslomässig fråga.
		At that time the idea of the spy–in–the–sky was an emotive issue.
3091	**sannerligen**	**indeed|really**
	adv	Sven är sannerligen snål.
		Sven certainly is greedy.
3092	**fat**	**barrel**
	nn	Det måste också stå klart att det inte går att övervaka vad som görs med fat eller träspån.
		It must also be clear to us that it is not possible to monitor what is done with barrels or wood chips.
3093	**gräl**	**quarrel|argument**
	nn	"Jag ber dig, låt inget gräl fortsätta mellan mig och dig och mellan mina herdar och dina herdar", sade Abraham till sin brorson, "vi män är ju bröder."
		"Please, do not let any quarreling continue between me and you and between my herdsmen and your herdsmen," Abraham told his nephew, "for we men are brothers."
3094	**best**	**beast|monster**
	nn	Jag hörde att mina österrikiska kolleger diskuterade best available technology (BAT).
		I heard my Austrian colleague talk about best available technology, or BAT.
3095	**syskon**	**sibling**
	nn	iii) de inte är släkt i rätt upp– eller nedstigande led, syskon, förälders syskon, syskonbarn, svärsöner eller svärdöttrar,

(iii) the partners are not related in any of the following ways: parent, child, grandparent, grandchild, brother, sister, aunt, uncle, nephew, niece, son–in–law, daughter–in–law,

3096 **motorcykel**
      nn

motorcycle

Avslutningsvis är antalet personer som kör bil eller motorcykel spritpåverkade chockerande.
Finally, the number of people who drive a car or a motorbike under the influence of alcohol is shocking.

3097 **i förväg**
      adv

in advance

Ni kan lika gärna säga det till honom i förväg.
You may as well say it to him in advance.

3098 **utveckling**
      nn

development|progress

På grundval av analysen av de resultat och lärdomar som läggs fram i detta meddelande avser kommissionen därför att i enlighet med Europeiska rådets begäran undersöka möjligheten att före våren 2010 föreslå medlemsstaterna en europeisk rättsakt om innovation som omfattar alla villkor för hållbar utveckling och som skulle utgöra en integrerad och avgörande del i EU:s framtida reformagenda.
Therefore, based on the analysis of achievements so far and the lessons learnt presented in this Communication, and as requested by the European Council, the Commission intends to explore the feasibility of proposing to the Member States before spring 2010 a European Innovation Act encompassing all the conditions for sustainable development and which would form an integral and crucial part of the future European reform agenda.

3099 **bonus**
      nn

bonus

Artikel 8.3.4 i privatiseringsavtalet skall ändras så att någon bonus inte kan betalas för de första tio inbesparade procenten av den investeringskostnad som fastställs i privatiseringsavtalet.
Article 8.3.4 of the privatization contract shall be amended in order to exclude incentive payments on the first 10 % saved of the investment cost laid down in the privatization contract.

3100 **stig**
      nn

path|trail

Andra i denna kammare kämpar med att trampa upp en ny och bakåtsträvande stig inom det sociala området.
But others in this House are straining to carve a new and retrograde path in the social field.

3101 **federal**
      adj

federal

Federal Bank har en federal överskottsbudget och en lättrörlig arbetsmarknad.
But the Federal Bank has a federal budget that is in surplus and a market that is totally fluid.

3102 **med stöd av**
      phr

with the support of

Med stöd av befintlig lagstiftning kan och skall vi införa strängare bestämmelser.
Under existing legislation, we can and shall introduce stricter provisions.

3103 **miljö**
      nn

environment|setting

Integreringen av ny kunskap med utgångspunkt i nano–, material– och produktionsteknik kommer att stödjas i sektorsvisa eller sektorsövergripande tillämpningar inom områden som hälsa, livsmedel, konstruktion och byggverksamhet, inklusive kulturarv, rymd– och luftfartsindustri, transport, energi, kemi, miljö, information och kommunikation, textil, beklädnad och skodon, skogsbaserad industri samt stål–, maskin– och kemiteknik samt inom de allmänna ämnena arbetarskydd och mätning och provning.

The integration of new knowledge from nano–, materials–, and production–technologies will be supported in sectoral and cross–sectoral applications such as health, food, construction and building including cultural heritage, aerospace industry, transport, energy, chemistry, environment, information and communication, textiles, clothing and footwear, forest–based industry, steel, mechanical and chemical engineering, as well as in the generic subjects of industrial safety and measurement and testing.

3104	**frivillig**	**voluntary; volunteer**
	adj; nn	Varje stad som har en frivillig brandkår förstår det här tankesättet.
		Every town that has a volunteer fire department understands this way of thinking.
3105	**negativ**	**negative; negative**
	adj; nn	Vi får först och främst ett förbud mot användning av en rad cancerframkallande ämnen och dessutom mot ämnen som har en negativ inverkan på vår fortplantningsförmåga.
		First and foremost, we are obtaining a ban on the use of a range of carcinogenic substances and on the use of substances that impair our reproductive ability.
3106	**klandra**	**blame|criticize**
	vb	Men vem ska vi klandra för att inga framsteg gjorts när det gäller tillsynsstrukturen?
		But whom are we to blame for the lack of progress on supervisory architecture?
3107	**skåla**	**scoop**
	vb	Vad ska vi skåla för?
		What shall we drink to?
3108	**genomföra**	**implement|carry through**
	vb	Hans kunskaper i kinesiska gjorde att vi kunde genomföra planen smidigt.
		His knowledge of Chinese enabled us to carry out our plan smoothly.
3109	**filosofi**	**philosophy**
	nn	Kinesisk filosofi är bäst.
		Chinese philosophy is the best.
3110	**insekt**	**insect**
	nn	Därför måste vi förhindra att irakier, engelsmän och amerikaner dör.
		This is why we must prevent Iraqi, British and American citizens dying.
3111	**höjdare**	**bigwig**
	nn	Antingen är man en höjdare, eller en slav som kämpar för att hinna på tåget.
		You're either a big leader or you're a slave clawing your way onto the sea train.
3112	**saknad**	**missing|lamented; regret**
	adj; nn	Här kan du lätt identifiera uppenbara misstag, som saknad eller felaktig e–postadress eller felaktigt inställd teckenuppsättning, som inte visar alla specialtecken.
		Here you can easily identify obvious mistakes, like a missing or a wrong e–mail address or a wrongly–configured charset which doesn't show all special characters.
3113	**rasande**	**furious**
	adj	Republikanerna var rasande.
		Republicans were furious.

3114	**fanskap**	**devilry**
	nn	Ditt förbannade fanskap!
		You goddamn, mean, dirty son of a bitch!

3115	**tortyr**	**torture**
	nn	Sabotage mot icke–statliga organisationer, trakasserier av opponenter, diskriminering av minoriteter, arresteringar och tortyr och alla andra dokumenterade brister får oss att frukta det värsta om vad som kommer efter Mubarakregimen.
		Sabotage of non–governmental organisations, intimidation of opponents, discrimination against minorities, arrests and torture and all the other failings on record lead us to fear the worst for what will follow the Mubarak regime.

3116	**rimligt**	**fair**
	adv	När det gäller de fyra medlemsstater i euroområdet vars budgetar ännu inte är helt förenliga med stabilitets– och tillväxtpakten – Frankrike, Tyskland, Italien och Portugal – är det fullt rimligt att de bör fortsätta processen att få ordning på sina underliggande budgetställningar.
		For the four euro–area Member States whose budgets are not yet fully compatible with the Stability and Growth Pact – France, Germany, Italy and Portugal – it is wholly reasonable that they should continue the process of putting their underlying budget positions right.

3117	**elakt**	**spitefully**
	adv	Det är därför inte förvånande att de sanna kristna i våra dagar har framställts i felaktig dager och blivit föremål för elakt förtal och smutskastning.
		Accordingly, it does not surprise us that true Christians today have faced gross misrepresentations, malicious slander, and smear campaigns.

3118	**kappa**	**coat**
	nn	Detta innebär att man försöker finna en kappa som matchar knappen.
		This means that I am trying to find a coat to match the button.

3119	**slutändan**	**ultimately**
	adv	I slutändan är det ändå talangen som räknas i musikens värld.
		After all, it is talent that counts in music.

3120	**mottagning**	**reception**
	nn	Problem vid mottagning av information om automatiskproxykonfigurering.
		There was a problem receiving your proxy autoconfiginformation.

3121	**munk**	**monk**
	nn	Denna modiga buddistiska munk har blivit trakasserad och arresterad i flera år i sin kamp för religiös frihet och mänskliga rättigheter.
		This brave Buddhist monk has suffered years of harassment and jail in his quest for religious freedom and human rights.

3122	**brista**	**burst|rupture**
	vb	Pappen skall kunna böjas tillräckligt utan att brista.
		The fibreboard shall be capable of bending sufficiently without breaking.

3123	**enrum**	**one-room**
	adj	Anbuden skall granskas i enrum av den berörda myndigheten.
		Tenders shall be examined in private by the competent authority concerned.

3124	**anlita**	**hire|brief|engage**
	vb	Ett yttrande från en juridisk rådgivare som den berörda personen har anlitat befriar honom inte från ansvar i detta hänseende.
		Advice given to the undertaking by a lawyer whom it has consulted cannot exonerate it in that respect.

3125 ände

nn

termination

När processen är avslutad, lossar man Erlenmeyerkolven från utrustningen, sköljer inloppsrörets ände och kolvens väggar med lite destillerat vatten och titrerar överskottet syra mot en ställd 0,1 mol/l natriumhydroxidlösning.

When the process is finished, separate the Erlenmeyer from the apparatus, rinse the end of the intake tube and the Erlenmeyer walls with a little distilled water, and titrate the excess acid against a standard 0,1 mol/l sodium hydroxide solution.

3126 sörja

vb; nn

mourn | grieve; sludge

Det kan spola bort sörjan från bergstoppar och höjder- -och föra den med sig till lågländerna.

It can wash the sludge off high mountain peaks and hills, down into the lowlands.

3127 fluga

nn

mania | fly | bow tie

Han gör inte en fluga förnär.

He wouldn't harm a fly.

3128 anklagelse

nn

accusation | allegation

Vilken anklagelse kom Satan med?

What challenge did Satan raise with regard to Job?

3129 utslag

nn

rash | decision

Efter utslag i handelstvister enligt andra internationella handelsavtal, däribland regionala och bilaterala avtal, när unionen har rätt att upphäva medgivanden eller andra skyldigheter enligt sådana avtal.

Following the adjudication of trade disputes under other international trade agreements, including regional or bilateral agreements, when the Union has the right to suspend concessions or other obligations under such agreements.

3130 uppfostra

vb

raise | educate

Regionkommittén konstaterar dessutom att samhället inte tillhandahåller de medel som är nödvändiga för att kvinnor ska kunna återinträda på arbetsmarknaden efter det att de fött barn. Vi anser därför att ESF har en mycket viktig roll att spela när det gäller att göra det möjligt för dem som lämnat arbetsmarknaden för att uppfostra barn eller vårda anhöriga att komma tillbaka till arbetslivet.

The region comittee aAlso notes that society does not provide the necessary means for women to return to work after childbirth, and therefore considers that the role of the ESF is crucial to creating opportunities to reintegrate into the labour market those who have left it to bring up children or care for relatives.

3131 bunden

adj

bound

Varje samarbete eller varje gemensam organisation skall vara bunden av reglerna i detta direktiv.

Any collaboration or joint organisation shall be bound by the rules set out in this Directive.

3132 smälla

vb

pop

För att han kommer smälla till igen, och när det händer, skall vi vara där.

Because he's gonna blow again, and when he does, we'll be there.

3133 beordra

vb

order

Att det finns bärare av någon sjukdom av det slag som avses i direktiv 82/894/EEG (5), senast ändrat genom kommissionens beslut 90/134/EEG (6), av zoonos eller någon sjukdom eller annan orsak som kan utgöra en allvarlig risk för djur eller människor eller att varorna kommer från en region som är smittad med en epizootisk sjukdom skall de beordra att djuret eller djursändningen sätts i karantän på närmaste karantänstation eller slaktas eller avlivas.

The presence of agents responsible for a disease referred to in Directive 82/894/EEC (5), as last amended by Commission Decision 90/134/EEC (6), a zoonosis or disease, or any cause likely to constitute a serious hazard to animals or humans, or that the products come from a region contaminated by an epizootic disease, they shall order that the animal or consignment of animals be put in quarantine at the nearest quarantine station or slaughtered and/or destroyed.

3134	**motbjudande**	**obnoxious|repulsive**
	adj	Det vore absolut motbjudande i våra medborgares ögon.
		That would be absolutely abhorrent in the eyes of our fellow citizens.

3135	**tron**	**throne**
	nn	Ja, de kristna kan stå fasta i tron bara om de är fast rotade i Kristus.
		Indeed, Christians can stand their ground only if they are firmly rooted in Christ.

3136	**tablett**	**tablet|tabloid**
	nn	Det handlar inte bara om när du tar en tablett, din förmåga och smärta blir bättre.
		It's not just about taking a pill, and your performance and your pain getting better.

3137	**överlevnad**	**survival**
	nn	På så sätt kan man få korrekta data om incidens, prevalens, överlevnad och dödlighet.
		In this way accurate data can be obtained on incidence, prevalence, survival and mortality.

3138	**modigt**	**courageously**
	adv	Sedan några tiotal år (därav 1968 års kris för trettio år sedan) överför inte den vuxna generationen – föräldrar i första hand, men också lärare, utbildare, journalister, folkvalda – längre de intellektuella och andliga budskap som gör det möjligt för ungdomarna att dynamiskt och modigt möta livets prövningar eller ta familjeansvar eller politiskt ansvar, strävan efter artificiella paradis föder t.ex. ett absolut behov hos dem, men varken arbete, vetenskap, konst, sport, ekologi eller politik är något absolut, vare sig de befinner sig på nationell eller europeisk nivå.
		Indeed, for several decades – hence the crisis of 1968, 30 years ago – the adult generation, parents primarily, but also teachers, journalists and members of parliament, has not been passing on the intellectual and spiritual elements needed by young people to dynamically and courageously face the various tests in life, or to take on family or political responsibilities, for example. The search for artificial havens demonstrates their need for absolutes; however, neither work, nor science, art, sport, ecology or politics, whether at national or European level, are such absolutes.

3139	**block**	**block|pad**
	nn	Den har blivit ett starkt ekonomiskt block som ökar företagens effektivitet.
		The Union has become a strong economic block that makes businesses more efficient.

3140	**ankomst**	**arrival**
	nn	Struktur och innehåll i förhandsmeddelande om ankomst från avgångstullkontoret till bestämmelsetullkontoret.
		Structure and content of the anticipated arrival message from the office of departure to the office of destination.

3141	**fånig**	**silly|inane**
	adj	Om han inte kan välja mellan vad som är önskvärt – och jag kan hålla med honom om vad som är det önskvärda – och det som är görligt, så får vi en fånig debatt.
		If he cannot make a choice between what is desirable – and I would agree with him about what is desirable – and what is achievable, then we are going to have a phoney debate.
3142	**webbläsare**	**browser**
	nn	Navigeringsapplikationer för mobilhandset kan också nås via en webbläsare (web browser).
		Navigation applications for mobile handsets can also be accessed via a web browser.
3143	**läcker**	**delicious**
	adj	Ytterligare gemenskapsstöd kan också övervägas, såsom stöd till byggnation av bostäder till överkomliga priser.
		We might look into additional Community aid, for example, to support the building of affordable housing.
3144	**kredit**	**credit**
	nn	Credit– och finansinstitut som varken har säte i Nordkorea eller omfattas av tillämpningsområdet för artikel 16, men som kontrolleras av personer och enheter med säte i Nordkorea enligt förteckningen i bilaga VI.
		Credit and financial institutions that are neither domiciled in North Korea nor fall within the scope of Article 16 but are controlled by persons or entities domiciled in North Korea, as listed in Annex VI.
3145	**skinka**	**pork**
	nn	Biff måste vara biff och skinka måste vara skinka.
		A steak must be a steak and a ham must be a ham.
3146	**grönsaker**	**vegetables**
	nn	EEG/FN normerna för färsk frukt och grönsaker som antas genom denna förordning, skall ses över vart annat år.
		The ECE/UN standards for fresh fruit and vegetables adopted by this Regulation shall be revised every two years.
3147	**till känna**	**acknowledge**
	phr	Alla känner till problemet, men ingen talar om det.
		Everyone recognizes the problem, but no one talks about it.
3148	**rök**	**smoke**
	nn	Känner du att det luktar rök?
		Do you smell smoke?
3149	**tjockis**	**fatty**
	nn	Du, tjockis, se vart du gå..
		Hey, fatboy, you need to watch where you're going..
3150	**äckel**	**disgust**
	nn	Men jag kan inte låta bli att känna ett visst äckel när jag bevittnar asgamarnas dans kring detta kadaver och denna rättegångsfars som alltid riktar sig mot de besegrade och aldrig ifrågasätter segrarnas handlingar.
		I cannot help feeling some disgust, however, at the vultures circling around this carcass and at this farcical judicial system which is still designed for the victors and never questions their actions.
3151	**charmerande**	**charming**
	adj	Ni är charmerande och känslig.
		You're a charming and sensible lady.

3152	**manlig**	**male|masculine**
	adj	Kommissionen har noterat att den spanska lagstiftningen faller utanför tillämpningsområdet för direktiv 92/85, eftersom en manlig arbetstagare i vart fall inte har rätt till mammaledighet i den mening som avses i detta direktiv.
		The Commission points out that the Spanish legislation falls outside the scope of Directive 92/85, since a (male) worker cannot, in any case, take maternity leave under that directive.

3153	**ärligt**	**honestly|sincerely**
	adv	Ärligt talat, jag är inte särskilt imponerad av hans idée.
		Frankly, I'm not that impressed with his idea.

3154	**historiskt**	**historically**
	adv	Geografiskt, historiskt och kulturellt är Turkiet inget europeiskt land.
		Geographically historically and culturally, Turkey is not a European country.

3155	**permanent**	**permanent; permanently; permanent wave**
	adj; adv; nn	destruktion: ett förfarande genom vilken hela eller större delen av en fluorerad växthusgas permanent omvandlas till eller uppdelas i ett eller flera stabila ämnen som inte är fluorerade växthusgaser
		Destruction: The process by which all or most of a fluorinated greenhouse gas is permanently transformed or decomposed into one or more stable substances which are not fluorinated greenhouse gases

3156	**medge**	**allow|admit**
	vb	Märkningen måste medge exakta hälsobudskap, som för folsyra.
		Labelling must allow for accurate health messages, such as for folic acid.

3157	**producent**	**producer**
	nn	Jag är säker på att ingen producent nu vågar satsa på gentekniken.
		I am sure that at the moment no manufacturer will dare to bank on genetic engineering.

3158	**sky**	**sky; shun**
	nn; vb	Enligt min mening är det inte vår uppgift att förekomma att man skyr kritik av vår egen utrikespolitik.
		I do not believe we should shy away from criticism of our own foreign policy.

3159	**funktion**	**function**
	nn	Europeiska datatillsynsmannen betonar att denna typ av behandling i princip är strängt reglerad i medlemsstaternas lagstiftning (om den inte är förbjuden) och att den är en uppgift för särskilda offentliga mydigheter, vilkas funktion även är strängt reglerad.
		The EDPS stresses that this kind of processing is in principle strictly regulated in Member State legislation (if not prohibited), and it is the task of specific public authorities the functioning of which is also strictly regulated.

3160	**svit**	**suite|sequence**
	nn	Detta är vår bästa, Saskia van Uylenburgh, svit.
		This is our very best, the Saskia van Uylenburgh suite.

3161	**succé**	**strike; best-selling**
	nn; adj	Herr Schüssel, herr rådsordförande! Ur artistisk synvinkel har ert ordförandeskap varit en fullkomlig succé.
		However, Mr Schüssel, Mr President–in–Office of the Council, from an artistic point of view your Presidency has been a complete success.

3162	**smekmånad**	**honeymoon**

nn   Tja, vi på vår smekmånad.

Well, we're on our honeymoon.

3163 gärning   **act | work**

nn   Om den person som är föremål för den europeiska arresteringsordern är föremål för lagföring i den verkställande medlemsstaten för samma gärning som den som ligger till grund för den europeiska arresteringsordern.

Where the person who is the subject of the European arrest warrant is being prosecuted in the executing Member State for the same act as that on which the European arrest warrant is based.

3164 bakväg   **back way**

nn   Vi måste alla arbeta tillsammans för att få fram ett ordentligt utarbetat ändringsförslag, snarare än ett som skapats via någon omständlig bakväg.

We all have to work together to have a properly worked out amendment rather than one achieved by some circuitous back door route.

3165 kommitté   **commission**

nn   Det arbete som utförts av denna kommitté har lindrat många familjers lidande.

The work they have done in this area has brought peace to many families.

3166 värma   **heat**

vb   Differentieringen av skatten grundas på klimatfaktorer och syftar till att ge hushåll och företag inom tjänstesektorn i norra Sverige samma förutsättningar som samma typ av konsumenter i södra Sverige genom att sänka elkostnaderna för konsumenter i norr (där den elförbrukning som krävs för att värma upp ett medelstort hus beräknas vara ungefär 25 % högre än i södra Sverige).

The tax differentiation is based on climate considerations and aims at placing households and service sector companies in the north of Sweden at an equal footing with such consumers in the southern parts of the country by way of reducing the costs of electricity for the consumers up north (where the electricity consumption needed to heat an average house in the northern parts of Sweden is deemed to be about 25 percent higher than in the south).

3167 pluton   **platoon**

nn   Få sedan andra plutonen över till berget!

Then get that Second Platoon over to the hill!

3168 ivrig   **eager | avid**

adj   Sven blev ivrig.

Sven got excited.

3169 teve   **television**

nn   Stäng av teven och kom och lägg dig.

Sparky, why don't you turn off the TV and come to bed?

3170 kapabel   **capable**

adj   Den är kapabel att placera eller orientera material, delar, verktyg eller speciella komponenter med variabla rörelser i tredimensionellt rum.

It is capable of positioning or orienting material, parts, tools or special devices through variable movements in three dimensional space.

3171 rå   **raw | crude; boundary**

adj; nn   Kapitalismen är varken civilisation eller humanism, utan rå profitjakt där ändamålet helgar medlen.

Capitalism is not civilization or humanism, but the crude and ruthless pursuit of profit.

3172 godkänd   **approved**

adj

Biotillgänglighetsstudier får användas för att påvisa i vilken utsträckning det är möjligt att ersätta en redan godkänd eller etablerad tillsats med en motsvarande ny typ av näringsämne eller färgämne eller ett närings– eller färgämne från en ny källa.

Bioavailability studies may be used to demonstrate the extent to which a novel form or source of a nutrient or colorant can substitute for an equivalent additive already approved or established.

3173 transport

nn

transport | transportation

De åtgärder som föreskrivs i detta beslut är förenliga med yttrandet från kommittén för transport av farligt gods, som upprättats i enlighet med artikel 9 i direktiv 94/55/EG.

The measures provided for in this Decision are in accordance with the opinion of the Committee on the transport of dangerous goods, set up by Article 9 of Directive 94/55/EC,

3174 polisstation

nn

police station

Dessutom lär minst en polisstation i innerstaden ha anslutit sig till protesterna.

Apparently at least one police station in the city centre has joined the protestors.

3175 nazist

nn

nazi

Herr talman! I gårdagens protokoll togs, av naturliga skäl med de inlägg som tog upp den så kallade "Strasbourgförklaringen" vilken försöker dra in Europaparlamentet i några åsikter som bokstavligt talat leder till slutsatsen att denna ledamot vore nazist.

Mr President, yesterday's Minutes will naturally indicate interventions referring to the so–called 'Strasbourg Declaration" which intends to implicate the European Parliament in certain considerations which would literally lead to the conclusion that I am a Nazi.

3176 möbel

nn

piece of furniture

Träbaserade material får endast användas i en möbel om de uppfyller följande krav:

Wood-based materials are only allowed in a piece of furniture if they comply with the following requirements :

3177 tumme

nn

thumb

I början av seklet fick en man slå sin hustru— bara käppen inte var bredare än en tumme.

In the early days, it was legal for men to beat their wives , as long as they used a stick no wider than their thumb.

3178 käka

vb

have some grub

Verkar det inte lite konstigt.. man måste käka med varandra, som en ursäkt för att ha en konversation?

Doesn't it seem arbitrary, people having to eat together as an excuse to have conversations?

3179 servitris

nn

waitress

Jag säger åt en servitris att hämta dem.

I'll get a barmaid to pick ' em up.

3180 revolution

nn

revolution

För det handlar här om, och det är jag enig med herr Garosci om, en revolution. Politikerna har uppdraget: förklara, förklara, förklara att ett Europa kräver kraftig reformering av alla medborgare, för då skapar vi ett vitalt, finansiellt, ekonomiskt och socialt Europa.

We are facing a revolution, as Mr Garosci said, and politicians must now do everything they can to make it clear that European unity requires substantial reforms from all its citizens, because this is the way to create a dynamic financial, economic and social Europe.

3181	**kraftig**	**powerful|heavy**
	adj	En kraftig jordbävning hände igår kväll.

A strong earthquake happened last night.

3182	**intrång**	**infringement|intrusion**
	nn	Uttrycket intrång i en rättighet som följer av detta fördrag eller Bernkonventionen innefattar både uteslutande rätt och rätt till ersättning.

It is understood that the referance to "infringement of any right coverd by this Treaty or the Berne Convention" includes both exclusive rights and rights of remuneration.

3183	**besvara**	**answer**
	vb	Sven kunde inte besvara en endaste fråga på gårdagens test.

Sven couldn't answer even one question on yesterday's test.

3184	**existens**	**existence|life**
	nn	En skada av ekonomisk art kan visserligen inte anses vara irreparabel, eller ens svår att avhjälpa, förutom i undantagsfall, eftersom den kan avhjälpas genom ekonomisk ersättning vid ett senare tillfälle. En interimistisk åtgärd är dock befogad om det visar sig att sökanden i avsaknad av denna åtgärd skulle befinna sig i en situation som skulle kunna äventyra dess existens eller på ett irreparabelt sätt påverka dess ställning på marknaden innan den dom har avkunnats genom vilken huvudsaken avgörs.

Lastly, although it is firmly established that damage of a pecuniary nature cannot, save in exceptional circumstances, be regarded as irreparable, or even as being reparable only with difficulty, if it can ultimately be the subject of financial compensation, it is also settled case–law that an interim measure is justified if it appears that, without that measure, the applicant would find itself in a position which could jeopardise its existence before final judgment in the main action or irremediably alter its position in the market.

3185	**skytt**	**marksman|shot**
	nn	Du är en bra skytt!

You're a great shot!

3186	**mustasch**	**mustache**
	nn	Jag har aldrig haft mustasch.

I never had a mustache.

3187	**ovan**	**new; above; unaccustomed**
	adv; prp; adj	Därmed borde kommissionen dra tillbaka sitt förslag och lägga fram ett nytt lagstiftningsförslag som beaktar punkterna ovan.

The Commission should therefore withdraw its draft and present a new legislative proposal that pays attention to the above points.

3188	**i likhet med**	**in conformity with**
	adv	I likhet med några andra har vi lagt fram de viktigaste ändringsförslagen på nytt.

We, like a number of others, have retabled the most important amendments again.

3189	**utforska**	**explore**
	vb	Medlemsstaterna bör utforska hur de kostnader som staten lägger på företagen kan sänkas för nystartade FoU–företag, i linje med det framgångsrika franska systemet för stöd till nystartade innovativa företag.

*Member States should explore ways in which state imposed costs can be
lowered for young R&D businesses following the example of the very
successful French Young Innovative Enterprise (YIE) regime.*

3190	**förena**	**reconcile|join**
	vb	Herr talman! Jag är mycket nöjd med den entusiasm som har uppvisats i parlamentet i dag för att förena våra krafter i denna gemensamma kamp mot cancer.

*Mr President, I am very satisfied with the enthusiasm exhibited in
Parliament today towards coming together in this concerted struggle
against cancer.*

3191	**förbättra**	**improve**
	vb	Sven försökte förbättra stämningen.

Sven tried to lighten the mood.

3192	**ugn**	**oven**
	nn	Bröd bakas i en ugn.

Bread is baked in an oven.

3193	**pirat**	**pirae**
	nn	Det är logiskt att företagen försöker finna den kortaste vägen till konsumenten, men vi kan inte på något sätt vilja, att det europeiska skeppet uppför sig som en global pirat.

*Businesses will naturally seek the shortest route to the consumer, but surely
we do not want to see the European ship operating as a global pirate.*

3194	**släpa**	**drag|drudge; sledge**
	vb; nn	Samtidigt som medlemsstaternas och de regionala och lokala myndigheternas befogenheter bör respekteras till fullo när det gäller många aspekter av hållbar utveckling och utvecklingen av egna arbetssätt och åtaganden i fråga om många av problemen anser kommittén att det också, för att hålla takten uppe i arbetet för hållbar utveckling, krävs en förstärkning av kommissionens kapacitet att övervaka de övergripande framstegen och initiera nya åtgärder när genomförandet tycks släpa efter och ett kollektivt europeiskt arbetssätt krävs.

*While fully respecting the competence of Member States and regional and
local government in many aspects of sustainable development, and the
importance of their developing their own approaches and commitment to
many of the problems, the Committee believes that maintaining progress on
sustainable development at the rate that is needed will also require a
strengthening of capacity in the Commission to monitor overall progress
and to be ready to initiate new measures where implementation appears to
be falling behind and a collective European approach is needed.*

3195	**rusa**	**rush|speed**
	vb	Vi ber er att inte falla för frestelsen att rusa huvudstupa in i liberalismen.

*We would urge you to beware of the temptation to make a headlong dash
towards liberalism.*

3196	**kandidat**	**candidate|aspirant**
	nn	Har ingen kandidat erhållit absolut majoritet av de avgivna rösterna efter tre valomgångar, begränsas den fjärde valomgången till de två kandidater som i den tredje valomgången erhöll flest antal röster.

*If after three ballots no candidate has obtained an absolute majority of the
votes cast, the fourth ballot shall be confined to the two Members who have
obtained the highest number of votes in the third ballot.*

3197	**ägna**	**devote|apply**

vb

EG–domstolen har till exempel ansett att en organisation dels kan ägna sig åt administrativ verksamhet som inte är av ekonomisk art, till exempel polisiärt arbete, dels rent kommersiell verksamhet.

For example, the Court has ruled that a given entity may be engaged on the one hand in administrative activities which are not economic, such as police tasks, and on the other hand in purely commercial activities.

3198 bedrägeri — **fraud|deception**

nn

Dessutom blev trolldom, äktenskapsbrott, lögn, bedrägeri och förtryck vanligt bland israeliterna.

Also, sorcery, adultery, lying, fraud, and oppression came to exist among the Israelites.

3199 svagt — **low|weak**

adv

Svagt lösligt i vatten, lösligt i basiska lösningar, svårlösligt i etanol.

Slightly soluble in water, soluble in basic solutions, sparingly soluble in ethanol.

3200 vett — **wit**

nn

Det slår mig att Knut hade mer vett än vad EU:s ledare har i dag.

It strikes me that Canute had more sense than Europe's rulers have today.

3201 ris — **rice**

nn

Japans huvudgröda är ris.

The main crop of Japan is rice.

3202 otäck — **nasty|horrid; wickedness**

adj; nn

Den formen av kompletterande åtgärder ger mig en otäck bismak.

Complementarity in this form leaves a nasty taste in my mouth.

3203 hänsyn — **regard**

nn

Godkännande om samlingsprovet inte överskrider gränsvärdet, med hänsyn tagen till mätosäkerheten och korrigeringen för utbytet.

Acceptance if the laboratory sample conforms to the maximum limit, taking into account the correction for recovery and measurement uncertainty.

3204 härom — **from here**

nn

Om en deklaration inte har ingivits före den 1 juli, skall artikel 5 andra stycket i förordning (EEG) nr 3950/92 tillämpas 30 dagar efter det att medlemsstaten har delgivit producenten härom."

Where a declaration is not submitted before 1 July, the second paragraph of Article 5 of Regulation (EEC) No 3950/92 shall apply 30 days after the Member State has served notice.'

3205 nödsituation — **emergency**

nn

En beskrivning av arbetsuppgifterna för alla besättningsmedlemmar, så att en snabb utrymning av ett flygplan kan genomföras och passagerarna kan tas omhand i händelse av en nödlandning på land eller på vatten eller någon annan nödsituation.

A description of the duties of all members of the crew for the rapid evacuation of an aeroplane and the handling of the passengers in the event of a forced landing, ditching or other emergency.

3206 instrument — **instrument|engine**

nn

Försiktighetsprincipen är ett mycket viktigt instrument i miljölagstiftningen.

The precautionary principle is a very important tool in environmental legislation.

3207 stressad — **stressed**

79

adj	Om du kan det kommer du förmodligen att känna dig mindre stressad, förbättra dina betyg och ge dina föräldrar anledning att visa dig större förtroende.
	Control your time, and you will likely reduce your stress, improve your grades, and gain more trust from your parents.

3208 konsekvens — **consequence**

nn

· Hur utkasten formuleras: tydlighet, konsekvens, insyn och rättslig säkerhet vid tillämpningen av texterna.

– the wording of drafts: clarity, consistency, transparency and legal certainty in the application of the texts;

3209 server — **server**

nn

Netscape kan inte utföra någon socketuppkoppling till denna server.

Netscape is unable to complete a socket connection with this server.

3210 utgå — **emanate**

vb

Den framtida livsmedelpolitiken bör utgå från en välavvägd modell och omfatta åtgärder för att förebygga livsmedelssvinn. Dessa åtgärder bör riktas in på hela livsmedelskedjan från stadiet före skörd till dess att livsmedlen når konsumenten.

Any future industrial policy for the food and drink sector should reflect a balanced approach and address food wastage prevention: Food wastage prevention policies should take a food chain approach from pre–harvest stage to the consumers.

3211 spänning — **voltage|tension**

nn

Provningsspänning: den spänning eller det spänningsområde vid lysdiodljuskällornas anslutningar som föreskrivs för provning av lysdiodljuskällornas elektriska och fotometriska egenskaper.

Test voltage(s): voltage(s) or voltage range(s), at the LED light sources terminals for which the electrical and photometric characteristics of the LED light sources are intended and are to be tested.

3212 vad som helst — **anything; whatever**

prn; adv

Jag skulle göra vad som helst för dig.

I would do anything for you.

3213 hederlig — **honest|upright**

adj

Är du en hederlig man?

Are you a man of honour?

3214 radera — **delete|rub out**

vb

Varje person skall kunna få sin sak prövad i domstol eller av den enligt nationell lag i varje medlemsstat behöriga myndigheten, för att få tillgång till, rätta, radera eller erhålla information eller få gottgörelse i samband med en registrering som berör honom.

Any person may bring an action before the courts or the authority competent under the law of any Member State to access, correct, delete or obtain information or to obtain compensation in connection with an alert relating to him.

3215 summa — **amount|figure**

nn

Från första början har den franska regeringen försäkrat att den skulle hålla FagorBrandt vid liv till varje pris och utan hänsyn till vilken summa privata pengar som slutligen skulle komma att lånas ut till FagorBrandt.

From the outset, the French Government gave assurances that it would support FagorBrandt whatever the cost, regardless of the amount of private funds eventually loaned to the company.

3216 disciplin — **discipline**

nn

Den disciplin som medlemsstaterna och regionerna årligen åläggs genom den här regeln gör dock att de ständigt måste hålla ett vakande öga på genomförandetakten, vilket är att föredra framför att försöka hämta in förseningar mot slutet, så som skedde under perioden 1994–1999.

However, the discipline imposed each year by this rule forces the Member States and their regions to pay constant attention to achieving a satisfactory rate of programme implementation, rather than trying to make up lost time at the end of the period, as happened in 1994–99.

3217 galenskap   **madness|insanity**

nn

Det behövs verkligen en smula galenskap, tro på sig själv samt mod och beslutsamhet för att se framtiden an.

A grain of folly, of self–belief, as well as grit and determination are indeed needed to face the future.

3218 uppgörelse   **settlement|agreement**

nn

Eftersom arvsfrågor i vissa medlemsstater kan handläggas av icke–rättsliga myndigheter, t.ex. notarier som inte är bundna av behörighetsbestämmelserna i denna förordning, går det inte att utesluta att en uppgörelse i godo utanför domstol och domstolsförfaranden avseende samma arv, eller två uppgörelser i godo utanför domstol avseende samma arv, kan inledas parallellt i olika medlemsstater.

Given that succession matters in some Member States may be dealt with by non–judicial authorities, such as notaries, who are not bound by the rules of jurisdiction under this Regulation, it cannot be excluded that an amicable out–of–court settlement and court proceedings relating to the same succession, or two amicable out–of–court settlements relating to the same succession, may be initiated in parallel in different Member States.

3219 gard   **guard**

nn

EU bör därför inte sänka sin gard.

The European Union should not, therefore, lower its guard.

3220 hälla   **stick|pour; strap**

vb; nn

Under dessa omständigheter kunde vi inte hålla fast vid en justering med 25 procent.

In those circumstances, we could not stick to a correction of 25 %.

3221 färja   **ferry; ferry**

nn; vb

Utvecklingen på Kuba har försämrats allvarligt efter de omfattande arresteringarna av oliktänkande under mars 2003 och avrättningen av tre personer som dömts för att ha kapat en färja i början av april 2003.

Mr President, developments in Cuba have taken a very negative turn with the large–scale arrest of dissidents in March 2003 and the execution of three people convicted of hijacking a ferry at the beginning of April 2003.

3222 mäster   **master**

nn

Unge mäster Gandalf!

Young Master Gandalf!

3223 besked   **information|answer**

nn

Om de revisorer som utför den lagstadgade revisionen avböjt att avlägga revisionsberättelse eller lämnat en revisionsberättelse som avviker från standardutformningen skall besked om och motiv för detta lämnas. Anmärkningar eller motsvarande skall återges i sin helhet.

If audit reports on the historical financial information have been refused by the statutory auditors or if they contain qualifications or disclaimers, such refusal or such qualifications or disclaimers must be reproduced in full and the reasons given.

3224	**smula**	**crumb**
	nn	Låt mig ta ett exempel om den fria rörligheten, som vi ju gärna talar om, men som vi hittills bara har förverkligat en liten, liten smula av.
		For instance, let us take the example of the citizen's right to freedom of movement, which we love talking about, but which so far has only progressed in Lilliputian stages.
3225	**inkräktare**	**intruder|invader**
	nn	Du kan inte skydda mig, titta på min pappa, och sök efter inkräktare.
		You can't protect me, watch my dad, and search for the intruder.
3226	**uppträda**	**appear|behave**
	vb	Paulus gav Timoteus råd om att uppträda som en respektfull son och omtänksam bror.
		Paul counseled Timothy to behave like a respectful son and a caring brother.
3227	**skala**	**scale; skin**
	nn; vb	Skala äpplet innan du äter det.
		Peel the apple before you eat it.
3228	**botemedel**	**cure**
	nn	Dessa framsteg erbjuder ett potentiellt botemedel för hittills obotliga sjukdomar.
		Such advances offer a potential cure for hitherto incurable diseases.
3229	**fläck**	**spot|stain**
	nn	Detta är en moralisk skandal och en enorm fläck på vårt kollektiva samvete."
		That is a moral scandal and a huge stain on our collective conscience.'
3230	**operera**	**operate**
	vb	Vi måste operera med det samma.
		We have to operate immediately.
3231	**sjuksköterska**	**nurse**
	nn	Min brorsdotter är sjuksköterska.
		My niece is a nurse.
3232	**fysisk**	**physical**
	adj	Jag tillönskar det nederländska ordförandeskapet mycket andlig och fysisk spänst.
		I wish the Dutch presidency great physical and mental resilience in its work.
3233	**delvis**	**partly; partial**
	adv; adj	Gemenskaperna är också utsatta för kreditrisk, dvs. risken för att mottagaren helt eller delvis kommer att vara oförmögen att betala de belopp som förfaller.
		The Communities take on exp.osure to credit risk, which is the risk that a counterparty will be unable to pay amounts in full when due.
3234	**fransman**	**Frenchman**
	nn	Tillåt mig att säga att det inte är så vanligt med en fransman som förstår den belgiska situationen.
		May I say that such understanding of the Belgian situation is rare in a Frenchman.
3235	**ingång**	**entrance**
	nn	b) I närheten av varje ingång från däck till bostadsutrymmen.
		(b) close to each entrance from the deck to accommodation spaces;
3236	**tvål**	**soap**
	nn	Om du har tvål, vatten och mat, då kan du leva länge.

If you have soap, water and food, you know, you can live long.

3237	**artig**	**polite|courteous**

adj

När jag läste Kindermanns utmärkta betänkande – och jag säger inte det bara för att vara artig, det är ett utomordentlig betänkande – så kom det litet grand som en chock att läsa att 30 procent av fångsterna i världen, runt 30 miljoner ton, går till industrifisket.

Reading Mr Kindermann's excellent report – and I do not say that just out of politeness, it is an outstanding report – it came as quite a shock to learn that 30 % of the world catch, some 30 million tonnes, is used for industrial fisheries.

3238	**ruta**	**square; check**

nn; vb

Skriv under blanketten i avsedd ruta.

Sign it in the appropriate box.

3239	**åtal**	**prosecution**

nn

Utredning och åtal beror på om lämpliga instrument finns tillgängliga.

Investigation and prosecution depend on the availability of appropriate instruments.

3240	**utgång**	**exit|expiry**

nn

Man bör emellertid också komma ihåg att vid översynen vid giltighetstidens utgång som ledde till upphävandet av de då gällande antidumpningsåtgärderna på import av ferrokisel med ursprung i Brasilien, Republiken Kazakstan, Folkrepubliken Kina, Ryska federationen, Ukraina och Venezuela låg gemenskapsindustrins vinst, utan dumpad import, på nivåer upp till 11,2 %.

However, it is also recalled that during the expiry review investigation which led to the termination of the anti–dumping measures applicable to imports of FeSi originating in Brazil, the PRC, Kazakhstan, Russia, Ukraine and Venezuela the profits realized by the Community industry in the absence of dumped imports reached levels up to 11,2%.

3241	**ljuv**	**delightful**

adj

Det är ljuv musik, min vän!

That, my friends, is pure music!

3242	**till förmån för**	**in favor of**

prp

Frankrike kommer kanske att göra det ensamt, men det blir till förmån för hela Europa.

France may be acting alone, but it is acting for the benefit of Europe as a whole.

3243	**intervjua**	**interview**

vb

Att tillmötesgå en begäran från auktionsplattformen om att få intervjua någon av den sökandes tjänstemän i den sökandes affärslokaler eller någon annanstans.

To attend an invitation made by the auction platform to interview any officers of the applicant including at its business premises or elsewhere.

3244	**badkar**	**bathtub**

nn

Någon mördade honom typ i ett badkar, och dumpade liket i sjön.

Somebody killed him, like in a bathtub, then dumped the body in a lake.

3245	**mjukt**	**smoothly; soft**

adv; adj

Saxen rengörs efter varje enskild fisk i 70 % etanol och därefter i destillerat vatten, och torkas sedan med mjukt papper.

The scissors are cleaned after each single fish in 70 % ethanol then in distilled water and dried with tissue paper.

3246	**len**	**soft**
	adj	När man tar på den känns ytan len, torr och jämnt skrynklad.
		The 'feel to the touch' is that of a smooth, dry and evenly wrinkled surface.
3247	**psykopat**	**psycho**
	nn	Om Crab fixar en psykopat på oss så här igen...
		If Crab ever throws a psycho at us like this again...
3248	**magiskt**	**magically**
	adv	Ledsen, Leckie, det finns inget magiskt piller!
		Sorry, Leckie, no magic pill!
3249	**aktivera**	**activate**
	vb	Aktivera det här alternativfältet om objektet ska döljas i normal hastighet.
		If you want to fade out the object at normal speed, activate this option button.
3250	**ensamhet**	**loneliness|solitude**
	nn	Förebygga ensamhet och brist på mental stimulans!
		Prevent loneliness and intellectual impoverishment!
3251	**brinnande**	**burning|passionate; in**
	adj; adv	Några av kyrkans läror skrämde mig, särskilt läran om ett brinnande helvete.
		Some church doctrines frightened me, particularly hellfire.
3252	**tjata**	**badger**
	vb	Börja inte tjata om vittnesskydd igen.
		Don't start with the Witness Protection again.
3253	**trottoar**	**pavement|footway**
	nn	Du är på en trottoar!
		You're on a sidewalk!
3254	**smuts**	**dirt|dirtiness**
	nn	De skall ha de organoleptiska egenskaper som färska och livskraftiga musslor normalt uppvisar, med skal fria från smuts, reagera normalt på slag och ha intravalvulär vätska i normal mängd.
		They must have organoleptic characteristics associated with freshness and viability, including shells free of dirt, an adequate response to percussion and normal amounts of intravalvular liquid.
3255	**pumpa**	**pumpkin; pump**
	nn; vb	Vissa minikompressorer används också för hushållsbruk för att pumpa upp leksaker, bollar, luftmadrasser eller andra uppblåsbara föremål.
		Some mini–compressors are also used as a household application inflating toys, balls, air mattresses or other inflatable objects.
3256	**positivt**	**positively**
	adv	Får jag än en gång säga att rådet bara kan ingripa på kommissionens initiativ.
		Let me repeat that the Council can only act on the initiative of the Commission.
3257	**stövel**	**boot**
	nn	Vissa talar kraftfullt för att man ska förbinda en stövel med en ö och andra säger att det absolut inte ska ingå.
		Some people are arguing charismatically in favour of linking a boot with an island and the others say that that absolutely must not be included.
3258	**överväga**	**consider|debate**
	vb	I detta sammanhang måste vi överväga möjligheten att utöka förmånsmarginalerna.

To this end, we must consider the possibility of broadening the preferential margin.

3259	**färgad**	**colored**
	adj	Skrivarvänligt läge Om den här kryssrutan är markerad, blir utskriften av HTML–dokumentet bara svartvit, och all färgad bakgrund konverteras till vit. Utskriften blir snabbare och använder mindre bläck eller toner. Om kryssrutan inte är markerad, sker utskriften av HTML–dokumentet med originalfärgerna som du ser i programmet. Det kan orsaka områden med färg över hela sidan (eller gråskala om du använder en svartvit skrivare). Utskriften kan ta längre tid och använder definitivt mycket mer bläck eller toner

'Printerfriendly mode ' If this checkbox is enabled, the printout of the HTML document will be black and white only, and all colored background will be converted into white. Printout will be faster and use less ink or toner. If this checkbox is disabled, the printout of the HTML document will happen in the original color settings as you see in your application. This may result in areas of full–page color (or grayscale, if you use a blackwhite printer). Printout will possibly happen slower and will certainly use much more toner or ink

3260	**bang**	**sonic bang**
	nn	För närvarande döljs varningar på ett skickligt sätt genom reklam eller färgade förpackningar.

At present, warnings are cleverly hidden by displays or coloured packaging.

3261	**objekt**	**object**
	nn	Det här är den första inventeringen som Enisa gör, och den sker med hjälp av det särskilda elektroniska verktyget ABAC Assets med dess olika funktioner (märkning, skanning, uppladdning av skannade objekt, framtagning av rapporter m.m.).

This is the first count in the history of ENISA which occurs with the use of a dedicated electronic tool, ABAC Assets, and its functionalities (including labelling, scanning, uploading of scanned items, providing reports).

3262	**blek**	**pallid**
	adj	Han ser blek ut.

He looks pale.

3263	**baklänges**	**backwards**
	adv	Vill du höra Gamla testamentets böcker baklänges?

Want to hear the books of the Old Testament backwards?

3264	**medvetande**	**consciousness**
	nn	I Sverige verkar tillsynsmyndighetens ansträngningar för att höja programföretagens medvetande om vikten av ett korrekt genomförande av artiklarna 16 och 17 ha lett till resultat, eftersom andelen europeiska produktioner överskred tröskeln på 50 % under 2009 och 2010, efter att under den föregående perioden ha understigit den fastställda gränsen.

In Sweden the efforts of the supervisory authority to increase broadcasters' awareness about the importance of correct implementation of Articles 16 and 17 seemed to be bearing fruit since the proportion of European works, which was below the required quota during the previous period, passed the 50 % threshold in 2009 and 2010.

3265	**spendera**	**spend**
	vb	Vi har använt alla tillgängliga marknadsåtgärder och planerar att spendera ungefär 600 miljoner euro under en tolvmånadersperiod på detta område.

We have been using all the market measures available and here we expect to spend approximately EUR 600 million over a 12–month period.

3266 **antyda**
vb

suggest|imply

Såtillvida kan formuleringen i artikel 4 i förordning nr 2408/92 antyda att en tillämpning av artikel 3.2 är utesluten.

To that extent, the wording of Article 4 of Regulation No 2408/92 might imply that the application of Article 3(2) is precluded.

3267 **förståelse**
nn

understanding

Detta bygger på vår förståelse för näringslivets och politikens olika intressen och respekt för passagerarnas rättigheter. Om vi nu, Gud förbjude, skulle föreställa oss att det inträffade en olycka och kommissionen eller den ansvariga EU–institutionen skulle ha utökat sina befogenheter, då skulle en mycket viktig fråga uppstå – inte om hur stora branschens förluster var, utan om vem som bar ansvaret för de felaktigt fattade beslut som bidragit till att olyckan kunde inträffa i en viss del av EU–medlemsstaternas luftrum.

Since, if we were to imagine that, God forbid, an accident were to happen, then the Commission or the relevant European institutions might perhaps have exceeded their powers, and there would then arise a very big question, not about how large the losses to business were, but about who was responsible for the wrongly taken decision that helped bring about the accident in one particular airspace within the EU Member States, then the situation would be very different.

3268 **matcha**
vb

match

Och det beaktar bara befintlig vattenkraft för att matcha elbehovet timme för timme.

And it considers just using existing hydro to match the hour-by-hour power demand.

3269 **inspelning**
nn

recording

Apparater för inspelning och sändning av TV–program.

Apparatus for filming and broadcasting television shows.

3270 **sexton**
num

sixteen

"Hur gammal är du?" "Jag är sexton år."

How old are you? "I'm sixteen."

3271 **suverän**
adj; nn

sovereign; sovereign

Enligt såväl internationella som nationella bestämmelser och gemenskapsbestämmelser är det inte tillåtet för en suverän stat att bevilja dispens eller undantag som medför sänkt sjöfartssäkerhet eller fara för personers eller varors säkerhet.

Lastly, international, European Union and national laws do not allow a sovereign state to grant derogations and/or exemptions which result in reduced maritime safety or a danger to the safety of persons and goods.

3272 **hockey**
nn

hockey|field hockey

Gymnastik– och sportartiklar, som artiklar för baseball och softboll, artiklar för bollspel, artiklar för friidrottsevenemang, artiklar för tennis och badminton, artiklar för bordtennis, artiklar för hockey, artiklar för golf, artiklar för bowling, artiklar för skidåkning, artiklar för skridskoåkning, artiklar för boxning, artiklar för bågskytte, artiklar för fäktning och artiklar för gymnastik/

Gymnastic and sporting articles, such as articles for baseball and softball use, articles for ball game use, articles for track and field events use, articles for tennis and badminton use, articles for table tennis use, articles for hockey, articles for golf, articles for bowling, articles for skiing, articles for skating, articles for boxing, articles for archery, articles for fencing and articles for gymnastic use.

3273 **stipendium**

scholarship

	nn	Jag är stol över att få presentera vinnaren, av detta årets Sheridan stipendium: *And so I am proud to announce the winner, of this year's Sheridan scholarship:*

3274 bänk — **desk**

nn

Sven satt på en närliggande bänk.

Sven sat on a nearby bench.

3275 plast — **plastic**

nn

Golvbeläggning, nämligen övergolv av trä, kork, plast, eller ersättningsmaterial för dessa, ej konstgräsmattor.

Floor coverings, namely top floors of wood, cork, plastic or substitutes for these materials, except artificial turf.

3276 slit — **toil | drudgery**

nn

Färgkatodstrålerör med en mask (s.k. slit eller slot mask), med ett avstånd av mindre än 0,35 mm mellan band med samma färg och med ett diagonalmått på bildskärmen av högst 72 cm, avsedda att användas för tillverkning av monitorer.

Colour cathode–ray tube with a slit or slot mask, having a distance between stripes of the same colour of less than 0,35 mm and a diagonal measurement of the screen not exceeding 72 cm, for use in the manufacture of monitors.

3277 handske — **glove | gauntlet**

nn

Livsmedelsbrist går hand i handske med högre kostnader.

Food shortages are going hand in glove with higher costs.

3278 rask — **brisk; shebang**

adj; nn

Statistiken visar att handeln mellan dessa båda parter blomstrar och växer i rask takt.

Statistics show that mutual trade is growing sharply and flourishing.

3279 kompanjon — **partner**

nn

Vi vill samarbeta med ett angränsande Ryssland som inte bara är en strategisk partner utan en pålitlig kompanjon som delar våra värderingar och söker målinriktat efter vägen framåt.

Countries which were in the Soviet Union's sphere of influence, or were part of that Union, maintain rather specific relations with Russia.

3280 svimma — **faint**

vb

(april 2007) Det var uppmuntrande att få veta att jag inte är den enda som har lätt för att svimma.

(April 2007) It was encouraging to learn that I am not the only one suffering from fainting.

3281 udda — **odd | unequal**

adj

Ett, tre och fem är udda tal.

One, three, and five are odd numbers.

3282 massage — **massage**

nn

(Skratt) Personlig, genombaserad massage, någon?

(Laughter) Personalized genomic massage anyone?

3283 övergiven — **abandoned; orphan**

adj; nn

Kvinnan avled sju månader efter steningen, ensam och övergiven på sjukhuset, medan våldtäktsmannen dödades på plats av släktingar som "tog lagen i egna händer".

The woman died seven months after the stoning, alone and abandoned in hospital, while the man was killed on the spot by her relatives who took the law into their own hands.

3284 **social**
adj
social
Budgetsanering får inte ställas mot sysselsättning eller mot social välfärd.
There should be no attempt to oppose budgetary stability to jobs, or budgetary stability to social welfare.

3285 **fil**
nn
file
Spara bild i fil.
Save Image to File.

3286 **ekonomisk**
adj
economic|financial
Energieffektivitet omfattar alla områden av mänsklig och ekonomisk verksamhet, och det finns en nästan obegränsad uppsättning åtgärder som kan användas för ökad energieffektivitet.
Energy efficiency covers all areas of human and economic activities and the measures to enhance it are almost limitless.

3287 **menig**
nn; adj
enlisted man; private
Menig Standish, skär loss honom!
Private Standish, cut him down!

3288 **kyla**
nn; vb
cold; chill
Kyla gör armar och ben stela.
Cold numbs the limbs.

3289 **fotograf**
nn
photographer
Pez Hejduk är fotograf till yrket och specialiserad på arkitekturfotografi. Hon är bosatt i Österrike.
Ms Hejduk is a professional photographer specialising in architectural photography, and she is resident in Austria.

3290 **global**
adj
global
Därför anser jag också att vi, det vill säga Europeiska unionen, så fort som möjligt – till exempel vid nästa session i FN:s generalförsamling – borde anstränga oss ordentligt för att fastställa en definition av terrorism som är väsentlig och som också kommer att underlätta ett riktigt samarbete mellan stater, på såväl EU–nivå som global nivå.
I accordingly believe that we, that is to say the European Union, should make a significant effort, as quickly as possible – at the next UN General Assembly, for example – to secure a definition of terrorism, which is vital and which will also facilitate genuine cooperation between states, at European level and also at world level.

3291 **division**
nn
division
I min division i Vietnam förlorade vi åtta av 18 plan - tio man.
In my squadron in Vietnam, we lost 8 of 18 aircraft.

3292 **pigg**
adj; nn
alert|spirited; spike
Sen vaknar du pigg och kry, okej?
We'll see you bright and early, OK?

3293 **kol**
nn
carbon
Vi har slut på kol.
We've run out of coal.

3294 **rörd**
adj
moved
Hon blev så rörd av brödernas och systrarnas kärlek att hon från och med då var med vid alla möten och studerade Bibeln regelbundet.
Because the love shown by the brothers and sisters touched her heart, from that time on, she attended every meeting and studied the Bible regularly.

3295 **delad**
shared|split

adj	I artikel 19 i rådets förordning (EU, Euratom) nr 1311/2013[6] anges att om det för strukturfonderna, Sammanhållningsfonden, Europeiska jordbruksfonden för landsbygdsutveckling, Europeiska havs– och fiskerifonden, asyl– och migrationsfonden eller fonden för inre säkerhet antas nya bestämmelser eller program som genomförs genom delad förvaltning efter den 1 januari 2014, ska budgetramen revideras, så att anslag kan överföras till påföljande år, utöver motsvarande utgiftstak, med belopp som motsvarar de outnyttjade anslagen under år 2014.

Article 19 of Council Regulation (EU, Euratom) No 1311/2013[6] provides that in the event of the adoption after 1 January 2014 of new rules or programmes under shared management for the Structural Funds, the Cohesion Fund, the European Agricultural Fund for Rural Development, the European Maritime and Fisheries Fund, the Asylum, Migration and Integration Fund and the Internal Security Fund, the multiannual financial framework is to be revised in order to transfer to subsequent years, in excess of the corresponding expenditure ceilings, allocations not used in 2014.

3296 förfader **ancestor|forefather**

nn Förfader till en släkt av netinimtjänare (tempelslavar); medlemmar av denna släkt återvände från Babylon tillsammans med Serubbabel 537 f.v.t.

Ancestral head of a family of Nethinim temple slaves, members of which returned from Babylon with Zerubbabel in 537 B.C.E.

3297 retas **banter|tease**

vb Vi bara retas tills nån får ätstörningar.

We just tease someone till they develop an eating disorder.

3298 prima **first-rate|first-chop**

adj Begäran innehöll tillräcklig prima facie–bevisning för att antidumpningsåtgärderna beträffande import av viss molybdentråd med ursprung i Kina kringgås genom import av viss obetydligt ändrad molybdentråd innehållande minst 97 viktprocent men högst 99,95 viktprocent molybden med ursprung i Kina.

The request contained sufficient prima facie evidence that the anti–dumping measures on imports of certain molybdenum wires originating in the PRC are being circumvented by means of imports of a certain slightly modified molybdenum wires, containing by weight 97 % or more but less than 99,95 % of molybdenum, originating in the PRC.

3299 nationell **national; nationally**

adj; adv Om det i nationell lagstiftning ingår bestämmelser i detta avseende, kan överträdelse av miljölagstiftningen eller lagstiftningen om otillåten samverkan vid upphandling som lett till lagakraftvunnen dom eller beslut med likvärdig effekt betraktas som brott mot marknadsaktörens yrkesetik eller som ett allvarligt fel.

If national law contains provisions to this effect, non–compliance with environmental legislation or legislation on unlawful agreements in contracts which has been the subject of a final judgment or a decision having equivalent effect may be considered an offence concerning the professional conduct of the economic operator concerned or grave misconduct.

3300 studie **study**

nn För det första finns det ingen studie om effekterna av de siffror som vi nu har enats om för tillväxt och sysselsättning i EU.

The first is that there is no study into the impact of the figures that have now been agreed for growth and employment in the European Union.

3301 charmig **charming**

adj

År 1966 kom flera pmsu till Myitkyina, en charmig liten stad som ligger instucken i en skarp sväng på Irrawaddyfloden i delstaten Kachin, nära Kina.

In 1966 several special pioneers arrived in Myitkyina, a small picturesque town tucked into a sweeping bend of the Ayeyarwady River in Kachin State, near China.

3302 batteri — **battery**

nn

Min far jobbar sent där uppe och mitt batteri är slut.

My father's working late upstairs, and my cell phone died.

3303 anmälan — **report|notice**

nn

Medlemsstaterna skall vidta de åtgärder som är nödvändiga för att följa detta direktiv inom sex månader efter dagen för dess anmälan och skall genast underrätta kommissionen om detta.

Member States shall adopt the measures necessary to comply with this Directive within six months of its notification and shall forthwith inform the Commission thereof.

3304 officiell — **official**

adj

Som officiell veterinär intygar jag att de hudar/skinn som beskrivs ovan har erhållits från djur som har slaktats i ett slakteri, har genomgått besiktning före och efter slakten och har befunnits vara fria från allvarliga, till människor eller djur överförbara sjukdomar, och inte har slaktats för att bekämpa epizooti–sjukdomar.

I, the undersigned official veterinarian certify that the hides or skins described above have been obtained from animals which, have been slaughtered in a slaughterhouse and have undergone an ante and post–mortem inspection and found to be free of serious diseases communicable to man or animals and were not killed in order to eradicate epizootic diseases.

3305 rökning — **smoking**

nn

Rökning är skadligt för din hälsa.

Smoking is harmful for your health.

3306 kudde — **pillow**

nn

(Video) Sopran: ♫ Uppå min kudde ♫ ♫ Trygg i min säng ♫ EW: Det där var Georgie från England.

(Video) Soprano: ♫ Upon my pillow ♫ ♫ Safe in bed ♫ EW: That's Georgie from England.

3307 oberoende — **unattached; independently; freedom**

adj; adv; nn

Detta oberoende förutsätter också ett finansiellt oberoende.

That independence also implies financial independence.

3308 generad — **embarrassed|self-conscious**

adj

Vad är du så generad över? Kom här.

What're you so shy about? Come here.

3309 komplett — **complete; absolutely**

adj; adv

Jag bromsade min stackars 10 växlade till ett komplett stopp. Som jag alltid gör vid stopp-tecken.

I brought my poor ten-speed to a complete stop like I always do at stop signs.

3310 turist — **tourist**

nn

Sven är inte turist.

Sven isn't a tourist.

3311 fyrtio — **forty**

num

Den här boken innehåller fyrtio fotografier.

This book contains forty photographs.

3312 utvald

adj

choice|picked

En levit, en av "Jeduttuns söner"; på Davids tid blev han genom lottkastning utvald att leda den 8:e av de 24 grupperna med musiker.

A Levite musician of "the sons of Jeduthun," selected by lot to head the 8th of the 24 Davidic musical groups.

3313 baka

vb

bake

Eventuellt kan det också skapas utrymme, och det är kanske en idé för förhandlingarna med rådet, för att ta de 89 miljoner som är avsedda för humanitär verksamhet i Kosovo och baka in dem i totalpaketet för finansieringen till området.

It may also be possible to create some room for manoeuvre – and that is perhaps something for discussion with the Council – by taking the EUR 89 million destined for humanitarian activities in Kosovo out of the humanitarian aid pot and carry it over to the total financial package for the region.

3314 fjorton

num

fourteen

Vi har fortfarande fjorton miljoner kilo gödsel som det inte går att bli av med.

We are stuck with 14 million kilos of fertiliser which we cannot get rid of.

3315 galax

nn

galaxy

Och detta för att vi lever i en galax som har en tillplattad, diskliknande struktur.

And that is because we live in a galaxy which has a flattened, disk–like structure.

3316 tömma

vb

empty|drain

(Skratt) Sir, skulle du vilja vara snäll att tömma dina fickor, Sir?

(Laughter) Sir, you want to empty your pockets.

3317 stödja

vb

support|prop

Slutsats: Gemenskapen skall stödja de föreslagna ändringarna av resolution conf.

Conclusion: The Community shall support the proposed amendment of Resolution Conf.

3318 tillåten

adj

allowed

Användning av livsmedelstillsatsen E 425 konjak är tillåten i livsmedel i Europeiska gemenskapen enligt vissa villkor som anges i Europaparlamentets och rådets direktiv 95/2/EG av den 20 februari 1995 om andra livsmedelstillsatser än färgämnen och sötningsmedel [3].

The use of the food additive E 425 konjac is authorised in foodstuffs in the European Community under certain conditions by Directive 95/2/EC of the European Parliament and of the Council of 20 February 1995 on food additives other than colours and sweeteners [3].

3319 efterbliven

adj

backward

Han är fan efterbliven!

He's bloody retarded!

3320 koppling

nn

coupling|connection

Europol får utan föregående ansökningsomgång bevilja medlemsstaterna bidrag för utförandet av deras gränsöverskridande verksamhet och utredningar samt för tillhandahållande av utbildning med koppling till de uppgifter som avses i artikel 4.1 h och i.

Europol may award grants without a call for proposals to Member States for performance of their cross–border operations and investigations and for the provision of training relating to the tasks referred to in points (h) and (i) of Article 4(1).

3321	medhjälpare	aide|assistant

nn

Det kan övervägas om man inte bör införa en ny punkt 4 a i artikel 22 om inskränkning eller indragning av mottagningsvillkoren, som då skulle kunna ha följande lydelse: "Skulle det fastställas att den sökande varit inblandad i terroristverksamhet, antingen genom att ha deltagit aktivt i eller genom att ha fungerat som medhjälpare eller bidragit finansiellt till terroristorganisationer enligt Europeiska unionens definition, före eller efter det att asylansökan lämnades in, skall medlemsstaterna upphäva de standardiserade mottagningsvillkoren för den sökande och verkställa de rättsliga skyddsåtgärder som föreskrivs i deras respektive lagstiftning."

It could be considered to add a new paragraph (4)(a) in Article 22, regarding the reduction or withdrawal of reception conditions, to the following extent: "Should the applicant's involvement in terrorist activities be established, either by his having taken an active part therein or by his having aided and abetted or provided financial support to terrorist organisations as defined by the European Union, before or after the application for asylum has been lodged, Member States must withdraw the routine reception conditions in respect of the applicant and enforce the legal protection measures provided for in their respective legislation."

3322	utländsk	foreign

adj

Han har en utländsk bil.

He has a foreign car.

3323	grädde	cream

nn

En stor kopp med extra socker och mycket grädde.

Make it extra–large, two sugars, lots of cream.

3324	stycke	paragraph|piece

nn

Följande stycke ska läggas till i punkt 2:

in paragraph 2, the following subparagraph is added:

3325	knyta	tie|establish

vb

Referensnumret enligt artikel 5.1 d artiklarna 7 d och 10.2 d i Eurodacförordningen ska göra det möjligt att entydigt knyta uppgifter till en bestämd person och till den medlemsstat som överför uppgifterna.

The reference number referred to in Article 5(1)(d) 7(d) and Article 10(2)(d) of the Eurodac Regulation shall make it possible to relate data unambiguously to one particular person and to the Member State which is transmitting the data.

3326	tennis	tennis

nn

Nej, jag ska börja spela tennis igen.

No, I plan to play tennis again.

3327	vetenskapsman	scientist

nn

Jag medger att jag inte är någon vetenskapsman.

I admit I am not a scientist.

3328	klappa	pat|clap

vb

Ingen medlemsstat kan faktiskt klappa sig själv på axeln om vi inte vet det exakta slutresultatet av vad de gör.

No Member State can actually pat itself on the back if we do not know exactly the end result of what they are doing.

3329	kvalitet	quality|grade

	nn	På detta sätt garanterar man att den råvara som används för att framställa "Ogulinski kiseli kupus"/"Ogulinsko kiselo zelje" är av den kvalitet som krävs.
		This ensures that the raw material used to produce 'Ogulinski kiseli kupus'/'Ogulinsko kiselo zelje' is of the quality required.

3330 pop — **pop (music)**

nn
Von Plato bis Pop" (Värden - Från Platon till pop) av den tyske författaren Peter Prange.
Von Plato bis Pop' (Values - From Plato to Pop) by the German author Peter Prange.

3331 beskydd — **protection**

nn
De viktigaste beståndsdelarna i Köpenhamnsavtalet befinner sig nu under FN:s beskydd.
The main elements of the Copenhagen Agreement are now under the aegis of the UN.

3332 flott — **classy | swanky; grease**

adj; nn
Ätliga oljor och –fett, speciellt flott och oxfett, matlagningsoljor, bakfetter, separationsoljor och –fetter för bakningsändamål, kakaosmör.
Edible oils and fats, in particular lard and beef dripping, cooking oils, shortening, release oils and fats for baking, cocoa butter.

3333 utmattad — **exhausted | beat**

adj
Jag är utmattad!
I'm exhausted!

3334 utveckla — **develop**

vb
Det vi skyddar är rätten att utveckla programvara, att utveckla branschen.
What we are defending is the right to develop software, to develop the industry.

3335 skämt — **joke | joking; foul**

nn; adj
Det är inget skämt.
It's no joke.

3336 småningom — **gradually**

adv
Ett hemstatsbeskattningssystem skulle kunna testas på bilateral basis, och efter en positiv utvärdering så småningom utvidgas till att omfatta hela EU.
A test of an HST system could start on a bilateral basis and could eventually be widened to the whole of the EU following a positive evaluation.

3337 rasa — **rage | tumble**

vb
Tornet kommer att rasa.
The tower is going to collapse.

3338 befordran — **promotion**

nn
Påföljden utgörs av en minskning av det antal [PP] som generaldirektoratet förfogar över i denna lönegrad för befordran."
This involves reducing the quota of [PP] available to that [Directorate-General] for the grade and promotion exercise in question'.

3339 smärtsamt — **painfully**

adv
Även om det kanske är ett smärtsamt beslut är det smartare att slutföra vissa program, eller inte inleda dem alls, i stället för att finansiera dem bristfälligt.
Although it may be a painful decision, it is smarter to bring some programmes to an end, or not to begin them at all, rather than under–finance them.

3340 kommunicera — **communicate**

	vb	Dessa sittplatser skall vara utformade för passagerare med nedsatt rörlighet genom att erbjuda tillräckligt utrymme, ha ändamålsenligt utformade och placerade handtag för att underlätta för personer att sätta sig på och resa sig från sittplatsen och i enlighet med punkt 7.7.9 erbjuda möjligheter att kommunicera i sittande ställning. *These seats shall be designed for passengers with reduced mobility so as to provide enough space, shall have suitably designed and placed handholds to facilitate entry and exit of the seat and provide communication in accordance with paragraph 7.7.9. from the seated position.*
3341	**hemlös**	**homeless**
	adj	Killen är hemlös? *The guy's homeless, right?*
3342	**smörja**	**lubricate|grease; rubbish**
	vb; nn	Jag tror att all denna smörja måste kontrolleras. *I believe that all this rubbish should be controlled.*
3343	**gapa**	**gape|stare**
	vb	Han fick hela kammaren att gapa. Han kunde väl inte ha menat detta - överföra uppgifter till Iran?! *He had the whole House gaping; surely he could not mean that - transferring data to Iran!*
3344	**less**	**sick**
	adj	Du är en bortskämd lite jävel och jag är less på dig! *No, you're a spoiled little bitch and I'm sick of the sight of you!*
3345	**tonåring**	**teenager**
	nn	Fråga din tonåring vilket råd han skulle ge dig om du var i hans kläder. *Ask your teen what advice he would give you if you were his child.*
3346	**lesbisk**	**lesbian**
	adj	Du vet att jag bara skojade om lesbisk, eller hur? *You know I was just joking about lesbians, though, right?*
3347	**käk**	**grub|nosh**
	nn	Kirurgiska implantat av konstgjorda material, speciellt för mun–, käk–, ansikts–, ryggrads– och kraniofacial kirurgi. *Surgical implants of artificial materials, in particular for oral, maxillofacial, facial, spinal and craniofacial surgery.*
3348	**lobby**	**lobby**
	nn	Det finns en stark antiamerikansk lobby i Europaparlamentet. *There is a strong anti–American lobby in the European Parliament.*
3349	**dvärg**	**dwarf|gnome**
	nn	Förr beskrevs Europa som en politisk dvärg. *In the past, Europe was described as a political dwarf.*
3350	**såld**	**sold**
	adj	För all såld diesel var motsvarande siffror 59 %, 43 % och 2 %. *Of all diesel sold the equivalent split was 59%, 43% and 2%.*
3351	**tvåa**	**second|deuce**
	nn	Även om detta är principen, bör det också godtas att även tidsangivelser, när så krävs, läses ut siffra för siffra (klockan ett nolla femma tvåa). *Whilst this is the principle, it would also be acceptable, whenever necessary, for the time to be spelled out digit by digit (one zero five two hours).*
3352	**hallick**	**pimp**

	nn	Att stödja denna ekonomiska och sociala misär som hallick eller kund är kriminellt och det är så vi bör behandla det.
		Exploiting that economic and social misery, as pimp or client, is a criminal act and that is how we must approach it.
3353	**grundläggande**	**fundamental; constitutive**
	adj; nn	Det är därför jag välkomnar Kinga Gáls betänkande och upprättandet av byrån för de grundläggande rättigheterna.
		That is why I welcome Mrs Gál's report and the establishment of the fundamental rights agency.
3354	**baserad**	**based**
	adj	Och inspelningsplatsen var baserad på en exakt kopia av skisserna av fartyget.
		And the set was based as an exact replica on the blueprints of the ship.
3355	**testamente**	**bequeathing**
	nn	Under kejsare Pirks befäl sveptes reaktionärerna undan mänsklighetens väg.
		Reactionaries were swept away before the cunning of Emperor Pirk.
3356	**kjol**	**skirt**
	nn	Vi letar efter en stor svart man i en kjol.
		Now, we are looking for a large black gentleman wearing a dress.
3357	**växla**	**switch|change**
	vb	Jag skulle vilja växla pengar.
		I would like to change money.
3358	**tobak**	**tobacco**
	nn	Den tycker om att röka tobak.
		It likes to smoke tobacco.
3359	**sektion**	**section**
	nn	Bestämmelserna i sektion 1, som benämnts "sociala bestämmelser", i kapitel II i beslut nr 1/80 i vilken artikel 6 ingår, utgör en ny etapp för att genomföra arbetskraftens fria rörlighet och är enligt artikel 16 i beslutet tillämpliga sedan den 1 december 1980.
		Section 1 of Chapter II, headed "Social Provisions", of Decision No 1/80, which includes Article 6, constitutes a further stage in securing freedom of movement for workers and has applied, pursuant to Article 16, since 1 December 1980.
3360	**gnälla**	**whine|gripe**
	vb	Jag hoppas att han håller med mig om att inte heller det att klaga, gnälla och ge efter i en oändlig och meningslös transatlantisk dialog om en så allvarlig fråga som denna är att bedriva utrikespolitik.
		I hope he will agree with me that lamenting, whining and giving in through endless useless transatlantic dialogue on an issue of such gravity is no foreign policy either.
3361	**gång på gång**	**repeatedly**
	adv	Vi kan fortsätta vårt önsketänkande i fråga om Lissabonstrategin gång på gång.
		We can therefore continue wishful thinking about the Lisbon Strategy repeatedly.
3362	**given**	**given**
	adj	Om det inte finns någon risk för människors hälsa eller för miljön är tillåtelsen given.
		If there is no risk to human health and the environment, an authorisation is given.

3363	**centralbank**	**central bank**
	nn	Helt klart är Europeiska centralbanken den centralbank som har agerat mest aktivt.
		The European Central Bank has certainly been the most responsive central bank.

3364	**påbörja**	**commence**
	vb	Ska vi påbörja mötet nu?
		Shall we start the meeting now?

3365	**dödsfall**	**death**
	nn	Ersättningen innefattar, förutom arbetsersättning, avgifter till livförsäkring, sjuk– och olycksfallsförsäkring och ersättning vid dödsfall, ersättning för reseutlägg samt schablonersättning för resor för de frilanstolkar vilkas yrkesmässiga hemort inte sammanfaller med tjänsteorten.
		In addition to remuneration, this includes contributions to a life insurance scheme and insurance against sickness, accident and death, and reimbursement, for freelance translators whose business address is not at the place of employment, of travel expenses and payment of fixed travel allowances.

3366	**minister**	**minister**
	nn	Med en minister, med en tjänsteman eller med något slags sekreterare?
		To a minister, to an official, or to some secretary?

3367	**påk**	**cudgel**
	nn	Förstainstansrätten erinrar härvid om att teckningarna av en ryttare i färgen påk och en kung i färgen svärd direkt för målgruppens tankar till spelkort, även om en stor del av denna målgrupp inte med nödvändighet känner till spanska spelkort.
		In that regard, it should be noted that the designs of the knight of clubs and the king of swords directly conjure up playing cards for the target public, even if a section of that public is not necessarily acquainted with Spanish playing cards.

3368	**nionde**	**ninth**
	num	Ansvarsfrihet 2007: sjunde, åttonde och nionde Europeiska utvecklingsfonden (EUF).
		2007 discharge: Seventh, Eighth and Ninth European Development Funds (EDF).

3369	**dessvärre**	**unfortunately**
	adv	Vad gäller Gianluca Susta, så talar jag inte här om hans alternativa förslag till resolution, som vi dessvärre inte kommer att diskutera.
		As far as Mr Susta is concerned, I am not speaking here of his alternative proposal for a resolution, which unfortunately we are not going to debate.

3370	**tjafsa**	**yap**
	vb	Hjälp till i stället för att tjafsa om småsaker!
		Help out instead of arguing about petty things!

3371	**hjälplös**	**helpless**
	adj	Unionen står delvis hjälplös inför effekterna av globaliseringen och införandet av euron.
		The Union is somewhat helpless in the face of the effects of globalisation and the introduction of the euro.

3372	**kuvert**	**envelope**
	nn	Då infogas en extrasida framför den aktuella sidan som har sidformatmallen " Kuvert ".

It will be printed on an extra page with the Envelope Page Style and inserted before the current page.

3373	**erkännande**	**acknowledgment**
	nn	Premiärminister Tayyip Erdogans erkännande av att det finns en " kurdisk fråga " är en milstolpe.
		The acknowledgment by Prime Minister Erdogan of the existence of a 'Kurdish issue ' is a landmark.
3374	**tallrik**	**plate|platter**
	nn	Den europeiska konsumenten har ingen lust att se sådan mat på sin tallrik.
		The European consumer has no wish to see such food on his plate.
3375	**vinka**	**wave**
	vb	" Att vinka eller drunkna ", det är ibland mycket svårt att avgöra skillnaden.
		' Waving or drowning': it is sometimes very difficult to tell the difference.
3376	**självförsvar**	**self-defence**
	nn	Bärbar utrustning konstruerad eller modifierad för upploppskontroll eller självförsvar genom användning av en elstöt (inbegripet elektriska batonger, elektriska sköldar, elstötspistoler, elpilsgevär (tasers)) och därtill hörande för detta ändamål särskilt konstruerade eller modifierade komponenter.
		Portable devices designed or modified for the purpose of riot control or self–protection by the administration of an electric shock (including electric–shock batons, electric shock shields, stun guns and electric shock dart guns (tasers)) and components therefor specially designed or modified for that purpose.
3377	**revisor**	**auditor**
	nn	En intern revisor och några personer som godkänts på förhand kan godkänna deklarationerna.
		One internal audit and a few pre–approved people can give their seal of approval.
3378	**reträtt**	**retreat|backdown**
	nn	Dags för reträtt.
		it's time to retire.
3379	**besvikelse**	**disappointment**
	nn	Förlusten var en besvikelse.
		The loss was a disappointment.
3380	**os**	**smell; Olympic Games**
	nn; abr	Alla pratar ju om att "saker och ting kommer att förbättras tack vare OS".
		Everyone tells me that 'things will get better thanks to the Olympic Games'.
3381	**tätt**	**tight|closely**
	adv	Jesus Kristus, den store översteprästen, motsvarade denna profetiska förebild när han var på jorden, och hans underpräster, hans av anden pånyttfödda bröder, måste följa tätt i hans fotspår.
		Jesus Christ the great High Priest fulfilled this prophetic type when on earth, and his underpriests, his spirit–begotten brothers, must follow his steps closely.
3382	**syd**	**south**
	nn	Det finns många fel med Kuba, men dess beteende i syd-syd-samarbetet är exemplariskt.
		Cuba certainly has many faults, but it is exemplary in terms of South/ South cooperation.
3383	**rutten**	**rotten**

	adj	Sedan skyddar två smaker dig -- beskt och surt, som är emot giftig och rutten mat.
		And two tastes which protect you -- bitter and sour, which are against poisonous and rotten material.
3384	**elektrisk**	**electrical**
	adj	Det tål att understrykas att två miljarder människor i världen lever utan elektrisk ström.
		Let us bear in mind that two billion people in the world have no electricity.
3385	**inbilla**	**imagine**
	vb	Hur kan vi inbilla oss att den inte har en Skapare?
		How could we imagine that it had no Creator?
3386	**avguda**	**worship|adore**
	vb	Jag lovar att det finns tjejer som skulle avguda den.
		I guarantee you there are some girls who would think it was adorable.
3387	**anställa**	**hire|take on**
	vb	Den irländska regeringen insisterar på att ett nätverk av avfallsförbrännare, varav en del för giftigt avfall, skapas i mitt hemland och därigenom inleder en explosion av polycykliska aromatiska kolväten (PAH) i vårt vatten, vår luft, vår mark, våra växter och i de irländska medborgarnas celler, där bensener och dioxiner kan anställa förödelse.
		The Irish Government is insisting that a network of waste incinerators, some for toxic waste, be created in my country, thus introducing an explosion of PAHs into our water, air, soil, plants and into the cells of Irish citizens where the benzenes and dioxins can wreak havoc.
3388	**lagom**	**just right; just enough; moderation**
	adj; adv; nn	Lagom, tack!
		That's enough, thanks!
3389	**perspektiv**	**perspective**
	nn	genomförs en riskanalys i enlighet med bestämmelserna i kapitel B, i vilken alla potentiella faktorer för förekomst av BSE och deras historiska perspektiv i landet eller regionen kartläggs.
		A risk analysis in accordance with the provisions of Chapter B, identifying all the potential factors for BSE occurrence and their historic perspective in the country or region, is carried out.
3390	**smörgås**	**bread and butter**
	nn	Det här är förresten där mitt favoritcafé i Kalifornien — Vietnamesisk smörgås.
		This, by the way, is the location of my favorite sandwich shop in California – – Vietnamese sandwich.
3391	**tveka**	**hesitate|be doubtful**
	vb	Vi bör utan att tveka förkasta de delar av förslaget som handlar om optisk strålning.
		We should reject the natural radiation aspects of this proposal out of hand.
3392	**svänga**	**swing|pivot**
	vb	När stödet svänger under fordonet eller vid den lägre delen ska den yttre änden på detta stöd svänga mot fordonets bakre del för att uppnå det stängda eller uppfällda läget.
		Where the stand swivels below or about the lower part of the vehicle, its free end shall swing to the rear of the vehicle to reach the not–in–use position.
3393	**konkurrenskraft**	**competitiveness**

	nn	Detta kommer att vara en förutsättning för Europeiska gemenskapens konkurrenskraft. *This will be a precondition of the competitiveness of the European Community.*
3394	**fruktad**	**dreaded**
	adj	Nja, fruktad, *Well, feared..*
3395	**täckning**	**cover|protection**
	nn	Detta saknar täckning. Ingen har röstat för skapandet av en europeisk asylbyrå. *This has no mandate: nobody has voted for this creation of a European Asylum Office.*
3396	**klia**	**scratch**
	vb	Om jag vore verksam inom de finansiella tjänsterna skulle jag då och då klia mig bakom örat och fråga mig själv om det den gången inte hade varit bättre att ge påtryckningarna en annan inriktning. *If I worked in financial services, I might now scratch my head and wonder if it might not have been better then to lobby in a different direction.*
3397	**finka**	**stir|jug**
	nn	Angående: Försäljning av finkar på lokala fågelmarknader i Malta. *Subject: Selling of finches on local Maltese bird markets.*
3398	**förnamn**	**first name**
	nn	Efternamn, namn som ogift, förnamn, tidigare efternamn och alias. *Surname, maiden name, forenames, former surnames and aliases.*
3399	**sköterska**	**nurse**
	nn	Sköterska Hoffman till barnavdelningen! *Nurse Hoffman to Pediatrics!*
3400	**avgå**	**resign|retire**
	vb	Kofi Annan kommer snart att avgå och få ta emot stora hyllningar och en frikostig pension. *Mr Annan will retire soon to great honours and a generous pension.*
3401	**svans**	**tail**
	nn	Pojken tog tag i kattens svans. *The boy grabbed the cat by the tail.*
3402	**gränd**	**alley|lane**
	nn	En sådan flicka brukar man inte stöta på i en mörk gränd. *This is not the kind of girl you usually run into In a dark alley*
3403	**väntan**	**waiting|expectation**
	nn	I väntan på en framtida harmonisering av gemenskapslagstiftningen om import av sådana produkter skall denna import uppfylla den berörda medlemsstatens hälsovillkor för import. *Pending future harmonisation of Community legislation concerning imports of such products, such imports shall comply with the health import conditions of the Member State concerned.*
3404	**meny**	**menu**
	nn	Denna meny innehåller kommandon som du använder när du hanterar dokument i sin helhet. *This menu covers those commands that refer to the document as a whole.*
3405	**vagina**	**vagina**
	nn	Som på tyska betyder "En vals vagina."

Which in German means, " a whale's vagina."

3406	**bruk**	**use|service**
	nn	De frambringar ett språk fyllt av misstroende och hat, som övergår till dagligt bruk, blir en förebild och imiteras och formar en viss attityd.
		They evolve into a language of distrust and hatred, pass into everyday usage, become a model to imitate and mould a certain attitude.
3407	**trång**	**narrow**
	adj	Det vore internationellt sett vårdslöst att försöka bygga en kustterminal vid Žavlje (Aquilinia) i Triestebukten som redan är extremt trång.
		It is using international deception to attempt to build an onshore terminal at Žavlje (Aquilinia) in the Gulf of Trieste, which is already extremely narrow.
3408	**bitter**	**bitter|severe**
	adj	Bitter spritdryck/ bitter.
		Bitter or bitter–tasting.
3409	**drunkna**	**drown**
	vb	Vi skulle alla drunkna i brev från oroliga medborgare med krav på skydd för skogarna.
		We would all drown in letters from anxious people demanding that the forests be protected.
3410	**kommunikation**	**communication**
	nn	Interlingua är ett modernt redskap för internationell kommunikation.
		Interlingua is a modern tool for international communication.
3411	**tvärs**	**across**
	adv	Ovannämnda företrädare framhöll under sitt besök i Europaparlamentet att det tolv år efter regimens kollaps fortfarande inte gjorts någon folkräkning av hela den grekiska befolkningen i Albanien, på tvärs mot normerna i alla välfungerande europeiska stater.
		During their visit to Parliament, these same representatives stressed that, twelve years after the collapse of the above regime, no census has been taken of the Greek population of Albania as a whole in accordance with practices in all well–governed European countries.
3412	**vidrig**	**obnoxious|disgusting**
	adj	För det fjärde gäller det en arbetsmarknadspolitik med en emanciperad kursriktning.
		Fourthly, this is about an emancipatory labour market policy.
3413	**övertygande**	**convincing; cogent; forcefully**
	adj; nn; adv	Fakta visar på ett övertygande sätt att det krävs omedelbara åtgärder för att minska växthusgasutsläppen och att vi måste begränsa uppvärmningen till mindre än 2 °C genom att förändra vår livsstil och vårt konsumtionsbeteende och genom anpassning av politiska och sociala villkor och strukturer.
		The facts convincingly demonstrate that prompt action to reduce greenhouse gas emissions is required, and that we must limit warming to less than 2°C through changes in our lifestyles and consumer behaviour and through the adoption of political and social criteria and frameworks.
3414	**berusad**	**drunk; out**
	adj; adv	I talet "Undvik snaran att missbruka alkohol" räknade talaren upp de fysiska och andliga faror som ett omåttligt bruk av alkohol för med sig, även om man inte blir berusad.
		In his talk "Avoid the Snare of Alcohol Abuse," the speaker listed the physical and spiritual dangers of immoderate use of alcohol, even if a person does not get drunk.
3415	**väsen**	**essence|being**

	nn	Men han kunde memorera alla behov av alla väsen han är, kommer bli och var.
		But he could memorize all the needs of all the beings that he is, he will, he did.
3416	**utplåna**	**obliterate|delete**
	vb	Jag uppmanar de ansvariga institutionerna, särskilt EU–12 där mitt eget land, Slovakien, ingår, att tillämpa partnerskapsprincipen strikt under programperioden 2007–2013 och utnyttja ett historiskt tillfälle att utplåna ojämlikheten mellan regionerna.
		I call on the responsible institutions, especially the Europe 12, one of which is my own country Slovakia, to apply the principle of partnership diligently in the 2007 – 2013 programme period and to make use of a historic opportunity to eradicate the inequalities between regions.
3417	**exemplar**	**copy|specimen**
	nn	Det finns exemplar hos distributionstjänsten om någon vill ha ett.
		There are copies available over at distribution if anybody wants to have a copy of it.
3418	**avlägsna**	**remove|eliminate**
	vb	Bränning och nedgrävning av animaliska biprodukter i avlägsna områden.
		Burning and burial of animal by–products in remote areas.
3419	**negativt**	**negatively**
	adv	Den berörda medlemsstaten skall utan dröjsmål anmäla dessa åtgärder till övriga medlemsstater och till kommissionen, som får besluta att den berörda medlemsstaten skall ändra eller upphäva dessa åtgärder i den utsträckning som de snedvrider konkurrensen och påverkar handeln negativt på ett sätt som står i strid med det gemensamma intresset.
		The Member State concerned shall without delay notify these measures to the other Member States, and to the Commission, which may decide that the Member State concerned must amend or abolish such measures, insofar as they distort competition and adversely affect trade in a manner which is at variance with the common interest.
3420	**våg**	**wave**
	nn	Våg efter våg rullade upp på stranden.
		Wave after wave surged upon the beach.
3421	**stämning**	**atmosphere|mood**
	nn	Detta kan endast orsaka dålig stämning och tvister.
		This can only cause ill–feeling and disputes.
3422	**läppstift**	**lipstick**
	nn	Exempelvis beslagtar man läppstift.
		For example, they confiscate lipstick.
3423	**spjut**	**spear**
	nn	Kommer du matcha det med ditt spjut i dag.
		Will you match it with your spear?
3424	**underhåll**	**maintenance**
	nn	Om gränssnitt hanteras genom kontrakt, ska enheter som ansvarar för underhåll göra denna dokumentation tillgänglig för vart och ett av de berörda järnvägsföretagen och var och en av de berörda infrastrukturförvaltarna.
		If interfaces are managed through contracts, the entities in charge of maintenance shall make this documentation available to the respective railway undertakings and infrastructure managers.

3425	**anpassa**	**adapt|adjust**
	vb	Berörda parter får anpassa bredden av kolumnerna i formulären efter behov.
		Users may adjust the width of the columns to their needs.
3426	**ensak**	**my affair**
	nn	Men den konkreta utformningen av sysselsättningspolitiken är helt och hållet det enskilda medlemslandets ensak.
		However, precisely how employment policy is put into practice is entirely a matter for the individual Member States.
3427	**förhöra**	**interrogate**
	vb	Slutar du inte prata om häxor, så börjar jag förhöra dig.
		If you don't stop talking about witches, I'm gonna start questioning you.
3428	**avsked**	**farewell|dismissal**
	nn	Enligt artikel 130 är Högsta rättsrådet uttryckligen ansvarigt för utnämningar, befordran, avsked, disciplinåtgärder och kvalifikationer inom rättsväsendet.
		Under Article 130, the SJC is now explicitly entrusted with power over the appointment, promotion, removal, discipline and qualifications of the judiciary.
3429	**absurd**	**absurd|fantastic**
	adj	Vi har en absurd situation där medlemsstaterna måste verka för barnens bästa i lagstiftningen och den dagliga politiken, men där unionen inte är rättsligt bunden att se till barnens bästa.
		We have an absurd situation in which Member States have to promote the best interests of the child in legislation and policy, but the Union is under no legal obligation to protect children's best interests.
3430	**fjärran**	**distance; far; far**
	nn; adj; adv	Det är naturligtvis viktigt att öka samarbetet med Fjärran Östern.
		It is, of course, essential to increase the process of cooperation with the Far East.
3431	**bedöma**	**judge|criticize**
	vb	Såvitt jag kan bedöma är förhandlingarna framgångsrika, men de är inte lätta.
		As far as I can judge, the negotiations are successful, but they are not easy.
3432	**skåda**	**behold**
	vb	Det skrämmande våldsamma angreppet mot minoriteter i Egypten är förfärligt att skåda.
		The appalling onslaught against minorities in Egypt is terrifying to behold.
3433	**potential**	**potential**
	nn	Energipotential, potential när det gäller tillgång till vatten och livsmedel.
		Energy potential, potential in access to water and to food.
3434	**utgöra**	**form**
	vb	Det vin och/eller den färska druvmust, vars jäsning har avbrutits genom tillsats av alkohol och som används vid framställningen av aromatiserat vin skall utgöra minst 75 % av den slutliga produkten.
		The wine and/or fresh grape musts with fermentation arrested by the addition of alcohol, used in the preparation of an aromatized wine must be present in the finished product in a proportion of not less than 75 %.
3435	**standard**	**standard**
	nn	Detta beslut bör emellertid inte bli standard på telekommunikationsområdet.
		However, this decision should not become a standard in the area of telecommunications.

3436	**magasin**	**magazine|warehouse**
	nn	I Grekland förstördes 130 000 olivträd av bränderna, samt många hektar av vingårdar, boskap, biodlingar, magasin, stall och ett stort antal växthus och hus.

In Greece, 130 000 olive trees were destroyed by the fires, as well as many hectares of vines, cattle, beekeeping holdings, storehouses, stables and a large number of greenhouses and houses.

3437	**skött**	**managed**
	adj	Denna natur innebär för Finland en rikedom som vi traditionellt har skött om bra, varför det inte är nödvändigt att för dessa vattenområden på direktivnivå upprätta en stramare utsläppsnivå än för övriga områden.

For Finland these natural features are a source of wealth that we have traditionally taken good care of, and it is therefore unnecessary under this directive to establish more stringent emission limits for our waters than for other areas.

3438	**lök**	**onion**
	nn	Ni skall få äta en mild lök.

You will be made to eat a sweet onion.

3439	**hosta**	**cough; cough**
	nn; vb	Min hosta har icke–rökare Janssen van Raay andra som röker att tacka för.

Mr President, as a non–smoker I have others who smoke to thank for my cough.

3440	**svälja**	**swallow**
	vb	Ibland måste man bara bita ihop, eller "svälja paddan", som vi säger på tyska.

Sometimes, you just have to bite the bullet, or swallow the toad, as we say in German.

3441	**ansvara**	**be responsible for**
	vb	De skall ansvara inför justitiesekreteraren under ordförandens överinseende.

They shall be responsible to the Registrar under the authority of the President.

3442	**etta**	**one**
	num	Det finns en nolla, en etta och ett kryss.

There is a zero, a number one and a cross.

3443	**lillasyster**	**kid sister**
	nn	Det är storebrors lillasyster som väntar på vårt godkännande.

We have big brother's little sister waiting for our approval.

3444	**förberedd**	**prepared**
	adj	Denna lyckade övergång bekräftar åter att en kort period med två valutor i omlopp samtidigt är tillräckligt om övergången är väl förberedd.

This successful changeover demonstrates again that a short dual circulation period is sufficient if the changeover is well prepared.

3445	**framföra**	**perform|convey**
	vb	I 3 § punkt 1 vägtrafiklagen (Straßenverkehrsgesetz) föreskrivs att "[o]m någon visar sig vara olämplig eller oförmögen att framföra motorfordon skall körkortsmyndigheten återkalla dennes förarbehörighet.

Moreover, Article 3(1) of the Law on Road Traffic (the Straßenverkehrsgesetz) provides that '[i]f a person is unfit to drive motor vehicles, the driving licence authority is to withdraw the right to drive.

3446	**bakdörr**	**back door**

nn	Europaparlamentet anser att de av organen upprättade urvalsrutinerna skall uppfylla samma normer som de som har upprättats av Europeiska byrån för uttagningsprov för rekrytering av personal (EPSO) och att de inte skall uppfattas som en bakdörr för att lätt ta sig in på en tjänst inom EU:s förvaltning.

Is of the opinion that selection procedures organised by agencies should meet the same standards as those organised by the European Personnel Selection Office (EPSO) and that they should not be perceived as a backdoor for easy entry into the European civil service.

3447 hjälm   **helmet**

nn

Vad ska han göra – stå mitt i gatan med hjälm på huvudet?

What is he going to do – stand in the middle of the street with a tin hat on his head?

3448 bartender   **bartender**

nn

Gäster som vid baren förhörde sig om köp av narkotika hänvisades till det aktuella bordet av en "bartender" som var anställd av svaranden.

Customers who enquired at the bar about the purchase of drugs were directed to the relevant table by a `barkeeper' employed by the defendant.

3449 frost   **frost; frosty**

nn; adj

De problem som har uppstått till följd av frost kommer att behandlas separat.

Problems faced due to frost will be handled separately.

3450 neger   **negro**

nn

Jaså, du har kört över en neger?

Oh, you have run over a negro?

3451 yttersta   **utmost|utter**

adj

Det är därför av yttersta vikt att denna union håller fast vid sin linje.

It is therefore of the utmost importance that this Union is preserved.

3452 dold   **hidden|concealed**

adj

Det finns en annan dold sida av denna debatt som jag vill ta upp nu.

There is another hidden side to this debate, which I would now like to mention.

3453 revben   **ribs**

nn

Medan IWF: s toppmöte pågick släpptes människor med brutna revben ut ur fängelset.

During the IMF Summit, people came out of prison with broken ribs.

3454 rikta   **direct|aim**

vb

När det gäller investeringar till stöd för omstrukturering av jordbruksföretag ska medlemsstaterna rikta stödet till jordbruksföretagen enligt den swot– analys som utförs i samband med unionens prioritering för landsbygdsutveckling "för att förbättra jordbruksföretagens livskraft och konkurrenskraften inom alla typer av jordbruk i alla regioner och främja innovativ jordbruksteknik och hållbart skogsbruk".

In the case of investments to support farm restructuring, Member States shall target the support to farms in accordance with the SWOT analysis carried out in relation to the Union priority for rural development "enhancing farm viability and competitiveness of all types of agriculture in all regions and promoting innovative farm technologies and sustainable management of forests".

3455 lunga   **lung**

nn

Som av ett sammanträffande, där är den där saken i min lunga.

Totally by coincidence, there's that thing in my lung.

3456	reception	reception
	nn	Vi fungerar som skolans reception och här hittar du även Studenttorget i Piteå.
		We function as reception at the institution and here you also find the Student Reception Desk in Piteå.
3457	noggrant	carefully
	adv	Skeppet genomsöktes noggrant, men inga illegala droger hittades.
		The ship was searched thoroughly, but no illegal drugs were found.
3458	instinkt	instinct
	nn	Jag gjorde det med svårighet och beklagande och mot min instinkt.
		I had difficulty doing so, and it was done with regret and against my instincts.
3459	kedja	chain; chain
	nn; vb	Men önskemål som man en gång legitimerat utlöser en kedja av följdverkningar.
		A chain of consequences follows if you give people what they want.
3460	anhängare	supporter
	nn	På frågan: " Finns det många dolda anhängare av islamismen i Europa?" svarar Michèle Coninsx att "Europa kan utgöra en logistisk reträttplats för dessa terrorister.
		To the question 'Is this amorphous collection of Islamicists firmly established in Europe?' Mrs Coninsx replied: "Europe can be a logistical fallback base for these terrorists.
3461	lax	salmon
	nn	Tycker du om lax?
		Do you like salmon?
3462	reparera	repair|refit
	vb	Kan du reparera den här?
		Can you repair this?
3463	spana	scout|spy
	vb	I november 2006 förlorade man kontakten med Mars Global Surveyor, men tre rymdsonder – Mars Odyssey, Mars Express och Mars Reconnaissance Orbiter – fortsatte att spana ner mot den röda planeten.
		Although in November 2006 communication with Mars Global Surveyor was lost, three orbiters–the 2001 Mars Odyssey, the Mars Express, and the Mars Reconnaissance Orbiter–continued their surveillance of the red planet.
3464	prioritet	priority
	nn	Europaparlamentet anser att EU för att kunna öka sin konkurrenskraft måste göra investeringar i såväl formell som informell utbildning, särskilda yrkesutbildningsinsatser, utbyte av arbetslivserfarenhet samt samordnade insatser för att underlätta rörligheten på arbetsmarknaden till högsta prioritet.
		In order to ensure and improve Europe's competitiveness, the highest priority must be given to investing in formal and informal education, vocational training, exchanges of working experience and coordinated actions to speed up the process of labour mobility;
3465	förvirrande	confusing
	adj	Jag anser dock att alternativet bör övervägas om allt för många standarder och märkningar gör det förvirrande för konsumenterna.
		However, I think this option should be considered in the event that a proliferation of standards and marks leads to confusion among consumers.
3466	patrull	patrol

nn

Nu har era planer tråkigt nog stött på patrull i form av det irländska folkets vilja.

Alas, your plans have hit a snag in the form of the will of the Irish people.

3467 **protokoll**　　**protocol**

nn

Detta förfarande inleds parallellt med förfarandena för rådets beslut, med Europaparlamentets samtycke, om ingående av det nya protokollet, och rådets förordning om fördelning mellan medlemsstaterna av fiskemöjligheter inom ramen för detta protokoll.

This procedure is started in parallel with the procedures regarding the Council decision, with the consent of the European Parliament, on the conclusion of the new Protocol, and the Council Regulation concerning the allocation among the Member States of the fishing opportunities under this Protocol.

3468 **buga**　　**bow**

vb

Låt Woojin, buga för Daesu och be om förlåtelse!

Please let Woojin bow next to Daesu and make him beg for forgiveness!

3469 **gym**　　**gym**

nn

Skötsel och ledning av idrottsanläggningar samt gym.

Management of fitness clubs and gyms.

3470 **konstant**　　**constant; constant; constantly**

adj; nn; adv

Coles axiom: Summan av intelligensen på planeten är en konstant; befolkningen växer.

Cole's Axiom: The sum of the intelligence on the planet is a constant; the population is growing.

3471 **lina**　　**line**

nn

Detta ökar motståndet och minskar behovet av en längre lina och beaktar utsättningsfarten och den tid det tar för betet att sjunka.

This increases drag and hence reduces the need for greater line length and takes account of setting speeds and length of time taken for baits to sink.

3472 **fullkomligt**　　**downright**

adv

Att vi talar om EU–medborgare beror inte på att vi inte bryr oss om medborgare i andra länder, utan på att vi anser att vi kan använda detta som ett instrument för att lagligen försöka åtgärda hela problemet med att det existerar ett område i världen som är fullkomligt laglöst.

We are referring to Union citizens not because the others do not concern or interest us, but because we consider that, by taking this approach, we can legitimately intervene on the entire issue of the existence of a part of the world where no laws exist.

3473 **te**　　**tea**

nn

Hon beställde en kopp te.

She ordered a cup of tea.

3474 **slutföra**　　**finish**

vb

Vi ska slutföra det här.

We're going to finish this.

3475 **möjligtvis**　　**possibly**

adv

De senare betraktas där borta möjligtvis som ännu viktigare än de förstnämnda.

The latter are possibly considered to be more important than the former.

3476 **nödläge**　　**emergency|distress**

nn	En enhet där en hjul– och däckenhet enligt definitionen i punkt 2.4.3 eller 2.4.4 är monterad på fordonet för normal långvarig vägkörning, men som används vid nödläge i helt lufttomt tillstånd.
	An assembly in which a wheel and tyre unit as defined in paragraph 2.4.3 or 2.4.4 is fitted to the vehicle for normal, long term road use, but used in an emergency in a totally deflated condition;

3477 solo — **solo; solo**

adv; nn Rysslands president Vladimir Putin bjöds in till Lahtis för att spela solo med EU-orkestern.

Russian President Vladimir Putin was invited to Lahti to play solo with the EU orchestra.

3478 tillfällighet — **coincidence | accident**

nn Vilken tillfällighet, mitt i presidentvalskampanjen!

This is an accident of the calendar, in the middle of a presidential election!

3479 akut — **acute**

adj Det finns ett akut behov av bloddonationer.

There is an urgent need for blood donations.

3480 dämpa — **dampen; cushion**

vb; nn Den ursprungliga budgetställningen, som visserligen inte är lika stark som 2005, bidrar till att dämpa de långsiktiga effekterna av den åldrande befolkningen, men är inte tillräcklig för att täcka den helt.

The initial budgetary position, albeit not as strong as in 2005, contributes to easing the projected long–term budgetary impact of an ageing population, but it is not sufficient to fully cover it.

3481 skraj — **afraid**

adj Hon är skraj för Classes affärsidéer– Vad är det för affärsidéer, då?

She's a bit worried about Classe's various business plans

3482 steka — **fry**

vb Två omständigheter möjliggjorde utvecklingen av "tepertős pogácsa": det blev vanligt att steka fett från bacon och knaprig fläsksvål blev vardagsmat.

Two conditions enabled the development of 'tepertős pogácsa': frying fat from bacon became a common activity and crackling became an everyday food.

3483 opera — **opera**

nn Sven hatar opera.

Sven hates opera.

3484 taktik — **tactics**

nn Jag tror att detta är en taktik som vi behöver fundera på i kommande WTO-förhandlingar.

It is a tactic that we need to consider for future WTO negotiations.

3485 ryttare — **horserider**

nn Ryttare, lätta och snabba.

Horsemen traveling light and fast.

3486 fuska — **cheat**

vb Beror det bristande iakttagandet av ursprungsreglerna på att reglerna är komplicerade eller otillräckligt kända, att det är omöjligt att följa dem för den som vill exportera eller att det föreligger en direkt avsikt att fuska?

Does failure to obey the origin rules stem mainly from the complexity and/or ignorance of the rules, the impossibility of obeying them if one wants to export goods, or deliberate intent to commit fraud?

3487 giftermål — **marriage | match**

nn	Den som nu sticker käppar i hjulet för att omöjliggöra ett giftermål eller ett sammanboende tar på sig ett väldigt tungt ansvar.
	Anyone who now puts a spoke in the wheel and stops the wedding from going ahead or stops the couple from living together will bear an enormously heavy burden of responsibility.

3488 inställd — **adjusted**

adj

Det lufttrafikföretag som utför flygningen skall vid incheckningen se till att ett tydligt anslag med följande text finns uppsatt väl synligt för passagerarna: "Om ni nekas att stiga ombord eller om er flygning är inställd eller försenad med minst två timmar, kan ni vid incheckningsdisken eller utgången till flygplanet begära att få ett exemplar av den text som anger era rättigheter, särskilt rätten till kompensation och assistans".

The operating air carrier shall ensure that at check–in a clearly legible notice containing the following text is displayed in a manner clearly visible to passengers: "If you are denied boarding or if your flight is cancelled or delayed for at least two hours, ask at the check–in counter or boarding gate for the text stating your rights, particularly with regard to compensation and assistance".

3489 börda — **burden|weight; cumber**

nn; vb

För entiteter som redan omfattas av reglering och tillsyn förväntas inte krav på goda styrelseformer och kontrollsystem leda till betydande kostnader eller oproportionerlig administrativ börda.

However, for entities already subject to regulation and supervision, requiring good governance and control systems is not expected to lead to substantial costs or disproportionate administrative burden.

3490 upplysning — **information**

nn

c) förpliktiga sig att varje onsdag förse kommissionen med varje upplysning som är av nytta för att bekräfta de uppgifter som återfinns på äkthetsintyget.

(c) undertake to forward to the Commission each Wednesday any information enabling the entries on certificates of authenticity to be verified.

3491 rutin — **routine**

nn

I boken Ungdomar frågar – svar som fungerar, band 1, sägs det: "Så länge ditt barn bor under ditt tak har du rätt att begära att han eller hon följer den andliga rutin familjen har.

The book Questions Young People Ask–Answers That Work, Volume 1, states: "As long as your adolescent lives under your roof, you have the right to require compliance with a spiritual routine.

3492 bespara — **spare**

vb

För att bespara allmänheten dessa problem behövs en enhetlig regel.

In order to avoid these difficulties for citizens, a uniform rule is required.

3493 fördömd — **damned|cursed**

adj

Jag vill hellre vara ett spöke, som svävar vid din sida som en fördömd själ, än att träda in i himmelriket utan dig!

I would rather be a ghost, drifting by your side, as a condemned soul, than enter heaven without you!

3494 svamp — **mushroom**

nn

Vid beräkningen av referenskvantiteten skall ingen hänsyn tas till import av konserverad svamp med ursprung i gemenskapen i dess sammansättning den · december · eller med ursprung i Bulgarien och Rumänien.

Imports of preserved mushrooms originating in Member States of the Community as constituted at · December · or in Bulgaria and Romania shall not be taken into account in the calculation of the reference quantity.

3495 rullstol — **wheelchair**

nn	Teckenspråk är ingen krycka eller rullstol.
	Sign language is not a crutch or a wheelchair.

3496 trea — **third**

num

Frankrike rankas som trea bland exportörerna till Förenta staterna, efter Italien och Australien.

France is ranked third among exporters to the United States, behind Italy and Australia.

3497 lönnmördare — **assassin**

nn

Kom ihåg, lönnmördare, du ska hämta klon DNA.

Remember, assassin, you are to recover the clone dna.

3498 kärnvapen — **nuclear weapon**

nn

Europaparlamentets resolution om konferensen för översyn av icke–spridningsavtalet ·– kärnvapen i Nordkorea och Iran.

European Parliament resolution on the Non–Proliferation Treaty · Review Conference– Nuclear arms in North Korea and Iran.

3499 tolerera — **tolerate**

vb

De bör inte längre tolerera ursäkter för försök att kringgå deras sanktioner och sanktionerna måste skärpas och utvidgas.

It should no longer tolerate excuses for evasion of its sanctions and those sanctions must be toughened and extended.

3500 not — **note|memorandum**

nn

De nya upplysningskraven anges i not 22.

New disclosures are provided in Note 22.

3501 minska — **reduce|decrease**

vb

Ett sätt att minska antalet fel i korpus skulle vara att uppmuntra människor att endast översätta till sina modersmål.

One way to lower the number of errors in the Corpus would be to encourage people to only translate into their native languages.

3502 kast — **throw|caste**

nn

Det är ett kast, med tärningen.

It's one throw, of the dice.

3503 tillägga — **add**

vb

Har du något att tillägga?

Do you have anything to add?

3504 turnering — **tournament**

nn

Men det är första gången som de har basunerat ut att deras turnering är det första VM som passerar miljard dollar-strecket.

But it is the first time that they have trumpeted their tournament as the first billion-dollar World Cup.

3505 minst sagt — **to say the least**

adj

Just därför var behandlingen i utskottet minst sagt spännande.

That is why the discussions in the committee were exciting, to say the least.

3506 utegångsförbud — **curfew**

nn

Ämne: Obligatoriskt utegångsförbud infört av Ryssland i Tjetjenien.

Subject: Compulsory curfew imposed by Russia in Chechnya.

3507 motto — **motto**

nn

Det är sant att Europeiska unionens motto är "Förenade i mångfalden", men kan det verkligen stämma att en medlemsstat samlar in 16 kg avfall per person och en annan bara 1 kg?

It is true that the motto of the European Union is 'United in diversity' but can it really be right that one Member State collects 16 kg of waste per head and another only 1 kg?

3508 klinik
nn

clinic

Det finns helt riktigt en klinik i Rumänien som levererar till Förenade kungarikets marknad.

There is indeed a clinic in Romania that supplies the UK market.

3509 ceremoni
nn

ceremony

Detta får inte förvandlas till enbart en ceremoni med fluffiga deklarationer.

This must not be transformed into a mere ceremony with the vaguest of declarations.

3510 egenskap
nn

property|capacity

Experterna får på det särskilda förhandlingsorganets begäran i egenskap av rådgivare närvara vid förhandlingsmöten, när detta är lämpligt för att främja enhetlighet och konsekvens på gemenskapsnivå.

Such experts may be present at negotiation meetings in an advisory capacity at the request of the special negotiating body, where appropriate to promote coherence and consistency at Community level.

3511 gräla
vb

quarrel|scold

Fråga henne vad som är fel, hon vill gräla.

Ask her what's wrong, she picks a fight.

3512 medkänsla
nn

sympathy|feeling

Vi hyser djup medkänsla för offren och anser att denna typ av donationer bör komma från nationella regeringar eller välgörenhetsorganisationer.

We have every sympathy with those victims and believe that such donations should come from national governments or charities.

3513 idiotisk
adj

idiotic

Jag haffar din pappa för någon idiotisk förseelse.

I'll pick up your father on some bullshit charge.

3514 tupplur
nn

nap

Pappa tar sig en tupplur.

Daddy's taking a nap.

3515 övrig
adj

remaining

All övrig övervakning som veterinären anser nödvändig för att säkerställa att detta direktiv följs.

Any other supervision which the veterinarian considers necessary for ensuring observance of the provisions of the Directive.

3516 torg
nn

square

Angående: Palestinier uppkallar gator och torg efter terrorister.

Subject: Palestinians name streets and squares after terrorists.

3517 spotta
vb

spit

ör att jag har låtit 2000 ungar spotta mig i nyllet för din skull.

' Cause I let 2, 000 kids spit in my face for your ass.

3518 dagsljus
nn

daylight

Allt detta sker dessutom i fullt dagsljus och dokumenteras av journalister.

What is more, all this is taking place in broad daylight, documented by journalists.

3519 förskräcklig
adj

dreadful

Detta är ett berömvärt första steg i kampen mot en förskräcklig utveckling som fått ytterligare fart av den ekonomiska och finansiella krisen i Asien.

This is a laudable and tangible first step in the fight against a dreadful development, which is being further exacerbated by the economic and financial crisis in Asia.

3520	**genombrott**	**breakthrough**
	nn	Den internationella brottmålsdomstolen innebär ett politiskt genombrott.
		The international criminal court constitutes a breakthrough in politics.

3521	**kärna**	**core|churn; churn**
	nn; vb	Forskningssamarbetet fortsätter att vara ramprogrammets kärna och huvuddel.
		Collaborative research remains the core and bulk of the framework programme.

3522	**kondom**	**condom**
	nn	De kanske är trogna, men deras män är det inte, och de använder inte heller kondom.
		They may be faithful but their husbands are not, and they do not use a condom either.

3523	**hop**	**heap|bunch**
	nn	Självklart har Ni helt rätt, min dam, att det rör sig om en hel hop olika föreskrifter.
		Of course, Mrs Palacio, you are absolutely right; we do have a motley jumble of provisions.

3524	**överdriva**	**exaggerate|overstate**
	vb	Sökandens påstående att företagen skulle bli frestade att överdriva sina konkurrenters rättsstridiga beteenden i syfte att erhålla kraftiga reduktioner är grundlöst.
		The applicant's assertion that undertakings might be tempted to exaggerate the unlawful conduct of their competitors in order to obtain significant reductions is unfounded.

3525	**publicitet**	**publicity**
	nn	Publicitet är ett effektivt vapen i kampen mot byråkratiska övertramp.
		Publicity is an efficient tool for combatting excess bureaucracy.

3526	**from**	**pious**
	adj	Att under sådana förhållanden tala om en sysselsättningsstrategi blir bara en from önskan.
		Under these conditions, talk about an employment strategy is nothing but pious hopes.

3527	**repetera**	**repeat**
	vb	För att repetera tankarna i stoffet innan du har dina framföranden.
		To refresh your mind on the material before handling each of those assignments.

3528	**mild**	**mild|gentle**
	adj	Människor med mild depression.
		People with mild depression.

3529	**äpple**	**apple**
	nn	Jag har ett äpple.
		I have an apple.

3530	**översta**	**top**
	adj	Lutningen på det plan som bildas av de översta generatriserna på rullarna, mätt i längsriktningen, får högst vara 10 % för klass 1 och 20 % för klass 2, förutsatt att produkten inte glider på bandet.

The inclination of the longitudinal straight section of the plane of the upper generatrices of the rollers shall not be greater than 10 % for Class 1 and 20 % for Class 2 provided that the product does not slip.

3531	**vana**	**habit	experience**
	nn	När man har fått in en dålig vana, så är det inte enkelt att bli av med den.
		Once you've formed a bad habit, you can't get rid of it easily.

3531 **vana** **habit|experience**
nn När man har fått in en dålig vana, så är det inte enkelt att bli av med den.
Once you've formed a bad habit, you can't get rid of it easily.

3532 **period** **period**
nn Studiens varaktighet är normalt 120 dygn utom då mer än 90 % av det verksamma ämnet brutits ned innan denna period löpt ut.
The duration of the study is normally 120 days except if more than 90 % of the active substance is degraded before that period expires.

3533 **analys** **analysis**
nn Gemenskapsmetoder för provtagning och analys vid den offentliga foderkontrollen fastställs i rådets direktiv 70/373/EEG [5].
Community methods of sampling and analysis for the official control of feedingstuffs are laid down in Council Directive 70/373/EEC [5].

3534 **sväva** **float**
vb Man kunde se honom sväva ovanför sängarna
See him there, floating over their beds?

3535 **pub** **pub**
nn Jag kan redovisa ett exempel på en pub i min valkrets som hade lunchservering.
I can quote an example of a public house in my constituency which served lunches.

3536 **blodig** **bloody|deadly**
adj Det är dessutom så att det nu utvecklas en synnerligen blodig form av valkamp.
It is also the case that at present a particularly brutal form of election campaign is being developed.

3537 **spis** **stove|kitchen-range**
nn En syster som hade fått sitt hem förstört flyttade in i en liten husvagn med läckande tak och trasig spis.
One sister whose home was destroyed had moved into a tiny trailer with a leaky roof and a broken stove.

3538 **borsta** **brush**
vb Att borsta och göra rent tänderna med tandtråd hjälper, men bara omkring 25 procent av bakterierna försvinner genom borstning.
Brushing and flossing your teeth will help, but only about 25 percent of bacteria are eliminated by brushing.

3539 **utöver** **beyond; over and above**
prp; adv Utöver de förstärkta särskilda åtgärderna för små och medelstora företag i programmet Kapacitet ingår dessutom den forskning som är av intresse för små och medelstora företag i hela programmet Samarbete. Ämnen av särskilt intresse för dessa företag kommer dessutom att anges i arbetsprogrammen och ansökningsomgångarna. Vidare så har verksamheten inom programmet Människor en särskild betoning på små och medelstora företags deltagande, och sådana företag kommer också att kunna delta i programmet Idéer.
In addition to the strengthened SME specific actions in the Capacities programme: SME research interests are included throughout the Cooperation programme and topics of particular interest to SMEs will be further identified in the work programmes and calls for proposals; the activities in the People programme have a special emphasis on the

involvement of SMEs; and SMEs will also be able to participate in the Ideas programme.

3540	**nagel**	**nail**
	nn	En annan nagel i ögat är att kommittéförfarandet i viss mån gynnas.
		It is also important to extend these measures to the controls and export bans.

3541	**hammare**	**malleus**
	nn	Man kan inte laga venetianska vaser med hammare, och man kan inte övertyga en politisk motståndare med hammare.
		A hammer cannot be used for making Venetian vases or convincing a political opponent.

3542	**dos**	**dose|shot**
	nn	Korrekt användning skall omfatta användning av en effektiv dos och så liten användning av biocidprodukter som möjligt.
		Proper use shall include application at an efficacious dose and minimization of use of biocidal products where possible.

3543	**kärra**	**cart|truck**
	nn	Du, din kärra!
		Man, nice ride!

3544	**maka**	**wife|spouse; edge**
	nn; vb	Du är John Connors maka och näst högsta chef.
		You're John Connor's spouse and second-in-command.

3545	**demokrati**	**democracy**
	nn	En av fördelarna med att bo i en demokrati är att man får säga vad man tycker och tänker.
		One of the advantages of living in a democracy is that one is permitted to say whatever he thinks.

3546	**gamling**	**old man**
	nn	Öppna kassaskapet, gamling!
		Open the safe, pops!

3547	**höst**	**autumn**
	nn	I höst kommer kommissionen exempelvis att presentera en EU–strategi för Afrika som kommer att ge kött på benen åt dess fokus på Afrika.
		This autumn, for example, the Commission will present a European Union strategy for Africa which will put flesh on the bones of its focus on Africa.

3548	**vildmark**	**wilderness**
	nn	"Vildmark" i de grekiska skrifterna.
		Wilderness in the Greek Scriptures.

3549	**vrida**	**turn|twist**
	vb	Med mätapparaten vertikalt skall man bestämma möjliga beröringspunkter genom att vrida mätapparaten framåt och nedåt genom alla bågar i vertikalplanen till 90 ° från fordonets längsgående vertikalplan genom H–punkten.
		With the measuring apparatus vertical, possible points of contact shall he determined by pivoting it forwards and downwards through all arcs of vertical planes as far as 90° on either side of the longitudinal vertical plane of the vehicle which passes through the 'H' point.

3550	**otrevlig**	**unpleasant**
	adj	Du är väldigt otrevlig, vet du det?
		You're a very unpleasant individual, you know that?

3551	**flock**	**flock**

nn — Dom där expertspårarna måste vara en del av flocken.

Those expert trackers have got to be part of the pack.

3552 uppmärksam — **attentive | aware**

adj

Som svar på ledamotens andra fråga som rör de bestämmelser och kriterier som tillämpas vid utnämning av högre tjänstemän, vill jag göra kammaren uppmärksam på de beslut i frågan som kommissionen antog och offentliggjorde i september och december förra året.

In response to the honourable Member's second question relating to the rules and criteria applied to senior appointments, I draw the attention of the House to the decisions on the subject which the Commission adopted and published last September and last December.

3553 holland — **holland**

nn

Med tanke på att Nederländerna har ansökt om ekonomiskt bidrag till följd av 613 friställningar vid två företag som är verksamma inom huvudgrupp 18 (Parti– och provisionshandel utom med motorfordon) enligt Nace rev 2 i regionen Noord Holland, röstar jag för betänkandet, eller med andra ord för ett utnyttjandet av Europeiska fonden för justering för globaliseringseffekter till stöd för Nederländerna.

Bearing in mind that the Netherlands submitted a request for assistance in relation to 613 cases of redundancy that have occurred in two companies within Division 18 (wholesale trade, except of motor vehicles and motorcycles) of NACE Rev. 2 in the region of Northern Holland, I am voting in favour of this Report or, to put it another way, in favour of mobilising the EGF to support the Netherlands.

3554 ånger — **regret**

nn

Det är följaktligen lämpligt att i samband med analysen av förevarande grund, undersöka om sökandebolagets uteblivna bestridande av de faktiska omständigheter som anförts mot det samt det faktum att sökanden gett utryck för sin ånger kunde göra dess deltagande i kartellen mindre allvarligt i förhållande till de övrigas deltagande och motivera en nedsättning av de böter som påförts sökanden.

Consequently, it is necessary, in order to analyse this plea, to consider whether the fact that the applicant did not dispute the facts alleged against it and expressed its remorse is capable of diminishing the relative gravity of its participation in the cartel and justifying a reduction in the amount of the fine imposed on it.

3555 fruktansvärt — **awfully**

adv

Något fruktansvärt har hänt.

Something terrible's happened.

3556 romersk — **Roman**

adj

Metoderna består av vägning med en romersk våg av sex fisklådor som väljs ut bland de fullaste lådorna. Eftersom målet tydligen är att påvisa att fiskejournalen registrerar kvantiteter som understiger de som verkligen fiskats kan dessa lådor bytas ut mot fullare lådor ända tills önskad kvantitet uppnås.

The methods consist of weighing six of the fullest boxes of fish with Roman scales, the apparent purpose being to show that more fish are actually being caught than are recorded in the daily register, since the boxes in question are changed around until the inspectors obtain the weight they want.

3557 århundrade — **century**

nn

Vårt århundrade som pendlat mellan den röda och svarta pesten har bara i alltför hög grad känta av den bruna pesten och massakrerade barn.

Our century, which has swung between the red plague and the black plague, has not experienced too much of the brown plague, or of massacred childhoods.

3558 **häkte** — **custody**

nn

Anmärkning: Övriga upplysningar: a) faderns namn: Abdullah Shalabi; b) moderns namn: Ammnih Shalabi; c) för närvarande i häkte i avvaktan på rättegång.

Remark: Other information: (a) Name of father: Abdullah Shalabi; (b) Name of mother: Ammnih Shalabi; (c) Currently in detention awaiting trial.

3559 **konversation** — **conversation**

nn

Du kan ta bort en hel konversation eller ett visst meddelande från en konversation.

You can either delete an entire conversation thread or one specific message from a conversation.

3560 **genväg** — **short cut**

nn

Men Jesus övervägde inte ens för ett ögonblick att ta en "genväg" till kungamakten, och han tänkte heller inte ett ögonblick på att göra något bara för att behaga sig själv.

Nonetheless, Jesus refused to contemplate even for the briefest instant of time any "shortcut" to kingship, nor did he consider for an instant the doing of anything merely to please himself.

3561 **hövding** — **chief**

nn

I vissa andra kulturer betraktas det som ohövligt, aggressivt eller utmanande att man ser någon länge i ögonen, i synnerhet om man talar med någon av det motsatta könet, en hövding eller annan högt uppsatt person.

Some other cultures view any intensive eye contact as rude, aggressive, or challenging. This is especially the case when speaking with members of the opposite sex or to a chief or other titled person.

3562 **krascha** — **crash**

vb

Jag ville inte krascha bilen så någon såg det, men det gjorde vi!

I didn't want wreck the fucking car in public but we did you know, we did!

3563 **republik** — **republic**

nn

USA är en republik.

The USA is a republic.

3564 **kex** — **biscuit**

nn

Bröd och andra bagerivaror (knäckebröd, skorpor, rostat bröd, småkakor, pepparkakor, kex, våfflor, tekakor, tebröd, croissanter, mjuka kakor, tårtor, pajer, pizza m.m.).

bread and other bakery products (crisp bread, rusks, toasted bread, biscuits, gingerbread, wafers, waffles, crumpets, muffins, croissants, cakes, tarts, pies, quiches, pizzas, etc.),

3565 **journal** — **journal|logbook**

nn

För luftfartyg som inte används i kommersiell lufttransport, utom stora luftfartyg, får emellertid den person eller organisation som har förklarat en komponent som driftsoduglig överföra innehavet av komponenten, efter det att den identifierats som driftsoduglig, till luftfartygets ägare förutsatt att en sådan överföring återges i luftfartygets, motorns eller komponentens journal.

Nevertheless, for aircraft not used in commercial air transport other than large aircraft, the person or organisation that declared the component unserviceable may transfer its custody, after identifying it as unserviceable, to the aircraft owner provided that such transfer is reflected in the aircraft logbook or engine logbook or component logbook.

3566 köpare   **buyer**

nn   Det har att göra med en maktskillnad mellan säljare och köpare.

This comes back to an imbalance in power between buyer and seller.

3567 nederlag   **defeat**

nn   När stammen besegras, lider även guden nederlag.

When the tribe is vanquished, the god too suffers defeat.

3568 missil   **missile**

nn   Spegelenheter för fokusering av infraröd energi till en sensor i styrsystem för riktning av missil mot målet.

Mirror assemblies to focus infrared energy onto sensor in guidance system to direct missile to target.

3569 underrättelsetjänst   **intelligence service**

nn   Chef för Syriens militära underrättelsetjänst i provinsen Homs.

Branch Chief for Syrian Military Intelligence (SMI) in Homs.

3570 omelett   **omelette**

nn   Låt mig påminna om det populära talesättet ” det går inte att laga omelett utan att knäcka ägg ”.

Let me remind you of the popular proverb, ' you cannot make an omelette without breaking eggs'.

3571 bakre   **back**

adj   Så de kan till exempel undersöka detta i hjärnans bakre del viken just nu snurrar förbi.

So for example, they can see in the back part of the brain, which is just turning around there.

3572 bortrest   **gone away**

adj   Han var tillfälligt bortrest.

He was away for a while.

3573 skina   **shine|lighten**

vb   Låt Din nåd skina över oss genom Jesus Kristus, vår Herre.

Grant us the spirit of thy grace through Jesus Christ, our Lord.

3574 parlament   **Parliament**

nn   Detta parlament kommer i morgon att godkänna ett förslag från kommissionen om justering av budgetplanen, ett förslag som avviker från kommissionens ursprungliga förslag.

Tomorrow, the European Parliament is going to approve a Commission proposal on adjusting the financial perspective which is different from the one originally presented by the Commission.

3575 varannan   **every other; indiscriminately**

prn; adv   Inte minst gläder vi oss åt att ni skall lyckas genomföra " varannan damernas " i beslutsfattande.

We are especially looking forward to your succeeding in implementing a policy of alternate listing of women and men in decision-making.

3576 finanser   **finances**

nn   För de avtalsslutande parterna skall unionens finanser bestämmas av samma regler som dem som finns intagna i artikel 12 i Madridöverenskommelsen (Stockholm) med den ändringen att hänvisningar till artikel 8 i överenskommelsen skall anses utgöra hänvisningar till artikel 8 i detta protokoll.

As far as contracting parties are concerned, the finances of the Union shall be governed by the same provisions as those contained in Article 12 of the Madrid (Stockholm) Agreement, provided that any reference to Article 8 of the said Agreement shall be deemed to be a reference to Article 8 of this Protocol.

3577	**ask**	**box**
	nn	

Pandoras ask har alltså öppnats och arbetsrätten har raserats fullständigt.

Thus, Pandora's Box has been opened and employment law has been blown sky high.

3578	**uppträdande**	**behavior|performance**
	nn	

Sömnbrist påverkade sångarens uppträdande.

A lack of sleep affected the singer's performance.

3579	**nybörjare**	**beginner**
	nn	

Så fort du har skapat diagrammen är det dags att börja redigera dem. Observera här (den för nybörjare subtila) skillnaden mellan att redigera ett diagram, och att redigera modellen. Som du redan känner till, är diagram vyer av modellen.

Once you have created your diagrams it is time to start editing them. Here you should notice the (for beginners subtle) difference between editing your diagram, and editing the model. As you already know, Diagrams are views of your model.

3580	**sändning**	**transmission|sending**
	nn	

Geotermerna bekräftar Osiris sista sändning,

These geotherms confirm the last transmission of the Osiris.

3581	**säkrad**	**secured**
	adj	

Det är tydligt att importörerna även kan förlita sig på andra försörjningskällor, såsom framgår av den marknadsandel som innehas av andra tredjeländer, särskilt Thailand, vilket visat att konkurrensen på unionsmarknaden är säkrad.

It is clear that the importers may also rely on other sources of supply, as can be seen from the market share held by other third countries, in particular Thailand which showed that competition on the Union market is ensured.

3582	**kylskåp**	**refrigerator|fridge**
	nn	

Det påverkade sannerligen mitt beslut i somras när jag köpte ett kylskåp och en frys till mitt hem.

It certainly affected my decision this summer when I was buying a fridge and a freezer for my home.

3583	**tionde**	**tenth**
	num	

Ekonomiskt resultat som överförts – likvida medel – från tionde EUF till elfte EUF/

Transfer of economic result carried forward – treasury – from the 10th EDF to the 11th EDF.

3584	**förbaskad**	**damn|confounded**
	adj	

Han är en förbaskad fårskalle!

Because he's a damn moron!

3585	**uttala**	**express|pronounce**
	vb	

Folk borde inte tillåtas invadera länder vars namn de inte kan uttala.

People shouldn't be allowed to invade countries whose names they can't pronounce correctly.

3586	**odds**	**odds**
	nn	

Och sen betalar du mig lite pengar baserat på dessa odds.

And then you pay me some money, based on those odds.

3587	**odla**	**grow|cultivate**

	vb	Den andra punkten är att man på marker som har frikopplats och på vilka andra produkter eventuellt odlas i vilket fall som helst inte kan odla fria produkter som till exempel konsumtionspotatis och grönsaker.

Secondly, land that has been decoupled and where other products may possibly grow should definitely not be used for growing free products, including consumption potatoes and vegetables.

3588 visdom **wisdom**

nn

Men jag skall rådfråga föredraganden och be honom dela med sig av sin visdom.

But I will consult the rapporteur so that he can enlighten us with his wisdom.

3589 piska **whip; whip**

nn; vb

Pakten bör verka för disciplin, den skall vara en piska som håller oss på rätt spår.

The Pact should prompt discipline, it should be a big stick to keep us on the right track.

3590 spindel **spider|mandrel**

nn

Inuti varje spindel finns hundratals silkeskörtlar, ibland tusentals.

Inside each spider, there are hundreds of silk glands, sometimes thousands.

3591 liga **league**

nn

Sammanfattnignsvis så tror jag att man måste lita mer på de politiska krafterna i Serbien, vare sig det handlar om myndigheterna i Belgrad eller Kosovos demokratiska liga, och uppmuntra dem att återta dialogen med tanke på en institutioncll lösning som rcspcktcrar rättigheterna för de olika folkslag som bor i Serbien.

In conclusion, I believe that we must put greater confidence in the Serbian political forces, whether they be the Belgrade authorities or the Democratic League of Kosovo, and encourage them to renew dialogue with a view to finding an institutional solution which respects the rights of the different communities living in Serbia.

3592 webbsida **web page**

nn

Varje medlemsstat skall upprätta och uppdatera en förteckning över de fartyg som har ett särskilt tillstånd för torskfiske i Östersjön och göra förteckningen tillgänglig på sin officiella webbsida för kommissionen och Östersjöns övriga kustmedlemsstater.

Each Member State shall establish and maintain a list of vessels holding a special permit for fishing for cod in the Baltic Sea and make it available on its official website to the Commission and other Member States bordering the Baltic Sea.

3593 troende **believer; believing**

nn; adj

En överlämnad och döpt kristen gör klokt i att inte söka en äktenskapspartner bland icke troende, eftersom deras värderingar, målsättningar och trosuppfattningar skiljer sig mycket från de sanna kristnas.

A dedicated, baptized Christian wisely does not seek a marriage mate among those who are unbelievers, since the values, goals, and beliefs of unbelievers are so different from those of a true Christian.

3594 misshandel **beatings|maltreatment**

nn

Misshandel av fredligt demonstrerande människor får aldrig accepteras.

Maltreatment of peaceful demonstrators can never be accepted.

3595 avslutad **completed**

adj

Talmannen förklarade debatten avslutad.

The President closed the debate.

3596	**besvärlig**	**awkward|troublesome**
	adj	Sven är besvärlig.
		Sven is awkward.

3597	**kavalleri**	**cavalry**
	nn	Jag föreställer mig naturligtvis inte att kommissionär Kinnock skall leda ett anfall för kommissionens kavalleri för att befria vägen mellan Lille och Bryssel.
		Of course, I do not imagine Commissioner Kinnock leading a Commission cavalry charge to liberate the Lille–Brussels road.

3598	**tröttna**	**tire**
	vb	Förr eller senare kommer EU–medborgarna att tröttna på ett system som ständigt håller dem kvar i den långsamma ekonomiska filen, och samtidigt förvägrar dem deras demokratiska rättighet att säga sin mening om hur det hela borde skötas.
		Sooner or later the people of Europe are going to get restless with a system that keeps them permanently in the economic slow lane, while denying them any democratic say in how it should be run.

3599	**matsal**	**dining room**
	nn	Under loppet av ungefär ett år har vi utsatts för tre rån, nämligen i banken, i matsalen och på postkontoret.
		In the space of a year or so, we have had three robberies: in the bank, the canteen and the post office.

3600	**kampanj**	**campaign**
	nn	Man måste godta det faktum att konstitutionen för Europa är död, och att ingen kampanj för att betvinga massorna kan få den att återuppstå.
		They need to accept the fact that the European Constitution is dead and no campaign to coerce the masses will resurrect it.

3601	**pinne**	**perch|stake**
	nn	Hon klipper navelsträngen med en pinne och knyter den till sitt eget hår.
		She cuts the umbilical cord with a stick, and ties it with her own hair.

3602	**pervers**	**pervert; perverted**
	nn; adj	Är du pervers?
		You some kind of pervert?

3603	**barmhärtighet**	**mercy|charity**
	nn	Vad skulle hända med det upproriska Samaria, men hur kunde israeliterna få barmhärtighet?
		What was to happen to rebellious Samaria, but how could the Israelites receive mercy?

3604	**misslyckande**	**failure**
	nn	Krig är alltid ett misslyckande och de största offren är alltid oskyldiga civila!
		War is always a failure in which the first victims are always innocent people.

3605	**tjur**	**bull**
	nn	Denna punkt innehåller uppmaningen att sätta stopp för hundkamper samt tjur– och tuppfäktning.
		This paragraph calls for an end to dog, bull and cock fighting.

3606	**lösenord**	**password**
	nn	Det krävs ett lösenord.
		A password is needed.

| 3607 | **avtryck** | **impression\|print** |
| | *nn* | De tre målen har lämnat ett icke-rättvisande avtryck efter sig här. |

A very unfair impression has been left here by these three cases.

3608	**självförtroende**	**self-confidence|self-reliance**
	nn	Denna hjälp måste erbjudas omedelbart, det går inte att vänta tills människor har varit arbetslösa i flera månader, då har deras kompetens försämrats och deras självförtroende har nått den absoluta botten.

This help must be offered immediately: it is no good waiting until people have been unemployed for several months, by which time their skills have decayed and their confidence is at rock bottom.

3609	**ego**	**ego**
	nn	Vad gäller att Rumänien tillskrivs ansvaret för genomförandet/verkställandet av skiljedomen hävdar de sökande att kommissionen inte kan tillskriva Rumänien ansvaret för EGO 24.

Third, as regards the imputability of the implementation/execution of the Award to Romania, the claimants argue that the Commission's assessment cannot rely on the imputability of EGO 24 itself.

3610	**korea**	**Korea**
	nn	Detta protokoll skall godkännas av gemenskapen, av Europeiska unionens råd på medlemsstaternas vägnar och av Republiken Korea i enlighet med deras egna förfaranden.

This Protocol shall be approved by the Community, by the Council of the European Union on behalf of the Member States, and by the Republic of Korea in accordance with their own procedures.

3611	**utreda**	**investigate**
	vb	Republiken Filippinernas president Gloria Macapagal–Arroyo har utsett den ovannämnda Melo–kommissionen för att undersöka problemet och en polisarbetsgrupp på nationell nivå (Usig–gruppen) för att snabbt utreda morden och ställa de ansvariga till svars.

Whereas the President of the Republic of the Philippines, Gloria Macapagal–Arroyo, has appointed the above mentioned Melo Commission to examine the problem and a national–level police task force (Task Force Usig) to investigate the killings promptly and to prosecute the perpetrators.

3612	**pipa**	**pipe; beep**
	nn; vb	Det är en pipa, och det står, "Detta är inte en pipa."

It's a pipe, and it's written, "This is not a pipe."

3613	**väsentligt**	**substantially**
	adv	De anser att det utgör ett väsentligt sakfel.

They consider that a substantial error of fact.

3614	**tydlig**	**clear|distinct**
	adj	Vi fick aldrig någon tydlig förklaring på mysteriet.

We never got a clear explanation of the mystery.

3615	**käke**	**jaw|mandible**
	nn	Detta är en bild av Ann som har fått sin högra käke borttagen, och skallbasen.

This is an image of Ann who's had her right jaw removed and the base of her skull removed.

3616	**fitta**	**pussy|beaver**
	nn	Fitta som fitta!

Hey, pussy's pussy.

3617	**famn**	**bosom**
	nn	För detta är dess famn alltför kall och arm för kort.

Its bosom is too cold and its arm too short.

3618 avskeda — **dismiss; cashier**

vb; nn

Vårt första steg var därför att upplösa KGB och avskeda hela polisstyrkan.

Our first step was therefore to dissolve the KGB and fire the entire police force.

3619 skandal — **scandal**

nn

Fru talman! Genom att vägra häva embargot på brittiskt nötkött, föredrog den franska regeringen att gå in i en tillfällig punktkris med sina europeiska partner, i stället för att ta risken att inom några månader eller år få se en skandal bryta ut som har att göra med Creutzfeldt–Jakobs sjukdom.

Madam President, in refusing to lift the ban on British beef and veal, the French Government has decided to face a limited and short–lived crisis with its European partners rather than risk a scandal breaking in a few months or years linked to Creutzfeldt–Jakob Disease.

3620 misstänksam — **suspicious|distrustful**

adj

Nyah, det är viktigt att vi inte på något sätt, gör Ambrose misstänksam.

Nyah, it's imperative that we do nothing to alarm Ambrose.

3621 ärlighet — **honesty**

nn

Denna inställning kan fortfarande ses som ett mått på intellektuell ärlighet.

These attitudes can still be seen as a measure of intellectual sincerity.

3622 sax — **scissors**

nn

Om ett prov består av hela fiskar, dvs. fiskar kortare än 6 cm, skall dessa sönderdelas med steril sax sedan kroppen bakom analöppningen avlägsnats samt homogeniseras enligt ovan och blandas med transportmediet i förhållandet 1:10.

If a sample consisted of whole fish, i.e. fish less than 6 cm long, these are minced with sterile scissors after removal of the body behind the gut opening, homogenized as described above and suspended 1: 10 in transport medium.

3623 fänrik — **second lieutenant**

nn

 Låt mig nämna dessa offer: José María Martin Carpena, fullmäktigeledamot för "partido popular" (ung. folkpartiet) i Malaga, vars änka och dotter skall besöka oss i morgon förmiddag kl. 9.00; Juan Mariá Jauregui, f.d. guvernör i Guipuzcoa; José Maria Korta, ordförande i arbetsgivarföreningen i Guipuzcoa; Francisco Casanova, fänrik i den spanska armén; Irene Fernández Pereda och José Angel de Jesus Encinas, civilgardister i Sallent de Gallego; Manuel Indiano, fullmäktigeledamot för "partido popular" (ung. folkpartiet) i Zumarraga.

Let me give the names of the murder victims: José María Martin Carpena, a Popular Party municipal councillor in Malaga, whose widow and daughter are to visit the House tomorrow morning at 9 a.m.; Juan María Jauregui, the former Civil Governor of Guipuzcoa; José Maria Korta, president of the Guipuzcoa employers' association; Francisco Casanova, a Second Lieutenant in the Spanish army; Irene Fernández Pereda and José Angel de Jesus Encinas, members of the Guardia Civil in Sallent de Gallego; Manuel Indiano, Popular Party municipal councillor in Zumarraga.

3624 ingenjör — **engineer**

nn

För fyra månader sedan kidnappades en polsk ingenjör i Pakistan.

Four months ago a Polish engineer was kidnapped in Pakistan.

3625 älskarinna — **mistress**

nn

Särskilt en blåst tjej, fru, älskarinna..

Especially a scorned girlfriend, wife, mistress..

3626	**förinta**	**annihilate|blast**
	vb	Nu vill jag klargöra att om ni får tillfälle att förinta borgerna igen— så är era order att utnyttja det tillfället.
		I want to make it clear that if you have a similar opportunity in future, an opportunity to destroy the Borg, you are under orders to take advantage of it.
3627	**ironisk**	**ironic**
	adj	Detta är en utmärkt, men ironisk, symbol för både parlamentet och Europeiska unionen.
		This is a superb, but ironic, symbol of both this Parliament and the European Union.
3628	**poker**	**poker**
	nn	Vi spelade poker.
		We were playing poker.
3629	**licens**	**license**
	nn	De flygbolag som kan komma att få ersättning är de bolag som innehar en operativ licens eller ett godkännande att bedriva lufttrafik, som utfärdats av de franska myndigheterna och som var giltigt den 11 september 2001.
		The eligible airlines are air carriers with a licence to operate as such or an air transport authorisation issued by the French authorities and valid on 11 September 2001.
3630	**lossa**	**loosen|unload**
	vb	Om de behöriga myndigheterna kan utföra en fullständig fysisk kontroll är det inte nödvändigt att lossa produkten helt och hållet."
		However, the goods do not have to be unloaded completely if the competent authorities can perform a thorough physical check."
3631	**figur**	**figure|diagram**
	nn	Vi lindade den om en bullig figur i form av en teddybjörn som hängde från taket.
		So we wrapped this around a blob-like form, which is in the shape of a teddy bear, which was hanging from the ceiling.
3632	**mäta**	**measure**
	vb	Det finns två internationellt erkända skalor som kan mäta hasardspelsproblem.
		There are two internationally recognised scales which can measure problem gambling.
3633	**förvar**	**custody**
	nn	Varor som bland annat placerats i en frizon eller i ett frilager, i tillfälligt förvar eller under ett suspensivt arrangemang kan av misstag deklareras för ett tullförfarande som innebär en förpliktelse att betala importtullar i stället för andra varor. Det är lämpligt att slå fast att deklarationen för detta förfarande bör ogiltigförklaras under vissa omständigheter.
		Whereas goods placed inter alia in a free zone or free warehouse, in temporary storage or under suspensive arrangements may be declared in error for a customs procedure involving the obligation to pay import duties, instead of other goods; whereas it is appropriate to provide that the declaration for that procedure should be invalidated under certain conditions.
3634	**tvätt**	**laundry**
	nn	Jag medger att jag hittills inte har lagt in tvätt i tvättmaskinen alltför ofta.
		I must admit that I have not all that often filled up a washing machine.
3635	**kombination**	**combination**

	nn	Det verkar vara med en kombination av besvärjelser, minimalism och tomma ritualer.
		It would seem to be a mixture of magic words, minimalism and mumbo-jumbo.
3636	**veranda**	**porch|veranda**
	nn	Men detta är vår veranda.
		But this is our front porch.
3637	**norr om**	**north of**
	phr	Norr om den skotska gränsen är euro-skeptikern en ganska sällsynt fågel.
		A Eurosceptic north of the Scottish border is quite a rare bird.
3638	**effektivt**	**effectively**
	adv	Det är nittionio komma nio procent effektivt.
		It's 99.9% effective.
3639	**kassa**	**cash**
	nn	Jesus och hans apostlar hade en gemensam kassa som skulle användas för att hjälpa de fattiga.
		Jesus and his apostles had a common fund for use in helping the poor.
3640	**lättnad**	**relief|relaxation**
	nn	Sven drog en suck av lättnad.
		Sven let out a sigh of relief.
3641	**gällande**	**current**
	adj	Gällande punktskattesatser fastställdes 1992 och började gälla den 1 januari 1993.
		The current excise duty rates were established in 1992 and came into effect on 1 January 1993.
3642	**skona**	**spare|favour**
	vb	Jag skall icke skona er, och inte heller ha nån medömkan för er!
		For I shall not spare thee, neither shall I have pity on thee!
3643	**blogg**	**blog**
	nn	Läser du Toms blogg?
		Do you read Tom's blog?
3644	**märkligt**	**notably**
	adv	Fastän det låter märkligt är det sant det hon sade.
		Even though it sounds strange, what she said is true.
3645	**mala**	**grind**
	vb	För närvarande styrs de genom principen att ägaren har företräde och "först till kvarn får först mala" när det gäller utnyttjande av eventuell överskottskapacitet.
		For the moment, this infrastructure is governed by the principles of owner priority and first–come first–served to determine how any surplus capacity is used.
3646	**päls**	**fleece**
	nn	Det gäller framför allt hästar, och vetenskapliga studier visar att transporter får hästar att byta päls.
		This is particularly true for horses, where scientific studies show that transport makes horses become shedders.
3647	**ifrågasätta**	**question|propose**
	vb	Måste vi inte ifrågasätta den politiska betydelse den beviljat sig?
		Should we not challenge the political dimension it has granted itself?

3648	illusion	illusion|delusion
	nn	Men denna migrationspolitik från unionens sida bygger på en illusion!
		This migration policy on the part of the Union is based on an illusion, however!
3649	kidnappa	kidnap
	vb	Det är oacceptabelt att man ostraffat kan kidnappa, tortera och döda människor.
		It is unacceptable that people are being kidnapped, tortured and killed with impunity.
3650	uppsats	essay
	nn	Jag fick A på min uppsats.
		I got an A on my essay.
3651	nödvändigtvis	necessarily
	adv	Om mottagarens funktion brister under immunitetsmätningen, när mätsignalerna ligger inom den mottagarbandbredd (exkluderade frekvensband) som anges för den specifika radiotjänsten/produkten i den harmoniserade EMC–standarden och vars referens har offentliggjorts i Europeiska unionens officiella tidning, är detta inte nödvändigtvis ett kriterium för underkännande.
		The loss of function of receivers during the immunity test, when the test signal is within the receiver bandwidth (RF exclusion band) as specified for the specific radio service/product in the harmonised EMC standard and whose reference is published in the Official Journal of the European Union, does not necessarily lead to a fail criteria.
3652	övervakning	monitoring
	nn	Driftsrelaterade och administrativa utgifter för uppföljning och övervakning av genomförandet av direktivet.
		Operating and administrative expenditure on monitoring and enforcing the application of the Directive.
3653	dumt	dumb
	adj	Allt som är för dumt för att sägas sjungs.
		Anything that is too stupid to be spoken is sung.
3654	tango	tango
	nn	Har Tango skjutit en polis?
		Did Tango shoot a federal officer?
3655	handlingsplan	action plan
	nn	Det är en av åtgärderna i den handlingsplan som jag presenterade före sommaren.
		This is one of the actions in the action plan that I presented before the summer.
3656	klassisk	classic
	adj	Min far lyssnar på klassisk musik.
		My father listens to classical music.
3657	lamm	baa lamb
	nn	Det framkom att ett nytt lamm togs in i buren till vargen varje dag.
		It emerged that a new lamb was taken into the cage for the wolf every day.
3658	atmosfär	atmosphere
	nn	Det här stället har en mystisk atmosfär.
		This place has a mysterious atmosphere.
3659	bandit	bandit|thug

	nn	Det är en bedragare, en förbrytare och en bandit!
		that's a con, brother. A felon, a thug!

3660 därpå — **thereon**
adv
Morgonen därpå fann han ett handskrivet brev i brevlådan.
The next morning he found a handwritten letter in the letterbox.

3661 islamist — **islamist**
nn
Den åtalade förklarade att: "'Islamist' är en vedertagen benämning på extremistgrupper som begår brott mot mänskligheten och gör de mest fruktansvärda saker, medan islam är en fredlig religion."
The defendant explained that, "'Islamist' is a normal term for extremist groups, who commit crimes against humanity and do the most terrible things, whereas Islam is a peaceful religion."

3662 skådespelerska — **actress**
nn
Detta är inget nytt för mig som skådespelerska.
As an actress that is nothing new to me.

3663 avgjort — **definitely**
adv
EU behöver avgjort en gemensam strategi för invandringen till EU.
Europe definitely needs a common approach to immigration in the EU.

3664 i kombination med — **in combination with**
adv
Huvudresultatet var ekonomisk tillväxt i kombination med minskad arbetslöshet.
Its main results were economic growth in conjunction with reduced unemployment.

3665 välsignad — **blessed**
adj
Davids förtröstan på Gud blev välsignad, och med Jehovas hjälp kunde han slå ner Goljat.
Jehovah blessed David's confidence in Him, enabling David to slay Goliath.

3666 hysterisk — **hysterical**
adj
Efter allt som hänt och med din nya kraft som gjort tillvaron hysterisk..
Yeah, well, I was thinking, with everything that's happened, and your new power making life a little crazy..

3667 blockera — **block**
vb
Det betyder slutligen att dessa två stater genom sitt agerande kan försena eller till och med blockera beslut om en Schengenåtgärd.
This means, ultimately, that those two States may conduct themselves in such a way as to slow down or even completely block the adoption of any Schengen measure.

3668 soluppgång — **sunrise**
nn
Ett program styr träden och vinden, soluppgången och solnedgången.
A program was written to watch over the trees and the wind, the sunrise and sunset.

3669 orgasm — **orgasm**
nn
Abnormal ejakulering/orgasm, impotens, menstruella förändringar?
Abnormal ejaculation/orgasm, impotence, menstrual cycle disorders?

3670 inkommande — **incoming; incomer**
adj; nn
Med Google Mails filter kan du hantera flödet av inkommande meddelanden.
Google Mail's filters allow you to manage the flow of incoming messages.

3671 tillverka — **manufacture|make**
vb
Det kommer ändå att vara billigare att tillverka en miljövänlig lampa.

It will still be cheaper to produce an environmentally-friendly light bulb.

3672	**aktiv** *adj; nn*	**live; active** Sven är aktiv. *Sven is active.*
3673	**sympati** *nn*	**sympathy** Vi röstade för betänkandet i sympati med framställarna. *-We voted in favour of the report in sympathy with the complainants.*
3674	**avrättning** *nn*	**execution** Uppmanar Förenta staternas federala regering att dra tillbaka den reservation till förbudet mot avrättning av minderåriga som Förenta staterna gjorde i ratificeringsakten till Internationella konventionen om medborgerliga och politiska rättigheter. *Calls on the US Federal Government to withdraw the reservation to the provision prohibiting the execution of minors, a qualification added by the United States to the Act ratifying the International Covenant on Civil and Political Rights.*
3675	**förråda** *vb*	**betray|reveal** Dessutom har många Jehovas vittnen fått utstå mycket motstånd från fientligt inställda styresmän och deras anhängare på grund av att de vägrat att förråda sina medtroende eller avslöja varifrån de fått den andliga maten. *Likewise, many Witnesses have suffered at the hands of hostile rulers and their minions because of not betraying their fellow Witnesses nor revealing from where they obtained spiritual food.*
3676	**sperma** *nn*	**sperm** Vi har uppfattningen att det kommer att råda brist på ägg och sperma. *We believe there will be a shortage of eggs and sperm.*
3677	**delfin** *nn*	**dolphin** Angående: Att Medelhavets bestånd av vanlig delfin i Joniska havet håller på att försvinna *Subject: Disappearance from the Ionian Sea of the Mediterranean common dolphin*
3678	**sjöman** *nn*	**sailor|seaman** Beträffande punkterna 7A och 8A: Uppgifter om den tidsperiod under vilken en sjöman får resa i syfte att mönstra på. *As to points 7A and 8A: indications regarding the length of time for which the seafarer may travel in order to sign on.*
3679	**bromsa** *vb*	**brake** I slutet av 1994 påpekade ekonomerna att den höga räntan på lång sikt skulle kunna bromsa tillväxten. *At the end of 1994, economists were saying that in due course the rise in interest rates could hold back growth.*
3680	**med hänvisning till** *phr*	**with reference to** Jag vill avsluta med hänvisning till en fråga som redan börjar tråka ut: hotet från islam. *I want to end by referring to a subject I am already weary of - the Islamic danger.*
3681	**jämn** *adj*	**smooth|uniform** Vidare måste medlemsstaterna också se till att det råder en jämn könsfördelning i övervakningskommittéerna knutna till regionala och nationella program och involvera jämställdhetsmyndigheterna i sina åtgärder och planer.

Member States will also have to promote balanced participation by women and men in Monitoring Committees and involve the authorities responsible for equality.

| 3682 | **åstadkomma** | **achieve** |

vb

Om det inte går att åstadkomma ett ömsesidigt erkännande bör systemförvaltarna främja kombinerade revisioner baserade på kombinerade revisionschecklistor (t.ex. en kombinerad checklista och en kombinerad revision för ett eller flera olika system).

If mutual acceptance cannot be achieved, scheme managers should promote combined audits based on combined audit checklists (i.e. one combined checklist and one combined audit for two or more different schemes).

| 3683 | **oväntat** | **unexpectedly** |

adv

De spanska myndigheterna bekräftar att övertagandet inte i sig rättfärdigar förseningen av leveransen av de fem bogserbåtarna, men vidhåller att detta faktum tillsammans med alla andra omständigheter vid detta tillfälle ledde till ett oväntat och betydande, berättigat avbrott.

The Spanish authorities acknowledge that the takeover does not per se justify the delay in delivery of the five tugs but they maintain that when seen in conjunction with all the other circumstances at that time the situation led to unexpected disruption of a substantial and defensible nature.

| 3684 | **valp** | **puppy\|pup** |

nn

Jag har hittat en valp som kan prata.Jag är rik!

I just found a talking puppy, I'm rich!

| 3685 | **förnuftig** | **sensible\|reasonable** |

adj

Var förnuftig.

Be sensible.

| 3686 | **utbildad** | **trained** |

adj

Genom 1987 års konvention[14] avskaffas helt kravet på legalisering av en rad kategorier av handlingar. Det gäller handlingar som utfärdats av myndigheter eller offentliga tjänstemän, inklusive en allmän åklagarmyndighet, en justitiesekreterare eller en delgivningsman eller motsvarande, handlingar som utfärdats av en notarie eller motsvarande juridiskt utbildad tjänsteman samt officiella förklaringar och tjänsteanteckningar på privata avtal och handlingar som upprättats av diplomatiska eller konsulära tjänstemän.

The 1987 Convention[14] completely abolishes legalisation for several categories of documents: documents emanating from an authority or official, including a public ministry, a clerk of a court or a process–server, administrative documents, notarial acts, official certificates, in particular official certificates which are placed on documents signed by persons in their private capacity, and documents executed by diplomatic or consular agents.

| 3687 | **skryta** | **boast\|boast of** |

vb

Det skulle emellertid även kunna ge EU en möjlighet att skryta över ökad insyn trots att det i själva verket inte gör mycket för att förbättra demokratin eftersom Europaparlamentet inte kan ta initiativ till lagar och kan ignoreras av Europeiska kommissionen.

However this will also allow the EU to boast of greater transparency when in fact it will in reality do little to enhance democracy because the European Parliament cannot initiate legislation and can be ignored by the European Commission.

| 3688 | **psykologi** | **psychology** |

nn   Bibeln pratar faktiskt om kognitiv psykologi, väldigt enkel kognitiv psykologi.

The Bible actually talks about cognitive psychology, very primitive cognitive psychology.

3689 stekt   **fried**

adj

Lammkött, fårkött, nötkött, även som convenience products, alltid i rått, kryddat eller marinerat tillstånd eller i kokt, kryddat eller marinerat tillstånd, eller i stekt, kryddat eller marinerat tillstånd, korvprodukter av lammkött eller fårkött.

Lamb, mutton, including as convenience products, all in raw, spiced or marinated form or in cooked, spiced or marinated form or in roast, spiced or marinated form, charcuterie comprising lamb or mutton.

3690 skvaller   **gossip|slander**

nn

Utskottet används snarare som språkrör för rabiat antiamerikanism och är redo att inlåta sig i löst skvaller samtidigt som man agerar med en förutfattad mening om CIA: s skuld.

Rather, it is being used as a vehicle for rabid anti–Americanism, willing to trade in selective tittle–tattle while operating on a presumption of guilt by the CIA.

3691 nyttig   **useful|wholesome**

adj

Det finns i allmänhet ett visst "klienttänkande" i bedömningarna av de olika programmen och en viss obenägenhet att ägna sig åt nyttig självkritik.

There is in general an element of 'patronage` in the assessments of the various programmes and some reluctance to indulge in healthy self–criticism.

3692 mikrofon   **microphone**

nn

Skjut mig eller berätta varför du har en dold mikrofon.

Either shoot me, or tell me why you're wearing that wire.

3693 stående   **standing; stand**

adj; nn

(Ledamöterna reste sig för en stående ovation som tecken på sin solidaritet.)

(The Members rose and gave a standing ovation as a token of their solidarity)

3694 målning   **painting**

nn

Och därmed målningen "Läkaren," en väldigt känd målning.

And hence the painting "The Doctor," a very famous painting.

3695 tum   **inch**

nn

Komponenten ska säkras i en apparat och vibreras under 2 timmar med 17 Hz med en amplitud av 1,5 mm (0,06 tum) i vardera av de tre axelriktningarna.

The component shall be secured in an apparatus and vibrated for 2 hours at 17 Hz with an amplitude of 1,5 mm (0,06 in) in each of three orientation axes.

3696 klo   **claw**

nn

Den gamle mannen sträckte ut sin ojämna klo efter kvinnans hand, tog den och lämnade mig ifred.

The old man reached out his knobbly claw for the woman's hand, and found it, and left me alone.

3697 terapeut   **therapist**

nn

Delores Kinnerly, demokrat. · är gammal, ogift, arbetar som terapeut

Delores Kinnerly, registered Democrat, · years of age, unmarried, occupational therapist

3698 så gott som   **virtually**

adv

Människan som slutar lära sig är så gott som död.

The man who stops learning is as good as dead.

3699 **produkt** **product**

nn

Med andra ord har det blivit en bra produkt, och föredraganden skall ha en eloge för sitt arbete.

In other words, the rapporteur has done a good job and deserves to be congratulated.

3700 **allsmäktig** **omnipotent**

adj

Harrison lär ha sagt: "Jag tackar av hjärtat Gud Allsmäktig för att jag förunnats att leva så länge att jag i någon mån kunnat fullborda det."

Harrison allegedly stated: "I heartily thank Almighty God that I have lived so long, as in some measure to complete it."

3701 **åttonde** **eighth**

num

Det åttonde området är institutionella mekanismer för kvinnors befordran.

The eighth area is institutional mechanisms for the advancement of women.

3702 **korg** **basket**

nn

Särskilt OSSE:s "humanitära korg" är unik.

The OSCE's humanitarian basket, in particular, is unique.

3703 **utbrott** **outbreak|outburst**

nn

När det gäller sekundära utbrott, och om den epizootiska sjukdomen börjar breda ut sig, är det emellertid enligt gemenskapslagstiftningen tillåtet men inte obligatoriskt för medlemsstaterna att börja slakta djur så snart kliniska tecken på sjukdomen konstaterats av en auktoriserad veterinär.

In the case of secondary outbreaks, however, the Community regulations allow, but do not require, Member States to slaughter animals, if the epidemic spreads, as soon as clinical symptoms of the disease are detected by an official veterinarian.

3704 **växt** **growth|tumour**

nn

Under de senaste 30 åren, om man ser till tillväxt i BNP, har Kina växt dubbelt så fort som Indien.

Over the last 30 years, in terms of the GDP growth rates, China has grown at twice the rate of India.

3705 **allmänt** **generally**

adv

Tjänster av allmänt ekonomiskt intresse behöver naturligtvis verkligen skyddas.

Services of general economic interest, of course, really do need to be protected.

3706 **tränga** **drive|press**

vb

En sådan nära samverkan med den privata sektorn kan göra det möjligt för den nationella utvecklingsbanken inte bara att anpassa sitt produktutbud till befintliga marknadsbrister, utan också att sända positiva signaler om tillförlitlighet för olika typer av projekt som ligger utanför bankernas traditionella investeringsområden, och därmed fungera som katalysator för privat finansiering på dess verksamhetsområden utan att tränga ut den privata sektorn.

Such close interaction with the private sector can enable the NPB not only to align its product range with the existing market gaps, but also to give a positive signalling effect about the bankability of types of projects that are outside the traditional investment policies of banks, and thereby catalyse private finance in its areas of activity without crowding out private–sector activity.

3707 **övervaka** **monitor|oversee**

	vb	Det är kommissionens sak att övervaka, och vi övervakar kommissionen.

The Commission should monitor the agency and we should monitor the Commission.

3708 sökande
nn; adj

applicant | search; searching

Om det är inkonsekvent måste det vara öppet för den sökande att uppmärksamma dessa.

If there are inconsistencies it must be open to the candidate to draw attention to them.

3709 njutning
nn

enjoyment | treat

Kom och ge mig dubbel njutning.

Come on, give me the double delight.

3710 gåta
nn

riddle | puzzle

Motivet för överfallet är en gåta.

The motive for his attack remains a mystery.

3711 involverad
adj

interested | involved

För det tredje, det är intressant att Thailand är involverad som fredsmäklare.

Thirdly, it is interesting that Thailand is involved in trying to broker peace.

3712 lo
nn

lynx | Swedish Trade Union Confederation

ohn Bowis nämnde orre och iberisk lo.

He mentioned the black grouse and the Iberian lynx.

3713 livsstil
nn

way of life

Det är särskilt att viktigt att göra den unga generationen medveten om att en hälsosam livsstil minskar risken att få cancer.

In particular, it is important to make the young generation aware that a healthy lifestyle reduces the risk of contracting cancer.

3714 kalkon
nn

turkey

Överlår, ben och klubbor av kalkon, med skinn/

Turkey thighs, drumsticks, legs, with skin.

3715 effektiv
adj

effective | efficacious

Utöver effektiv insamling av väsentlig information bland de relevanta aktörerna bör den behöriga myndigheten kunna få tillgång till tullmyndigheternas relevanta databaser.

In addition to the efficient gathering of the pertinent information among all the appropriate operators, the competent authority should be allowed to have access to the relevant databases of the customs authorities.

3716 övre
adj

upper

Bergets övre del är snötäckt.

The upper part of the mountain is covered with snow.

3717 förband
nn

dressing

Min mor var 69 när man vid den första världslivsmedelskonferensen förband sig att se till att alla skulle befrias från hungersnöd – inte alla förutom 400 miljoner – alla.

She was 69 when the first World Food Conference pledged everyone must be free from hunger – not everyone except 400 million – everyone.

3718 i gång
adj

under way

Vi hoppas att även utbetalningarna till bönderna skall kunna komma i gång i år.

We hope that this year will then see the start of disbursements to the farmers.

3719 skärpa

sharpness; sharpen

nn; vb

Ändringsförslagen kommer att skärpa kraven i rekommendationen.

The amendments will tighten up the requirements in the recommendation.

3720 picknick **picnic**

nn

Vi har ju inte haft någon picknick på jättelänge så jag tänkte..

Well, we haven't had a picnic in a long time, so I just thought..

3721 håla **den|burrow**

nn

De har en särskild håla som används som toalett så att bohålan alltid är ren.

A separate burrow is used as a toilet so that the home burrow is kept clean.

3722 hotellrum **hotel room**

nn

Eventuellt närmare information om bokningar av hyrbil och hotellrum..

Where appropriate, details of reservations in respect of car hire and hotel rooms..

3723 nedanför **below; below**

adv; prp

Och skylten nedanför kullen?

And that's your sign at the bottom of the hill?

3724 diskussion **discussion**

nn

Det finns rum för diskussion.

There's room for discussion.

3725 klämma **clamp|clip; squeeze**

nn; vb

Vi måste klämma in dem, eftersom jag också försöker att spara pengar.

We will have to squeeze them in, because I am also trying to save money on the way.

3726 kapa **hijack|sever**

vb

Sträck upp era händer om ni vill kapa hans ben!

You know, raise your hands if you want to cut off his legs!

3727 poet **poet**

nn

Han är en poet.

He is a poet.

3728 legitimation **identification**

nn

Jag vill se legitimation.

I want to see some identification.

3729 kines **Chinese**

nn

Det var en man, en kines, som byggde staplar, utan lim eller något annat.

And it was a man, a Chinese man, and he was stacking these things, not with glue, not with anything.

3730 utvecklingsland **developing country**

nn

Dom gick om Sverige för fem år sedan, och dom benämns som utvecklingsland.

They bypassed Sweden five years ago, and they are labeled a developing country.

3731 pung **pouch|sack**

nn

Jag har hållt på med lögndetektortester sen du simmade i din pappas pung.

Son, I've been doing polygraph examinations since you were swimming in your daddy's balls.

3732 raket **rocket|missile**

nn

Och ett frimärke med en hydraulisk raket kapabel att nå höjder över ett hundra meter.

And a stamp on it hydraulic rocket capable of a attaining altitudes of over one hundred metres.

3733 nyfikenhet
nn

curiosity

Jag är sprickfärdig av nyfikenhet.

I'm bursting with curiosity.

3734 romare
nn

roman

Fria män och slavar?Romare och barbarer? Män och kvinnor?

The free and the slaves, the Romans and the barbarians, men and women alike?

3735 hejda
vb

stop | head off

Åtgärderna, som hade fått företräde framför mer ingripande åtgärder, i synnerhet åtgärder som begränsade importvolymerna, var ägnade att uppnå det eftersträvade målet, nämligen att hejda prisraset på varor på gemenskapsmarknaden. De vidtogs först när ett mindre ingripande system – importintygssystemet – visade sig vara otillräckligt.

Those measures, which were chosen in preference to more inhibitive measures, in particular measures restricting the volume of imports, were suited to the attainment of the objective pursued, namely to arrest the fall in product prices on the Community market and were adopted at a time when a less restrictive system, involving import licences, had proved insufficient.

3736 skida
nn; vb

ski; sheathe

Vid lunchtid kan du åka skidor på ställen som andra bara drömmer om.

At lunchtime, you can ski in places that others only dream about.

3737 underverk
nn

miracle | marvel

Kapernaum hade bildligt talat blivit upphöjt till himlen genom Jesu närvaro, predikande och underverk, men nu skulle staden störtas ner till Hades, som här är en symbol för djup förnedring.

Capernaum had been exalted heaven high in a spiritual way by the presence, preaching, and miracles of Jesus, but it would now be abased, as it were, to Hades, here representing the depth of its abasement.

3738 register
nn

register | index

Ett officiellt register över lobbyister, men även ett register över dem som vill påverka oss.

A register of lobbyists officially, but also a record of those who lobbied us.

3739 aggressiv
adj

aggressive

Du är för aggressiv.

You're too aggressive.

3740 vinkel
nn

corner

Horisontell vinkel: 30° inåt och utåt.

Horizontal angle: 30° inwards and outwards.

3741 betjänt
nn

valet

Enligt honom är tjuven och Foggs betjänt samma person!

According to him, the bank thief and Fogg's valet are the same man!

3742 blandad
adj

mixed | compositive

Samtidigt är bilden blandad och jag anser att debatten här har bekräftat det.

At the same time, the picture is mixed, and I think the debate here confirmed that.

3743 måltavla
nn

target

Den civila luftfarten fortsätter att vara en attraktiv måltavla för terroristgrupper, och för att bekämpa detta hot måste lämpliga och riskbaserade skyddsåtgärder införas.

Civil aviation remains to be an attractive target for terrorist groups and countering this threat requires ensuring the implementation of appropriate, risk based protection measures.

3744	**tunn**	**thin | light**
	adj	"Halberstädter Würstchen" är en lång, smal kokkorv i tunn, fin naturtarm (fårtarm), som endast säljs som en konserverad produkt.
		'Halberstädter Würstchen' is a long, thin boiling sausage in tender natural skin (sheep's casing), sold only as a preserved product.
3745	**sändare**	**transmitter**
	nn	Jag glömde berätta, att lastbilen har en liten sändare i karossen.
		Forgot to tell you, the truck's got a little transmitter in her belly.
3746	**fotografera**	**photograph | photo**
	vb	Inspektörerna får vid behov fotografera och videofilma för att dokumentera eventuella överträdelser av de gällande bevarandeåtgärder som antagits av Antarktiskommissionen.
		Inspectors may take photographs and/or video footage as necessary to document any alleged breach of conservation measures in force adopted by the CCAMLR.
3747	**replik**	**reply**
	nn	Trots att jag kom försent, så får jag både svar och dessutom replik.
		Even though I arrived late, I have had both an answer and a chance to reply.
3748	**regissör**	**director | producer**
	nn	I det ögonblicket, var det som om en regissör bad om en scenförändring.
		At that moment, it was as if a film director called for a set change.
3749	**set**	**set**
	nn	SET–planen har som mål att bidra specifikt till utvecklingen av rena tekniker.
		The SET Plan intends to contribute specifically to the development of clean technologies.
3750	**hy**	**complexion**
	nn	Men alla som har brun hy, alla som är annorlunda kommer att stoppas och kontrolleras.
		But anyone who is brown-skinned, anyone who is different will be stopped and checked.
3751	**staket**	**railing**
	nn	Kan vi definiera– –en planetarisk gräns, ett staket– –inom vilket mänskligheten tryggt kan agera?
		And could we even define a planetary boundary, a fence, within which we then have a safe operating space for humanity?
3752	**granat**	**garnet**
	nn	Smärgel, naturlig korund, naturlig granat och andra naturliga slipmedel.
		Emery, natural corundum, natural garnet and other natural abrasives.
3753	**moder**	**mother**
	nn	Moder natur förspiller väldigt lite, återanvänder i stort sett allt.
		Mother nature wastes very little, reuses practically everything.
3754	**stall**	**stable**
	nn	De måste vara lika förtrogna med datorer och Internet som med sådden och djuren i ladugård och stall.
		Young farmers need to be as familiar with computers and the Internet as they are with seed and the animals in their stalls.
3755	**ägodel**	**property**

nn   Typ, " Vad är din värdefullaste ägodel? "

Like, " What's your most treasured possession? "

3756 svåger   **brother-in-law**

nn   Min svåger är slaktare.

My brother-in-law is a butcher.

3757 apropå   **with regard to; by the way**

prp; adv   Tack för de vänliga orden apropå valet av en svensk vice talman.

Thank you for your kind words regarding the election of a Swedish Vice-President.

3758 mängd   **amount | variety; no end of**

nn; adv   Denna mängd bör läggas till den uppskattade produktionen eftersom den inte ingår i AMI:s beräkning av produktens slutanvändning.

As this quantity is not already included in AMI's end–use estimate of this product this quantity should be added on top of this production estimate.

3759 temperatur   **temperature**

nn   Jag ber sammanträdestjänsten att se till att vi kan arbeta i en dräglig temperatur.

I ask the administration to ensure that we have a decent temperature in which to work.

3760 överordnad   **superior**

nn   Om en överordnad är hård eller alltför krävande, kanske de som är under honom bara lyder honom motvilligt.

A superior who is harsh or overly demanding may win only grudging compliance from those under him.

3761 skicklighet   **skill | expertness**

nn   Vi måste vara fullt beredda på att axla vårt utökade ansvar med skicklighet och omsorg.

We need to be fully prepared to shoulder our greater responsibilities with skill and care.

3762 längtan   **longing | desire**

nn   Jag kan inte hålla tillbaka min längtan efter dig.

I can't hold back my longing for you.

3763 angrepp   **attack | assault**

nn   Inom ramen för det samarbete som inleddes i samband med fredsavtalet uppmuntrar kommissionen dessutom de guatemalanska myndigheterna, landets polisväsende och hela rättsväsendet att förhindra alla angrepp mot rättsstatsprincipen.

In addition, in the framework of co–operation set by the Peace Accords, the Commission is encouraging the Guatemalan authorities, the National Police Force and the judiciary system to prevent any action against the rule of law.

3764 elektricitet   **electricity**

nn   Elektricitet för städerna är, i bästa fall, det som kallas baslastselektricitet.

Electricity for cities, at its best, is what's called baseload electricity.

3765 illamående   **nausea; sick**

nn; adj   Exponering för dessa medel kan leda till trötthet, illamående, hjärtklappningar etc.

Exposure to these chemicals can lead to tiredness, nausea, palpitations, and other symptoms.

3766 klassiker   **classic**

nn   För att citera en ungersk socialistisk klassiker skulle jag bara vilja säga: "struntprat!"

To quote a Hungarian socialist classic: 'fiddlesticks!'

3767	**mode**	**fashion**
	nn	Ett resonemang liknande det rörande den tekniska utvecklingen kan appliceras på den modedrivna utvecklingen, givetvis med det undantaget att mode till skillnad från teknisk utveckling endast berör kortsiktiga förändringar i konsumtionsmönstren.

A similar consideration as that relating to technological developments is valid with respect to the changes in fashion, with the obvious difference that fashion, unlike technological developments, accounts for short–cycled changes in consumption patterns.

3768	**efterrätt**	**desert**
	nn	Till efterrätt vill jag ha rymdyoghurt med hackade kola-nötter.

For desert, I'll have the space yoghurt with chopped cola nuts.

3769	**offentlig**	**public|open**
	adj	Det gängse bidrag till upprätthållandet av den allmänna säkerheten som varje individ kan behöva lämna utgör inte utövande av offentlig makt.

Merely making a contribution to the maintenance of public security, which any individual may be called upon to do, does not constitute exercise of official authority.

3770	**blandning**	**mixture|blend**
	nn	Så nu, för att veta var korten är, måste jag se på blandningen från börj, Åh, vi har börjat,

So here, to follow my cards, I must look at the shuffle from the begin — ah, we have started together.

3771	**åtlöje**	**ridicule**
	nn	Redan 2004 gjorde Tyskland och Frankrike den till åtlöje.

As early as 2004, it was laughed out of the room by Germany and France.

3772	**investering**	**investment**
	nn	Beträffande forskning och utveckling är det en investering för framtiden.

As regards research and development, they are an investment in the future.

3773	**färsk**	**fresh**
	adj	Jag har kaffe, te, vatten och färsk fruktjuice.

I have coffee, tea, water, and fresh fruit juice.

3774	**hylla**	**shelf; acknowledge**
	nn; vb	Det här är ett betänkande som inte kommer att ligga på någon hylla och samla damm.

This is a report that will not lie on some shelf collecting dust.

3775	**takt**	**rate|beat**
	nn	Ta det i din egen takt.

Pace yourself.

3776	**bevakning**	**coverage**
	nn	Denna virkesförsäljning bör understödjas av en omfattande medial bevakning på medlemsstatsnivå.

These timber sales should be supported by strong media coverage in Member States.

3777	**fiskare**	**fisherman**
	nn	Fiskare som fångar sill för mänsklig konsumtion hittar färre och mindre fisk.

Fisherman who catch herring for human consumption are finding fewer and smaller fish.

| 3778 | **självfallet** | **of course** |

	adv	Detta förslag bryter självfallet mot en grundläggande rätt för alla medborgare, och därmed också för parlamentsledamöterna, att kunna väcka talan i domstol.

That statement clearly infringes the fundamental right of every citizen, and thus also of Members, to bring an action.

3779 avundas

vb

envy

I Bryssel och andra säten för Europeiska kommissionen har jag funnit nivåer av förträfflighet, kompetens och engagemang som många nationella förvaltningar skulle avundas.

In Brussels and the other seats of the European Commission, I have found levels of excellence, competence and commitment that would be the envy of many national administrations.

3780 mager

adj

lean|skinny

Med dagens teknik är det ännu inte möjligt att få naturgasmotorer med mager förbränning att automatiskt anpassa sig till olika bränslesammansättningar.

At the present state of technology it is not yet possible to make leanburn natural gas engines self–adaptive.

3781 gammaldags

nn; adj

old time; old-fashioned

Kanske är det så att vi har för många gamla byggnader som i vissa fall kräver speciella, gammalmodiga, gammaldags färger för underhåll av byggmaterialet.

It is a place where we perhaps have too many old buildings which in some cases require specialist, old fashioned, old–style paints to maintain their fabric.

3782 nedför

adv; prp

down; down

Det var tårarna som inte gick att skilja från gulfen som rann nedför min kind.

It was the tears that were indistinguishable from the Gulf that were falling down my cheek.

3783 ersättning

nn

replacement|compensation

Meddelanden rörande företagets, organisationens eller personens varor, tjänster eller anseende som utarbetats oberoende av detta eller denna, i synnerhet när det har skett utan ekonomisk ersättning.

Communications relating to the goods, services or image of the undertaking, organisation or person, compiled in an independent manner, particularly when provided for no financial consideration.

3784 läder

nn

leather

Den andra rör import av skodon med överdelar av läder från Kina och Vietnam.

The second concerns imports of footwear with leather uppers from China and Vietnam.

3785 pest

nn

pest|menace

Vi ser en pest som drabbar små och medelstora företag, orsakad av bristande tillgång till krediter.

We are witnessing a plague striking small and medium-sized enterprises across the whole continent, caused by a lack of access to credit.

3786 erövra

vb

conquer|win

Det finns ingen moralisk ordning alls. det är just detta: kan min våld erövra din?

There's no moral order at all. there's just this: can my violence conquer yours?

3787 våldta

rape

vb	5 juni dömdes en 30–årig somalisk asylsökare kallad "Ali S" till fyra år och nio månaders fängelse för att han försökt våldta en 20–årig kvinna i München. *On June 5, a 30–year–old Somali asylum seeker called "Ali S" was sentenced to four years and nine months in prison for attempting to rape a 20–year–old woman in Munich.*

3788 kommunist — **communist**

nn Man måste verkligen vara kommunist för att bara komma på något så utopiskt som detta.
One really has to be a Communist to dream up something as Utopian as this.

3789 greja — **fix**

vb I morse sa du att vi kan greja allt.
This morning you said there was nothing we couldn't work out.

3790 kommando — **command**

nn Krypterat kommando:
Secured command:

3791 raka — **shave**

vb Han har inte kunnat raka sig — en figur lite lik Billy Connolly.
He hasn't been able to shave — a sort of Billy Connolly figure.

3792 spö — **rod**

nn De måste på medellång och lång sikt vara det "spö" som de aktuella folken använder för att lära sig "fiska" och bli självförsörjande.
These funds must be, in the medium and long term, the 'rod' which the relevant peoples will use to learn to 'fish' and successfully become self-sufficient.

3793 elände — **misery|distress**

nn Mycket misär och elände hade kunnat undvikas med hjälp av mer samordning.
Much distress and misery could have been avoided with more concertation.

3794 sångare — **singer**

nn Han blev en berömd sångare.
He became a famous singer.

3795 typisk — **typical**

adj Det är en rätt typisk väg för protokoll om resurser / ekonomisk ersättning.
It is a quite typical access to resources/ financial compensation protocol.

3796 blodtryck — **blood pressure**

nn Min son har varit fängslad sedan 1977. Jag är 78 år och lider av högt blodtryck och diabetes, jag håller på att förlora synen och kan knappt ta mig runt i hemmet längre.
My son has been in jail since 1977, and I am 78 and suffer from high blood pressure and diabetes; I am losing my sight and cannot really get around my own home any more.

3797 bedårande — **adorable**

adj Rio kan vara bedårande den här tiden på året!
Rio can be captivating this time of year!

3798 jämföra — **compare**

vb Lagstiftaren kunde nämligen lagenligen, för enkelhetens skull, välja ett system som är administrativt lätthanterligt, eftersom det vore en oproportionerlig åtgärd att för varje land efterforska den verkliga kostnaden för sjukvård eller hur stora hälsoriskerna är, med beaktande av vilken möda denna efterforskning skulle kräva, det begränsade antal länder där kostnaderna eller hälsoriskerna inte är högre än inom gemenskapen, det begränsade antal tjänstemän som tjänstgör i dessa länder samt svårigheterna att jämföra hälsovården i olika länder.

The legislature made a legitimate choice in opting for a scheme not unduly complex and therefore easily manageable, on the ground that it would have been disproportionate to seek to establish for each country the actual costs of medical services or the level of health risks in view of the work that would require, the small number of countries in which the costs or health risks are no greater than in the Community, the few officials serving in those countries and the difficulty of comparing medical practice from one country to another.

3799	**flygvapen**	**air force**

nn

Låt oss först och främst krossa Khadaffis flygvapen och paralysera "broderledaren", som han tycker om att kalla sig.

First, let us break Gaddafi's air force and leave the 'Brother Leader', as he likes to call himself, paralysed.

3800 **rond** — **round**

nn

Låt oss förbereda oss, mina damer och herrar, för en ny rond.

Let us prepare ourselves, ladies and gentlemen, for a new round.

3801 **specialitet** — **specialty**

nn

De offentliga eller privata kontrollorgan som avses i punkt 1 skall ha befogenhet att se till att denna förordning följs, i tillämpliga fall även genom sanktionsåtgärder om det konstateras att en jordbruksprodukt eller ett livsmedel som uppges vara en garanterad traditionell specialitet inte uppfyller kraven i produktspecifikationen.

The public or private inspection bodies referred to in paragraph 1 shall have the powers to enforce compliance with this Regulation, including, where appropriate, by imposition of penalties, if they find that an agricultural product or foodstuff designated as a traditional speciality guaranteed does not comply with the requirements laid down in the product specification.

3802 **rycka** — **twitch|jerk|pull**

vb

Sanningen är att vi vet att kommissionen har en lång väg att gå innan den kan rycka upp sig.

The truth is, we know that the Commission has a long way to go in getting its act together.

3803 **tia** — **ten**

num

Så här: tia, knekt, dam, kung, ess.

So here: 10, jack, queen, king, ace.

3804 **överdriven** — **exaggerative|excessive**

adj

Som vi visar i den fortsatta framställningen förutsätter detta emellertid att man skapar motsvarande mekanismer för att även små och medelstora företag skall kunna delta i konkurrensen inom gemenskapen utan att belastas med överdriven extra administration.

As explained below, this requires the requisite accompanying mechanisms to be established in parallel, to enable small and medium enterprises to participate in intra–Community trade without having to deal with excessive extra red tape.

3805 **policy** — **policy**

nn

En sådan policy leder till åtminstone två problem.

Such a policy gives rise to at least two problems.

3806	**satellit**	**satellite**
	nn	Av dessa granskades runt 12 procent, delvis direkt på plats, delvis per satellit.
		Of these, some 12% were checked, partly on the spot and partly by satellite.
3807	**bomba**	**bomb**
	vb	Om detta är sant, vad tänker man då göra mot de länderna och vad tjänar det till att bomba Irak?
		If that is true, what does he intend to do with those countries and how can it help to bombard Iraq?
3808	**redaktör**	**editor**
	nn	Man kunde inte vänta sig mindre från dess redaktör och jag vill gratulera henne varmt.
		This is no less that we would have expected from its editor, whom I would like to congratulate most warmly.
3809	**neka**	**deny**
	vb	Du kan inte neka det.
		You can't deny that.
3810	**ränta**	**interest**
	nn	Följaktligen ankommer det, enligt lydelsen av artikel 93.2 i fördraget, i princip på kommissionen, och inte de nationella myndigheterna, att fastställa dagen då denna ränta skall börja löpa.
		Consequently, under Article 93(2) of the Treaty, it is in principle for the Commission, and not for the national authorities, to fix the date from which such interest is to run.
3811	**räv**	**fox**
	nn	Med Eurostataffären i tydligt minne är detta utan tvivel liktydigt med att sätta räven att vakta hönsen.
		With the Eurostat affair fresh in the memory, that is no doubt like setting the fox to keep the geese.
3812	**skojare**	**rascal; son of a gun**
	nn; phr	För utan dessa åtgärder kommer ekonomiskt opportuna skojare och de som är vana vid tekniska plagiat att även i fortsättningen få oss att betrakta dem som innovationer, när de i själva verket bara är skickligt maskerade stölder.
		Without such measures, crafty economic opportunists and seasoned technological plagiarists will continue to pass well–disguised theft off as innovation.
3813	**lönlös**	**useless**
	adj	Strävan att förbättra arbetsmarknadens funktionssätt är lönlös om tillväxten är för svag för att skapa fler arbetstillfällen, och vice versa.
		There is no point trying to improve the labour market if growth is too weak to allow jobs to be created. The reverse also holds true.
3814	**åtalad**	**prosecuted; indictee**
	adj; nn	Det finns instrument, även nationella sådana, som tillåter en domare som har handlat olagligt att bli åtalad, men det kan absolut inte ske på kommissionens begäran.
		There are instruments, including within the national states, which allow a judge who has carried out an illegal activity to be prosecuted, but that clearly cannot happen at the request of the Commission.
3815	**premiärminister**	**Prime Minister**
	nn	Tidigare vice premiärminister med ansvar för ekonomiska frågor, minister för inrikeshandel och konsumentskydd.

Former Vice Prime Minister for Economic Affairs, former Minister of Domestic Trade and Consumer protection.

3816 **grov**
adj

bearish|rough

Förslaget syftar till att harmonisera medlemsstaternas bestämmelser om skyldigheter för lufttrafikföretag som upprätthåller flygförbindelser mellan ett tredjeland och åtminstone en medlemsstats territorium att överföra PNR–uppgifter till behöriga myndigheter i syfte att förebygga, upptäcka, utreda och lagföra terroristbrott och grov brottslighet.

The proposal aims to harmonise Member States' provisions on obligations for air carriers, operating flights between a third country and the territory of at least one Member State, to transmit PNR data to the competent authorities for the purpose of preventing, detecting, investigating and prosecuting terrorist offences and serious crime.

3817 **käpp**
nn

cane

Din käpp och stav, de tröstar mig.

Thy rod and thy staff, they comfort me.

3818 **styck**
nn

piece

Så under åren innan Andra världskriget, köpte Amerikanska militären 90,000 av dessa Norden bombsikten till en kostnad av $14,000 styck -- återigen i 1940 dollar, det är väldigt mycket pengar.

So in the years leading up to the Second World War, the U.S. military buys 90,000 of these Norden bombsights at a cost of $14,000 each -- again, in 1940 dollars, that's a lot of money.

3819 **konkurs**
nn

bankruptcy

Företag som går i konkurs måste kunna få ännu en chans.

It must be possible for companies which go bankrupt to be given another chance.

3820 **skälla**
vb; nn

bark; woof

Yttrandefrihet borde innebära att han har all rätt att skälla på islam, på samma vis som islamiska präster har rätt att skälla på honom och kristendomen om de så önskar.

Freedom of speech should mean that he has every right to lambast Islam, as Islamic clerics have to lambast him and Christianity if they so choose.

3821 **beta**
nn; vb

beta|beet; break

De som skulle drabbas av en sådan är de hundratusentals europeiska bönder som odlar betor.

Those who lose out are the hundreds of thousands of European farmers who grow sugar beet.

3822 **lyckligtvis**
adv

fortunately|happily

Den här ambitionen är lyckligtvis oförminskad även efter problemen i år.

Fortunately, this ambition remains unabated even after this year's events.

3823 **resväska**
nn

suitcase

Man skulle aldrig ha anat att er resväska inte har anlänt.

One would not have known your suitcase had not arrived.

3824 **naiv**
adj

naive|simplistic

Är du verkligen så naiv?

Are you really that naive?

3825 **aptit**
nn

appetite

Olanzapin som administrerats tillsammans med litium eller valproat gav ökad frekvens (≥· %) av tremor, muntorrhet, ökad aptit och viktökning.

Olanzapine administered with lithium or valproate resulted in increased levels (· %) of tremor, dry mouth, increased appetite, and weight gain.

3826	**utsatt**	**exposed**

adj

Urvalet av gemenskapsproducenter baserades i enlighet med artikel 1 i grundförordningen på den största representativa produktionsvolym som rimligen kunde undersökas inom utsatt tid.

The selection of the sample of Community producers was based on the largest representative volume of production that could be reasonably investigated within the time available, in accordance with Article 1 of the basic Regulation.

3827	**stank**	**stench**

nn

Latrinen, som inte var mycket mer än ett hål i golvet, stank fruktansvärt.

The latrine, little more than a pipe in the floor, gave out a strong, horrible smell.

3828	**gardin**	**curtain	blind**

nn

Det är absurt att nationella regeringar i Europeiska unionen för en offentlig politik bakom en tung gardin av sekretess.

It is grotesque that in the European Union national governments make public policy behind a heavy curtain of secrecy.

3829	**buske**	**scrub**

nn

Åh, vi fick ett till meddelande från brandmyndigheten, om att vi måste rensa buskarna.

Oh, we got another notice from the fire department, saying we have to clear out the bush.

3830	**övertid**	**overtime**

nn

I Bangladesh håller restriktionerna om nattarbete och övertid på att tas bort.

In Bangladesh restrictions on night work and overtime are being lifted.

3831	**koordinat**	**coordinate**

nn

Varje hastighetsvariation av 10 km/h skall på diagrambladet motsvaras av en variation av minst 1,5 mm på motsvarande koordinat.

Each variation in speed of 10 kilometres per hour must be represented on the record by a variation of at least 1,5 millimetres on the corresponding coordinate.

3832	**ekorre**	**squirrel**

nn

Avslutningsvis tycks det tillhöra medlemsstaternas behörighetsområde att hantera beståndet av grå ekorre.

To conclude, it appears that the management of grey squirrel populations falls within the competence of Member State authorities.

3833	**parkering**	**parking**

nn

När vi parkerar på en stor parkering, hur kommer vi då ihåg var vi ställde bilen?

When we park in a big parking lot, how do we remember where we parked our car?

3834	**tortera**	**torture**

vb

Frihandel är sannerligen inte acceptabelt för instrument avsedda att döda eller tortera.

Free trade is certainly not acceptable for instruments of death or torture.

3835	**daglig**	**daily**

adj

Vi står inte under daglig tidspress när det gäller att få fram den nya förordningen.

We are not under time pressure from day to day to come up with the new regulation.

3836 imperium
nn

empire

Avkoda det och du får the bossens imperium.

Decode it and you'll get the boss's empire.

3837 briljant
adj; nn

brilliant; brilliant

Det är briljant!

Oh, that's brilliant!

3838 bloss
nn

smoke|torch

Lura inte dig själv genom att säga: "Jag ska bara ta ett bloss."

Don't fool yourself by saying, "I'll only take one puff."

3839 hytt
nn

cabin

Ett pickupfordon består dessutom typiskt sett av en stängd hytt och en öppen bakre plattform.

Furthermore, the typical structure of a pick–up consists precisely in a closed cabin and an open rear platform.

3840 alias
adv; nn

alias; alias

Kanske har ert namn nämns under något alias eller något tillnamn som jag inte känner till.

Perhaps they referred to you with some alias or nickname that I do not know.

3841 protestera
vb

protest

Så här vid sammanträdets slut vill jag med kraft protestera mot detta beslut.

I should like once again, at the close of the sitting, to protest strongly against this.

3842 manöver
nn

maneuver|evolution

Hur ställer sig förresten EU till Rysslands senaste manöver gentemot Georgien?

Incidentally, how does the EU view the latest Russian manoeuvre against Georgia?

3843 arkiv
nn

archives

Digitalisering av arkiv.

Digitising of archives.

3844 vika
vb

fold

Sven gav inte vika.

Sven wouldn't give in.

3845 vykort
nn

postcard

Skicka ett vykort till Mike Wazowski på Mike–mår–bra–igen–vägen 22!

That's Mike Wazowski, care of 22 Mike–Wazowski – you–got–your–life–back Lane.

3846 civilisation
nn

civilization

Utan civilisation finns inga framsteg och utan mänskliga rättigheter finns ingen civilisation.

Without civilisation, there is no progress, and without human rights, there is no civilisation.

3847 godta
vb

accept

Följaktligen kan tribunalen inte godta Konungariket Spaniens argument att kommissionen förbehöll sig befogenheten att efter eget skön höja taket för de fastställda avdragen.

Therefore, the Kingdom of Spain's argument that the Commission retains the power to increase at will the limit of the amount of the deductions provided for cannot be upheld.

3848	**galler**	**grill|grate**
	nn	Detsamma hoppas jag gäller ett europeiskt supernät eller en högspänd likströmsförbindelse, däribland en länk mellan Spanien och Afrikas nordvästra kust.
		So too, I hope, is a pan–European super–grid, or HVDC interconnection, including a connector between Spain and the north–western coast of Africa.
3849	**fjant**	**jerk**
	nn	Var inte en sån liten fjant.
		Stop being such a little bitch.
3850	**retirera**	**retreat**
	vb	Alla här vet att du inte kommer att retirera.
		Everyone here knows that you will not fall back.
3851	**husvagn**	**caravan**
	nn	Kanske vore det mer effektivt att ha kontoret i en paneuropeisk husvagn än att spilla alla dessa manmånader som vi nu gör på flygresor.
		Perhaps it would be more efficient to have the offices in a pan–European caravan than to waste all these man–months, as we now do, upon plane journeys.
3852	**bokstavligen**	**literatim**
	adv	Rådet har också instämt med två tredjedelar av de ändringar som föreslagits av Europaparlamentet och godkänts av kommissionen, även om det i många fall inte skett bokstavligen utan i sak eller i princip.
		The Council has also taken up two thirds of the amendments proposed by the EP and accepted by the Commission; even if in many cases not literally but in substance or in principle.
3853	**mens**	**period**
	nn	Jag fick min mens i morse.
		I got my period this morning.
3854	**fysik**	**physics**
	nn	Fysik är mitt favoritämne.
		Physics is my favorite subject.
3855	**fack**	**trade**
	nn	Arvoden för juridisk rådgivning, notariatsavgifter, utgifter för fack– eller finansexperter är stödberättigande.
		Legal consultancy fees, notarial fees and costs of technical and financial experts are eligible.
3856	**dagligen**	**day-to-day**
	adv	Män och kvinnor trakasseras dagligen och deras familjer oroas.
		Men and women are harassed daily and their families harassed as well.
3857	**union**	**Union**
	nn	Jag tror att alla här anser att vi måste påskynda arbetet att färdigställa en politisk och ekonomisk union om livet ska fungera smidigt i unionen.
		I think that everyone here believes that, if life is to proceed smoothly in the Union, we need to speed up the completion of political and economic union.
3858	**stam**	**tribe|stem**
	nn	Tack och lov har det inte muterat till en mänsklig stam ännu, men det beter sig på olika sätt hos olika fåglar i olika regioner.
		Thankfully it has not mutated into a human strain yet, but it behaves in a different way in different birds in different regions.
3859	**tät**	**close|thick; proof; head**
	adj; sfx; nn	EU:s regeringar kan och borde ta täten när det gäller att förbättra situationen.

The EU governments can and should take a lead in improving the situation.

3860	**kvitto**	**receipt|acknowledgment**
	nn	Reseersättning skall erhållas efter uppvisande av kvitto.
		Travel expenses should be refunded on submission of a receipt.

3861	**yxa**	**ax|hatchet**
	nn	Abimęlek tog nu en yxa i handen och högg av en trädgren och lyfte upp den och lade den på axeln och sade till folket som var med honom: "Ni såg vad jag gjorde – skynda er och gör som jag!"
		A·bim'e·lech now took an ax in his hand and cut down a branch of the trees and lifted it up and put it on his shoulder and said to the people that were with him: "What YOU have seen me do–hurry up, do like me!"

3862	**tändsticka**	**match**
	nn	Det är frustrerande att inse att en enda tänd tändsticka kan förstöra tusentals hektar fin skog.
		It is galling to realise that a single lit match can potentially destroy thousands of hectares of fine forest.

3863	**stötta**	**prop|chock; prop**
	nn; vb	Varför är arbetet på Betel och på sammankomsthallar viktigt, och hur kan vi stötta dem som arbetar där?
		What services do those in the Bethel family and at Assembly Halls provide, and how can we be of support?

3864	**iskall**	**icy; freezing cold**
	adj; nn	Det är iskallt och jag har ingen tröja.
		It's freezing and I've got no jumper.

3865	**inspiration**	**inspiration**
	nn	Men för detta behövde vi en vision, ambitioner, inspiration, generositet, djärvhet.
		But for that, we would have needed vision, ambition, endurance, generosity of spirit, audacity.

3866	**gentemot**	**against**
	prp	Såvida inte annat anges i denna del, har innehavaren av ett flygcertifikat, när han eller hon är biträdande pilot eller PICUS, rätt att tillgodoräkna sig all tid som biträdande pilot gentemot den totala flygtid som krävs för ett flygcertifikat av högre grad.
		Unless otherwise determined in this Part, the holder of a pilot licence, when acting as co–pilot or PICUS, is entitled to be credited with all of the co–pilot time towards the total flight time required for a higher grade of pilot licence.

3867	**säkerligen**	**Certainly**
	adv	Sabine Mayr ville säkerligen behålla sin graviditetslängtan för sig själv.
		Ms Mayr probably wished to keep her desire to conceive to herself.

3868	**försprång**	**lead**
	nn	Denna fria tillgång till förvärvade kunskaper och färdigheter måste dock begränsas när det är nödvändigt för att få avkastning på gjorda investeringar i forskning och utveckling och samtidigt stärka konkurrenskraften hos den berörda nationens ekonomi genom det försprång som behövs på marknaden.
		However, there must be limits to the free availability of acquired knowledge and skills where this is necessary to get a return on the investment that has been put into research and development from its subsequent economic benefits and thus, at the same time, to provide the market with the advances needed to strengthen the competitiveness of the relevant economy.

3869	**förvirring**	**confusion**

| | *nn* | För det andra leder detta synsätt till en viss förvirring vad gäller systemet med de skäl som motiverar en lagstiftning som skulle kunna utgöra hinder för den fria rörligheten. |
| | | *Secondly, that approach gives rise to a certain amount of confusion in regard to the grounds justifying the rules likely to impede freedom of movement.* |

3870 jeans — **jeans**

nn — Hur ofta tvättar du dina jeans?

How often do you wash your jeans?

3871 segra — **win|prevail**

vb — För Rahab rådde det inga tvivel om att Jehova skulle låta sitt folk segra.

To Rahab, there was no question that Jehovah would give his people the victory.

3872 lera — **clay|mud**

nn — Har jag lera i ansiktet?

Have I got mud on my face?

3873 tull — **customs|duty**

nn — Särskilt jordbrukssektorn kan förvänta sig att spara in 380 miljoner euro på tull.

In particular, the agricultural sector can expect to save EUR 380 million in duty.

3874 handstil — **writing|handwriting**

nn — Om alla exemplar av blankettsetet skall användas i samma medlemsstat, får de fyllas i med läslig handstil med bläck och stora tryckbokstäver, förutsatt att detta är tillåtet i den medlemsstaten.

Where all the copies of a subset are intended for use in the same Member State, they may be filled in legibly by hand, in ink and in block capitals, provided that this is allowed in that Member State.

3875 juridik — **law**

nn — Sven studerade juridik på Harvard.

Sven studied law at Harvard.

3876 nord — **North**

nn — I Italien vann Lega Nord, som strävar efter självständighet för norra Italien, enorma framgångar i sina starka fästen.

In Italy, the separatist Northern League, which aims for the independence of the North of Italy, gained huge victories in its northern strongholds.

3877 upprätthålla — **maintain**

vb — Den registrerades rätt att överföra eller motta personuppgifter som rör honom eller henne innebär inte någon skyldighet för de personuppgiftsansvariga att införa eller upprätthålla behandlingssystem som är tekniskt kompatibla.

The data subject's right to transmit or receive personal data concerning him or her should not create an obligation for the controllers to adopt or maintain processing systems which are technically compatible.

3878 odödlig — **immortality**

adj — Du kommer också bli odödlig inom kort!

You will join me in immortality soon enough!

3879 befolkning — **population**

nn — Sveriges befolkning ökar.

The population of Sweden is on the increase.

3880 påhitt — **fabrication|figment**

	nn	Ditt påhitt i går kostade honom fem vänner.
		Your little caper cost him five friends last night.
3881	**intuition**	**intuition**
	nn	Tack vare sin kvinnliga intuition berikar kvinnorna vår förståelse av världen.
		Thanks to their feminine intuition, women enrich our understanding of the world.
3882	**vetenskaplig**	**scientific**
	adj	Meriter ska bedömas efter vetenskaplig kvalitet och vetenskaplig produktion (publikationer).
		Merit should be measured in terms of scientific excellence and scientific production (publications).
3883	**avundsjuka**	**envy**
	nn	Vilka motgifter finns det mot avundsjuka?
		What measures can we take as antidotes to envy?
3884	**dödande**	**killing|lethal; killing**
	adj; nn	Jag anser för övrigt att dödande av ett liv är motsatsen till reproduktiv hälsa.
		In fact, I think that taking life is the opposite of reproductive health.
3885	**rikedom**	**wealth|richness**
	nn	Jag erbjuder er ära och rikedom.
		I offer you glory and fortune.
3886	**hedrad**	**honored**
	adj	Det är jag som är hedrad.
		The honour is mine.
3887	**kavaj**	**jacket**
	nn	Här är din kavaj.
		here's your coat.
3888	**porträtt**	**portrait**
	nn	Det brittiska postverket är nu 371 år gammalt, och det var britterna som 1840 gav ut det första frimärket med ett porträtt av drottning Victoria.
		The British Post Office is now 371 years old, and it was the British in 1840 who brought out the first postage stamp, bearing the head of Queen Victoria.
3889	**nita**	**rivet|clench**
	vb	Och nita honom när han anfaller.
		Now go handle your business.
3890	**beröra**	**touch|refer to**
	vb	Jag skulle vilja beröra det ämne som Breyer tagit upp.
		I should like to come back to the issue which was mentioned by Ms Breyer.
3891	**uppställning**	**line-up**
	nn	Vi är nöjda med denna uppställning.
		We are satisfied with this arrangement.
3892	**investera**	**invest**
	vb	Investera eller göra investeringar: att genomföra nya investeringar, förvärva hela eller del av befintliga investeringar eller påbörja investeringsverksamhet inom nya områden.
		'Make investments' or 'making of investments' means establishing new investments, acquiring all or part of existing investments or moving into different fields of investment activity.
3893	**checka**	**check**

	vb	Allt jag ska göra är att checka in på min ljudisolerade svit.
		All I have to do is check into my soundproof suite.
3894	**spricka**	**crack|flaw; crack**
	nn; vb	Det kallas för "oljepengar". Statskassan höll på att spricka av pengar.
		We call them petrodollars. The treasury was bursting with money.
3895	**majs**	**maize**
	nn	I april 2004 gjorde EFSA bedömningen att MON 863–majs är precis lika säker som konventionell majs.
		In April 2004, EFSA assessed MON 863 maize to be just as safe as conventional maize.
3896	**förtjänst**	**earnings|profit**
	nn	Den anställde skall i så fall flyttas upp ytterligare en löneklass den dag då han eller hon på grund av förtjänst skulle ha blivit uppflyttad en löneklass i sin tidigare lönegrad.
		In such a case, the staff member shall receive a supplementary step on the date on which the merit step would have been due at his former level.
3897	**invänta**	**await**
	vb	Detta betyder enligt kommissionen inte att man måste invänta resultaten från regeringskonferensen innan man sätter in eventuella åtgärder för försvarsindustrin, utan tvärtom att det behövs omedelbara åtgärder för försvarsindustrin inför förverkligandet av en gemensam utrikes– och säkerhetspolitik.
		This does not mean, as far as the Commission is concerned, that any action in the defence industry should await the outcome of the IGC. On the contrary, the urgent situation of the defence industry calls for immediate action as a necessity for a potential common foreign and security policy.
3898	**alkoholist**	**alcoholic**
	nn	Du är en pillerätande alkoholist!
		Jesus, you're a pill popping alcoholic!
3899	**hygglig**	**decent**
	adj	Alla önskar sig en hygglig bostad.
		Everyone would like to have suitable housing.
3900	**viska**	**whisper**
	vb	Viska göra allt vi kan för att få till stånd en snabb omsättning och en modernisering av bilar i Europa.
		We must do all we can to bring about the rapid conversion and modernisation of European cars.
3901	**taga**	**take|march|move**
	vb	Bibeln har som alltid rätt där det står att läsa att det är saligare att giva än att taga.
		The Bible as always is right when it states that there is a giving which does not impoverish.
3902	**ve**	**woe**
	nn	Mänskligheten har verkligen upplevt mycket ve, i synnerhet sedan 1914.
		Truly, there has been much woe for mankind, particularly since 1914.
3903	**pensionerad**	**retired; retiree**
	adj; nn	Domstolen påpekar att den hänskjutande domstolen genom sin fråga vill få klarhet i om vissa bestämmelser i fördraget och i sekundärrätten förhindrar att en medlemsstat beräknar sjukförsäkringsavgifterna för en pensionerad arbetstagare som omfattas av dess lagstiftning på grundval av bruttobeloppet av den avtalsenliga tilläggspension som denne arbetstagare uppbär i en

annan medlemsstat, utan att ta hänsyn till att en del av bruttobeloppet av denna pension redan har dragits av som sjukförsäkringsavgifter i den sistnämnda staten.

By its question, the national court seeks to ascertain whether certain provisions of the Treaty and secondary legislation preclude a Member State from calculating the sickness insurance contributions of a retired worker subject to its legislation on the basis of the gross amount of the supplementary retirement pension payable under an agreement which that worker draws in another Member State, without taking account of the fact that a part of the gross amount of that pension has already been deducted by way of sickness insurance contributions in the latter State.

3904	**mestadels**	**mostly**
	adv	

Hägrarna är mestadels vadande fåglar som håller till i marskområden, träskmarker, sjöar och vattendrag.
The birds of the heron family are basically waders, frequenting marshes, swamps, inland streams, and lakes.

3905	**upplopp**	**riot**
	nn	

Befälhavare för enheten för bekämpning av upplopp (BAE): ansvarig för allvarliga brott mot de mänskliga rättigheterna och internationell humanitär rätt i Elfenbenskusten; person inom militären som vägrar att underordna sig den demokratiskt valde presidentens överhöghet.
Commander of the Riot Squad (BAE): Responsible for serious violations of human rights and international humanitarian law in Côte d'Ivoire; senior military officer refusing to place himself under the authority of the democratically elected President.

3906	**permission**	**leave**
	nn	

Du ska på permission, avgöra resultatet av en psykologisk utvärdering.
You're going on leave, pending the outcome of a psychiatric evaluation.

3907	**ursprung**	**origin**
	nn	

Demokratin har sitt ursprung i antikens Grekland.
Democracy originated in Ancient Greece.

3908	**budbärare**	**messenger**
	nn	

En ännu effektivare kontroll utövades av 'kungens öga' (eller 'kungens öra', 'kungens budbärare'), [en ämbetsman] som varje år gjorde en grundlig inspektion av alla provinser." (A.
Still more effective control was exercised by the 'king's eye' (or 'king's ear' or 'king's messenger'), [an official] who every year made a careful inspection of each province."–By A.

3909	**missta**	**mistake**
	vb	

I ett sådant fall följer inte risken att konsumenterna kan missta sig beträffande det kommersiella ursprunget hos de aktuella varorna eller tjänsterna av att dessa förväxlar det sökta varumärket med ett av de äldre varumärkena utan av att de kan tro att det sökta varumärket tillhör samma serie.
In such a case, the likelihood that the consumer may mistake the commercial origin of the goods or services in question does not result from the possibility of his confusing the trade mark applied for with one of the earlier marks in a series, but from the possibility of his considering that the trade mark applied for forms part of the same series.

3910	**turné**	**tour**
	nn	

Den slovakiska roadshowen Caravana tog tanken med Europaåret 2011 på turné vidare till fem kommuner i slovakiska regioner: Košice, Prešov, Žilina, Nitra och Komárno. På så sätt fick invånarna i städer utanför Bratislava chansen att få reda på mer om Europaåret och dess mål och om möjligheter till frivilligarbete i deras regioner.

The Slovak road show "Caravana" extended the idea of the EYV 2011 Tour to five municipalities of Slovak regions: Košice, Prešov, Žilina, Nitra and Komárno giving citizens in towns outside of Bratislava the opportunity to find out about the European Year and its objectives as well as about opportunities for volunteering in their region.

3911	**störning**	**interference|disturbance**
	nn	Vi måste koncentrera oss på att få den här transaktionen fri från all typ av störning.

Our efforts must be concentrated on ensuring that this transition goes without disturbance.

3912	**inombords**	**inboard**
	adv	Men inombords är det samma sak.

But inside you, it's about all the same.

3913	**städad**	**tidy**
	adj	Men vid midnatt var hela arenan städad.

Yet, by midnight the whole stadium was clean!

3914	**staty**	**statue**
	nn	I respektive tempel stod ursprungligen en staty av den gud som tillbads, och inför den frambars offer och böner.

These temples originally contained a statue of the deity to whom offerings and supplications were made.

3915	**distrikt**	**district|division**
	nn	Medlemsstaterna skall inte tillåta import av produkter som inte nämns i artikel 2 från nötkreatur, får, getter, svin och andra klövbärande arter med ursprung i de distrikt i Bulgarien som förtecknas i artikel 1.1."

Member States shall not authorize the importation of products not mentioned in Article 2 of the bovine, ovine, caprine, porcine and other biungulate species originating in the districts of Bulgaria listed in Article 1 (1).'

3916	**blinka**	**flash**
	vb	Jag skall inte ta upp allt här, men alla varningssignaler har börjat blinka.

I am not going to mention all of it here, but all of the signals are turning to red.

3917	**fullmäktige**	**council**
	nn	Medlemsstaterna får underlåta att tillämpa artikel, 21.1 andra stycket a första meningen samt artiklarna 34, 35 och 40–43 på bolag som bildas enligt särskild lagstiftning och som vid sidan av "kapitalaktier" ger ut "arbetsaktier" till förmån för de anställda som ett kollektiv, vilket på bolagsstämman företräds av fullmäktige med rösträtt.

Member States may decide not to apply the first sentence of point (a) of Article 21(1) and Articles 34, 35, 40, 41, 42 and 43 to companies incorporated under a special law which issue both capital shares and workers' shares, the latter being issued to the company's employees as a body, who are represented at general meetings of shareholders by delegates having the right to vote.

3918	**kommunfullmäktige**	**town council**
	nn	En kommunfullmäktigeledamot tillhörandes BNG, ett politiskt parti som är representerat i kommunfullmäktige i Salceda, hade redan tidigare krävt att en notarie skulle utfärda en officiell certifiering av arbetets framskridande. Ett och ett halvt år senare, den 21 maj 2003, kunde samma ledamot

konstatera att arbetet inte hade slutförts, utan att det bara befann sig i inledningsstadiet och att det dittills endast hade gjorts en markprospektering samt anlagts en grusväg för tillfart till byggplatsen.

A municipal councillor representing the BNG (Galician Nationalist Bloc) party had earlier asked a notary to draw up an official certification of the state of progress on the project; one and a half years later, on 21 May 2003, the same councillor reported that work on the project was still at a rudimentary stage – all that had been done was to 'survey the site and build a dirt road leading to it'.

3919	**nyliberal**	**neoliberal**
	nn	Den ger oss mer nyliberal politik och en kraftig försämring av både löner och villkor.
		It offers more neoliberal policies and a race to the bottom in wages and conditions.
3920	**sked**	**spoon**
	nn	Och om du kommer förbi mig, har killen bakom mig en sked."
		You get past me, the guy behind me has a spoon."
3921	**fullmakt**	**mandate**
	nn	Du har inte fått fullmakt att förneka konungens återkomst, marskalk.
		Authority is not given to you to deny the return of the king, steward.
3922	**mental**	**mental**
	adj	Var och en har rätt till fysisk och mental integritet.
		Everyone has the right to respect for his or her physical and mental integrity.
3923	**omedelbar**	**immediate**
	adj	En förordning ger omedelbar tillämplighet utan behov av tolkning och följaktligen ökad harmonisering, vilket betyder att en förordning är mer lämplig för att uppnå målen för den föreslagna förordningen.
		A Regulation provides immediate applicability without interpretation and thus greater harmonisation and is therefore more appropriate to achieve the objectives of the proposed legislation.
3924	**interpellation**	**question**
	nn	Det finns nämligen två aspekter på den interpellation som vi vill överlämna till USA.
		There are, in fact, two issues to our message to the United States.
3925	**avancerad**	**advanced**
	adj	Handeln med illegala droger utgör nu en avancerad internationell verksamhet.
		The illegal drugs trade is now a sophisticated international business.
3926	**marschera**	**march**
	vb	Om han lämnas ifred, lovar han att lugnt och stilla marschera mot havet.
		If unopposed, he promised a peaceful march to the sea.
3927	**biträdande**	**assistant|deputy**
	adj	Zaief, Abdul Salam, Mullah (biträdande gruv– och industriminister).
		Zaief, Abdul Salam, Mullah (Deputy Minister of Mines and Industries)
3928	**beskyddare**	**patron|guardian**
	nn	Tidigare väntade sig parlamenten att kommissionen skulle visa vägen: som fördragens beskyddare, som integrationens motor, initiativtagaren till idéer.
		Previously, Parliaments looked to the Commission to take the lead: as the guardian of the Treaties; as the motor of integration, the initiator of ideas.
3929	**stava**	**spell**

	vb	Vill du att jag ska stava det åt dig?
		You want me to spell it out for you?

3930 säck

nn

sack|bag

Kommissionen har med andra ord gett länder en säck med pengar utan att genomföra tillräckliga kontroller.

In other words, the Commission has been handing countries a bag of money without applying sufficient controls.

3931 Norge

nn

Norway

Jag kommer från Norge.

I am from Norway.

3932 litteratur

nn

literature

För det första: man säger att om inte det systemet kan behållas så kommer utgivningen av värdefulla böcker och litteratur att lida enormt av det.

To start with: we are told that if the system is not preserved, the publishing of quality books and literature will suffer greatly as a result.

3933 presskonferens

nn

press conference

Den omständigheten att kommissionen därefter lämnade närmare upplysningar (såsom företagens omsättning eller den av kommissionen fastställda procentsatsen för reduktionen av bötesbeloppet) vid en presskonferens eller under domstolsförfarandet kan inte förta riktigheten av det som förstainstansrätten fastställde i punkt 124 i den överklagade domen.

The fact that more specific information, such as the turnover achieved by the undertakings or the rates of reduction applied by the Commission, were communicated subsequently, at a press conference or during the proceedings before the Court of First Instance, is not such as to call in question the finding in paragraph 124 of the contested judgment.

3934 narkotika

nn

drug

Vilka åtgärder uppmanar kommissionen medlemsstaterna närmast Nederländerna att vidta för att hindra att de negativa effekterna av Nederländernas narkotika– och narkotikamissbrukspolitik sprider sig?

What measures recommends it the neighbouring Member States should take to prevent the spread of the adverse consequences of the Netherlands' drugs and drug–addiction policy?

3935 avsnitt

nn

section|sector

Din karriär består av ett par rader i ett avsnitt av " Diagnos Mord. "

Your career consists of a few lines on an episode of "Diagnosis Murder".

3936 följd

nn

sequence|consequence

Som en följd av det nya leksaksdirektivet kommer leksakerna i EU att bli säkrare.

As a result of the new Toys Directive, toys in the European Union will be safer.

3937 mekaniker

nn

mechanic

Ett annat litet verktyg som ingen mekaniker borde vara utan.

Another little tool no mechanic should be without.

3938 oändlig

adj

infinite|endless

Albert, universum är en oändlig sfär där mitten är överallt, och omkretsen är ingenstans.

Albert, the universe is an infinite sphere whose center is everywhere, and circumference is nowhere.

3939 medium

adj; nn

medium; medium

Vi har large, medium och small. Vilken storlek vill ni ha?

We have large, medium, and small. What size do you want?

3940 kloster
nn
monastery

Jag berättade för honom om vad som hade hänt, och han ordnade så att jag fick komma tillbaka till mitt tidigare kloster i Zaragoza.

He arranged for the diocese to transfer me to my previous convent in Zaragoza.

3941 medarbetare
nn
collaborator

För bara några timmar efter det att ämbetet tillfälligt och provisoriskt övergått till regeringschef Meciar, så lät denne avskeda två medarbetare, avskedade mer än hälften av alla slovakiska ambassadörer – eller han tillkännagav det åtminstone – och sköt upp rättegången mot de personer som misstänktes för att ha kidnappat den tidigare presidentens son.

Only a few hours after the official functions were provisionally transferred to prime minister Meciar as an interim measure, he had two personal assistants sacked, recalled over half of Slovakia's ambassadors – or at least gave notice of his intention to do so – and suspended the trial of the suspected abductor of the former President's son.

3942 fenomen
nn
phenomenon

Dessa fenomen inträffar, men sällan.

These phenomena occur but rarely.

3943 instämma
vb
concur|summon

Fru ordförande! Jag skulle vilja instämma med debattens övriga talare genom att lyckönska herr Grosch till hans betänkande som är allmänt berömmande gentemot kommissionen.

Madam President, I would like to join with others who have spoken in the debate in congratulating Mr Grosch on his report which is generally complimentary towards the Commission.

3944 uppvisning
nn
display|review

Davids generositet var inte någon yttre uppvisning, utan ett uttryck för tro på Jehova Gud och hängivenhet för honom.

David's generous giving was, not an outward show, but a manifestation of faith and devotion to Jehovah God.

3945 skyddad
adj
sheltered

Förpackningarna ska vara märkta med denna logotyp och måste även bära den europeiska grafiska symbolen för skyddad geografisk beteckning.

This label must appear on the packaging in which the product is sold, together with the Union symbol for protected geographical indications.

3946 löpa
vb
run

De kommer att löpa parallellt med förhandlingarna inom ramen för Balihandlingsplanen.

They will run in parallel with the negotiations within the Bali Action Plan.

3947 psykiskt
adv
mentally

Lagen om mental hälsa och skydd av psykiskt sjuka från 2002 tillämpas fortfarande inte.

The 2002 Law on Mental Health and Protection of People with Psychological Disorders is still not being implemented.

3948 arton
num
eighteen

Arton länder har ett övervakningssystem utöver deltagandet i Europeiska systemet för övervakning av antimikrobiell resistens (EARSS), som täcker antimikrobiell resistens både ute i samhället och på sjukhus.

In 18 countries there was a surveillance system in addition to participation in the European Antimicrobial Resistance Surveillance System (EARSS) that covers antimicrobial resistance both in the community and in hospitals.

3949 strypa

vb

strangle | choke

Slutligen är det dolda (eller öppna) hotet om att strypa leveranserna mer kraftfullt.

Finally the implicit (or explicit) threat of a refusal to supply is more potent.

3950 hetta

nn; vb

heat; heat

Många kolleger har ansett att det har varit särskilt svårt i denna veckas hetta.

Many colleagues are finding it particularly difficult this week in the heat.

3951 förväntning

nn

expectancy

Beredningsföretagen har i övrigt inte heller kunnat ha en berättigad förväntning om en bestämd omräkningskurs eller ett bestämt belopp, eftersom omräkningskursen ju inte fastställs förrän tobaken har lämnat kontrollplatsen och eftersom beloppets storlek beror på vilken högre eller lägre omräkningskurs som tillfälligtvis gällde vid denna tidpunkt.

Furthermore, first processors could not have held a legitimate expectation in respect of a conversion rate or a specified amount, in so far as the conversion rate was known only when the tobacco left the place in which it had been under supervision and the amount of the premium depended on the conversion rate which happened to apply at that time.

3952 hjärtinfarkt

nn

coronary

Fick bara en smärre hjärtinfarkt.

Just having a mild heart attack.

3953 signatur

nn

signature

En elektronisk signatur måste enligt lag kunna likställas med en handskriven signatur.

An electronic signature needs to have parity under the law with a manuscript signature.

3954 lår

nn

thigh

Särskilt glädjande är det att se att Mart Laar har utsetts till ny statsminister.

It is particularly gratifying that Mart Laar has been appointed as the new prime minister.

3955 droppa

vb

drip | ooze

Jag har på nära håll sett vilka kval som fysiska, psykiska och sexuella övergrepp kan orsaka och hur sårbara offren blir.

I have seen at first hand the distress that physical, psychological and sexual abuse can cause and the state of vulnerability of its victims.

3956 mätt

adj

full

Jag är så mätt.

I'm so full.

3957 vänlighet

nn

friendliness | kindness

Jag vill tacka Rodi Kratsa för hennes utmärkta betänkande och för hennes vänlighet.

I would like to thank Mrs Kratsa for the quality of her report and for her courtesy.

3958 smått

adv

small

Jesus använde sig ofta av ett "hur mycket mera"–resonemang för att visa att det som gäller i smått också gäller i stort.

Jesus often used a "how much more so" line of reasoning–arguing from the lesser to the greater.

3959	**bortsett från**	**but for; barring**
	prp; adv	Och bortsett från kärnvapenfrågan är nyheterna heller inte uppmuntrande.
		Moreover, aside from the nuclear dossier, the news is not encouraging either.

3960 **förbjuda** **prohibit|ban**
vb
Det skulle strida mot försiktighetsprincipen att inte förbjuda azofärgämnen.
Without a ban, the precautionary principle would be trampled underfoot.

3961 **narkotikum** **narcotic**
nnpl
Enligt nämnda bestämmelse skall alla parter införa de särskilda kontrollbestämmelser som de anser vara "nödvändiga" [a)] för de narkotika som anges i lista IV till konventionen och får helt förbjuda ett narkotikum, om denna åtgärd enligt deras åsikt utgör "den mest lämpade" för skydd av folkhälsan [b)].
Under Article 2(5) each Contracting Party must adopt any special measures of control for drugs listed in Schedule IV to the Convention which in its opinion are "necessary" (Article 2(5)(a)) and may ban a drug outright if it considers this to be the "most appropriate means" of protecting the public health and welfare (Article 2(5)(b)).

3962 **bedra** **deceive|cheat**
vb
Hur skulle jag kunna bedra den perfekta kvinnan.
How could I betray the perfect woman?

3963 **störta** **overthrow|topple**
vb
Det enda som förenar dem, är viljan att störta regeringen.
The only thing that links them, is the desire to take down the federal government.

3964 **zigenare** **gypsy**
nn
Utbildningsverksamhet och informationsutbyte för att öka den interkulturella medvetenheten i skolutbildningen, eller för att främja integreringen av barn till migrerande arbetare, zigenare och resandefolket och arbetare utan fast arbetsplats samt för att förbättra dessa barns skolresultat.
Education and training activities and information exchange designed to enhance intercultural awareness in school education or to promote the integration and improved educational achievement of children of migrant workers, gypsies and travellers and occupational travellers.

3965 **ruttna** **rot**
vb
Du kommer att ruttna i ditt fängelse!
You will rot in your prison!

3966 **bad** **bathe; begged**
nn; adj
Jag bad många människor om hjälp, men hittills har jag inte haft någon lycka.
I asked many people for help, but so far I haven't had any luck.

3967 **tripp** **trip**
nn
Den sammanlagda positiva höjdökningen under en RDE–tripp ska beräknas i ett förfarande med tre steg, bestående av i) en bedömning och principgranskning av datakvaliteten, ii) en korrigering av momentana data för fordonets höjd över havet och iii) en beräkning av den sammanlagda positiva höjdökningen.
The cumulative positive elevation gain of an RDE trip shall be calculated as a three–step procedure, consisting of: (i) the screening and principle verification of data quality; (ii) the correction of instantaneous vehicle

altitude data; and (iii) the calculation of the cumulative positive elevation gain.

3968	**stackare**	**wretch**
	nn	Du är en ynklig stackare.
		What a sad old man you are.

3969	**trohet**	**fidelity|allegiance**
	nn	Regeringskonferensen godtog samma koncept av konstitutionell trohet som medlemsstaterna visar unionen, ett koncept som präglade förfarandena under Europeiska konventet.
		The IGC accepted the same concept of constitutional fidelity that Member States show to the Union, a concept that informed the proceedings throughout the European Convention.

3970	**kändis**	**celebrity**
	nn	Har du kollat in nån kändis?
		You audition anybody famous?

3971	**skattepengar**	**tax dollars**
	nn	När vi får in mindre skattepengar hindras vi att genomföra vår politik fullt ut.
		Lower budget revenues prevent us from implementing our policies to their full extent.

3972	**överfall**	**assault**
	nn	Antalet överfall på oberoende aktivister och journalister ökar.
		There is a growing number of attacks on independent activists and journalists.

3973	**invasion**	**invasion**
	nn	Man borde dessutom betona den kulturella värdeaspekten med verksamheten, tillsammans med den ekonomiska fördelen med att producera program för att stå emot en kommersiell invasion.
		The cultural development aspect of the operation should be stressed along with the economic wisdom of producing programmes as a defence against a commercial invasion.

3974	**tillfälligt**	**temporarily**
	adv	Byråns personal, inklusive verkställande direktören, ska bestå av tillfälligt anställda och kontraktsanställda som rekryterats bland kandidater från samtliga deltagande medlemsstater på bredaste möjliga geografiska bas, och från unionens institutioner.
		The staff of the Agency, including the Chief Executive, shall consist of temporary and contract staff members recruited from among candidates from all participating Member States on the broadest possible geographical basis, and from the Union institutions.

3975	**ungdomsförbund**	**youth association**
	nn	Att SD:s ungdomsförbund etablerar sig i Norrbottens län förvånar inte Simon Matti, doktor i statsvetenskap vid Luleå tekniska universitet
		The establishment of SD's youth organization in Norrbotten does not surprise Simon Matti, doctor in Political Science at Luleå University of Technology.

3976	**artist**	**artist**
	nn	Nästa artist är fantastisk.
		The next artist is amazing.

3977	**jazz**	**jazz**
	nn	Jag gillar jazz.

I like jazz.

3978	**fruntimmer** *nn*	**woman|broad**

I stället borde han ägna lite mindre tid åt att jaga fruntimmer och ta itu med arbetet med att skicka tillbaka alla invandrare till Afrika.
Instead, he should spend a bit less time skirt-chasing and get to work sending all these immigrants back to Africa.

3979	**avstå** *vb*	**refrain|give up**

I avtalsförhållanden mellan en näringsidkare och en konsument får parterna inte avstå från att tillämpa denna artikel eller avvika från eller ändra dess verkningar, om det är till nackdel för konsumenten.
In relations between a trader and a consumer the parties may not, to the detriment of the consumer, exclude the application of this Article or derogate from or vary its effects.

3980	**mellanmål** *nn*	**snack**

Där erbjuder skolbespisningarna kolhydratrika mellanmål med mycket socker, omväxlande med någon enstaka frukt.
Austrian schools are apparently equally reluctant to become involved and are still offering their children snacks full of carbohydrates and sugar, with fruit as a rare change.

3981	**kassaskåp** *nn*	**safe**

Ni är dom andra som knäcker Van der Woudes kassaskåp inatt.
You are the second person to crack the van der Woude safe tonight.

3982	**prisa** *vb*	**praise|glorify**

Prisa Jesus, denna kvinna är skadad!
Praise Jesus, this woman is injured!

3983	**i jämförelse med** *prp*	**against as**

Jag tänker på de asiatiska tigrarna i jämförelse med de sydasiatiska länderna.
I am thinking of the Asian tigers compared with the Southern Asian countries.

3984	**utgift** *nn*	**expense**

Du kan gräva djupare i en särskild typ av utgift eller så kan du gå genom alla regioner och jämföra dom.
You can burrow down by a particular type of spending, or you can go through all the different regions and compare them.

3985	**ädel** *adj*	**noble**

Bolaget inriktar sig huvudsakligen på att hitta fyndigheter av guld och andra ädel– och basmetaller.
The company focuses primarily on finding deposits of gold and other precious and base metals.

3986	**avslappnad** *adj*	**relaxed**

Om det inte hade varit för det skulle vi nu ha kunnat föra en avsevärt mer avslappnad diskussion om eurons framtid.
If we had not done that we would be able to debate the future of the euro in a far calmer way now.

3987	**medborgarskap** *nn*	**citizenship**

Här handlar det om nationellt medborgarskap och EU-medborgarskap.
This is about national citizenship and EU citizenship.

3988	**solsken** *nn*	**sunshine**

Jag hoppas att kommissionen lär av detta, efter att ursprungligen ha förlöjligat EU genom att föreslå ett förbud mot solsken – och på så sätt skänka en PR–gåva till euroskeptiker och deras alltid så stödjande medier.

I hope the Commission will learn from this, having originally brought ridicule upon the EU by proposing to ban sunshine – giving a public relations gift to eurosceptics and their ever–supportive media.

3989	**rang**	**rank|degree**
	nn	Sozialgericht Dortmund har anfört att avslaget av Domnica Petersens överklagande mot bakgrund av den nationella rätten är lagenligt. Den tyska lagen genom vilken direktiv 2000/78 har införlivats har nämligen inte högre rang än den lag i vilken det föreskrivs en åldersgräns och medför således inte att den sistnämnda lagen ska anses vara ogiltig.
		That court states that the dismissal of the administrative appeal brought by Ms Petersen is lawful under national law, since the German legislation transposing Directive 2000/78 does not have primacy over the law laying down the age limit and therefore does not render the latter invalid.
3990	**parallellt**	**parallel**
	adv	Detta sker trots närvaron av en stor amerikanskledd säkerhetsstyrka som verkar parallellt med ISAF.
		This is in spite of a large American–led counter–insurgency force which operates in parallel to ISAF.
3991	**trösta**	**comfort**
	vb	Hur skulle jag kunna trösta dig?
		How could I comfort you?
3992	**ledande**	**leading; conduction**
	adj; nn	Världsorganisationen för djurhälsa (OIE) spelar en ledande roll när det gäller indelning av länder eller regioner efter BSE–risk.
		The World Organisation for Animal Health (OIE) plays a leading role in the categorisation of countries or regions according to their BSE risk.
3993	**söder om**	**south**
	adv	I Sydostasien och i länderna söder om Sahara är läget särskilt penibelt.
		In South-East Asia and in the countries south of the Sahara, the situation is particularly painful.
3994	**halva**	**half**
	nn	De två ländernas ledare vägrade att mötas på halva vägen.
		The leaders of the two countries refused to meet halfway.
3995	**strax efter**	**shortly after**
	adv	Jag räknar med att handlingsplanen kommer att antas strax efter sommaruppehållet.
		I expect the action plan to be adopted just after the summer break.
3996	**ketchup**	**ketchup**
	nn	Ketchup & smaktillsatser för soppor.
		Ketchup & flavourings for soups.
3997	**varmt**	**warm**
	adv	Kaffet var så varmt så jag inte kunde dricka det.
		The coffee was so hot that I couldn't drink it.
3998	**engagemang**	**commitment|involvement**
	nn	Anser rådet att han efter kravet på 20 000 euro netto i månaden fortfarande är lämplig för den tilltänkta funktionen med tanke på den förutsägbara negativa effekten på medborgarnas engagemang i de EU–strukturer som de i många fall misstror?
		In the light of his request to be paid EUR 20 000 net a month, does the Council still think he is a suitable person for the duties intended to be assigned to him, bearing in mind the likely negative impact on efforts to

involve citizens to a greater extent in the operation of EU structures which are often a subject of contention?

3999	**missförstå**	**misunderstand**
	vb	

Missförstå mig inte, men det blir alltid så mycket, Strul.

Don't get me wrong, but it always gets so, Complicated.

4000	**försäljare**	**vendor|salesman**
	nn	

Försäljare och användare av växtskyddsmedel måste utbildas och informeras.

Sellers and users of plant protection agents must be trained and informed.

4001	**röja**	**display|reveal**
	vb	

En ledamot eller före detta ledamot får inte vid något tillfälle röja eller använda icke–offentliga uppgifter som rör förfarandet eller som han fått kännedom om under förfarandet och får under inga förhållanden röja eller använda sådana uppgifter för att uppnå fördelar för sig själv eller andra eller för att skada andras intressen.

A member or former member shall not at any time disclose or use any non–public information concerning the proceeding or acquired during the proceeding except for the purposes of the proceeding and shall not, in any case, disclose or use any such information to gain personal advantage or advantage for others or to affect adversely the interest of another.

4002	**pärla**	**pearl; sparkle**
	nn; vb	

Han liknade Guds kungarike vid en pärla som var så värdefull att en resande köpman "sålde , allt han hade och köpte den".

He compared the Kingdom of God to a pearl so valuable that upon finding it, a traveling merchant "sold all the things he had and bought it."

4003	**Polen**	**Poland**
	nn	

Både Magdalena och Ania är från Polen.

Both Magdalena and Ania are from Poland.

4004	**drabba**	**affect|hit**
	vb	

Påföljder skall drabba varje person som upprättar, eller låter upprätta, ett dokument som innehåller oriktiga upplysningar i syfte att erhålla förmånsbehandling för produkter.

Penalties shall be imposed on any person who draws up, or causes to be drawn up, a document which contains incorrect particulars for the purpose of obtaining preferential treatment for products.

4005	**automatisk**	**automatic**
	adj	

Markera den här rutan om du vill använda en automatisk numrering eller punktuppställning vid inmatningen.

Check this box to automatically create a numbered or bulleted text as you type.

4006	**matematik**	**mathematics**
	nn	

Han gillar matematik, men det gör inte jag.

He likes mathematics, but I don't.

4007	**sorglig**	**sad|sorrowful**
	adj	

Det är en sorglig liten historia, men jag vet att det skulle vara av intresse för er att höra den.

It is a sad little story but I knew you would be interested to hear it.

4008	**morgondag**	**tomorrow**
	nn	

Likväl slår vi upp våra dörrar på vid gavel för kinesiska varor som är resultatet av bedrövliga produktionsförhållanden och inte alls uppfyller det

som vi kräver av våra egna fabriker, och som kommer från anläggningar som spyr ut utsläpp som om det inte fanns någon morgondag.
Yet we throw open our doors to Chinese goods which are the product of woeful production conditions, fall far short of what we require of our own factories and come from plants which belch out emissions as if there was no tomorrow.

4009 portfölj — **portfolio**

nn

Med tiden tyngdes bankens portfölj alltmer ner av en stor andel nödlidande krediter, bland annat på grund av att tillräckliga säkerheter saknades.
Over time its portfolio became, partly due to a lack of proper collateralisation, plagued with a significant portion of non–performing loans.

4010 rånare — **robber**

nn

Men detta lovvärda initiativ riktar sig inte bara mot pedofiler, mördare och beväpnade rånare.
However, this laudable initiative does not just target paedophiles, murderers and armed robbers.

4011 innerst — **innermost**

adj

Tonfallet och kroppsspråket kan säga en hel del om hur han eller hon innerst inne känner det.
Tone of voice and body language give clues about how a young one feels.

4012 räckhåll — **reach**

nn

Förvaras utom syn och räckhåll för barn.
Keep out of the reach and sight of children.

4013 fildelare — **file sharer**

nn

Vi har röstat ja till det ändringsförslag som vänder sig mot avstängning av medborgare från tillträde till Internet eftersom vi är emot Frankrikes förslag att fildelare i hela EU ska kunna stängas av från Internet.
We have voted in favour of the amendment which opposes action to deny citizens access to the Internet since we are opposed to the proposal of France that it should be possible to exclude file sharers throughout the EU from the Internet.

4014 storma — **storm**

vb

Ska vi storma betongvärnet?
Gonna try to storm that pillbox?

4015 reserv — **reserve**

nn

Om vi inte längre vill ha denna reserv, måste vi gå till botten med problemet.
If we no longer want this reservoir, we will need to tackle the problem at source.

4016 slutsats — **conclusion|inference**

nn

De drog följande slutsats: det är socialisterna som har försatt oss i den här situationen.
And they concluded: the Socialists, who have led us to this situation.

4017 fynd — **bargain|find**

nn

Inga får plundra fynd från ett annat land och visa upp dem i sina museer.
No one can plunder relics from someone else's country and put them in their own museums.

4018 beredning — **processing|preperation**

nn

Men det jag redan anser mindre lämpligt är förslaget som avser stöd till beredning.

However, the thing that seems least appropriate to me is the proposal on processing aid.

| 4019 | **traditionellt** | **traditionally** |

adv

Traditionellt har Greklands exportmarknader främst varit länderna i Mellanöstern och Nordafrika, och fram till 1986 var den grekiska cementexporten till medlemsstaterna blygsam.

Greece had traditionally exported cement to countries in the Middle East and North Africa, and until 1986 it exported hardly anything to other Member States.

| 4020 | **drygt** | **full** |

adv

Vi arbetar på det: Det är fortfarande många svårigheter och många hinder.

We are working hard, but many difficulties and obstacles remain to be overcome.

| 4021 | **annullera** | **cancel\|annul** |

vb

Det går kanske att annullera din beställning och beställa på nytt.

You may be able to cancel your order and re–place it with the desired changes.

| 4022 | **trygghet** | **security** |

nn

Jag ser inte hur det skapar mer säkerhet och trygghet i fråga om brott.

It is not clear to me that this will make us more secure and safe from crime.

| 4023 | **info** | **info** |

nn

Hjälpfull info du bara kan få genom att forska.

Helpful information you can only get by doing research.

| 4024 | **biskop** | **bishop** |

nn

Biskop Julius Jia Zhiguo, som tillhör den underjordiska kyrkan, greps nyligen.

This trial must be in accordance with the rule of law and monitored by international observers.

| 4025 | **omgiven** | **surrounded** |

adj

Han säger att han glömmer sin ålder och känner sig ung på nytt, när han sitter vid sin bänk omgiven av unga människor.

Sitting at a desk surrounded by young people helps him to forget his age and feel young again, he says.

| 4026 | **bäring** | **bearing** |

nn

Dessa begrepp belyses och diskuteras ur såväl teoretiska som empiriska perspektiv med bäring mot lärande i vid bemärkelse.

These concepts are highlighted and discussed from both theoretical and empirical perspective, with a bearing on learning in the broadest sense.

| 4027 | **uppsikt** | **supervision** |

nn

Under all fiskeverksamhet skall fartyget ha ständig uppsikt över nätet.

During all fishing activity, the vessel must keep the net under constant visual observation,

| 4028 | **kollektivtrafik** | **public transport** |

nn

Medborgaren har rätt till offentliga tjänster, däribland till kollektivtrafik.

The citizen is entitled to public services, including public transport.

| 4029 | **jeep** | **jeep** |

nn

Säg adjö till din jeep!

Say goodbye to your jeep!

| 4030 | **anspråk** | **claim\|pretence** |

nn

Sådana anspråk kan endast väckas i de nationella domstolarna.

Such claims may be brought only before the national courts.

4031	**bekännelse**	**confession**
	nn	Den anklagade blev slagen och en bekännelse tvingades fram genom brutal behandling.
		The accused was beaten and a confession extracted by brutal treatment.

4032	**läka**	**heal**
	vb	Jag vädjar också till de europeiska forumen att agera för att stoppa upptrappningen av etniskt hat och territoriell separatism i en region där det finns en unik möjlighet att läka det förflutnas sår med hjälp av europeiska värden.
		I also appeal to the European forums to take action to halt the escalation of ethnic hatred and territorial separatism in a region where the wounds of the past have a unique opportunity to be closed with the help of European values.

4033	**länk**	**link|chain**
	nn	Representerar en signifikant position i nätet som alltid förekommer i början eller slutet av en länk.
		Represents a significant position in the network that always occurs at the beginning or the end of a link.

4034	**arvinge**	**heir**
	nn	Han vet att Elendils arvinge har trätt fram.
		He knows the heir of Elendil has come forth.

4035	**myt**	**fable**
	nn	Om berättelsen om Noa och översvämningen bara var en myt skulle de varningar Petrus och Jesus gav människor som lever i de sista dagarna vara meningslösa.
		If Noah was a mythical figure and a global flood a fable, the warnings of Peter and Jesus for those living in the last days would be meaningless.

4036	**klan**	**clan**
	nn	Om en skinny dödar en annan, är hans klan skyldig den dödes klan hundra kameler.
		If one skinny kills another his clan owes the dead guy's clan a hundred camels.

4037	**frys**	**freezer**
	nn	Det påverkade sannerligen mitt beslut i somras när jag köpte ett kylskåp och en frys till mitt hem.
		It certainly affected my decision this summer when I was buying a fridge and a freezer for my home.

4038	**torped**	**torpedo**
	nn	Denna hypotes motsvarar en strategi som är välkänd under namnet "torped" och som består i att ett företag som känner sig hotat av en intrångstalan kan ta initiativet till en talan om ogiltigförklaring av patentet i fråga för att bromsa förloppet i en eventuell intrångstalan.
		This corresponds to a well–known strategy know as a 'torpedo', in which an undertaking that feels vulnerable to an action for infringement initiates proceedings for revocation of the patent concerned in order to delay possible proceedings for infringement.

4039	**märkvärdig**	**remarkable**
	adj	EU underlåter att lyssna på utvecklingsländerna och följer sin egen dagordning med en märkvärdig arrogans.
		The EU is failing to listen to developing countries and is pursuing its own business agenda with extraordinary arrogance.

4040 i natt
adv

overnight

Tidigt i morse hörde jag att det i natt hade kommit e-post med en bilaga.

I heard this morning that an e-mail with an attachment arrived last night.

4041 tråd
nn

wire|thread

I allt vi gör löper dessutom mänskliga rättigheter som en röd tråd genom vårt arbete.

And with all that we do, the silver thread of human rights runs through our work.

4042 långsiktigt
adj

long-term

Eftersom marginalkostnaderna för tekniska insatser för att minska utsläpp stiger snabbt så snart som möjligheterna att vidta "enklare" åtgärder uttömts, finns det – till och med i de fall då tekniska initiativ kort– eller långsiktigt leder till en relativ eller absolut separation – även risk för att det åtminstone i samband med sådana långsiktiga miljöproblem som klimatförändring och avfallshantering på längre sikt skall uppstå ett förnyat samband.

Since the marginal costs of abatement technology increase rapidly once the potential for "easy" measures has been exhausted, there is even a risk that – where a technology–based approach does lead to a relative or absolute de–coupling in the short and medium term – countries will in the longer run witness a process of re–coupling, at least for a number of persistent environmental problems such as climate change or waste.

4043 skvallra
vb

blab|gossip

Han hotade med att skvallra för släkten, om man gick till polisen.

He threatened to tell the family if you went to the police.

4044 peruk
nn

wig

Jag tog på mig peruk och kjol och sa att jag var du.

Put on a wig and a skirt and told them I was you.

4045 barnslig
adj

childish

Killen var så barnslig att han inte kunde motstå frestelsen.

The guy was so childish that he couldn't resist temptation.

4046 godkänna
vb

approve|authorize

Slutligen kan rådet godkänna kommissionens förslag till förteckning över prioriterade projekt där arbetet skall inledas före 2010, vilken sammanställdes på grundval av det arbete som utförts i högnivågruppen under ledning av Karel Van Miert. Av tekniska skäl har ett projekt lagts till i förteckningen.

Finally, the Council could agree to the list of priority projects as proposed by the Commission – which was established on the basis of the work of the Van Miert High Level Group –, on which work should start before 2010; for technical reasons, one project was added to the list.

4047 opassande
adj; adv

improper; improperly

Ert sätt att beskriva valet av personer som är så viktiga för EU och vad ni sade om hela frågan i samband med detta är, enligt min åsikt, definitivt opassande i detta sammanhang.

Your way of describing the selection of people who are so important for the European Union and what you say about the whole issue connected with it are, in my opinion, absolutely improper to the whole situation.

4048 inge
vb

command|present

Det är kommissionens sak att granska problemet och att, om nödvändigt, inge lämpliga förslag.

It is up to the Commission to examine the problem raised, and, as the case may be, to present appropriate proposals.

4049 kirurg

nn

surgeon

Kostnaden för bröstimplantat skall inkludera möte med berörd kirurg före operationen, oberoende rådgivning, alternativ, betänketid och eftervård.
The cost of breast implants should include precare, independent advice, alternatives, a cooling–off period and post–care.

4050 influensa

nn

influenza

I flera av unionens medlemsstater blir tecknen alltfler på att det håller på att växa fram en svart marknad för antivirala läkemedel mot influensa.
Furthermore, can he envisage a cross–border Euro–region as a solution to achieve cooperation between the Sandž ak people in Montenegro and Serbia?

4051 stängsel

nn

fence

Stängslet - som vi tänker oss ett stängsel är helt bakvänt för honom.
The fence -- like this conception of fence that we have it's totally backward with him.

4052 snuskig

adj

filthy|grubby

Pratar ni om utvinningen av uran, som är en särskilt snuskig affär?
Are you talking about the extraction of uranium, which is a peculiarly filthy business?

4053 bly

nn

lead

I zoner och tätbebyggelse där nivåerna av svaveldioxid, kvävedioxid, PM10, PM2,5, bly, bensen och kolmonoxid i luften underskrider respektive gränsvärde enligt bilagorna XI och XIV skall medlemsstaterna hålla nivåerna av dessa föroreningar under gränsvärdena och sträva efter att bevara den bästa luftkvalitet som är förenlig med en hållbar utveckling.
In zones and agglomerations where the levels of sulphur dioxide, nitrogen dioxide, PM10, PM2,5, lead, benzene and carbon monoxide in ambient air are below the respective limit values specified in Annexes XI and XIV, Member States shall maintain the levels of those pollutants below the limit values and shall endeavour to preserve the best ambient air quality, compatible with sustainable development.

4054 bunt

nn

bundle|wad

Trots att jag har en hel bunt på tyska, skulle jag föredra dem på mitt eget språk.
Although I have a whole stack in German, I would prefer them in my own language.

4055 salong

nn

salon|lounge

Är parlamentet en salong där man både talar och ljuger?
Will our Parliament become a salon where we just chat and lie?

4056 beställning

nn

ordering

Medlemsstaterna skall se till, utom när parter som inte är konsumenter har kommit överens om något annat, att när en tjänstemottagare gör sin beställning med hjälp av tekniska hjälpmedel följande principer gäller:
Member States shall ensure, except when otherwise agreed by parties who are not consumers, that in cases where the recipient of the service places his order through technological means, the following principles apply:

4057 förlamad

adj

paralytic

Eftersom jag är förlamad, hjälpte en kristen syster mig att skriva det här brevet.
Because of my paralysis, a Christian sister wrote out this letter for me.

4058 romantik

nn

romance

Ekonomi handlar inte om romantik.

There is nothing romantic about financial issues.

4059	**vaka**	**watch; watch**
	nn; vb	Jag kan försäkra er om att vi kommer att fortsätta vaka över att artikel 100 i Lomékonventionen efterlevs, genom att noga följa utvecklingen av situationen för de mänskliga rättigheterna i Kamerun och särskilt de två jounalisters öde som det rör sig om här.
		I can assure you that it will continue to strive for adherence to Article 100 of the Lomé Convention by closely monitoring the way the human rights situation develops in the Cameroon, and in particular the situation vis–à–vis the two journalists in question.
4060	**pressad**	**forced**
	adj	En familjefar kan till exempel känna sig hårt pressad när han ska dra försorg om sin familj, "sina egna", i materiellt avseende.
		For example, a family head may face severe pressure in providing materially for "those who are his own."
4061	**sund**	**sound|sane; sound**
	adj; nn	Berings sund avskiljer Asien från Nordamerika.
		The Bering Strait separates Asia from North America.
4062	**till synes**	**seemingly**
	adv	Vi måste i dag diskutera en fråga som bara till synes är tråkig och teknisk.
		Mr President, the question we are discussing today may seem dry and technical, but appearances are deceptive.
4063	**gest**	**gesture**
	nn	Denna gest framhäver att kriget mot terrorismen som utkämpas för att försvara västs demokratiska värderingar inte får negligera just dessa värderingar.
		This gesture highlights that the war against terrorism which is being waged to defend the democratic values of the West must not ignore precisely these values.
4064	**amatör**	**amateur**
	nn	Dopningen finns även inom amatör– och ungdomsidrotten.
		Doping can be found in both amateur sport and youth sport.
4065	**rot**	**root**
	nn	Det är härligt att se demokrati börja slå rot och blomstra och växa sig djupare, och detta måste vi stödja.
		It is good to see democracy begin to take root and flourish and deepen, and that is what we have to support.
4066	**i anslutning till**	**in conjunction with; in adherence to**
	adv; phr	Detta är den första påpekande som jag ville göra i anslutning till detta betänkande.
		This is the first observation that I would like to make with regard to this report.
4067	**arabisk**	**Arab**
	adj	Så när arabisk socialism uppkom i Egypten, spred det sig i området.
		So when Arab socialism started in Egypt, it spread across the region.
4068	**betrakta**	**regard|look at**
	vb	Varje år, vid vintersolståndet, strömmar turister till Newgrange för att betrakta en i högsta grad spektakulär företeelse, som visar vad forntida folk var i stånd att utföra.
		Each year at the time of the winter solstice, tourists flock to Newgrange to see a truly spectacular evidence of the abilities of the ancients.

4069	**uträtta**	**perform|execute**
	vb	Vi måste vara beredda att tala och lyssna, eftersom det finns mycket att uträtta.
		We must be prepared to talk and listen, because there are many tasks to accomplish.
4070	**specialist**	**specialist**
	nn	Eftersom Hugo Fernando Hocsman under sin specialistutbildning inte var spansk medborgare, var behörighetsbeviset för specialist i urologi som utfärdades för honom år 1982 ett formellt behörighetsbevis.
		As he was not a Spanish national at the time of his specialised studies, the qualification of specialist in urology awarded to Dr Hocsman in 1982 was an academic title.
4071	**svinga**	**swing|wield**
	vb	Du skall inte svinga något järnverktyg över dem.
		You must not wield an iron tool upon them.
4072	**arrogant**	**arrogant|haughty**
	adj	Är du så arrogant, Merrin, Att du skulle blanda in resten av världen i din kris med tron?
		Are you so arrogant, Merrin, that you would involve the rest of the world in your crisis of faith?
4073	**vete**	**wheat; wheaten**
	nn; adj	Mjöl är gjort på vete.
		Flour is made from wheat.
4074	**halka**	**slip; slipperiness**
	vb; nn	Vi kommer alltså att halka ännu längre efter USA och Japan.
		We will then fall still further behind in comparison with the USA and Japan.
4075	**bidra**	**pitch in**
	vb	Därav framgår att "projekt av gemensamt intresse ska bidra till utbyggnaden av det transeuropeiska transportnätet genom skapande av ny transportinfrastruktur, genom återställande och uppgradering av befintlig transportinfrastruktur".
		It is evident from these that '[p]rojects of common interest shall contribute to the development of the trans–European transport network through the creation of new transport infrastructure, through the rehabilitation and upgrading of the existing transport infrastructure'.
4076	**ritning**	**drawing**
	nn	Jag har en ritning på byggnaden.
		I have a blueprint of the building.
4077	**kretsa**	**revolve**
	vb	Ett Europaparlament som är intresserat av den nya informationstekniken, ett Europaparlament som är medvetet om att organisationen i första hand bör kretsa kring de nya uppgifter som Amsterdamfördraget ålägger de europeiska ledamöterna.
		A European Parliament interested in the new information technologies, a European Parliament aware that its organisation must, as a priority, revolve around the new tasks which the MEPs are obliged to carry out under the Treaty of Amsterdam.
4078	**stege**	**ladder**
	nn	Jag tror inte det är nödvändigt att utföra en riskanalys varje gång det är aktuellt att använda en stege.

I believe that it is not necessary to conduct a risk assessment every time it is proposed to use a ladder.

| 4079 | **moralisk** | **moral** |
| | *adj* | |

Den burmesiska regeringen har en moralisk och lagstadgad skyldighet gentemot medborgarna och måste släppa in internationellt stöd för att förhindra att situationen blir ännu mer allvarlig.

The Burmese Government has a moral and legal duty towards its citizens and must allow international aid in to prevent the situation becoming even more serious.

| 4080 | **producera** | **produce** |
| | *vb* | |

Omkring 5 miljarder euro (19 % av anslaget från ESI–fonderna) kommer att användas för stöd till små och medelstora företag (inklusive jordbruk, fiske och havsvattenbruk), för att ge företagen bättre tillgång till finansiering, tjänster och marknader och producera varor och tjänster av högt värde.

Around EUR 5 billion (19 % of the ESIF allocation) will be used to support SMEs (including in the agricultural, fisheries and maritime aquaculture sectors), giving businesses better access to finance, services and markets, and enabling them to produce high–value goods and services.

| 4081 | **försäljning** | **sale** |
| | *nn* | |

Tillverkning, presentation och försäljning av tobaksvaror (fortsättning).

Manufacture, presentation and sale of tobacco products (continuation).

| 4082 | **adoptera** | **adopt** |
| | *vb* | |

Men han lät i stället Guds fiender döda honom, så att han skulle kunna adoptera Adams syndfulla avkomlingar och göra det möjligt för dem som utövar tro på honom att få evigt liv.

Instead, however, he allowed God's enemies to put him to death so that he could adopt Adam's sinful descendants and make it possible for those exercising faith in him to receive everlasting life.

| 4083 | **demonstration** | **demonstration** |
| | *nn* | |

Jag ska gå med i en demonstration.

I'm going to join a demonstration.

| 4084 | **handtag** | **handle** |
| | *nn* | |

Vårt andra mål är att ge EU:s regioner ett handtag.

Our other aim is to lend a hand to the European regions.

| 4085 | **förstående** | **understanding** |
| | *adj* | |

Ni är väldigt förstående.

You're being very sympathetic.

| 4086 | **analysera** | **analyze** |
| | *vb* | |

Mottagaren sägs analysera hundens ljud och delar in dem i sex olika känslolägen: frustration, ilska, lycka, sorgsenhet, längtan och fientlighet.

The receiver supposedly analyzes the dog's sounds and classifies them into six emotional states: frustration, anger, happiness, sadness, desire, and assertion.

| 4087 | **zon** | **zone** |
| | *nn* | |

Slutligen vill jag säga till kommissionsledamoten att det är svårt att ta hennes rekommendationer om ekologiskt jordbruk på allvar i Irland, när hon inte tillåter oss att utropa ön till en GMO-fri zon.

Lastly, I should like to say to the Commissioner that in Ireland it is hard to take her recommendations on organic farming seriously, when she will not allow us to declare the island a GMO-free zone.

| 4088 | **trumma** | **drum; barrel** |

	vb; nn	Denna definition omfattar både direkttransfer och offsettransfer via en mellanliggande trumma eller ett mellanliggande bälte.

This definition includes both direct transfer and offset transfer via an intermediate drum or belt.

4089 framstående — **prominent**

adj

Framstående affärsman som drar nytta av och stöder regimen.

Prominent businessman benefiting from and supporting the regime.

4090 fotspår — **footprint**

nn

Hennes son Albert följde i hennes fotspår och har nu varit pionjär i 18 år.

Her son Albert followed in her footsteps and has been pioneering for the past 18 years.

4091 lokalt — **place; local**

nn; adj

I Sverige har gravida kvinnor råtts att inte äta lokalt fångad fisk.

Pregnant women in Sweden were advised not to eat locally caught fish.

4092 handel — **trade**

nn

Detta direktiv fastställer de villkor för djurhälsan som är tillämpliga vid handel inom gemenskapen med och import från tredje land av ▶ M3 ——— ◀ sperma från nötkreatur som hålls som husdjur.

This Directive lays down the animal health conditions applicable to intra–Community trade in and imports from third countries of ▶ M3 ——— ◀ semen of domestic animals of the bovine species.

4093 historisk — **historical**

adj

I dag är en historisk dag för parlamentet, en historisk dag för det utvidgade EU.

Today is a historic day for the Chamber, a historic day for the enlarged Europe.

4094 partnerskap — **partnerships**

nn

Kommissionen uppmanar rådet att anta en r esolution för att ge stöd åt dess begäran om ett nytt slags partnerskap mellan staten och universiteten och om tillräckliga investeringar för att den högre undervisningen ska kunna moderniseras.

The Commission invites the Council to adopt a Resolution backing its call for a new type of partnerships between state and universities and for sufficient investment to enable the modernisation of higher education.

4095 löna sig — **pay**

vb

Reflektionsgruppen är en innovativ satsning, en satsning som kan löna sig.

The reflection group is an innovative approach, one which can pay off.

4096 häpnadsväckande — **amazing**

adj

Vad som mest häpnadsväckande är tystnaden hos de brittiska ledamöterna i detta parlament.

What is most amazing is the silence of the British Members of this House.

4097 sadel — **saddle**

nn

Kanske inte lika ont som en cykel utan sadel, men den gör ont.

Maybe not as much as jumping on a bicycle with the seat missing, but it hurts.

4098 krossad — **crushed; in tatters**

adj; adv

Häll på krossad muskotnöt, om ni vill.

Put some crushed nutmeg on top if you want.

4099 säte — **seat**

nn

Europeiska centralbanken ska dessutom vara befriad från alla skatter och liknande avgifter på grund av en ökning av dess kapital och från olika formaliteter som kan vara förenade därmed i den stat där banken har sitt säte.

The European Central Bank shall, in addition, be exempt from any form of taxation or imposition of a like nature on the occasion of any increase in its capital and from the various formalities which may be connected therewith in the State where the bank has its seat.

4100	**fullträff**	**direct hit**
	nn	En fullträff i ryggen.
		A direct hit to his back.

4101	**dryck**	**drink**
	nn	Det vin som används vid framställningen av en aromatiserad vinbaserad dryck skall i den slutliga produkten utgöra minst 50%.
		The wines used in the preparation of an aromatized wine–based drink must be present in the finished product in a proportion of not less than 50 %.

4102	**argument**	**argument**
	nn	Dessa argument motsägs dock av uppgifter som de indiska exporterande tillverkarna och PET–filmsimportörerna själva har lämnat i sina svar på kommissionens frågeformulär.
		These arguments are contradicted by the information the Indian exporting producers and the importers of Indian PET film themselves have provided to the Commission in their questionnaire replies.

4103	**årlig**	**annual**
	adj	I ett årlig avtal fastställs vad som skall åtgärdas och hur detta skall finansieras.
		A list of activities and the terms of their funding is agreed annually.

4104	**vätska**	**liquid|fluid**
	nn	Denna genomskinliga vätska innehåller gift.
		This transparent liquid contains poison.

4105	**strålning**	**radiation**
	nn	Behovet av strålning som konservering är det också svårt att få grepp om.
		The need for irradiation as a way of preserving food is also hard to see.

4106	**deprimerande**	**depressing**
	adj	Men tanken på att stoppa ännu en kuk..I munnen är så deprimerande.
		But the thought of having to put one more cock into my mouth is just too depressing.

4107	**överdos**	**overdose**
	nn	Vid behandling av oavsiktlig överdos hos opioidnaiva personer skall naloxon eller andra opioidantagonister användas där detta är kliniskt indicerat och i enlighet med produktresuméerna för dessa läkemedel.
		For the treatment of accidental overdose in opioid–naïve individuals, naloxone or other opioid antagonists should be used as clinically indicated and in accordance with their Summary of Product Characteristics.

4108	**fallskärm**	**parachute**
	nn	BG: Så vingen har sin egen fallskärm, och du har två fallskärmar.
		BG: So the wings have their own parachute, and you have your two parachutes.

4109	**omfattande**	**comprehensive**
	adj	De senaste fem åren har vi kunnat se hur Kina har visat stort intresse för Afrika och bedrivit en omfattande investeringspolitik där.
		Over the past few years we have witnessed China showing a great interest in Africa and carrying out an expansive policy of investment there.

4110 promenera   **walk**
vb

Min farfar gillar att promenera.

My grandfather likes to walk.

4111 lya   **lair|den**
nn

Jag kan fixa en egen lya för ett par hundra dollar.

I can get my own place and everything for like a couple hundred dollars.

4112 rytm   **rhythm**
nn

Sammanslutningen av enorma och omåttliga ekonomiska, massmediala intressen och sponsringsintressen runt idrottsutövaren innebär ett sådant tryck, och idrottens intensitet är så pass stark, att idrottsutövaren har en benägenhet att använda förbjudna preparat för att upprätthålla sin konkurrenskraft och den rytm som agendan kräver.

The combination of enormous and disproportionate financial, media and sponsoring interests surrounding sportsmen and women puts so much pressure on them, and the intensity of sport is so great, that in order to maintain their level of competitiveness and the pace imposed on them by sporting calendars, sportsmen and women tend to use prohibited substances.

4113 svartsjuka   **jealousy**
nn

För vi går bara tillsammans för att göra dig svartsjuk.

Because we're only going together to make you jealous.

4114 underhållande   **entertaining; maintenance**
adj; nn

Sven är underhållande.

Sven is amusing.

4115 eskort   **escort**
nn

Avslutningsvis vill jag säga att George Bush är på väg, men han kommer att få en makaber eskort i form av de hundratusentals oskyldiga irakiska civila som har mördats.

To close, Mr Bush is coming, but he will have a macabre escort, the hundreds of thousands of innocent Iraqi civilians murdered.

4116 ofarlig   **harmless**
adj

Samtidigt måste en sak stå klart: Det finns inget som heter ofarlig droganvändning.

But at the same time we have to make one thing absolutely clear: taking drugs is never risk-free.

4117 tidvatten   **tide**
nn

Avregleringens tidvatten har dock vänt.

But the tide of deregulation has turned.

4118 apparat   **apparatus|device**
nn

EU sägs också vara en enorm pengaslösande apparat.

Europe is also said to be an enormous money-squandering machine.

4119 tekniskt   **technically**
adv

Det gällande regelverket är komplicerat och tekniskt svårt att övervaka.

The regulations in force are complicated and technically difficult to monitor.

4120 presentation   **presentation**
nn

När ett näringspåstående förekommer i märkning, presentation eller reklam, med undantag för generisk reklam, skall, enligt det direktivet, näringsvärdesdeklaration vara obligatorisk.

According to that Directive, where a nutrition claim appears on labelling, in presentation or in advertising, with the exclusion of generic advertising, nutrition labelling should be compulsory.

4121 bot
nn
cure
Därför måste vi anstränga oss för att försöka råda bot på denna situation.
We must make an effort, therefore, to try and remedy this state of affairs.

4122 segel
nn
sail
Europa har ju redan ett dåligt rykte på det området och alla segel måste hissas för att det här skall kunna bekämpas.
Europe has a bad reputation as it is in this area, and we need to pull out all the sails tp fight this phenomenon.

4123 organisera
vb
organize
Avslutningsvis säger det sig självt att medlemsstaterna måste vara beredda att organisera fördelningen av flygtrafikledning utifrån den tekniska utvecklingen.
Finally, it goes without saying, Commissioner, that the Member States will have to be prepared to organise the distribution of air traffic control on the basis of technological development.

4124 förföra
vb
seduce
Han förflyttas långt därifrån, "för att han inte skulle förföra folken förrän de tusen åren hade gått".
He is removed far from there, "that he should deceive the nations no more, till the thousand years should be fulfilled."

4125 ficklampa
nn
flashlight
Jag håller med Graham Watson, utan vilken vi inte skulle ha nått så långt, att vi har fått en stark blåslampa att använda för handlingarna, i stället för den ficklampa vi haft tidigare.
I agree with Mr Watson - without whom we should not have come so far - that we have obtained a powerful searchlight to use on documents, instead of the flashlights we had previously.

4126 skrikande
nn; adj
screaming; vociferous
Inget mer skrikande?
No more screaming?

4127 oroad
adj
alarmed
Även om jag håller med om och välkomnar många av dess förslag är jag oroad över att tillämpningsområdet för momsbefrielse när det gäller investeringsfonder minskar.
While I agree with, and welcome, many of its proposals, I have concerns regarding the narrowing of the scope of the VAT exemption in respect of investment funds.

4128 bevittna
vb
witness|attest
Domstolen gjorde således inte enbart en prövning av de notarierelaterade uppgifter som kaptener och förste styrmän tilldelats (det vill säga bevittna, förvara och överlämna testamenten), separat från de andra befogenheterna, såsom bland annat befogenhet att vidta bestraffnings– och tvångsåtgärder.
The Court thus did not examine the single notarial power conferred on masters and chief mates of ships, namely the power to receive, safeguard and dispatch wills, separately from their other powers, such as their powers of coercion and punishment.

4129 nödvändig
adj
necessary
Denna instans, som kan vara en domstol, ska ha tillgång till den kompetens som är nödvändig för att den effektivt ska kunna utföra sina uppgifter.
This body, which may be a court, shall have the appropriate expertise available to it to enable it to carry out its functions effectively.

4130 instängd
confined; cabined

	adj; adv	Ni ignorerar alla dessa saker, och utvecklar en instängd mentalitet, vilket i och för sig kanske är bra, för det visar åtminstone att man kan se slutet.
		You are ignoring all these things; in fact, you are developing a bunker mentality, and perhaps that is a good thing, because at least it shows that the end is in sight!
4131	**tillräcklig**	**sufficient|adequate**
	adj	Tribunalens motivering av den överklagade domen var således tillräcklig.
		The General Court therefore provided reasons to the requisite legal standard for the judgment under appeal.
4132	**innehåll**	**content**
	nn	Kinesiska tidningar övervakas av regeringen som behåller rätten att ändra innehåll för att passa den rådande partilinjen.
		Chinese newspapers are supervised by the government who maintains the right to change content to match the current party line.
4133	**misstanke**	**suspicion**
	nn	Vid misstanke om överträdelse stödd av välgrundade fakta får Unionen Komorerna, med kopia till EU, begära att flaggmedlemsstatens centrum för fiskerikontroll minskar sändningsintervallet mellan fartygets positionsrapporter till ett intervall om 30 minuter under en fastställd utredningsperiod.
		On the basis of documentary evidence proving an infringement, the NFMIC may ask the FMC of the flag State, with a copy to the EU, to reduce the interval for sending position messages from a vessel to every thirty minutes for a set period of investigation.
4134	**delaktig**	**involved**
	adj	Vad värre är – de tillämpar den dåligt och gör det ostraffat, och där är Europeiska kommissionen delaktig.
		Worse, they apply it badly and do so with an impunity in which the European Commission is complicit.
4135	**fräsch**	**fresh**
	adj	Vi måste leta efter nya och fräscha metoder för att ta itu med detta.
		We need to look at new, fresh methods of dealing with it.
4136	**ursprunglig**	**original**
	adj	Därför tror vi på Förenta nationerna, som vi är en ursprunglig medlem i.
		That is why we believe in the United Nations, of which we are founding members.
4137	**kämpe**	**fighter**
	nn	Han tycker du är en stor kämpe och han vill att du ska ha den.
		He says he thinks you are a great fighter, and he wants you to have it.
4138	**tänkande**	**thinking; thinking**
	adj; nn	Det allra viktigaste här är utvecklingen av utbildningssystemen. Detta omfattar även grundskolan, som bör uppmuntra till kreativt tänkande.
		What is important in all of this is the development of education, and this includes statutory education, which should encourage creative thinking.
4139	**församling**	**assembly|parish**
	nn	Nästa gemensamma parlamentariska församling ser också ut att bli intressant.
		The next Joint Parliamentary Assembly also promises to be interesting.
4140	**blad**	**leaf|page**
	nn	Ingen betvivlar att Zimbabwe i och med detta val vänder ett blad i sin unga historia.

Zimbabwe has undoubtedly turned a new page in its young history.

4141 hemland
nn

homeland

I mitt hemland, Sverige, berörs en av de största exportbranscherna. Musik och ljudupptagningar är områden som berörs.
In my own country, Sweden, one of our biggest export industries is affected, namely the music and sound recording industry.

4142 begränsad
adj

limited

Enligt detta scenario finansieras och upphandlas ett driftssystem med begränsad prestanda av den offentliga sektorn.
Under this scenario, the public sector finances and procures an operational system with limited performances.

4143 uppfinning
nn

invention|contrivance

Hans uppfinning är överlägsen konventionell utrustning.
His invention is superior to conventional equipment.

4144 delstat
nn

Federal State

Enligt Bundesgesetz über die Ordnung des öffentlichen Personennah– und Regionalverkehrs (federal lag om organisering av kollektivtrafik, nedan kallad ÖPNRV–G) får dessa organ varje år bidrag från respektive delstat för att upprätthålla en tillräcklig kollektivtrafik i regionen.
According to the Bundesgesetz über die Ordnung des öffentlichen Personennah– und Regionalverkehrs (Federal act on the organisation of local and regional public passenger transport, hereafter: ÖPNRV–G), these bodies receive annual grants from the respective Bundesland in order to ensure adequate public passenger transport in the region.

4145 bandage
nn

bandage

Vira in det i bandage, ta lite ibuprofen i en vecka eller två, och sen är det inget mer med det.
Wrap it in an ACE bandage, take some ibuprofen for a week or two, and that's the end of the story.

4146 stabil
adj

stable

På grund av den försämrade finansiella situationen för banken under 1997 beslutade staten att sätta igång ett förfarande för att avyttra SMC, eftersom det ansågs att det enda möjliga sättet att ge banken en framtid var att hitta en stabil partner med förmåga att genomföra omstruktureringen av företaget.
Given the worsening in the bank's financial situation in 1997, the State decided to launch the procedure for the sale of SMC, because it had concluded that the only possible way to ensure that the bank had any future was to associate it with a solid partner with the know–how needed to complete its restructuring.

4147 uppfylla
vb

meet|fulfill

Om de finansieringsinstrument som inrättas på unionsnivå ska kunna användas för snabba reaktioner måste de uppfylla två villkor.
The financial instruments set up at Union level can only deliver the desired fast response if their functioning respects two conditions.

4148 territorium
nn

territory

Den behöriga institutionen i denna stat skall under den tid han är bosatt inom dess territorium om det behövs betala ut ett tillägg till honom som uppgår till skillnaden mellan det totala förmånsbelopp som skall betalas ut enligt detta kapitel och minimiförmånsbeloppet.
The competent institution of that State shall, if necessary, pay him throughout the period of his residence in its territory a supplement equal to the difference between the total of the benefits payable under this Chapter and the amount of the minimum benefit.

4149	**erkänd**	**recognized**
	adj	Enligt förordning (EG) nr 22 skall livsmedelsföretagare se till att de metoder för värmebehandling som används för bearbetning av obehandlad mjölk och mjölkprodukter uppfyller kraven enligt en internationellt erkänd standard/ *Regulation (EC) No 22 requires food business operators to ensure that heat treatments used to process raw milk and dairy products should conform to an internationally recognised standard.*
4150	**längd**	**length**
	nn	Den brittiska regeringen motsatte sig det, och den uttryckte också betänkligheter över undersökningens längd. *It was opposed by the UK Government, which also expressed misgivings as to the duration of the inquiry.*
4151	**förgången**	**past | bygone**
	adj	Lyckligtvis hör detta hemma i en förgången tid och vi ser nu nya möjligheter för Europa. *Fortunately, this is in the past and we are now seeing new possibilities for Europe.*
4152	**döpa**	**baptize**
	vb	Och Jesus uppmanade sina efterföljare att göra lärjungar och döpa dem. *Jesus too commanded his followers to make disciples and to baptize them.*
4153	**sedel**	**banknote**
	nn	Varje sedel är värd sju gånger så mycket som en 100-dollarsedel från Förenta staterna. *Last year, counterfeit EUR 500 notes rose by over 160%, and that is only the ones we know about.*
4154	**nedre**	**lower**
	adj	De bor på nedre våningen. *They live downstairs.*
4155	**huvudsak**	**main point**
	nn	Eftersom sänkningen av HSH's riskprofil i huvudsak sker i segment inom vilka tillgångarna grundas på US–dollar (t.ex. finansiering av flygplan, fartyg och utländska fastigheter) bidrar den emellertid även i hög grad till att behovet av finansiering i US–dollar minskar. *However, as the reduction of HSH's risk profile is to take place mainly in segments which generate USD–denominated assets (i.e. aircraft, shipping and international real estate financing), it also constitutes a material step forward towards reducing the USD funding need.*
4156	**uppstå**	**arise | emerge**
	vb	Arbetsgruppen skall sörja för att detta avtal fungerar enligt dess syften och skall behandla alla frågor som kan uppstå i samband med dess genomförande. *The working group shall see to the proper functioning of this Agreement and shall examine all questions which may arise in implementing it.*
4157	**platt**	**flat; flat; planchet**
	adj; adv; nn	Registren skall ha en platt filstruktur. *The records must have a flat–file structure.*
4158	**fusk**	**cheating | cheats**
	nn	På grund av dessa omständigheter skulle ett tillstånd för oberoende åtgärder i fråga om serviceavtal kunna ha gjort fusk mer lockande och hindrat konferensens möjlighet att upptäcka och bestraffa fusk."

Due to these circumstances, permitting independent action on service contracts could have increased the attractiveness of cheating and inhibited the ability of the conference to detect and punish cheating".

4159	**brunn**	**well**
	nn	Vare sig han talade med en kvinna vid en brunn, en religionslärare i en trädgård eller en fiskare vid en sjö gick hans ord rakt in i människors hjärta. *Whether talking with a woman at a well, a religious teacher in a garden, or a fisherman by a lake, he went directly to their heart.*

4160	**citat**	**quote|tag**
	nn	Jag repeterar detta citat: ”Den europeiska arresteringsordern är ett brott i sig. *I will repeat that quotation: 'The European arrest warrant is a crime in itself.*

4161	**mo**	**fine sand**
	nn	Potifera var präst, troligen åt solguden Ra, och han tjänstgjorde i On, som var ett centrum för egyptisk soldyrkan. *Potiphera was the priest, likely of the sun–god Ra, officiating at On, a center of Egyptian sun worship.*

4162	**platta**	**plate|flat**
	nn	Pearl Jam, har släppt 96 plattor under de två senaste åren. *Pearl Jam, 96 albums released in the last two years.*

4163	**någon som helst**	**none whatsoever**
	phr	Jag röstade därför emot betänkandet utan någon som helst osäkerhet eller tvekan. *I therefore voted against this report without any uncertainty or hesitation.*

4164	**blues**	**blues**
	nn	Projektet, som är benämnt ”Blues in the Marshes”, omfattar ”170 hektar med nya naturaliserade livsmiljöer med gräsmarker” i den största delen av området. *The project, entitled 'Blues in the Marshes', includes '170 ha of newly naturalised grassland habitats' in the larger part of the site.*

4165	**fokus**	**focus**
	nn	Det beror på ett flertal faktorer som externa parters intressen, som Europaparlamentet och rådet, snabb återkoppling om ramprogrammens resultat, problemen med att fastställa om resultaten kan tillskrivas forskningen på längre sikt och det fokus som de oberoende panelerna som genomför utvärderingarna har valt. *This is explained by factors including the interest of external stakeholders, such as the European Parliament and the Council, on quick feedback on FP performance, the challenge of attributing impacts to research over the longer–term and the focus chosen by the independent panels carrying out the exercises.*

4166	**bräda**	**board; cut out**
	nn; vb	Vet du hur dags min bräda blir klar? *Do you know when my board's gonna be ready?*

4167	**blodprov**	**blood sample**
	nn	Vi måste komma till det stadium där blodprov för enskilda djur används. *We need to get to the stage where blood tests for individual animals will stand up.*

4168	**oförskämt**	**impudently**
	adv	Jag anser också att det är oförskämt att allt marknadsförs under en så fantastisk rubrik som en ny social agenda.

I also find it impudent that the whole thing is being sold to us under the fanciful title of a new social agenda.

4169	**konferens**	**conference**
	nn	Ändringar i denna bilaga, med undantag av ändringar i kapitel 4, får endast antas i enlighet med artikel 313 eller med konsensus vid konferens sammankallad i enlighet med denna konvention.

Amendments to this Annex, other than amendments to Section 4, may be adopted only in accordance with Article 313 or by consensus at a conference convened in accordance with this Convention.

4170 **syfta**   **aims; aim**

nn; vb   EU's politik bör syfta till att förbättra situationen för landet och dess invånare.

EU policy should aim to improve the situation of the country and its people.

4171 **hjärnskakning**   **concussion**

nn   Ett ögonvittne med hjärnskakning.

An eyewitness with a concussion.

4172 **uppskattning**   **estimate|appreciation**

nn   Ett arbete som inte har vunnit erkännande eller uppskattning varken ekonomiskt eller socialt.

This work has not been recognised or valued, either economically or socially.

4173 **förebild**   **model|archetype**

nn   Du är inte precis en förebild för mental hälsa själv.

You're not exactly the poster child for mental health.

4174 **hyfsat**   **decent; decently**

adj; adv   Med andra ord är avtalet inte lysande, men det är hyfsat tillfredsställande.

In other words, the agreement is not brilliant, but it is reasonably satisfactory.

4175 **skänka**   **give|donate**

vb   Begäran om förhandsavgörande har framställts i ett mål mellan å ena sidan "Staatssecretaris van Economische Zaken" och "Staatssecretaris van Financiën" och å andra sidan Q. Målet rör den nederländska skattemyndighetens beslut att inte tillerkänna en fastighet som Q äger i en annan medlemsstat än Konungariket Nederländerna ställning som lantegendom (landgoed), vilket innebär att hon saknar möjlighet att skänka bort fastigheten utan beskattning av gåvan.

The request has been made in proceedings between the State Secretary for Economic Affairs and theState Secretary for Finance, and Q concerning the refusal by the Netherlands authorities to recognise a property which the interested party owns in a Member State other than the Kingdom of the Netherlands as being an 'estate' ('landgoed'), thus depriving her of the possibility of an exemption in respect of the gift of the property that she wishes to make.

4176 **fastland**   **Mainland**

nn   Malta och Cypern skiljer sig mycket från länderna på Europas fastland.

Malta and Cyprus are very different from the countries of mainland Europe.

4177 **kräkas**   **vomit**

vb   Jag ville kräkas.

I wanted to vomit.

4178 **önskemål**   **desire**

nn

Jag har gjort det för att motsvara ett antal önskemål som för övrigt till stor del kommer från den här kammaren.

I did this in response to a number of requests, including, moreover, a significant number from this House.

4179 harmoni　　**harmony**

nn

De ekonomiska friheterna och friheterna att vidta kollektiva åtgärder måste bringas i harmoni med varandra.

Economic freedoms and freedoms of collective action must be reconciled.

4180 vetskap　　**knowledge**

nn

För det åttonde har sökanden gjort gällande att det faktum att hon en vecka före beslutet av den 22 oktober 2007 mottog en skrivelse där hon underrättades om formerna för förstörande av uppgifter i hennes ansökningshandlingar, tyder på att parlamentet hade fått vetskap om beslutet före henne.

Eighth, the applicant considers that the fact that one week before the decision of 22 October 2007 she received a letter informing her of the arrangements for the destruction of data relating to her application file suggests that the Parliament had been made aware of that decision before her.

4181 mästerverk　　**chef d'oeuvre**

nn

Denna parlamentariska mandatperiods sista budget är ett sant mästerverk.

The last budget in this parliamentary term is a real masterpiece.

4182 ideal　　**ideal; exemplar**

adj; nn

Han borde dra sig tillbaka och noga överväga vilka ideal han står för.

He should pull back and think carefully about which ideals he stands for.

4183 logik　　**logic**

nn

För mig personligen finns det ingen logik i det.

For me, personally, there is no logic in there.

4184 klargöra　　**clarify|make clear**

vb

Underrättelsen kan åtföljas av en kallelse till samråd för att klargöra situationen och nå en ömsesidigt tillfredsställande lösning.

The notification may be accompanied by an invitation for consultations with the aim of clarifying the situation and arriving at a mutually satisfactory solution.

4185 ansluta　　**connect|join**

vb

Uppgiften är nu att utnyttja detta för att få de andra världsmakterna att ansluta sig.

The task now is to capitalise on this, to make the other world powers join us.

4186 svett　　**sweat|exudation**

nn

Men de motspänstiga får bo i ett svett land.

However, as for the stubborn, they have to reside in a scorched land.

4187 räka　　**shrimp; prawn**

nn; vb

Skämd räka.

Yeah, bad shrimp.

4188 hummer　　**lobster**

nn

"Allt är utfiskat – torsk och annan vitfisk, lax, hummer – allt."

"Everything is depleted–salmon, whitefish, cod, lobster–everything."

4189 maila　　**e-mail**

vb

Tänkte att jag skulle maila.

Thought I'd send her an e– mail.

4190 **gren**   **branch|crotch**

nn

Först vill jag i tur och ordning tacka Reimer Böge och hela den grupp som under ert ordförandeskap har arbetat hårt för att se till att parlamentet har en inställning värd dess status som en gren av budgetmyndigheten.

First of all, may I, in turn, thank Reimer Böge and the whole team who, under your chairmanship, have worked hard to ensure that Parliament has a position worthy of its status as a branch of the budgetary authority.

4191 **abort**   **abortion**

nn

Syftet med detta ändringsförslag är att ge kvinnorna frihet så att de enkelt får tillgång till avbrytande av en graviditet men också att slå fast principen att abort inte är någon försenad preventivmetod och inte heller en metod för födelsekontroll.

This oral amendment is to ensure the freedom of women to have safe access to the termination of a pregnancy, but also to affirm the principle that abortion is not a delayed method of contraception nor a means of birth control.

4192 **girig**   **greedy|grabby**

adj

Du har inga stora drömmar, Lobero, utan bara en girig buk.

You don't have big dreams, Lobero, only a greedy belly.

4193 **hissa**   **hoist**

vb

Okej, hissa ner den försiktigt/

Okay, let it down easy.

4194 **kapell**   **chapel**

nn

Saltgruvan Wieliczka från 1200–talet innehåller en hel stad under jord, med sanatorium, teater, kapell och kafé.

The Wieliczka salt mine, constructed in the 13th century, contains an entire town below ground with a sanatorium, theatre, church and café!

4195 **rapp**   **lash; quick**

nn; adj

Om ni har problem med' na, ge' na ett par rapp med remmen.

If you have any trouble with 'er, give 'er a few licks o' the strap.

4196 **talande**   **speaking**

adj

Lagervolymer är därför inte en särskilt talande indikator och tillverkningen motsvarar i stort sett försäljningen.

Therefore, stock is not a very telling indicator, and production closely approximates sales.

4197 **nål**   **needle**

nn

Min man är läkare och för några år sedan smittades han av en nål.

My husband is a doctor and, a few years ago, he was infected by a needle.

4198 **storhet**   **greatness**

nn

Det är däri ert lands storhet i EU ligger, det är däri våra slaviska EU–länders storhet ligger.

This is where the greatness of your country in the EU lies; this is where the greatness of our Slavic EU countries lies.

4199 **mössa**   **cap**

nn

När jag flyttade från läger till läger bar jag en mössa som jag själv hade sytt, och i den hade jag lagt in flera nummer av Vakttornet.

When I moved from camp to camp, I wore a cap that I had sewed myself, putting several issues of The Watchtower in it.

4200 **förr eller senare**   **sooner or later**

adv

Du kommer att glömma bort mig förr eller senare.

You'll forget about me someday.

4201	**trams**	**nonsense**

nn

Av hänsyn till min personliga aktning för Nuala Ahern och för att bevara ett hövligt umgänge i parlamentet ber jag därför Nuala Ahern att ta tillbaka ordet trams.

For the sake of my personal regard for Mrs Ahern, and in the interests of parliamentary courtesy, I therefore call on Mrs Ahern to withdraw the word nonsense.

4202 grek — **greek**

nn

Jag lät er få lite extra talartid eftersom ni är grek.

Very good, I let you have a little more time because you are a Greek.

4203 miljonär — **millionaire**

nn

Och i den stunden känner jag mig som en miljonär.

And in that moment, I feel like a millionaire.

4204 näsduk — **handkerchief**

nn

Har ni nån näsduk?

Do you have a handkerchief?

4205 beskrivning — **description**

nn

En allmän beskrivning av delsystemet, dess konstruktion och uppbyggnad.

A general description of the subsystem, its overall design and structure.

4206 referens — **reference**

nn

referens är den cell från och med vilken funktionen beräknar den nya referensen.

Reference is the cell from which the function searches for the new reference.

4207 vårda — **look after|attend**

vb

Det är de lokala fiskarna man måste vårda sig om.

It is the local fishermen one needs to look after.

4208 kritik — **criticism|critics**

nn

Vad har ni för avsikt att göra under mellantiden, eftersom revisionsrätten sedan 1994 har framfört mycket stark kritik mot det befintliga bokförings– och redovisningssystemet?

What do you propose doing in the meantime, since the Court of Auditors has been voicing strong criticism of the existing bookkeeping and accounting system since 1994?

4209 börs — **exchange**

nn

Ser ni någon möjlighet för kommissionen att ta initiativ till att erbjuda en sådan börs med säte i Europa?

Do you think it possible that the Commission might take the initiative in providing such an exchange with a base in Europe?

4210 tändare — **lighter**

nn

Ge mig en tändare.

Give me a lighter.

4211 tomat — **tomato**

nn

En adekvat märkt tomatpuré, som kommer från en liknande tomat, introducerats med stor framgång i England i vår.

A tomato puree from a similar tomato correspondingly labelled was successfully introduced into Britain this spring.

4212 syna — **inspect**

vb

Ni är här för att syna de spridda vrakspillrorna av era brustna europeiska drömmar.

You are here to survey the shattered wreckage of your broken European dreams.

4213	**stamma**	**stutter|stem**
	vb	Den sägs stamma från kung Johan Sobieskis seger över turkarna i slaget om Wien.
		Its origin is stems from the time of King Jan Sobieski's victory over the Turks at the gates of Vienna.
4214	**motion**	**exercise**
	nn	Otaliga är de förlorade årsverken som kunnat förebyggas genom motion.
		An enormous amount of lost working time could have been prevented through exercise.
4215	**mexikansk**	**Mexican**
	adj	Ni grabbar har väl inte gett Tornado, någon mexikansk mat, hoppas jag?
		You fellows haven't been feeding Tornado any Mexican food, have you?
4216	**kraftfull**	**powerful**
	adj	En kraftfull medborgaropinion har också krävt åtgärder till skydd för minderåriga.
		There was also a strong public opinion demanding action to protect minors.
4217	**färdighet**	**skill|proficiency**
	nn	Definitionerna av kategorierna bör i större utsträckning återspegla de berörda fordonens tekniska egenskaper och den färdighet som behövs för att köra dem.
		The definitions of the categories should reflect to a greater extent the technical characteristics of the vehicles concerned and the skills needed to drive a vehicle.
4218	**tolka**	**interpret|construe**
	vb	Kanske skall jag då i stället tolka det som en dold bekräftelse av det som händer.
		Perhaps I should interpret this as a tacit confirmation of what is happening.
4219	**cykla**	**bicycle**
	vb	Jag kan cykla.
		I can ride a bike.
4220	**termin**	**semester**
	nn	Några studenter kommer inte att komma tillbaka nästa termin.
		Some students aren't going to come back next semester.
4221	**integritet**	**integrity**
	nn	Genom att ta sig an uppgiften och verka i denna egenskap har han aktivt stött åtgärder och politik som undergräver Ukrainas territoriella integritet, suveränitet och oberoende och ytterligare destabiliserat Ukraina.
		In taking on and acting in this capacity, he has therefore actively supported actions and policies which undermine the territorial integrity, sovereignty and independence of Ukraine, and further destabilised Ukraine.
4222	**strömma**	**flow|stream**
	vb	Kvävgasen måste fortsätta att strömma genom lösningen under detta arbete.
		The nitrogen must continue to pass through the solution during the assembly operation.
4223	**färd**	**journey|trip**
	nn	Först en limousine med chaufför som betalades av parlamentet, och sedan nallande av ledamöternas medel för att få en resa i business class för samma färd plus lite extra!

First a chauffer-driven limousine paid for by Parliament, and then a dip into the Members' funds to get business-class travel for the same journey plus a little extra!

4224	**verkstad**	**workshop**
	nn	

För det fall det uppstår ett sådant mekaniskt fel som omfattas av garantin är den berörda köparen av det begagnade fordonet nämligen inte tvungen att låta reparera fordonet i en verkstad som tillhör, eller som har anvisats av, denna återförsäljare.

If there is a mechanical breakdown covered by the warranty, the purchaser of the second–hand vehicle at issue is not obliged to have that vehicle repaired in a garage belonging to that dealer or in one which the dealer had indicated to the purchaser.

4225	**eländig**	**terrible**
	adj	

Jag känner mig eländig.

I feel terrible.

4226	**uppenbar**	**obvious**
	adj	

Den kan vara uppenbar, om avgiftsbeloppet är högre för importerade eller exporterade produkter än för inhemska produkter eller produkter som är avsedda för den inhemska marknaden. Den kan också vara mer diskret, om den ligger i den kompensation som de avgiftsskyldiga åtnjuter.

It may be obvious, if the rate of charge is higher on imported or exported products than on national products or those intended for the national market, and it may be less obvious if it lies in the offset enjoyed by those paying the charge.

4227	**utslagen**	**eliminated; outcast**
	adj; nn	

Exemplar som transporteras i blommande tillstånd, med minst en fullt utslagen blomma per exemplar, gäller inget minsta antal exemplar per parti, men exemplaren ska vara yrkesmässigt behandlade för kommersiell detaljhandelsförsäljning, t.ex. märkta med tryckta etiketter eller förpackade i tryckta förpackningar med uppgift om hybridens namn och land för slutbehandling.

When shipped in flowering state, with at least one fully open flower per specimen, no minimum number of specimens per shipment is required but specimens must be professionally processed for commercial retail sale, e.g. labelled with printed labels or packaged with printed packages indicating the name of the hybrid and the country of final processing.

4228	**sträng**	**string|chord; strict**
	nn; adj	

Var inte för sträng med dig själv.

Don't be too hard on yourself.

4229	**värka**	**ache|pain**
	vb	

Hennes ben började värka, så hon gick till doktorn.

As her leg started to hurt, she went to see a doctor.

4230	**kammare**	**chamber**
	nn	

Varför har ni inte haft modet att här i denna kammare och inför Prodi själv upprepa vad er kandidat sade?

Why did you not have the courage to repeat, here, in this House, in front of Mr Prodi, what your candidate said?

4231	**luffare**	**bum|vagabond**
	nn	

Kompaniet påminde mest om en skara luffare.

The Company looked more like hobos than the Finnish Army.

4232	**gripande**	**gripping; capture**

	adj; nn	Med andra ord, en order om efterlysning och gripande av en terrorist bör ha omedelbar verkan och det utan att passera genom den mycket komplicerade handläggningen av utlämningar – det är ju i dag fortfarande komplicerat mellan europeiska stater –, så att denna terrorist, denna brottsling, omedelbart kan föras till den stat som begärt utlämningen och där brotten har begåtts.

In other words, an arrest warrant for a terrorist should take effect immediately without the need to go through the highly complex extradition process – which is still complicated between European States – so that the terrorist or criminal can be taken immediately to the State that wants them and where they have committed their crimes.

4233 lam — **lame|paralysed**
adj
Är du lam eller något?
Are you lame or something?

4234 aids — **AIDS**
abr
Ämnet för årets världsomfattande kampanj mot aids har varit kvinnor, flickor, hiv och aids.
The subject of this year's global campaign against AIDS was women, girls, HIV and AIDS.

4235 med flera — **and others**
prn
Grekland befinner sig i en social explosion med allmän oro i flera olika städer.
Greece is in the midst of a social explosion with general unrest in numerous towns.

4236 sköld — **shield**
nn
När vi krävde individuellt ansvar, avvisades vi av kollegialitetens sköld.
When we demanded individual accountability, we were rebuffed by the shield of collegiality.

4237 arbetsgivare — **employer**
nn
De förhandlar med sin arbetsgivare om sina löner.
They negotiate with their employer about their wages.

4238 genial — **ingenious**
adj
Du är genial, Frank!
You're a genius, Frank!

4239 svårighet — **difficulty|hardship**
nn
Händelsen är högt staplad med svårighet, och vi måste uppstå med tillfället."
The occasion is piled high with difficulty, and we must rise with the occasion."

4240 resande — **traveler|salesman; traveling**
nn; adj
Onödigt resande till drabbade områden bör avrådas eller skjutas upp.
Unnecessary travel to affected areas should be discouraged or postponed.

4241 klunk — **gulp|quaff**
nn
Var inte en idiot, ta en klunk.
Don't be an ass, have a drink.

4242 kikare — **binoculars**
nn
I Hongkong hade vi parlamentsledamöter en magnifik utsikt över Hongkongbukten, men vi var tvungna att använda kikare för att kunna följa konferensen.
Commissioner, in Hong Kong, we parliamentarians had a magnificent view of the bay, but we had to use binoculars in order to follow the work of the Conference.

4243 vifta
vb; nn

wag|whisk; whisk

Då kan man inte vifta bort svaret genom att säga att man inte känner till detta.

The matter cannot be waved aside with the excuse that you do not know anything about it.

4244 vitlök
nn

garlic

I köket lagade undertecknad maten: spagetti med vitlök, olivolja och chili.

In the kitchen, Mr Fatuzzo was preparing the meal: spaghetti with garlic, olive oil and chilli.

4245 överst
adv; nn; adj

at the top; tops; uppermost

Forskning och innovation står överst på EU:s dagordning för tillväxt och jobb.

Research and innovation are at the top of the EU's agenda for growth and jobs.

4246 premiär
nn

premiere

Den stödberättigande perioden är normalt från sex månader före det datum då filmen tidigast kan ha premiär till och med tio månader efter det senaste premiärdatume.

The eligible period shall normally be six months before the earliest possible release date of the film until ten months after the latest release date .

4247 skelett
nn

skeleton

De transeuropeiska energinäten förstärker marknadens ryggrad och skelett.

The European–wide energy networks will heal the market's spine and skeleton.

4248 socialt
adv

socially

Den föreslagna förordningen kompletterar förslaget till förordning om europeiska fonder för socialt företagande.

The proposed Regulation is complementary to the proposed Regulation on European Social Entrepreneurship Funds (EuSEFs).

4249 avsiktligt
adv

intentionally|wittingly

Jag anser att vissa medlemsstater har saboterat förhandlingarna avsiktligt.

I believe that some Member States have deliberately sabotaged the negotiations.

4250 rena
vb

clean|purify

Det är rena grekiskan.

It's pure Greek to me.

4251 avfall
nn

waste|refuse

Dessutom bidrar det till att farligt avfall jämställs med inert avfall.

Furthermore, it places hazardous waste on the same footing as inert waste.

4252 likaså
adv

also

Det preciseras likaså att staten skall uppmuntra det effektiva genomförandet av likställdhet beträffande rättigheterna för kvinnor och män och skall bemöda sig om att sätta stopp för existerande ojämlikhet.

Moreover, the State is to encourage the effective implementation of equal rights for men and women and to strive to bring existing inequalities to an end.

4253 framöver
adv

forwards

För att regeringens strategi skall lyckas måste man uppnå budgetöverskott i flera årtionden framöver.

For the government's strategy to succeed, budget surpluses will have to be achieved for several decades to come.

4254 ärva

vb

inherit

Hon dödade alla så hennes son Tiberius kunde ärva tronen, precis som Nixon.

She killed everybody so her son Tiberius could inherit the throne — like Nixon.

4255 inälvor

nn

intestines|offal

Nötkreatur: kött och inälvor

Cattle: meat and offal

4256 gasa

vb

gas

Gorillorna slog ihjäl honom innan skötarna kunde gasa dom.

The gorillas beat him to death before the zoo keepers could gas them all.

4257 kopiera

vb

copy

Fram till en bit in på 1900–talet tillverkades den uteslutande i det aktuella området. Då började andra ystare över hela landet att kopiera dess stil och namn och Wensleydale kom att beteckna en mer allmän typ av ost.

Wensleydale cheese was exclusively made in the designated area up until well into the 20th century, when its style and name were copied by cheesemakers up and down the country and it became a more generic style of cheese called Wensleydale.

4258 fler och fler

phr

more and more

Finlands konkurrenskraft kräver fler personer som kan franska och tyska än sådana som kan svenska.

Finland's competitiveness requires more people who can speak French and German than Swedish.

4259 budget

nn

budget

Vi anser det vara en klok budget; vi anser det vara en förnuftig budget.

We consider it to be a prudent budget; we consider it to be a reasonable budget.

4260 biologisk

adj

biological

Alla bedömningar om kvoter baseras på vetenskaplig och biologisk rådgivning.

All assessments of quotas are based on scientific and biological advice.

4261 ytterdörr

nn

front door

Jag kommer ut härifrån en dag, och när jag gör det, kommer jag att minnas hur din ytterdörr ser ut!

I'm gonna get out of here someday, and when I do, don't think I won't remember what your front steps look like, Susie!

4262 försvarare

nn

defender

Det enda som kan få EU–medborgarnas missnöje att minska och få dem att engagera sig för EU är att unionen ändrar kurs och positionerar sig som en förespråkare för frihet, säkerhet och välstånd och som en försvarare för jämlikhet i Europa och i resten av världen.

European citizens will only shift away from the current feeling of disaffection and commit to the Union if the EU changes course and positions itself as a promoter of freedom, security and prosperity – as the defender of equality – in Europe and in the rest of the world.

4263 smitta

nn; vb

infection; infect

Dessa apor har beslagtagits av miljödepartementet i Kataloniens regionala regering tills det kan garanteras att de inte riskerar att smitta eller överföra några sjukdomar på befolkningen och tills det avgörs om verksamheten vid gården i Camarles är förenlig med regionens lagstiftning.

These monkeys have been confiscated by the Catalan Generalitat's Departament de Medi Ambient, until such time as it can be guaranteed that they represent no threat of possible contagion and risk of illness for the population, and likewise whether the activities carried out at the Camarles farm are compatible with Catalan autonomous legislation.

4264 frånvarande
adj; nn
absent; absentee
Han låtsades vara sjuk, så att han kunde vara frånvarande från skolan.
He pretended to be ill so that he could be absent from school.

4265 uppehåll
nn
break|stay
Vi bör göra ett uppehåll, för vad vi verkligen måste få till stånd är ett eldupphör.
We should take a break from that, because what we must do is to bring about a cease-fire.

4266 invändning
nn; prp
objection; but
En ytterligare invändning är att kommissionens förslag är dåligt genomarbetat.
A further objection is that the Commission proposal is badly drafted.

4267 överraskande
nn; adv
surprising; surprisingly
Men det är knappast överraskande eftersom, vilket Lehne själv har påpekat, förslaget uppfyller en rad krav som Europaparlamentet formulerat i olika resolutioner.
But this is hardly surprising since, as Mr Lehne himself pointed out, the proposal meets a number of requests that the European Parliament itself put forward in various resolutions.

4268 hysa
vb
house|harbor
Vissa växter, växtprodukter och andra föremål utgör en oacceptabel växtskyddsrisk genom deras sannolikhet att hysa EU–karantänsskadegörare.
Certain plants, plant products and other objects pose an unacceptable phytosanitary risk by their likelihood to host a Union quarantine pest.

4269 framstå
vb; adj
appear; stand out
Det får inte framstå som att efterlevnaden av Kyotoprotokollet och energibesparingarna endast innebär att de energiproducerade företagen för över huvudkostnaderna på slutanvändarna och Europamedborgarna.
Meeting the Kyoto Protocol objectives and saving energy must not appear to be a simple transfer of greater costs from the energy producing industries to the end users and European citizens.

4270 slagfält
nn
battlefield
Jag minns Victor Hugos ord när han 1949 skrev: ” En dag kommer det inte att finnas några andra slagfält än mötesplatser för idéer.
I grew up in the Cold War environment in which the world, it seems, was easier to understand.

4271 kläm
nn
force
Sanktionerna utgör en obeveklig dödlig kraft och oskyldiga irakiska invånare som kommit i kläm mellan två styrkor får betala priset.
The sanctions constitute relentless lethal force, and innocent Iraqi people caught between opposing forces are paying the price.

4272 mogna
vb
mature|ripen
Det bör vara sektorer där åtgärder på europeisk nivå kan skapa ett mervärde, där det finns stora mogna projekt som kan omsätta betydande finansiellt stöd, och vars utveckling tydligt bidrar till att målen avseende tryggad energiförsörjning och minskade utsläpp av växthusgaser kan uppnås.
These should be sectors in which action at European level can add value; in which there exist large, mature projects capable of absorbing significant

amounts of financial assistance; and whose development will make a clear contribution to the objectives of security of energy supply and the reduction of greenhouse gas emissions.

4273 uppehålla — **detain|keep**

vb

Jag ska inte uppehålla er, sir.

I shan' keep you any longer away from your guests, sir.

4274 klimatfråga — **climate issue**

nn

Vad jag helt enkelt inte kan förstå är att de som ifrågasätter denna klimatfråga inte kan inse att det alltid kommer att vara bra för en planet, vars befolkning närmar sig nio miljarder människor eller ännu fler vid mitten av detta århundrade, att bli mycket mer energieffektiv och mycket mer resurseffektiv.

What I simply fail to understand is that those who are sceptical of this climate issue cannot see that it will always be good for a planet whose population is approaching nine billion people, or even more by the middle of this century, to become much more energy efficient and much more resource efficient.

4275 korsning — **crossing|junction**

nn

De är med rätta oroliga när en skola är belägen nära en korsning med tung trafik.

They are rightly worried when a school is situated near a crossroads with heavy traffic.

4276 tänkbar — **conceivable|thinkable**

adj

Det finns ingen tänkbar framtid för industrin utan förtroende för vetenskapliga och tekniska framsteg.

There is no conceivable future for industry without confidence in scientific and technical progress.

4277 rykta — **groom|comb**

vb

Elektriska borstar, ej maskindelar, nämligen för att borsta, kamma, rykta, massera och ta bort tovor, speciellt för vård av päls och hud hos husdjur.

Electric brushes, except parts of machines, namely for brushing, combing, grooming, massaging and detangling, in particular for coat and skin care for pets.

4278 dödsstraff — **capital punishment**

nn

Sharia–domstolar i Somalia tillämpar exempelvis dödsstraff mot ungdomar.

Sharia courts are imposing capital punishment on youths in Somalia, for example.

4279 vida — **far**

adv

Kostnaderna för detta arbete så som de angivits i parlamentsledamotens fråga överstiger dessutom vida de möjligheter till ingripande som står till förfogande, inte bara från gemenskapens samarbetsprogram med detta land utan också från andra gemenskapsorgan som Europeiska investeringsbanken (EIB).

The cost of the work referred to in the Honourable Member's question far exceeds the financing possibilities not only of the Community Cooperation Programme with Panama, but also other Community organisations such as the European Investment Bank (EIB).

4280 frän — **acrid|rank**

adj

Vi behöver kraftfulla åtgärder och rekommendationer från kommissionens sida på detta område.

We need strong action and strong recommendations from the Commission in this area.

4281 gräsmatta — **lawn|gras mats**

nn Konstgjord gräsmatta för spel av idrottsaktiviteter.

Artificial turf for the playing of athletic activities.

4282 citron **lemon**

nn Det kanske skulle behövas lite citron.

Well, maybe it could use a little lemon.

4283 kon **cone**

nn Med den här ikonen infogar du en kon.

This icon inserts a cone.

4284 utlänning **foreigner**

nn Om en utlänning vägras inresa till någon avtalsslutande parts territorium, skall den transportör som ombesörjt luft–, sjö–eller landtransport fram till den yttre gränsen vara skyldig att utan dröjsmål återtaga ansvaret för denne.

If aliens are refused entry into the territory of one of the Contracting Parties, the carrier which brought them to the external border by air, sea or land shall be obliged immediately to assume responsibility for them again.

4285 slaktare **butcher**

nn Jag kommer ihåg att jag ungefär vid denna tidpunkt besökte en slaktare och att han ställde sig helt oförstående.

I remember visiting a butcher around that time and he just could not understand.

4286 domedag **Doomsday**

nn Ditt jobb blir att iscensätta min domedag, så jag vet inte hur mycket lycka till jag ska önska dig, men vi kommer nog att få roligt.

Your job is to craft my doom, so I'm not sure how well I should wish you, but I'm sure we'll have a lot of fun.

4287 gen **direct**

adj I en skrivelse till industristyrelsen i Larisa tillkännager näringsministeriet att det enligt artikel 4 är förbjudet att anlägga stenbrott inom två kilometers radie från områden som klassats som arkeologiska platser eller skyddszoner och att det därför inte är tillåtet att anlägga stenbrott i områden som ingår i nätverket Natura 2000.

the Ministry of Development delivered an opinion to the Directorate for Industry in Larissa stating that Article 4 prohibits the establishment of quarries within a two–kilometre radius of designated archaeological sites or protected areas and that, therefore, it is not possible to set up a quarry within an area forming part of the Natura 2000 network.

4288 inblandning **involvement**

nn Även arbetsmarknadsparternas inblandning måste belysas.

The involvement of the social partners also needs to be highlighted.

4289 insikt **insight**

nn Vilken insikt är vi välsignade med, och vad kommer att behandlas i nästa artikel?

We are blessed to have what insight, and what will we consider in the following article?

4290 fotografi **photography|photograph**

nn Kemikaliska produkter för industri, tillverkning, vetenskap, fotografi, konsthartser och syntetiska hartser.

Chemical products for use in industry, manufacture, science, photography, artificial and synthetic resins.

4291 sentimental **sentimental**

adj Du gör Antro sentimental.

You make Antro sentimental.

4292	**tigga**	**beg|mooch**
	vb	På grund av en häftig konkurrens under många år mellan kända nationella lufttrafikföretag och äventyrliga nykomlingar har det uppstått överkapacitet, vilket innebär att de inte längre har någon motståndskraft mot bakslag och måste tigga om statligt stöd för sin överlevnad.
		As a result of years of fierce competition between familiar traditional national airlines and adventurous newcomers, overcapacity was created, so that they are no longer able to withstand setbacks and must beg for state support in order to survive.
4293	**kontinuerligt**	**continuously**
	adv	Vi uppmuntrar därför kontinuerligt dialogen och sökandet efter en lösning.
		We therefore continuously encourage this dialogue and this search for a solution.
4294	**avgång**	**departure**
	nn	19.00. Första ankomst till Vadsø senast kl. 11.30 och sista avgång från Vadsø tidigast kl. 18.30.
		First arrival in Vadsø shall be no later than 11.30 hrs and last departure from Vadsø no earlier than 18.30 hrs.
4295	**brasa**	**campfire**
	nn	Har du någon gång stått vid en brasa en kall kväll?
		Have you ever stood near a fire on a cold night?
4296	**förman**	**foreman|supervisor**
	nn	Fastän den inte har någon befälhavare, förman eller härskare, bereder den om sommaren sin föda; den har under skörden samlat sina matförråd."
		Although it has no commander, officer or ruler, it prepares its food even in the summer; it has gathered its food supplies even in the harvest."
4297	**byggd**	**built|made**
	adj	Och TAP Plastics byggde för min skull -- dock fotograferade jag inte det -- ett vitrinskåp för muséer.
		And TAP Plastics made me -- although I didn't photograph it -- a museum vitrine.
4298	**hunger**	**hunger**
	nn	Med frihandel på jordbruksområdet blir det ingen hunger i världen.
		If there is free trade in agriculture, there is no hunger in the world.
4299	**volym**	**volume|capacity**
	nn	Denna volym täcks nästan av det internationella samfundets befintliga åtaganden.
		This amount is nearly covered by existing pledges by the international community.
4300	**till rätta**	**correct**
	vb	Alla har rätt till sin egen åsikt. Men ibland är det bättre att hålla den för sig själv.
		Everybody has a right to his own opinion. However, sometimes it's better not to tell anybody what that opinion is.
4301	**återställa**	**restore**
	vb	De började på så sätt återställa den rena tillbedjan.
		Thus they began to restore pure worship.
4302	**misslyckad**	**unsuccessful**
	adj	Ännu en tröttsam debatt som domineras av fanatiker som lär långsamt av en misslyckad och förkastad konstitution.

Another wearisome debate dominated by the slow-learning fanatics of a failed and rejected Constitution.

4303	**förening**	**compound|association**
	nn	Därför har vi valt uttrycket "förening av olikheter" som motto för betänkandet.
		Therefore, the expression 'unity in diversity' has been chosen as the motto of the report.
4304	**skrot**	**scrap**
	nn	Avfall och skrot av aluminium.
		Aluminium waste and scrap.
4305	**krysta**	**strain**
	vb	En gång till älskling, Krysta!
		One more time darling, push!
4306	**colombia**	**Colombia**
	nn	Kommissionens förordning om överföring av en del av Nicaraguas andel för 1997 till Colombia, inom ramen för tullkvoten för import av bananer till gemenskapen.
		Commission Regulation concerning the transfer to Colombia, within the tariff quota for the import of bananas into the Community, of part of Nicaragua's country quota for 1997.
4307	**kaliber**	**caliber**
	nn	Slätborrade vapen med en kaliber på minst 20 mm, andra vapen eller utrustning med en kaliber som överstiger 12,7 mm (0,50 tum), kastare samt tillbehör, enligt följande, liksom särskilt utformade komponenter för dessa vapen:
		Smooth–bore weapons with a calibre of 20 mm or more, other weapons or armament with a calibre greater than 12,7 mm (calibre 0,50 inches), projectors and accessories, as follows, and specially designed components therefor:
4308	**pudding**	**puddinG**
	nn	Och jag anser att Jack Straws tal var "en pudding utan tema" som Churchill sa en gång.
		And I think that Mr Straw's speech was as Churchill once said 'a pudding without a theme'.
4309	**balkong**	**balcony**
	nn	Det ligger möbler under din balkong.
		There's furniture under your balcony.
4310	**slutgiltig**	**definitive|final**
	adj	Det uppdaterade protokoll nr 2 innebär en slutgiltig lösning på de problem som har uppstått under senare år i samband med handeln med läskedrycker enligt HS–nr 2202 mellan de två parterna.
		The updated Protocol No 2 provides a definitive solution to the problems, which have emerged in recent years concerning the trade between the two parties in soft drinks of heading 2202.
4311	**bekänna**	**confess|avow**
	vb	Johannes visste att Jesus inte hade några synder att bekänna, så han sade: "Det är jag som behöver döpas av dig, och kommer du då till mig?"
		Knowing that Jesus had no sins to confess, John said: "I am the one needing to be baptized by you, and are you coming to me?"
4312	**undermedveten**	**subconscious**
	adj	Ja, ängeln är en undermedveten representation av din vilja att läka.

Yeah, the angel is a subconscious representation, of your desire to heal.

4313	**föräldralös**	**orphan; orphan**
	adj; nn	Är hon DlA, är hon " föräldralös " från Kina.
		If she's DlA, she's orphan class, out of China.

4314	**anständig**	**decent|respectable**
	adj	Vi måste sätta stopp för olagligt, orapporterat och oreglerat fiske och garantera en anständig försörjning för alla som arbetar inom sektorn.
		We must end IUU fishing and ensure a decent livelihood for all of those working in the sector.

4315	**frälsare**	**savior**
	nn	Det hebreiska ord (moh·shị·a', översatt "frälsare" eller "räddare") som förekommer i Jesaja 43:11 används i Domarna 3:9 om Otniel, en domare i Israel, men detta gjorde helt visst inte Otniel till Jehova, eller hur?
		At Judges 3:9, the same Hebrew word (moh·shi'a', rendered "savior" or "deliverer") that is used at Isaiah 43:11 is applied to Othniel, a judge in Israel, but that certainly did not make Othniel Jehovah, did it?

4316	**uppifrån**	**from above**
	adv	Analytiska kostnadsmodeller 'nedifrån och upp' och 'uppifrån och ned'.
		'Bottom–up' and 'top–down' analytical models.

4317	**rabatt**	**discount**
	nn	Jag fick rabatt.
		I got a bargain.

4318	**fram och tillbaka**	**to and fro**
	adv	Ukraina kan inte kastas fram och tillbaka mellan motstridiga intressen på grund av EU.
		For the European Union, Ukraine cannot be batted back and forth between conflicting interests.

4319	**omgående**	**immediately; immediate**
	adv; adj	Båda två erbjuder därmed utdelning tidigt på morgonen (mellan klockan 7.00 och 9.00) och senast när kontoren öppnar, samt hämtning så sent som möjligt, dvs. innan kontoren stänger (efter klockan 17.00), för att posten omgående skall kunna behandlas.
		The two services thus offer very early delivery/distribution (between 07.00 and 09.00), but no later than the time offices open, and the depositing of mail with the operator as late as possible, i.e. when offices close (after 17.00), allowing mail to be processed immediately.

4320	**spegla**	**reflect**
	vb	En valutas värde måste spegla hälsotillståndet hos den ekonomi den tjänar.
		The value of a currency must reflect the state of health of the economy it serves.

4321	**banan**	**banana**
	nn	Jag skulle vilja överlämna en banan till alla dem som burit bördan av detta arbete.
		I would like to hand over a banana to each of those who carried the burden of this work.

4322	**beröm**	**praise|credit**
	nn	Jag instämmer i det beröm som tilldelats Maatens utmärkta betänkande.
		I would join in the praise of Mr Maaten's excellent report.

4323	**tandborste**	**toothbrush**
	nn	En tandborste kan du säkert låna ut
		Can you lend me a toothbrush?

4324 hemstad
nn
home town
Samma sak gäller min hemstad, och Stockholmsprogrammet.
The same applies to my hometown and the Stockholm Programme.

4325 groda
nn
frog
Då tror jag att ni är, en dum fransk, groda!
I guess that makes you, a stupid French, frog!

4326 titan
nn
titan
Skrot av titan.
Titanium scrap.

4327 nätverk
nn
network
Dessa nätverk måste ges ökat politiskt stöd på lokal, nationell och europeisk nivå.
They must get more political support at local, national and European level.

4328 styvfar
nn
stepfather
14 Under december 2001 flyttade barnen C, D och E till Sverige tillsammans med sin mor, A, och sin styvfar, F.
14 In December 2001, the children C, D and E settled in Sweden accompanied by their mother, Ms A, and their stepfather, Mr F.

4329 klumpig
adj
clumsy|awkward
Den kan verka klumpig på land, men väl uppe i luften är den elegant och graciös.
The albatross may appear ungainly on land, but in the sky it is simply magnificent to behold.

4330 smickrad
adj
flattered
Och smickrad!
And I'm flattered

4331 i motsats till
prp
in contrast to
En behaglig känsla av inre frihet som står i motsats till stark girighet och besatthet.
A kind of sense of inner freedom as opposite to intense grasping and obsession.

4332 gnäll
nn
whine|creak
Hennes ständiga gnäll, då?
What about her whining, hey?

4333 fräckt
adv
impudently
Banken har gjort gällande att det är minst sagt fräckt av sökanden att åberopa sin heder, med tanke på att han har gjort sig skyldig till ett agerande som, även om det inte av förstainstansrätten ansågs motivera en uppsägning, trots allt ansågs allvarligt.
In its view, it appears at the very least bold for the applicant to plead his integrity when he has been guilty of conduct which, even if it did not, in the Court's view, justify dismissal, was at least adjudged to be serious.

4334 femma
num
fifth
Landet är femma från slutet i den betygssättning av tryckfriheten i världen som har gjorts av Reportrar utan gränser.
The country is fifth to last in the world press freedom ranking drawn up by Reporters without Borders.

4335 vrak
nn
wreck
Även om han var ett vrak rent fysiskt var han stark i sin tro.
Although a physical wreck, he stood firm in his faith.

4336 upplägg — setup
nn

Var finns begränsningarna och var finns gränserna för oberoende och ansvarsskyldighet i ett sådant upplägg?
Where are the limitations, and where are the limits of independence and accountability in such a set–up?

4337 kind — chin
nn

Det var tårarna som inte gick att skilja från gulfen som rann nedför min kind.
It was the tears that were indistinguishable from the Gulf that were falling down my chin.

4338 böja — bend|bow
vb

Jag kan inte böja min högerarm.
I can't bend my right arm.

4339 hycklare — hypocrite
nn

En del utger sig för att vara Guds tjänare men är i själva verket hycklare som tjänar Satan och strider mot Gud.
There are men who claim to be ministers of God but who are hypocrites, actually ministers of Satan fighting against God.

4340 skuldkänsla — sense of guilt
nn

Jag är fångad av skuldkänsla, är du fångad av skuldkänsla?
I'm seized with guilt.. You feel guilt too?

4341 entré — entrance
nn

De skolor som distribuerar produkter i enlighet med den här förordningen ska ta fram eller ha tagit fram en affisch i enlighet med minimikraven i bilaga III. Affischen ska permanent hänga uppe vid skolans entré där den ska synas tydligt och vara lätt att läsa.
Educational establishments distributing products in accordance with this Regulation shall produce or have produced a poster in accordance with the minimum requirements laid down in Annex III, to be permanently situated at a clearly visible and readable place at the main entrance of the establishment.

4342 medbrottsling — accomplice
nn

EU bör akta sig för att bli medbrottsling till en regim som fullständigt struntar i de mänskliga rättigheterna.
The European Union should beware of becoming the accomplice of a regime which shows a complete disregard for human rights.

4343 observera — note|observe
vb;

Observera att företag som begär individuell behandling måste ansöka om det i enlighet med artikel 9.5 i grundförordningen och att företag som begär marknadsekonomisk status måste ansöka om det i enlighet med artikel 2.7 b i grundförordningen.
Note that claims for individual treatment necessitate an application pursuant to Article 9(5) of the basic Regulation and that claims regarding market economy treatment necessitate an application pursuant to Article 2(7)(b) of the basic Regulation.

4344 ändring — change
nn

I maj 2010 trädde en omfattande ändring av EU:s socialförsäkringslag i kraft.
A major reform of European social security law entered into force in May 2010.

4345 hink — bucket
nn

Jake satte en hink under Jessica`s huvuvud, och den fastnade.
Jake put a bucket on Jessica's head, and it's stuck.

4346 näve   **fist**

nn

För fyrtio år sedan gjorde afroamerikanerna sin hälsning med knuten näve och att en afroamerikan i dag kanske kommer att bli president i USA är till en del tack vare dessa handlingar vid de olympiska spelen.

Forty years ago, African Americans gave the clenched–fist salute and if today an African American is perhaps going to become the President of the United States it is partly thanks to these actions at the Olympic Games.

4347 återvändsgränd   **blind alley|impasse**

nn

Jag skulle vilja utveckla mig något närmare på den punkten, för att tydliggöra den återvändsgränd som den av parterna förespråkade lösningen på frågan om "indirekt diskriminering" leder till.

I should like to enlarge somewhat upon that point because the impasse to which the solution of `indirect discrimination' being pressed upon us by the parties leads will thus become more apparent.

4348 bataljon   **battalion**

nn

10. 000 Kalasjnikovs till en bataljon.

10, 000 Kalashnikovs for a battalion.

4349 lyckad   **successful**

adj

Det kanske kan vara lämpligt att, som jag gjorde förra veckan vid talmanskonferensen, påpeka för mina kolleger att vi i förra veckan i Aten var med om en lyckad lansering av ett partnerskap: den parlamentariska Europa–Medelhavsförsamlingen.

It might be useful for me to point out to colleagues – as I did last week to the Conference of Presidents – that last week in Athens we successfully co-launched a partnership: the Euro–Mediterranean Parliamentary Assembly.

4350 förutsatt att   **providing that**

conj

Ja, förutsatt att värdepappersföretagens policys underställs gemensamma bestämmelser.

Yes, provided that the policies of investment firms were subject to common rules.

4351 boulevard   **boulevard**

nn

Men framstegen är så blygsamma och tillämpningstiderna så långa att en hel boulevard öppnar sig framför demagogerna på jakt efter allt som kan minska Europas trovärdighet.

But progress is so timid, and the deadlines for implementation so long, that a wide avenue is open to the demagogues always on the look-out for whatever affects European credibility.

4352 körsbär   **cherry**

nn

Jag måste hämta en plåt till med körsbär!

I gotta get another plate of cherries!

4353 dike   **trench|dike**

nn

Avvattning sker antingen genom ett öppet dike (tv i figuren) eller genom ett sk täckdike (th).

Dewatering occurs either through an open ditch (left in the figure) or by a so–called cover trench (right).

4354 anhörig   **relative**

adj

I Österrike är till exempel arbetstagare som tar på sig detta ansvar skyddade mot arbetslöshet och uppsägning. Sjukförsäkringar och pensionsförsäkringar betalas också för dem under den period de vårdar en anhörig.

In Austria, for example, employees who take up this responsibility are protected from redundancy and dismissal and also have health and pension insurance contributions paid for them during the period they are caring.

4355	**astronaut**	**astronaut**
	nn	"PLÖTSLIGT dök den upp, bakom månkanten, , en gnistrande blå och vit juvel, en ljus, utsökt vacker himmelsblå glob prydd med sakta virvlande slöjor i vitt, och den steg sakta upp lik en liten pärla i mysteriets mäktiga svarta ocean." Så sade Edgar Mitchell, astronaut, när han beskrev jorden sedd från rymden.
		"SUDDENLY, from behind the rim of the moon, . . . there emerges a sparkling blue and white jewel, a light, delicate sky–blue sphere laced with slowly swirling veils of white, rising gradually like a small pearl in a thick sea of black mystery."–Edgar Mitchell, astronaut, describing the earth as seen from space.
4356	**tick**	**tic**
	nn	Tick, tack, tick, tack.
		Tick, tick, tick, tick, tick.
4357	**myra**	**ant**
	nn	Tänk dig att du är ute i skogen, eller i en hage och ser en myra som klättrar upp för ett grässtrå.
		So you're out in the woods, or you're out in the pasture, and you see this ant crawling up this blade of grass.
4358	**sinnessjuk**	**insane; lunatic**
	adj; nn	Ett kolossalt träd blir nerhugget och stubben bunden för sju tider; får sin första uppfyllelse när kungen blir sinnessjuk och lever som ett djur i sju år tills han erkänner att den Högste är härskare i mänsklighetens kungarike och att han ger makten åt den han utväljer.
		Immense tree that is cut down and banded for seven times; initially fulfilled when the king goes insane and lives like a beast for seven years, until he recognizes that the Most High is Ruler in the kingdom of mankind and that He gives rulership to the one He chooses.
4359	**paragraf**	**paragraph|section**
	nn	Emellertid stöder jag den paragraf som försöker att klargöra avtalspunkterna.
		I do, however, support the paragraph that tries to clarify the points of agreement.
4360	**bosätta sig**	**settle down**
	vb	Vi uppmuntrar människor att leva, arbeta och bosätta sig i andra länder än den egna medlemsstaten.
		We encourage people to live, work and settle in states other than their own national Member State.
4361	**utsätta**	**expose**
	vb	Sökanden har här gjort gällande att kommission vid granskningen av EEG 2012 i alla fall borde ha tillämpat förfarandet rörande befintliga stödordningar enligt artikel 1 och innan den inledde det formella prövningsförfarandet borde ha föreslagit lämpliga åtgärder, istället för att utsätta marknadsaktörerna för betydande ekonomiska risker genom att klassificera EEG 2012 som nytt, icke anmält stöd.
		The applicant submits in that regard that, when examining the 2012 EEG, the Commission should in any event have applied the procedure for existing aid in accordance with Article 1 and should have proposed appropriate measures to Germany before opening the formal investigation procedure instead of exposing market participants to considerable economic risks due to the classification of the 2012 EEG as new, non–notified aid.
4362	**dramatiskt**	**dramatically**
	adv	Herr talman! Sedan vår debatt, som tyvärr hölls under en minisession, har situationen i Ryssland fortsatta att försämras dramatiskt.

Mr President, since our debate, which, regrettably, took place in the context of a mini–plenary, the situation in Russia has continued to get dramatically worse.

4363	**påpeka**	**point out**

vb

Vad beträffar rådets uppfattning i frågor som rör mediakoncentrationen, så vill jag påpeka att det i rådet för närvarande inte finns något förslag från kommissionen i den frågan.

As regards consulting the Council on questions of media ownership concentration, let me point out that to date the Commission has not submitted any proposal on the subject to the Council.

| 4364 | **klipsk** | **shrewd** |

adj

Ja, han är en klipsk och krävande herre, Ers majestät.– Han kanske försöker förvirra er.– Jag hoppas det bara är det.

Yes, he's a very clever and a very demanding gentleman, Your Majesty, but perhaps he's trying to throw you off balance. I hope that is all it is.

| 4365 | **spade** | **spade** |

nn

Nej, jag har spade och cementblandare.

I'll get a shovel and a cement mixer myself.

| 4366 | **sårbar** | **vulnerable** |

adj

Du gör dig själv sårbar för ondskan om du riktar din vrede mot mig.

Focusing all your anger against me leaves you vulnerable to the real evils of this world.

| 4367 | **skrapa** | **scratch; scrape** |

nn; vb

Alltför många fortsätter att skrapa ihop sitt levebröd i något slags vindskyffe som hämtat ur La Bohéme.

Too many continue to scrape together a living in a kind of La Bohème garret.

| 4368 | **hederligt** | **fair|honestly** |

adv

Tillsammans med cirka 500 ledamöter ser jag fram emot ett framgångsrikt och hederligt samarbete, byggt på självförtroende.

Around 500 Members and myself look forward to a self-confident, successful and fair cooperation.

| 4369 | **tapper** | **brave|valiant** |

adj

Naaman var en mäktig man, en tapper, väldig krigare, och var högt aktad, och det var genom honom som "Jehova hade gett räddning åt Aram".

Naaman, 'a great, valiant, mighty man held in esteem,' was the one by whom "Jehovah had given salvation to Syria."

| 4370 | **representant** | **delegate** |

nn

Även om betänkandet innebär ett märkbart skifte från den dubbelmoraliska politiken gentemot Östeuropa och den internationella rätten betonas starkare, verkar det i stort sett vara ett försvarsdokument för EU:s höga representant Javier Solana.

Even though the report contains a noticeable shift away from the policy of double standards in relation to Eastern Europe and includes greater emphasis on international law, overall the report looks like a defence document for EU High Representative Javier Solana.

| 4371 | **souvenir** | **keepsake** |

nn

Ska du ha en souvenir till?

You want another souvenir?

| 4372 | **övertygelse** | **conviction** |

nn

Betänkandet karakteriseras av övertygelse, och avser inte att provocera.

This report is characterised by conviction and is not designed to provoke.

4373 reporänta   **prime rate**

nn

Riksbanken höjde sin viktigaste reporänta i februari med 50 räntepunkter och i december med ytterligare 25 punkter till 4 procent.

The Riksbank increased its key repo rate in February by 50 basis points and in December by another 25 bp to 4 per cent.

4374 sekulär   **secular**

adj

Jag ser också Turkiets muslimska identitet – en sekulär muslimsk identitet – som ett positivt bidrag till en harmonisk utveckling av EU som mångkulturellt samhälle.

I also see Turkey's Muslim identity - a secular Muslim identity - as a positive contribution to the harmonious development of the EU as a multicultural society.

4375 hare   **hare|coward**

nn

Vi kan inte bete oss inför Lissabonfördraget likt en hare som får panik i strålkastarljuset.

I believe that we cannot stand before the Lisbon Treaty like a rabbit caught in headlights.

4376 ekonomiskt   **economically**

adv

Jag är ekonomiskt oberoende av mina föräldrar.

I am economically independent of my parents.

4377 dagis   **kindergarten**

nn

Lynette hade genomlidit konstverken hennes barn gjort på dagis. Kryddhyllor gjorda på sommarläger och smycken de gjort i scouterna.

Lynette had suffered through artwork made in kindergarten, spice racks made in summer camp and jewelry made at the scout jamboree.

4378 signalspaning   **signals intelligence**

nn

SP Devices SP Devices är en leverantör av högpresterande analog–till–digital teknik för kommunikation, radiobasstationer, radar, signalspaning och test & mät.

SP Devices SP Devices is a provider of high–performance analog–to–digital technology for communications, radio base stations, radar, signals intelligence and test & measurement.

4379 brandman   **fire-fighter**

nn

Han är en duktig brandman och exakt den vi vill ha på vår sida.

He's a great firefighter and exactly who we want on our side.

4380 varsel   **notice**

nn

I särskilt brådskande fall kan underkommittén sammankallas med kortare varsel enligt överenskommelse mellan parterna.

In cases of particular urgency, subcommittees may be convened at shorter notice subject to the agreement of both parties.

4381 tilltala   **address|speak to**

vb

Det finns också en fördel med att jag kan tilltala kommissionsledamoten på ett språk han förstår.

There is also the added benefit that I can address the Commissioner in a language he understands.

4382 härligt   **fine|lovely**

adv

Det är härligt att se dig.

it's lovely to see you.

4383 avtalad   **contracted**

adj

Om avtalad kapacitet inte utnyttjas, ska de systemansvariga göra denna kapacitet tillgänglig på den primära marknaden på avbrytbara villkor och

genom avtal med olika löptider, om den relevanta nätanvändaren inte erbjuder denna kapacitet på andrahandsmarknaden till ett rimligt pris.
In the event that contracted capacity goes unused, transmission system operators shall make this capacity available on the primary market on an interruptible basis via contracts of differing duration, as long as this capacity is not offered by the relevant network user on the secondary market at a reasonable price.

4384	**hångla**	**neck|snog**
	vb	Vi kan fortfarande hångla.
		And, we can still make out.
4385	**drama**	**drama**
	nn	Hon är en drama queen.
		She's a drama queen.
4386	**inträffa**	**occur|fall**
	vb	Detta har redan inträffat på Irland, och det kan inträffa i Förenade kungariket.
		This has already happened in Ireland and it could happen in the United Kingdom.
4387	**jurist**	**jurist**
	nn	Jag är varken en stor jurist eller en stor språkspecialist.
		I am neither a great legal expert, nor a great language expert.
4388	**peta**	**poke**
	vb	Ppeta inte tänderna vid middagsbordet!
		Don't pick your teeth at the dinner table!
4389	**senap**	**mustard**
	nn	Is, senap, havremjöl!
		Ice, mustard, oatmeal!
4390	**nedåt**	**down; down; down**
	adj; adv; prp	Ett land får avrunda, uppåt eller nedåt, det belopp som blir resultatet av omräkningen till dess nationella valuta av ett belopp uttryckt i euro.
		A country may round up or down the amount resulting from the conversion into its national currency of an amount expressed in euro.
4391	**boxning**	**boxing**
	nn	Apparater för boxning.
		Apparatus for boxing.
4392	**redskap**	**gear|tool**
	nn	Parlamentariskt samråd och samtycke bör inte vara ett retrospektivt redskap.
		Parliamentary consultation and consent should not be a retrospective tool.
4393	**ryggrad**	**spine**
	nn	Det andra geografiska området gränsar till kustslätterna och omfattar de viktigaste bergmassiven, som löper som en ryggrad genom landet från norr till söder.
		The second geographic region, next to the maritime plains, contained the principal mountain ranges, which ran N and S like a backbone of the country.
4394	**expedition**	**expedition**
	nn	Min första expedition -gjorde jag som sjuttonåring - för 49 år sedan.
		-My first expedition -I was seventeen- was 49 years ago.
4395	**citera**	**quote**

vb — Utan att direkt citera den, avser Tyskland utan tvivel särskilt punkt 16 i domen.

While not expressly citing it, Germany had presumably in mind in particular paragraph 16 of the judgment.

4396 diska — **wash**

vb — Skulle ni kunna göra vardagliga saker tillsammans, som att laga mat, diska eller arbeta i trädgården?

What about sharing in such common tasks as preparing meals, washing the dishes, or working in the yard?

4397 överlägsen — **superior**

adj — Vad gör dig så överlägsen?

Just what makes you so high and mighty?

4398 skapelse — **creature**

nn — För varje 100 flickor med en känslomässig störning som diagnostiseras, har vi 324 pojkar.

For every 100 girls with an emotional disturbance diagnosed, we have 324 boys.

4399 muslim — **muslim**

nn — Han är en sann muslim.

He is a true Muslim.

4400 markera — **mark|select**

vb — Markera ett menyalternativ, håll ner musknappen och dra det till önskat ställe.

Select a menu item, then press the mouse button while you drag it to a new location.

4401 inkludera — **include**

vb — Den gemensamma parlamentariska AVS–EG–församlingen uppmanar parterna att inkludera en klausul om regelbunden översyn i alla avtal om ekonomiskt partnerskap, för att utvärdera genomförandet och möjliggöra alla nödvändiga justeringar.

Calls on the parties to include a periodic review clause in all EPAs, in order to assess their implementation and to allow for any necessary adjustments.

4402 definiera — **define**

vb — Ännu svårare är det att enas om hur man skall definiera begreppet " skadligt" .

It will be even more difficult to agree on how to define the concept of "damaging'.

4403 spak — **lever; manageable**

nn; adj — Det är vad vi kan kalla kommissionens osynliga spak, som den ibland använder för att skapa tänkesätt och ståndpunkter i förhållande till problem.

It is what we might call the Commission's invisible lever which it sometimes uses to create thinking and attitudes in relation to problems.

4404 fientlig — **hostile**

adj — Han är fräck och fientlig.

He's insolent and hostile.

4405 irriterad — **prickly; crotchety**

adv; adj — Eftersom projektets huvudman blev irriterad över att sökanden återkallade det första anbudet, avbröts förhandlingarna mellan sökanden och huvudmannen därefter.

As the awarding body was unhappy at the withdrawal of the initial tender, negotiations between it and the applicant subsequently ceased.

4406 härska — **rule|sway**

vb	Då kommer kungens palats att fyllas av musik, och himmelska skaror ska sjunga: "Lovprisa Jah, ty Jehova, vår Gud, den Allsmäktige, har börjat härska som kung. *Soon, joyful music will fill the King's palace, and heavenly throngs will sing out: "Praise Jah, because Jehovah our God, the Almighty, has begun to rule as king!*

4407 avrätta — **execute**
vb
Regimen väntar på att de skall bli 18 år för att kunna avrätta dem offentligt.
The regime is waiting until they are 18 to carry out public executions.

4408 spader — **spades**
nn
spader knekt.
jack of spades.

4409 underskrift — **signature**
nn
Det tjänar ingenting till att vår parlamentsordförande till slut sätter sin underskrift på det.
There is no point in the President of our Parliament just putting her signature at the bottom of the page.

4410 institut — **institution**
nn
Skulder mot institut som i praktiken inte behöver hålla kassakravsmedel hos ECBS till följd av det generella avdraget skall också inräknas här.
Liabilities vis-à-vis institutions not actually required to maintain reserve holdings with the ESCB due to the application of the lump-sum allowance are also covered under this column.

4411 krympling — **cripple**
nn
Varför skulle jag göra en krympling— till en invalid?
Why should I care about making a cripple, into an invalid?

4412 fullmåne — **full moon**
nn
Men jag skulle vilja visa henne en fullmåne över majsfälten.
Still I'd love to show her a full moon night on the corn fields.

4413 depression — **depression**
nn
Depression – Hur känns det?
Depression–How Does It Feel?

4414 trotsa — **defy|brave**
vb
När fukten dunstar från barren måste vattnet dras upp från rötterna och ledas upp till toppen och trotsa gravitationskraften.
As moisture evaporates from the leaves, water has to be pulled up from the roots and delivered to the top of the tree, working against gravity.

4415 förråd — **storehouse|stock**
nn
Därför vore det konstigt om vi skickade runt kvicksilvret och förvarade det på en mängd olika platser i förråd som inte är säkra.
It would therefore be odd if we were to send this mercury here, there and everywhere and store it in a host of different places and in stores that were unsafe.

4416 koncentration — **concentration**
nn
Vi hade föredragit en koncentration och en tydlig prioriteringslista.
We would have preferred a more concentrated approach and a clear list of priorities.

4417 tränad — **trained**
adj
Spion värld eller inte, Ellie hjälpte honom för att hon tränad till det.
And spy world or no, Ellie helped that guy because that is what she is trained to do.

4418	**samlag**	**coition|sex**
	nn	För tonåringar, kan sexuella samlag vara farliga.
		For teenagers, sexual intercourse can be dangerous.

4419	**sonson**	**grandson**
	nn	Son till Beria och sonson till Aser; stamfar till heberiterna.
		Son of Beriah and grandson of Asher; ancestral head of the Heberites.

4420	**infinna sig**	**appear**
	vb	Vi gläder oss åt toppmötet i Göteborg och hoppas att riktigt många medborgare kommer att infinna sig till de alternativa arrangemangen.
		We are looking forward to the Gothenburg Summit and hope that a great many citizens will be there under the alternative arrangements.

4421	**fjärrkontroll**	**remote control**
	nn	Föraren kan sitta på maskinen eller gå till fots vid maskinen eller styra maskinen via fjärrkontroll (kablar, radio etc.).
		The driver may be transported by the machinery or may be on foot, accompanying the machinery, or may be guiding the machinery by remote control (cables, radio, etc.).

4422	**investerare**	**investor**
	nn	Därför bör stöd för att täcka förluster endast ges på villkor som omfattar en lämplig ansvarsfördelning mellan befintliga investerare.
		Consequently, aid to cover losses should only be granted on terms which involve adequate burden sharing by existing investors.

4423	**kap**	**cop|bargain|cape**
	nn	Nu går det att göra riktiga kap.
		Now there are real deals to be had at bargain prices.

4424	**övertag**	**advantage**
	nn	Det kan vara så att en part vinner ett kortsiktigt militärt övertag.
		It may be the case that one party gains a short-term military advantage.

4425	**för alltid**	**forever**
	adv	Han kommer alltid för sent till lektionen.
		He's always late for class.

4426	**tragisk**	**tragic**
	adj	Detta är en tragisk situation som understryker en erfaren Libyenresenärs uppfattning att det enda effektiva medlet förmodligen är väpnat ingripande.
		This is a tragic situation that underscores the opinion of an experienced traveller to Libya that the only effective means is probably armed intervention.

4427	**duell**	**duel**
	nn	Prinsen utkämpade även en duell med Qin's mäktigaste krigare, och bytte svärd med honom.
		The prince even fought a duel with Qin's greatest warrior, and exchanged sword with him.

4428	**förlita sig**	**rely**
	vb	Tänker man helt enkelt tvinga de företagen att förlita sig på import från tredjeländer?
		Are they simply going to force these companies to rely on third-country imports?

4429	**förolämpa**	**insult|offend**
	vb	Jag vill inte förolämpa er.– Men finns det det?
		I– I don't mean to give offense, ma' am, but, uh, is there?

4430 sammanbrott breakdown
nn
Åtgärden var en skyldighet som staten var tvungen att åta sig i sin egenskap av offentlig myndighet, i syfte att avhjälpa den allvarliga störning i landets ekonomi som ett sammanbrott av en viktig inhemsk bank skulle innebära.
That measure was an obligation which the State was bound to assume as a public authority, in order to avoid serious disturbance of the Netherlands economy through the collapse of a systemic national bank.

4431 bom bar
nn
Brottsligheten är en av de viktigaste frågorna för våra väljare och många stöder bestämt uppfattningen att brottslingarna skall placeras inom lås och bom.
Crime is one of the greatest concerns of our constituents and many strongly support criminals being put behind bars.

4432 förolämpning insult|offense
nn
Skulle jag, som betraktat omgivningen som en personlig förolämpning.
Am I, who always perceived my surroundings as a personal affront.

4433 erfaren experienced
adj
Hon är gammal och erfaren.
She is old and experienced.

4434 hangarfartyg aircraft carrier
nn
En F19 står redo på ett hangarfartyg i Persiska viken.
We have an F19 standing by off a carrier in the Gulf.

4435 rustning armor
nn
Ni kan inte sätta på dem rustning!
You can't put a pilot in armor!

4436 dessert dessert
nn
Senare fick kanske gästen njuta av en dessert bestående av rostat vete med mandel, honung och kryddor.
Later, the guests may have enjoyed a dessert of roasted wheat prepared with almonds, honey, and spices.

4437 etnicitet ethnicity
nn
I detta sammanhang vill jag göra er uppmärksamma på ett exempel på ett sådant fall, som ännu inte har lösts: de ungdomar av ungersk etnicitet som fick ett oproportionerligt strängt straff i ett tydligt fall av etnisk diskriminering i Temerin.
In this connection I would draw your attention, for example, to a case that remains unresolved to this day: the fate of the ethnic Hungarian youths who were given a disproportionately severe sentence in a clear–cut example of ethnic discrimination in Temerin.

4438 kemi chemistry
nn
Pluggaru kemi?
Do you study chemistry?

4439 förenad united
adj
Miljöpolitiken är förenad med allmänhetens tillfredsställelse, och vi är förenade i EU.
Environmental policy and popular satisfaction are united, and we in Europe are united.

4440 förtvivlan despair
nn
Gripna av förtvivlan kapade de flygplanet och tvingade det att landa i Sudan.
Seized by despair, they hijacked the aeroplane and forced it to land in Sudan.

4441 garanterat   **guaranteed**

adj

För bioanalytiska metoder ska alla glasvaror och lösningsmedel som används i analysen vara garanterat fria från ämnen som kan störa påvisandet av målföreningar i mätområdet.

For bioanalytical methods, all glassware and solvents used in analysis shall be tested to be free of compounds that interfere with the detection of target compounds in the working range.

4442 frälsning   **salvation|deliverance**

nn

Jag har funnit min frälsning här!

I have found my salvation here!

4443 kommentera   **comment**

vb

Herr talman! Jag vill kommentera punkt 16 i protokollet, som helt korrekt återger min begäran om att en debatt ska hållas angående återkallandet av min parlamentariska immunitet, något ni avvisade.

Mr President, I would like to comment on point 16 of the Minutes, which quite rightly reports my request for a debate to be held on the waiver of my parliamentary immunity, something which you rejected.

4444 befogenhet   **authority**

nn

Det audiovisuella området är och förblir medlemsstaternas exklusiva befogenhet.

The audiovisual media continue to be the exclusive domain of the Member States.

4445 ark   **sheet|ark**

nn

Varför passar ett A4–ark ihop med kuvertet?

Why does a sheet of A4 fit into an envelope?

4446 genetisk   **genetic**

adj

Det ger den rätta grunden för godkännande av genetisk modifierade organismer en grund som jag menar alla GMO-produkter borde godkännas efter.

It provides the right basis for the approval of genetically modified organisms, a basis which I think should apply to the approval of all GMO products.

4447 eliminera   **eliminate**

vb

Jag tror att vi i utskottet för inre marknaden kan vara stolta över att vi nådde enighet om ökad insyn och om vägar för att äntligen eliminera problemet med fakturachocker.

I think that in the Internal Market Committee we can all be proud that we have reached a consensus on increased transparency and ways to finally eliminate the problem of bill shock.

4448 tungt   **heavy**

adv

Han sov tungt.

He slept deeply.

4449 nos   **nose|snout**

nn

Det har förekommit rapporter om en infektion i Vietnam i grisars nosar, men den har inte spridit sig och det har inte förekommit några tecken på mutation av influensaviruset.

There have been reports of some infection found in the noses of some pigs in Vietnam, but it has not extended any further and there has been no evidence of mutation of the flu virus.

4450 stel   **rigid|stiff**

| | adj | Behållaren består av en stel cylinder med väggtjocklek upp till 30 mm och med precisionsbearbetade ändar med plats för lagren och en eller flera flänsar för montering. |

adj Behållaren består av en stel cylinder med väggtjocklek upp till 30 mm och med precisionsbearbetade ändar med plats för lagren och en eller flera flänsar för montering.

The housing consists of a rigid cylinder of wall thickness up to 30 mm with precision machined ends to locate the bearings and with one or more flanges for mounting.

4451 **bläck** **ink**

nn Magnetiskt bläck, jag kan känna förhöjningen med fingrarna.

Magnetic ink, it's, uh, raised against my fingers instead of flat.

4452 **rostad** **roasted**

adj Det är svenska för en biff som är rostad.

It's the Swedish term for beef that is roasted.

4453 **ballong** **balloon**

nn Kollega Torres Marques betänkande verkar vara en uppblåst ballong.

The Torres Marques report looks very much like a blown-up balloon.

4454 **uppmuntra** **encourage**

vb Ett sätt att minska antalet fel i korpus vore att uppmuntra folk att endast översätta till sina modersmål.

One way to lower the number of errors in the corpus would be to encourage people to only translate into their native languages.

4455 **getto** **ghetto**

nn Vi måste komma ur detta andra getto.

We must get them out of this ghetto.

4456 **genant** **embarrassing**

adj Så genant det måste vara för Storbritanniens labourregering att läsa McMahons betänkande!

How embarrassing it must be for Britain's Labour Government to read the McMahon report!

4457 **kvalificerad** **qualified**

adj Rådet skall besluta med kvalificerad majoritet om dessa förslag.

The Council shall act by qualified majority on these proposals.

4458 **chockerande** **shocking**

adj Även efter Jobs chockerande förlust av sina barn var prövningarna långt ifrån över.

Even after the shocking loss of his children, Job's ordeal was far from over.

4459 **sikt** **term|view**

nn Kriminalitet lönar sig inte på lång sikt.

Crime doesn't pay in the long term.

4460 **godkännande** **approval**

nn I detta positiva och balanserade betänkande ges fördraget ett gynnsamt omdöme.

This positive and balanced report gives the Treaty a favourable verdict.

4461 **tredjedel** **third**

num Av dessa människor är en tredjedel arbetslösa, en tredjedel pensionärer och en tredjedel har arbete.

Of these one third are unemployed, one third are pensioners, and one third are in work.

4462 **skrov** **body|hull**

nn De har trycksatt hölje eller skrov med en maximal innerdiameter på kammaren som överstiger 1,5 m.

Pressure housings or pressure hulls with a maximum inside chamber diameter exceeding 1,5 m;

4463	**arkitekt**	**architect**
	nn	Jag är utbildad arkitekt och har arbetat som arkitekt i hela mitt liv.
		Mr President, I am a trained architect and have worked as an architect all my life.
4464	**självsäker**	**self-confident**
	adj	Eulex bör inta en mer självsäker ställning och bistå kosovanska myndigheter varhelst man kan, oavsett om detta efterfrågas eller inte.
		EULEX should adopt a more assertive stance and should assist the Kosovar authorities wherever it can, whether this is solicited or not.
4465	**slakta**	**slaughter**
	vb	Jag upplever att slakterierna helt enkelt vägrar att slakta djur.
		I have heard that the abattoirs are simply refusing to slaughter animals.
4466	**övernaturlig**	**supernatural**
	adj	Allt du behöver göra är att bevisa en paranormal, ockult eller övernaturlig händelse av vilken typ som helst under riktiga övervakningsformer.
		All you have to do is prove any paranormal, occult or supernatural event or power of any kind under proper observing conditions.
4467	**vaktmästare**	**caretaker**
	nn	Tidigare arbetade 4000 personer på varven men nu arbetar två vaktmästare på varje ställe, och det är vad som sker i de europeiska länderna.
		In these shipyards, 4 000 people once worked, and now just a couple of doormen work in each place, and that is what is happening in the European countries.
4468	**vistelse**	**stay**
	nn	Jag hoppas att du njuter av din vistelse här.
		I hope you're enjoying your stay here.
4469	**svida**	**smart**
	vb	Om dessa pengar går till mjölkfonden kommer minskningen att svida ännu mindre.
		If this money goes into the milk fund, the cut will hurt even less.
4470	**kran**	**crane|tap**
	nn	För att säkerställa att det återstående fibermaterialet är fullständigt nedsänkt i ammoniaklösningen i 10 minuter kan filterdegeln förses med en kran med hjälp av vilken tillförseln av ammoniaklösning kan regleras.
		To ensure that the fibrous residue is immersed in the ammonia solution for 10 minutes, one may, for example, use a filter crucible adaptor fitted with a tap by which the flow of the ammonia solution can be regulated.
4471	**avkomma**	**offspring**
	nn	Man tillämpar en obligatorisk utgallring av avkomma till djur med bekräftad BSE.
		There is a compulsory cull of offspring born to cattle with confirmed BSE.
4472	**tittare**	**viewer**
	nn	Tag som exempel Olympiska spelen eller VM i fotboll, sportevenemang som lockar miljoner tittare.
		Let us take the examples of the Olympics or the World Cup, which have millions of spectators.
4473	**hasch**	**hashish**
	nn	Kan du ge mig lite hasch?
		So it's okay for the hash?

4474 ryggsäck
nn

backpack

Så jag gjorde en vägg man kunde ta på sig på samma sätt som en ryggsäck.

So I made a wearable wall that I could wear as a backpack.

4475 uppoffring
nn

sacrifice

Och även om ni skulle kalla det en börda, en uppoffring, så har ni fel.

And though you would call it a burden, a sacrifice, you are mistaken, sir.

4476 sliten
adv; adj

downtrodden; well-worn

Ser inte så sliten ut.

Doesn't look too beat up.

4477 utrota
vb

eradicate

Det finns belägg för att informella icke–lagstiftningsåtgärder som syftar till att främja god praxis inte har lyckats utrota seglivade diskrimineringsmönster.

There is good evidence that informal non–legislative measures intended to promote good practice have failed to eradicate entrenched patterns of discrimination.

4478 arena
nn

arena

För det tredje hoppas jag att de lösningar som antas i parlamentet skapar en neutral arena för EU:s jordbrukare när det gäller deras användning av växtskyddsmedel.

Thirdly, I would like to express the hope that the solutions adopted in Parliament will create a level playing field for all European farmers in relation to the use of plant protection products.

4479 lock
nn

lid|cover

Fransmännen dödade den, nederländarna lade den i kistan och nu är locket på.

The French killed it, the Dutch put it in the coffin and now the lid is on.

4480 vårdnad
nn

custody

För skilda kvinnor och män med vårdnad om barn är situationen också mycket svår och vi måste titta på den, vi måste ändra lagen och då med beaktande av olika situationer.

For divorced women or men caring for children, the situation is also very difficult and must be looked at; the law must be changed to take account of the different situations.

4481 stadium
nn

phase

Vi prioriterar ekonomisk tillväxt, och all annan politik på detta stadium syftar till att främja den.

For us, economic growth is the priority and all other policies in this phase serve this.

4482 angripa
vb

attack|affect

Enligt min uppfattning skiljer sig dess ramar också från dem som gäller för gemenskapens växtförädlarrätt och kan därför inte användas för att angripa den överklagade domen.

In my view that too provides a different framework to CPVR and therefore does not impugn the judgment under appeal.

4483 underskatta
vb

underestimate

Jag vill dock komma med en mycket tydlig varning. Vi får inte på nytt underskatta de krafter som är i rörelse här.

However, I have a very strong word of warning: we must not, again, underestimate the forces at play here.

4484 i viss mån

to some degree

	adv	I viss mån måste vi lita på att de lokala myndigheterna tillämpar lagen korrekt.
		We have to rely to some extent on local authorities implementing the law properly.
4485	**främre**	**front**
	adj	Det var en herre här på främre raden som utbrast: "Mmm."
		There was a gentleman in the front row who went, "Mmm."
4486	**tilltalad**	**pleased**
	adj	Det är något som kommer att tilltala allmänheten.
		This is something which will appeal to the public.
4487	**olyckligtvis**	**unfortunately|unhappily**
	adv	Elefantjakten fortsätter på grund av dumhet och grymhet och, olyckligtvis, på grund av nästan generell likgiltighet.
		The cruel and senseless practice of elephant hunting is still going on, unfortunately against a background of widespread indifference.
4488	**hjort**	**deer**
	nn	En hjort fryser till och blir väldigt, väldigt stilla, för förstenad för flykt.
		A deer freezes very, very still, poised to run away.
4489	**bröstvårta**	**titty|nipple**
	nn	Kyss mig och krama min bröstvårta.
		I want you to kiss me and squeeze my nipple.
4490	**kustbevakning**	**coastguard**
	nn	Vi har inlett ett nytt partnerskap med Turkiet och vidtagit sådana långtgående åtgärder som att lägga fram ett omfattande förslag till en ny europeisk gräns– och kustbevakning.
		We have initiated a new partnership with Turkey and taken such far-reaching measures as to present a comprehensive proposal for a new European border and coast guard.
4491	**oundviklig**	**inevitable**
	adj	En ytterligare skärpning av de befintliga ekonomiska sanktionerna förefaller även oundviklig.
		Further tightening of all the existing economic sanctions also seems unavoidable.
4492	**skärpt**	**sharp|bright**
	adj	De senaste månaderna har Marocko ytterligare skärpt sitt agerande gentemot västsahariska människorättsförsvarare.
		In recent months, Morocco has taken even tougher measures against Sahrawi human rights activists.
4493	**stadig**	**steady|fast**
	adj	Låt mig påminna om att vi har en stadig åtaganderam, nämligen den väletablerade europeiska grannskapspolitiken och det östliga partnerskapet som inleddes förra året.
		Let me recall that we have a solid framework of engagement, namely, the well–established European Neighbourhood Policy and the Eastern Partnership launched last year.
4494	**konflikt**	**conflict|clash**
	nn	Det är av avgörande betydelse att få de fem plus två partnerna till förhandlingsbordet. Vi får inte låta Medvedev och Voronin själva lösa denna konflikt.
		It is vital to bring the 52 partners to the negotiating table: we cannot allow Medvedev and Voronin to resolve the conflict between them.

4495	**tiotusen**	**ten thousand**
	num	Det kostade mig tiotusen yen att få min tv–apparat reparerad.
		It cost me ten thousand yen to have my television set repaired.

4496	**behärska**	**control|overrule**
	vb	Behärska dig.
		Control yourself.

4497	**födsel**	**birth|childbirth**
	nn	Bortsett från döden och skatter är födsel det enda som är säkert i livet.
		Apart from death and taxes, birth is the only certainty in life.

4498	**i fred**	**in peace**
	phr	Lämna mig i fred!
		Leave me alone!

4499	**privatdetektiv**	**private detective**
	nn	Leve de europeiska privatdetektiverna alltså, och låt oss hoppas att vi snart kan rösta igenom ett sådant direktiv.
		Here's to European private investigators, then, and let us hope we will soon be able to vote for such a directive.

4500	**försvinnande**	**disappearance; vanishing; exceedingly**
	nn; adj; adv	Den senaste tidens händelser i Angola med Jonas Savimbis försvinnande från den angolanska scenen kan leda till en utveckling av händelserna i detta land som är hårt drabbat efter decennier av krig.
		Recent events in Angola, with the disappearance of Jonas Savimbi from the Angolan stage, could determine future developments in the country ravaged by decades of warfare.

4501	**kackerlacka**	**cockroach**
	nn	Självklart vill ingen i detta parlament ifrågasätta själva användandet av biocider, eftersom de är mycket effektiva för att bekämpa gnagare, kackerlackor, löss – det är visst säsong för löss i skolorna nu – och skadedjur i allmänhet.
		Clearly, no one in this House wishes to question the use of biocides, which are very useful in combating rodents, cockroaches, lice – I understand that this is the time for lice in schools – and pests in general.

4502	**maskerad**	**masquerade; masked**
	nn; adj	Du är bara en rädd liten flicka som leker maskerad.
		You're just a scared little girl playing dress-up.

4503	**åldras**	**age**
	vb	EU's befolkning åldras snabbt och vi kommer att behöva bli fler.
		The EU's population is ageing quickly, and there will need to be more of us.

4504	**i relation till**	**in relation to**
	phr	Vilken funktion kommer forumet att ha i relation till allt som ni just sagt?
		What will the function of this forum be in relation to everything you have just said?

4505	**marin**	**marine**
	nn	Genom forskning inriktad på att förebygga negativa effekter på den marina miljön kommer man att minska osäkerheten inom dessa verksamheter, till exempel marin energi, modernisering av hamnar, vattenbruk och havsturism.
		Research focused on avoiding harm to the marine environment will reduce the uncertainty of these activities, e.g. marine energy, modernisation of ports, aquaculture and maritime tourism.

4506	**laser**	**laser**

	nn	Detta omfattar också produkter som har vandrat över från yrkesrelaterade områden till personlig användning: till exempel laserpekare; och vidare produkter som används för att tillhandahålla en tjänst.
		This also means products which have migrated from the professional field to personal use: for instance, laser pointers; and, secondly, products which are used to provide a service.

4507 infektion — **infection**

nn

Det är symptomet för en tumör eller infektion eller en inflammation eller en operation.

It's the symptom of a tumor or an infection or an inflammation or an operation.

4508 hage — **pasture**

nn

Tänk dig att du är ute i skogen, eller i en hage och ser en myra som klättrar upp för ett grässtrå.

So you're out in the woods, or you're out in the pasture, and you see this ant crawling up this blade of grass.

4509 annons — **advertisement**

nn

Marknadsföring, annons– och reklameverksamhet i samband med försäljning och distribution av musik, film, undervisnings– och underhållningsprogram och multimediespel via Internet.

Marketing, advertising in connection with the sale and distribution of music, film, educational and entertainment programs, and multimedia games via the Internet.

4510 anonym — **anonymous; anonym**

adj; nn

Den klagande har begärt att få vara anonym av rädsla för negativa ekonomiska konsekvenser.

The complainant, fearing negative commercial repercussions, does not want its identity to be divulged.

4511 invandrare — **immigrant**

nn

Sven är en illegal invandrare.

Sven is an illegal immigrant.

4512 gärningsman — **perpetrator**

nn

Vare sig man är chef eller medarbetare kan man bli till offer eller gärningsman.

Managers or staff – anyone can become a victim or a bully.

4513 behaga — **please | appeal to**

vb

Han kanske kände att det inte skulle behaga Jehova om de åt av det, även om de inte var direkt ansvariga för den synd som Nadab och Abihu hade begått.

Perhaps he felt that their eating of it would not be pleasing to Jehovah, even though they bore no direct responsibility for the error committed by Nadab and Abihu.

4514 under förutsättning att — **provided that**

phr

Under förutsättning att konsensus nås ser jag fram emot Maltas medlemskap i EU.

Providing that consensus is reached I look forward to Maltese membership of the EU.

4515 återkomst — **return | comeback**

nn

Faktura av vilken åtminstone framgår plats för avresa och återkomst, antalet passagerare och resdagar.

Invoice indicating at least the place of departure and arrival, the number of passengers and the dates of travel.

4516 organiserad — **organized**

	adj	Innovativa och effektiva metoder för polisiärt och rättsligt samarbete, särskilt på området bekämpning av människohandel, terrorism och andra former av organiserad brottslighet.

Innovative and effective means of police and judicial cooperation namely in the fight against the trafficking of human beings, terrorism and other forms of organised crime.

4517 dofta — **smell**

vb

De åt den allra bästa mat, drack utsökt vin ur speciella dryckeskärl och smorde in sig med "de finaste oljor", kanske för att dofta gott.

They had the best of foods, drank fine wine from select vessels, and applied "the finest oils" to their skin, perhaps as scented cosmetics.

4518 noggrann — **careful; precisely**

adj; adv

Jag är verkligen noggrann.

I'm really careful.

4519 saft — **juice**

nn

Men om man utsätter en citron för stort tryck så tar det inte lång tid innan det bara är saft och fruktkött kvar.

Put a lemon under high pressure, though, and in no time at all, all that will be left is juice and pulp.

4520 europeisk — **European**

adj

Av den anledningen är det tämligen konstgjort att på ett forcerat sätt skapa partier uppifrån när det inte finns någon allmän europeisk opinion.

That is why it is rather artificial, at a moment when there is no European public opinion, to create parties from above in a forced way.

4521 med avseende på — **with respect to**

prp

Situationen med avseende på inrättandet av folkvalda regionala styrelser är bekymmersam.

A worrying trend is that concerning the deployment of elected regional councils.

4522 bokstavligt — **literally**

adv

Om kommissionens talan tolkas bokstavligt skall domstolen utgå ifrån det datum talan väcktes eller till och med det datum då domstolen meddelar sin dom.

If the form of order sought by the Commission were taken literally, the Court would have to take as the basis for its deliberations the date on which the action was brought or even the date of its own decision.

4523 nedräkning — **countdown**

nn

Nedräkning fortsätter..

Countdown continues..

4524 handled — **wrist**

nn

Använda sin fulla rörlighet i hand och handled och läsa det.

Rotate all the degrees of freedom in his hand and wrist, and read it.

4525 återhämtning — **recovery**

nn

Förmåga till återhämtning efter en katastrof och återuppbyggnad.

Post–disaster recovery and rehabilitation planning;

4526 radar — **radar**

nn

Mätningen av antennegenskaperna skall utföras enligt IEC–publikation 936, "Shipborne Radar".

The antenna characteristics shall be measured in accordance with IEC publication 936 'Shipborne Radar'.

4527 fjäder — **spring|feather**

| | nn | För er skulle rättvis handel kunna vara en fjäder i hatten, herr kommissionsledamot. |
| | | *Fair trade could be a feather in your cap, Commissioner.* |

4528	**landsman**	**compatriot**
	nn	EU är ingen Julia Capulet, en presidentens landsman, och USA är ingen Romeo.
		Europe is not Juliet Capulet, a compatriot of the President, and the USA is not Romeo.

4529	**missnöjd**	**dissatisfied**
	adj	Jag instämmer i alla uttalanden som de andra kollegerna gjort om denna resolution. När det gäller ett eventuellt associeringsavtal med Vitryssland vill jag i egenskap av föredragande, utsedd av utskottet för utrikespolitik, mänskliga rättigheter, gemensam säkerhet och försvarspolitik, säga att jag är mycket missnöjd med utvecklingen i landet.
		Mr President, I support all the statements made on this resolution by other Members, and as the rapporteur appointed by the Committee on External Affairs, Human Rights, Common Security and Defence Policy to inform Parliament on a possible association agreement with Belarus, I would like to say that I am in no way satisfied with the progress of that country.

4530	**levebröd**	**livelihood**
	nn	Men vi bör inte glömma att småbrukarna är i behov av omedelbar hjälp för att tjäna sitt levebröd, medan det endast skulle skydda eller öka de stora jordbrukarnas vinster.
		We should not forget, however, that smallholders are in need of immediate help to make a basic living, whereas for larger farmers it would simply preserve or increase their profits.

4531	**jordnöt**	**peanut**
	nn	(Skratt) Det är en mycket stor jordnöt.
		(Laughter) That is one big peanut.

4532	**dyrbar**	**expensive**
	adj	Man skall hellre satsa i förväg än senare, ty eftersläpningen kan vara dyrbar.
		It is preferable to make this investment sooner rather than later, as delay could prove costly.

4533	**konspiration**	**conspiracy**
	nn	Aw–Mohamed har fördömt fredsprocessen i Djibouti som en utländsk konspiration, och i en ljudinspelning för somaliska medier från maj 2009 erkände han att hans styrkor deltog i de strider i Mogadishu som nyligen ägt rum.
		Aw–Mohamed has denounced the Djibouti peace process as a foreign conspiracy, and in a May 2009 audio recording to Somali media, he acknowledged that his forces were engaged in recent fighting in Mogadishu.

4534	**förakta**	**despise|scorn**
	vb	"De fortsatte att göra narr av den sanne Gudens budbärare och att förakta hans ord och gyckla med hans profeter."
		"They were continually making jest at the messengers of the true God and despising his words and mocking at his prophets."

| 4535 | **entusiasm** | **enthusiasm** |
| | nn | Jag tror att detta är något som vi måste reagera mot, detta måste vi göra under regeringskonferensen och jag hoppas verkligen att Europaparlamentet inte med det här yttrandet, som avgivits med sådan ovilja, helt har uttömt sin förmåga att utöva påtryckningar på rådet och medlemsstaterna för att denna regeringskonferens inte bara skall bli en rent teknisk övning utan väcker den entusiasm som vi fick se spår av i detta parlament för några timmar sedan. |

We must take action on this at the Intergovernmental Conference, and I firmly hope that this opinion, that was given reluctantly, will not mean that the European Parliament ceases to exert pressure on the Council and the Member States to make sure that this Intergovernmental Conference is not merely a technical exercise, but rouses the passions that we saw a few hours ago in Parliament.

4536	**svärson**	**son-in-law**
	nn	Min blivande svärson.
		My future son–in–law.

4537	**para**	**pair**
	vb	Detta skall vi då para med de enträgna ansträngningar som jag tidigare beskrev i mitt inledande svar.
		We will then combine this with the urgent efforts that I described earlier in my initial reply.

4538	**plantera**	**plant**
	vb	genom att plantera och låta naturen förnya sig själv.
		by planting and allowing natural regeneration.

4539	**öppning**	**opening**
	nn	Till följd av anmärkning 9 till detta kapitel får skjortor och skjortblusar enligt detta nummer ha en öppning vars kanter inte överlappar varandra.
		By application of note 9 to this chapter, shirts and shirt–blouses of this heading may have an opening whose edges do not overlap.

4540	**streck**	**line**
	nn	Ett horisontellt streck ska dras omedelbart under den sista varuposten.
		A horizontal line must be drawn immediately below the last item.

4541	**mästerskap**	**championship**
	nn	Och vem är det som tjänar på stabila mästerskap och lag?
		Who then benefits from the stability of the championships and teams?

4542	**laddning**	**charge|loading**
	nn	Kommissionen kommer att inleda en undersökning av hur elinstallationer i fastigheter kan göras säkrare och energisnålare, så att förnybar energi kan integreras på ett säkert sätt och nya tjänster som laddning av elfordon kan införas.
		The Commission will launch a study to assess how to improve the safety of electrical installations in buildings while at the same time increasing their energy efficiency and enabling safe integration of renewable energy sources and new services like charging of electric vehicles.

4543	**inspirerande**	**inspiring**
	adj	Vad skulle det ha blivit av euron utan kommissionens inspirerande arbete?
		What would the outcome have been there but for the inspiring work done by the Commission?

4544	**laglig**	**legal|lawful**
	adj	Vare sig det handlar om en laglig förpliktelse som åvilar den nationella domstolen eller ett val från dess sida, kommer domstolen i sitt svar på den ställda frågan inte att kunna bortse från de grunder som inte bestritts i beslutet om hänskjutande, med risk att förse frågeställaren med ett svar som inte direkt bidrar till att lösa tvisten.
		At all events, whether it was a legal obligation incumbent upon the national court or that court's own choice, the answer the Court of Justice gives to the question raised cannot disregard uncontested elements of the order for

reference in case by so doing it provides the national court with answers which are not directly relevant to the outcome of the case.

4545	**komedi**	**comedy**

nn

Sky One koncentrerar sig på mer kostsamma program av högsta kvalitet, särskilt drama och komedi.
Sky One is focussing on higher cost/quality per hour programming such as one-off dramas and comedy series.

4546	**tvingad**	**forced**

adj

På denna punkt känner jag mig tvingad att framhålla att vidarebosättning inte bara uppfyller ett humanitärt mål utan även det politiska och ekonomiska målet att lätta bördan för tredjeländer som tar emot ett stort antal flyktingar och den likaså tunga ekonomiska bördan genom att dela på kostnader och finansieringsansvar.
At this point, I feel I must reinforce that resettlement pursues not only a humanitarian aim, but also the political and economic goal of relieving third countries of the burden of accepting large numbers of refugees, and the equally great burden of sharing costs and financial responsibilities.

4547	**storbritannien**	**UK; Britain**

abr; nn

En skola i Storbritannien har frångått läroböcker till förmån för iPads i klassrummet.
One school in the U.K. has abandoned textbooks in favour of iPads in the classroom.

4548	**utställning**	**exhibition**

nn

Ursprungsprodukter som har sänts till en utställning i ett annat land än de som avses i artikel 4 och som efter utställningen sålts för att importeras till gemenskapen eller Egypten skall vid importen omfattas av bestämmelserna i avtalet, om det på ett sätt som tillfredsställer tullmyndigheterna kan visas att:
Originating products, sent for exhibition in a country other than those referred to in Article 4 and sold after the exhibition for importation in the Community or Egypt shall benefit on importation from the provisions of the Agreement provided it is shown to the satisfaction of the customs authorities that:

4549	**skrev**	**crotch**

nn

Se om han går med den i skrevet.
I'll put it in his crotch, see if he can walk.

4550	**undgå**	**avoid|escape**

vb

Dessutom bör betalningar och verksamheter inte på ett konstlat sätt delas upp eller slås ihop i syfte att undgå upplysningskravet.
In addition, payments or activities should not be artificially split or aggregated with a view to evading such disclosure requirements.

4551	**kår**	**corps**

nn

Såsom har konstaterats i punkt 7 i denna dom motiveras beslutet att neka käranden i målet vid den nationella domstolen anställning som kock i Royal Marines med att kvinnor är helt uteslutna från denna kår på grund av regeln om så kallad interoperativitet, vilken har införts i syfte att säkerställa stridsdugligheten.
As pointed out in paragraph 7 of this judgment, the reason given for refusing to employ the applicant in the main proceedings as a chef with the Royal Marines is the total exclusion of women from the corps by reason of the `interoperability' rule established for the purpose of ensuring combat effectiveness.

4552	**spritta**	**startle**

vb

Sedan den 2 maj börjar saker och ting att spritta, ja, att röra på sig.

But since 2 May, things have begun to stir and even actually to move.

4553	**polsk**	**polish**
	adj	Detta är inte någon polsk–vitrysk eller vitrysk–polsk konflikt.

This is not a Polish–Belarusian or a Belarusian–Polish conflict.

4554 **brottslighet** **crime**

nn

Några exempel som kan nämnas är studieuppdraget om vätebränsleceller, programplaneringsuppdraget om risk för brottslighet i samband med varor och tjänster och standardiseringsuppdraget om filmarkivering.

Examples include the study mandate on hydrogen fuel cells, the programming mandate on crime risk in products and services and the standardisation mandate on film archiving.

4555 **nyårsafton** **New Year's eve**

nn

Vi borde alla läsa rapporten från delegationen för mänskliga rättigheter från den 26 december fram till nyårsafton.

We all ought to read the report of the human rights mission from 26 December until New Year's Eve.

4556 **förhandling** **negotiation**

nn

Jag tillhör inte de ledamöter som anser det nödvändigt att anta "extremistiska" ändringsförslag vid andra behandlingen, med det enda syftet att skaffa sig ett handlingsutrymme inför utsikten till en förhandling med ministerrådet.

I am not one of those MEPs who thinks that it is essential to adopt "extremist" amendments at second reading with the sole aim of gaining room for manoeuvre in preparation for negotiations with the Council of Ministers.

4557 **krut** **gunpowder**

nn

Därför håller vi alltså tills vidare vårt krut torrt på den här punkten och kommer inte att rösta för detta ändringsförslag på det här stadiet.

This is why we will be keeping our powder dry for the time being and will not be voting for this amendment at this stage.

4558 **välkomnande** **welcoming; welcome**

adj; nn

Staden Medellin ar värd till FIFA U–20 World Cup. Football Association (FA) lade upp ett videoklipp av mottagandet staden gav Engelska Sub 20 i ett inlägg kallat 'Ett Galet Colombianskt Välkomnande'

The city of Medellin is hosting the FIFA U–20 World Cup, and the Football Association (FA) posted a video of the welcome the city gave to the English Sub 20 in a post titled 'A crazy Colombian welcome'.

4559 **oljud** **noise**

nn

Oljud från grannar eller från gatan (trafik, affärer, fabriker osv.).

Noise from neighbours or noise from the street (traffic, business, factories, etc.).

4560 **regelbundet** **regularly**

adv

Kommissionen bör regelbundet kontrollera att de ekonomisk-politiska villkoren för stödet uppfylls genom kontrollbesök och genom regelbunden rapportering från de rumänska myndigheterna.

The Commission should verify at regular intervals that the economic policy conditions attached to the assistance are fulfilled through missions and regular reporting by the Romanian authorities.

4561 **radikalt** **radically**

adv

Och det är just i dessa människors namn som jag anser att Europeiska unionen idag måste ändra sin politik gentemot Iran radikalt.

If nothing else, the European Union owes it to these people to institute an immediate and fundamental political change in its dealings with Iran.

4562	**blygsam**	**modest|unassuming**

adj

Faktum är att man i de avtal som nåtts undviker att utsätta transportörerna, som ofta är familjeföretag av blygsam storlek, för en alltför stor belastning.

In fact, the agreements reached managed to avoid putting excessive burdens on carriers, which are often family–run and of modest dimensions.

4563	**kylig**	**cool|chilly**

adj

Det är omöjligt att inför allt detta bevara en kylig distans.

In the face of all this, it is impossible to preserve a cool distance.

4564	**eventuell**	**any**

adj

Den stat som överväger att tillgripa en utvisningsåtgärd bör således noga väga de skäl som talar för utvisning mot den utländske medborgarens motstridande intressen (inklusive hans individuella rättigheter, rätten att inte skiljas från sin familj, hans tillgångar och annan eventuell anknytning till bosättningsstaten, och hans berättigade förväntningar).(

The reasons underlying deportation are, moreover, to be carefully weighed by the State adopting the measure in order to take account of the countervailing interests of the alien (including his individual rights, the right not to be separated from his family, property and other possible ties with the State of residence, and his legitimate expectations).

4565	**träsk**	**swamp|marsh**

nn

Vi strävar efter att rätta oss efter Jehovas normer medan världen i allmänhet sjunker allt djupare ner i ogudaktighetens träsk.

We are striving to measure up to Jehovah's standards while the world in general descends deeper into a swamp of ungodliness.

4566	**uppenbarelse**	**apparition**

nn

Den stora vedermödan närmar sig med stormsteg. Därför vill vi arbeta på vår tro så att vi är bland dem som blir belönade av Jesus vid hans uppenbarelse.

Since the great tribulation is fast approaching, do we not want to make sure that we have the type of faith that puts us among those whose faith will be praised by our glorious King when he is revealed?

4567	**elda**	**fire**

vb

Den nuvarande arbetstakten och trycket i ångpannan i Genève måste ökas, och liksom andra har vi för avsikt att elda under ångpannan i Genève för att få fart på saker och ting.

The current work rate and the pressure in the Geneva boiler will have to be increased and, like others, we intend to stoke up the Geneva boiler to get things moving.

4568	**gästfrihet**	**hospitality**

nn

Gästfrihet här, gästfrihet och respekt där.

Hospitality over here and hospitality and respect over there.

4569	**funktionsnedsättning**	**disability**

nn

I punkt 3 uppmanas medlemsstaterna och arbetsmarknadens parter på nationell nivå att anpassa villkoren för föräldraledighet till de behov som föräldrar till barn med funktionsnedsättning eller kronisk sjukdom har.

Paragraph 3 encourages the Member States and national social partners to assess the need to adjust the conditions governing parental leave to the needs of parents of children with a disability or a long-term illness.

4570	**vistas**	**reside**

vb

Det är upp till varje suverän stat att avgöra vem som ska få vistas på territoriet.

It is up to each sovereign state to decide who is permitted to reside in its territory.

4571	**underhålla**	**maintain	entertain**
	vb	Det europeiska ämnescentret tekniskt stöd till Europeiska miljöbyrån vid genomförandet av ramarna för markövervakning och –bedömning genom att underhålla och vidareutveckla databaser och information som behövs för att ta fram indikatorer och för rapportering om jord– och markfrågor.

The European Topic Centre technically supports the EEA in the implementation of the soil monitoring and assessment framework through the maintenance and further development of databases and information for use in indicator development and reporting on soil and land issues.

4572 diet
nn
diet
Men vi måste komma ihåg att alla livsmedel som utgör en del av en balanserad diet kan ha en positiv hälsoeffekt.
There are many products available through health food stores which have been categorised as foods or food supplements and not medicines, even though they may have therapeutic qualities.

4573 padda
nn
toad
Stormförtjust och omedveten om att han snart skulle bli syndabock för— allt vad död heter, lovade Herr Padda att vakta krukan.
Pleased as punch and unaware that he would become god's fall guy on the death issue, Sir Toad promised to guard the jar.

4574 oväder
nn
storm
Enligt producentorganisationen var regleringsåret 1997 ett särskilt besvärligt år, huvudsakligen på grund av klimatutvecklingen i regionen i augusti och de oväder som under samma period drabbade de länder i Centraleuropa som producentorganisationen handlar med.
The latter states that 1997 was a particularly difficult year, mainly on account of the weather conditions in the region in August and the storms that affected the countries of central Europe at the same time which are among its usual clients.

4575 vilsen
adj
lost
”När mamma dog kände jag mig helt vilsen och tom.
"When Mom died, I felt completely lost and empty.

4576 läsare
nn
reader
Förra veckan genomförde en stor tysk dagstidning en undersökning bland sina läsare.
Last week, a major German daily newspaper polled its readership.

4577 kapsel
nn
capsule
Än mer problematiskt är att nikotin frigörs från en återfyllbar kapsel när användaren andas in.
A more serious problem is that when the user inhales nicotine is released from a rechargeable cartridge.

4578 vegetarian
nn
vegetarian
Han är även vegetarian!
And he's also a vegetarian!

4579 gunga
nn; vb
swing; swing
Det betyder: ”gunga inte – vi sitter alla i samma båt”.
That means: 'don't rock the boat, guys – we are all in this together'.

4580 stum
adj
mute | speechless
I dessa fall får rättvisan varken vara blind eller stum.

This is where Justice must be neither blind nor dumb.

4581	**textstorlek**	**font size**
	nn	Jag vill också lyfta frågan om textstorlekar på varningstexter.
		I would also like to highlight the issue of the font size used for warning texts.

4582	**inkomst**	**income	earnings**
	nn	Den tar ifrån de fattiga lantbrukarna en egen inkomst genom export till Europa.
		It prevents poor farmers from earning their own income by exporting to Europe.

4583	**stressa**	**stress**
	vb	Stressa mig inte!
		don't stress me!

4584	**störande**	**disturbing; disturbance**
	adj; nn	Positiv interferens förekommer i NDIR–instrument (icke–dispersiva infrarödanalysatorer) då den störande gasen ger samma effekt som den uppmätta gasen, men i lägre grad.
		Positive interference occurs in NDIR instruments where the interfering gas gives the same effect as the gas being measured, but to a lesser degree.

4585	**kväva**	**choke	smother**
	vb	Jag ber därför kommissionen att beakta den springande punkten i den här diskussionen: hur vi skall bära oss åt för att utarbeta bra patentlagstiftning som belönar våra mest nyskapande företag för deras investeringar i forskning och utveckling, men som samtidigt inte tillåter företag att utnyttja patent för missbruk av en dominerande ställning, låsa tekniken och kväva nyskapande och konkurrens?
		I therefore ask the Commission to look at the crux of this debate: how do we get good patent law which rewards our most innovative companies for their investment in R&D while, at the same time, not allowing companies to use patents to abuse a dominant position, lock up technology and stifle innovation and competition?

4586	**svält**	**starvation**
	nn	Naturligtvis får inte livsmedelsbistånd inskränkas när svält existerar eller hotar.
		Of course food aid must not be restricted where famine exists or is threatened.

4587	**regeringsform**	**government**
	nn	Federalism är en förståndig regeringsform i Förenta staterna, Kanada, Schweiz och Tyskland.
		Federalism is a sensible form of government in the United States, Canada, Switzerland and Germany.

4588	**beräkning**	**calculation	estimate**
	nn	Denna mängd bör läggas till den uppskattade produktionen eftersom den inte ingår i AMI:s beräkning av produktens slutanvändning.
		As this quantity is not already included in AMI's end–use estimate of this product this quantity should be added on top of this production estimate.

4589	**förstörelse**	**destruction**
	nn	Vi måste bekämpa brottsligheten och det perversa systemet med spekulationsvinster genom att införa lagstiftningssamordning bland medlemsstaterna beträffande markförvaltning och den avsedda användningen av områden som drabbas av brand och förstörelse.
		We must combat criminality and its perverse system of speculative gain by instituting legislative coordination among the Member States with regard to

land management and the intended use of areas subject to fire and
destruction.

4590	**gran**	**deal**

nn

Och slutligen, hoppas jag att ni håller med mig om att förändra den sista
småbarnsregeln bara lite gran till: "Om det är sönder, är det Mikes saker."
And finally, I hope you agree with me to change that last toddler rule just a
little bit to: "If it's broken, it's Mike's stuff."

4591	**kossa**	**cow**

nn

Du är en lat kossa, vet du det?
You're one lazy cow, do you know that?

4592	**pedofil**	**pedophile**

nn

Om denna dom verkställs innebär det att Sohammördaren Ian Huntley,
"hedmördaren" Ian Brady, barnmördaren Robert Black samt varje pedofil
och brottsling i brittiska fängelser kommer att få vara med och bestämma
vilken regering vi ska ha.
If enforced, this verdict means that Ian Huntley, the Soham murderer; Ian
Brady, the moors murderer: Robert Black, the child killer; and every
paedophile and criminal in British prisons will have a say in what kind of
government we elect.

4593	**konkurrens**	**competition**

nn

Om medlemsstaterna vill förlänga dispensen eller sänkningen av tariffen,
måste de vidare ange det med goda skäl. Dessa anledningar får inte vara i
strid med den interna marknadens principer, ärlig konkurrens eller hållbar
miljöpolitik.
If Member States wish to extend exemptions or reductions in the rate of duty,
they must be able to provide good reasons for doing so, and these must not
conflict with the principles of the single market, fair competition and a
sustainable policy on the environment.

4594	**prostituerad**	**prostitute**

nn

Jag kan därför förstå att staden Amsterdam ställer sådana krav för att
säkerställa att kommunikation faktiskt kan ske mellan ägaren av en bordell
och en prostituerad.
I can therefore understand that the City of Amsterdam resorts to such
requirements in order to ensure that communication between the owner of a
brothel and a prostitute effectively takes place.

4595	**ombud**	**agent**

nn

Dessa människor kommer inte att få reda på sina rättigheter, kommer inte att
få några juridiska ombud.
These people will not know their rights, not have legal representation.

4596	**huvudstad**	**capital**

nn

Helsingfors är huvudstad i Finland.
Helsinki is the capital of Finland.

4597	**afghansk**	**Afghani**

adj

Nationalitet: Afghansk.
Nationality: Afghan.

4598	**förfärlig**	**awful**

adj

Soporna ger ifrån sig en förfärlig stank.
The garbage is giving off a terrible smell.

4599	**uppståndelse**	**commotion|resurrection**

nn

Det är en vanlig uppfattning att påsken firas till minne av Kristi
uppståndelse, men pålitliga källor förbinder den med falsk tillbedjan.

Easter supposedly commemorates the resurrection of Christ, but reputable sources link it with false worship.

4600	**stupa**	**fall**
	vb	Skall det verkligen stupa på att det inte får lov att kosta någonting?
		Must it really rest upon it not having to cost anything?

4601	**frånvaro**	**absence**
	nn	Hans frånvaro igår berodde på förkylning.
		His absence yesterday was due to his cold.

4602	**omväxling**	**variation**
	nn	Jag hoppas att jag som omväxling kommer att få mer gehör för denna idé från rådet än från kommissionen.
		I hope that I will, for a change, find more sympathy for this idea from the Council than from the Commission.

4603	**till fullo**	**in full**
	adv	Ett förbud mot import av katt- och hundpäls till EU måste genomföras till fullo.
		A ban on the import of cat and dog fur into the EU must be fully implemented.

4604	**ingripa**	**intervene**
	vb	Får jag än en gång säga att rådet bara kan ingripa på kommissionens initiativ.
		Let me repeat that the Council can only act on the initiative of the Commission.

4605	**bakad**	**baked**
	adj	Om tidigare bakad pumpernickel tillsätts som en ingrediens ska det också vara "Westfälischer Pumpernickel" som tillverkats i enlighet med denna specifikation, och den ska också vara framställd i det avgränsade området.
		If previously baked pumpernickel bread is added as an ingredient, it must also be 'Westfälischer Pumpernickel' produced according to this specification and it must also have been produced in the defined area.

4606	**syra**	**acid**
	nn	Sötning av sockerbetor är lika mycket en tradition i de norra länderna som att tillsätta syra i viner i de sydliga länderna.
		Sweetening sugar beet is as much of a tradition in northern countries, as is acidifying wine in southern countries.

4607	**banka**	**beat|knock**
	vb	Vi skulle banka olika kulturer in i en orättvis likhet.
		We would be bashing different cultures into the same unfounded shape.

4608	**lunginflammation**	**pneumonia**
	nn	20 % av dem har tagits in på sjukhus med allvarlig lunginflammation, 11 personer har avlidit.
		Some 20 % of these have been admitted to hospital with serious pneumonia and 11 people have died.

4609	**stab**	**staff**
	nn	NATO's stab i Skopje kommer att fortsätta att vara verksam, liksom styrkan KFOR Rear.
		NATO staff in Skopje will continue to operate, as will KFOR Rear.

4610	**folkrörelse**	**popular movement**
	nn	Sedan valfusket vid valet i juni har vi bevittnat hur en folkrörelse vänder sig mot den iranska regimens repressiva, obskuranta och antidemokratiska karaktär.

Since the rigged elections in June, we have witnessed a popular movement against the repressive, obscurantist and anti-democratic nature of the Iranian regime.

4611	**farao**	**pharaoh**

nn

Därför beordrade Farao först de hebreiska barnmorskorna och sedan allt sitt folk att döda varje nyfödd israelitisk pojke.

Hence, Pharaoh ordered first the Hebrew midwives then all his people to slay every newborn male Israelite.

4612	**närvara**	**be present**

vb

Jag utgick ifrån att du skulle närvara på mötet.

I took it for granted that you would attend the meeting.

4613	**kritiskt**	**critical**

adv

Det finns, herr ordförande och ärade kolleger, inga tvivel om att vi än en gång vad gäller Mellanöstern befinner oss i ett väldigt kritiskt ögonblick.

Mr President, ladies and gentlemen, there is no doubt that this is yet another critical moment for the Middle East.

4614	**trans**	**trance**

nn

Och eftersom min urbana trans på något sätt hade försvagats stannade jag för att ta reda på vad som var fel.

And because my urban trance had been somehow weakened, I found myself stopping to find out what was wrong.

4615	**borra**	**drill|sink**

vb

Internationella utvecklingsfonder användes för att borra ett stort antal djupa brunnar.

International development funds were spent boring a large number of deep wells.

4616	**underrättad**	**informed**

adj

Är kommissionen underrättad om de förhållanden som råder i mottagningscentrumen för invandrare?

Is the Commission aware of the conditions that prevail in reception centres for immigrants?

4617	**matlagning**	**cooking**

nn

Så de slaktade dem, och använde fettet under vintern för matlagning.

And they slaughtered them, used the fat throughout the winter for cooking.

4618	**kabel**	**cable|wire**

nn

Denna kabel kopplar samman de baltiska staterna med EU:s energisystem.

This link connects the Baltic States with the EU's energy systems.

4619	**blåmärke**	**bruise**

nn

Jag kommer att få blåmärke på halsen!

I think you're bruisin' my neck meat!

4620	**kompass**	**compass**

nn

Om vi förlorar vår moraliska kompass .

If we lose our moral compass.

4621	**midja**	**waist|middle**

nn

Han är paralyserad från midjan och ner sen 30 år.

He's been paralyzed from the waist down for 30 years.

4622	**gods**	**goods**

nn

Parterna är överens om att samarbeta inom alla relevanta områden av transportpolitiken i syfte att förbättra investeringsmöjligheterna, förbättra gods– och passagerartransporterna, främja säkerheten på luftfartsområdet, bekämpa piratdåd, skydda miljön samt förbättra effektiviteten i transportsystemen.

The Parties agree to cooperate in relevant areas of transport policy with a view to improving investment opportunities and the movement of goods and passengers, promoting aviation safety and security, combating piracy, protecting the environment protection, and increasing the efficiency of their transport systems.

4623	**löv**	**leaf**
	nn	Sven räfsade upp alla löv.
		Sven raked up all the leaves.

4624 **trolla**   **conjure**

vb

Förutsättningen, som redan har vederlagts av oräkneliga exempel, att marknaden ensam kommer att lösa problemet med energiförsörjningen och energikonsumtionen, försvaras med allt större glöd i en ansträngning att trolla bort det som blir allt svårare att ignorera – att "marknaden" bara har varit en framgång för vissa, som har dragit in fantastiska vinster, men inte för konsumenterna, som drabbas av allt högre energiräkningar.

The premise, already refuted by innumerable examples, that the market alone will resolve the problem of energy supply and consumption, is defended with growing fervour in an effort to conjure away what is increasingly difficult to ignore: that the 'market' has only been a success for some, who have accumulated fabulous profits, but not for the consumers, who find themselves confronted with ever–higher energy bills.

4625 **inbördeskrig**   **civil war**

nn

Fyra miljoner människor dog i deras inbördeskrig och givetvis misslyckades ett internationellt vapenembargo att förhindra att vapen från hela världen – däribland Tyskland och Frankrike, vilket det finns klara bevis för – kom in i landet och bidrog till de oroligheter som ägde rum där.

Four million people died in their civil war and, of course, an international arms embargo on that country failed to prevent arms from all over the world – including from Germany and France, for which there is clear evidence – getting into that country and contributing to the strife that took place.

4626 **får**   **mayst; sheep**

av; nn

Får jag fråga vem?

Can I ask who?

4627 **brudgum**   **groom**

nn

Från och med nu är jag brudgum.

As of this moment, I am the groom.

4628 **delägare**   **partner**

nn

Dessutom driver Haniel i Danmark en kalksandstensfabrik för reveteringssten och är delägare i tre fabriker för färdigblandad betong i Frankrike.

It also operates a sand–lime facing brick factory in Denmark and has a stake in three ready–mixed concrete plants in France.

4629 **berömma**   **praise**

vb

Jag vill börja med att önska kommissionsledamot Olli Rehn all framgång med det som han har arbetat med under de fem senaste åren och berömma honom för hans insatser.

I would like to begin by wishing Commissioner Olli Rehn every success with what he has been working on over the past five years and, in particular, to compliment him on those efforts.

4630 **horisont**   **horizon**

nn

Människor accepterar vad de vet, men allt som är bortom deras horisont ger upphov till oro.

People accept what they know, but anything that is beyond their horizon arouses concern.

4631 materia — **matter**

nn

Samma materia kan inte uppta samma plats samtidigt.

The same matter can't occupy the same space at the same time.

4632 bås — **cubicle|crib**

nn

Håller folk det i bås hela livet och skördar köttet?

Do people keep it in pens all its life and harvest it for meat?

4633 födelse — **birth**

nn

Transformation är födelse och död på en och samma gång.

Transformation is birth and death at the same time.

4634 martyr — **martyr**

nn

Det var ingen ordningsfråga, men jag håller god min för att inte göra er till en martyr.

It was not a point of order, but I had the good grace not to make a martyr of you.

4635 inrikespolitik — **domestic policy**

nn

Uppmanar kommissionen att samla in uppgifter som i framtiden kan inkluderas i årsrapporten i ett speciellt avsnitt för samarbete inom rättsliga frågor och inrikespolitik.

Calls on the Commission to compile information which could in future be included in its annual report in a section dealing specifically with cooperation in the fields of justice and home affairs.

4636 lott — **lot|share**

nn

Vissa bibelkommentatorer omtalar urim och tummim som heliga lotter.

They are sometimes spoken of as sacred lots.

4637 förflyttning — **displacement**

nn

Annars sker det bara en förflyttning av problemet från Väst– till Östeuropa.

Otherwise we shall just be shifting the problem from Western to Eastern Europe.

4638 hängiven — **dedicated**

adj

Jag vet att Magda Kósáné Kovács är en övertygad demokrat och en hängiven förkämpe för den europeiska enheten.

I know that Mrs Kovács is a convinced democrat and a committed campaigner for European unity.

4639 fritid — **spare-time**

nn

A.3. omfattar inte modellflygplan som är särskilt konstruerade för fritids- eller tävlingsändamål.

A.3. does not control model aircraft, specially designed for recreational or competition purposes.

4640 deadline — **deadline**

nn

Jag har en deadline.

I've got a deadline to meet.

4641 manuellt — **manually**

adv

Skörden sker manuellt och med mekaniska handverktyg.

Harvesting is done by hand and with mechanical hand tools.

4642 norm — **standard**

nn

Vilka normer har samhället som inte är i harmoni med kyrkans normer?

What are some of society's standards that are not compatible with the standards of the Church?

4643	**illegal**	**illegal**
	adj	De thailändska myndigheterna önskar följa landets lagstiftning om illegal invandring.
		Whereas the Thai authorities wish to enforce the law on illegal immigration.

4644	**pack**	**mob|trash**
	nn	Detta är inget pack med vettlösa Orcer!
		This is no rabble of mindless Orcs.

4645	**bred**	**wide**
	adj	Trojkans besök bör ses som ett avgörande steg på vägen mot en bred dialog med den algeriska regeringen, vilken inleddes med utrikesminister Attafs besök i Luxemburg i november.
		The visit of the troika should be regarded as a key step towards an extensive dialogue with the Algerian Government, begun with the visit of Foreign Minister Attaf to Luxembourg in November.

4646	**stört**	**absolutely**
	adv	Den tyska regeringen uppfattar detta som ytterligare en rättslig grund för beviljande av stödet i fråga, eftersom problemen i samband med integrationen och omvandlingen av den tidigare planekonomin till ett marknadsekonomiskt system enligt dess mening i hög grad har stört det ekonomiska livet i Tyskland.
		The German authorities regard this provision as an additional legal basis for the granting of the aid in question. In their view, the problems of integration and restructuring of the former planned economy into a market economy represents a serious disturbance of Germany's economy.

4647	**dränka**	**drown|swamp**
	vb	Dess toner kan inte dränka regeringarnas käbbel och det ständiga sorlet från den nationalistiska kohandelsmarknaden, och inte heller dränka Europas förtvivlade klagan när regeringarna gör Europa till syndabock så fort de behöver en sådan – just det Europa som dessa regeringar själva har skapat.
		Its notes cannot drown out the bickering of governments and the constant hubbub of the nationalistic horse–trading bazaar, nor can it drown out Europe's agonised wailing as governments make it a scapegoat whenever they need one – the very Europe that those governments themselves have created.

4648	**jättestor**	**enormous**
	adj	Han har förstås en jättestor hund som skäller till långt in på nätterna
		Of course he has this big huge dog!

4649	**kalas**	**party|feast**
	nn	Dylan`s födelsedags–kalas är snart här.
		Dylan's birthday party is coming up.

4650	**språng**	**leap|spring**
	nn	Fribord för fartyg med språng och överbyggnader skall beräknas enligt följande formel:
		The freeboard of vessels with sheer and superstructures shall be calculated via the following formula:

4651	**extrem**	**extreme**
	adj	Efter fem år av misslyckanden sätter ni upp ambitiösa mål med bindande tidtabeller för arbetstillfällen, forskning, energi och tillväxt, men samtidigt kännetecknas budgeten av en extrem knusslighet gentemot EU och brist på ambitioner.

After five years of failure, you are setting ambitious targets, with binding timetables for jobs, research, energy and growth; at the same time, the budget is characterised by extreme euro–stinginess and a lack of ambition.

| 4652 | **i fjol** | **last year** |
| | *phr* | |

I fjol var april den varmaste månaden.

Last year April was the warmest month.

| 4653 | **örn** | **eagle** |
| | *nn* | |

Båda hade sett en örn med en orm i klorna.

They saw an eagle flying with a serpent clutched in its talons.

| 4654 | **flykting** | **refugee** |
| | *nn* | |

BAH erkände inte Hazem Kamel Ismail som flykting, men beviljade familjen status som alternativt skyddsbehövande.

The BAH has not recognised Mr Kamel Ismail as a refugee, but has granted the family subsidiary protection.

| 4655 | **massera** | **massage** |
| | *vb* | |

Du får städa och laga mat, massera mina svullna fötter och klippa mina tjocka gula tånaglar.

You'll cook and clean and massage my bunions and clip my thick, yellow toenails.

| 4656 | **antiken** | **antiquity** |
| | *adj* | |

Termen har sedan antiken använts för att ange ursprungsplatsen för det vin som framställs enligt en specifik produktionsmetod av lätt torkade druvor som bygger på en fullständig jäsning av sockret.

It is used, since antiquity, to identify the place of origin of the wine produced following a specific production method, using raisined grapes, which is based on the total fermentation of sugars.

| 4657 | **intensiv** | **intensive|intens** |
| | *adj* | |

Diskussionen i grupperna och också i utskottet var mycket intensiv.

The discussion in the groups and in the Committee was very intense.

| 4658 | **uppväxt** | **growth** |
| | *nn* | |

Mina föräldrar gjorde stora ansträngningar för att kommunicera med mig under min uppväxt, men det var många saker som jag inte förstod.

As I grew up, my parents tried hard to communicate with me, but there were many things I did not comprehend.

| 4659 | **islamistisk** | **Islamic** |
| | *adj* | |

Europaparlamentet uppmanar behöriga EU–institutioner att fortsätta att inkludera frågan om religiös tolerans i samhället i sin politiska dialog med Pakistan eftersom detta är av central betydelse för den långsiktiga kampen mot islamistisk extremism.

The EU parlement calls on the competent EU institutions to continue to emphasise the issue of religious tolerance in society in their political dialogue with Pakistan, given that this matter is of central importance to the long–term fight against Islamist extremism.

| 4660 | **lin** | **flax** |
| | *nn* | |

Beträffande lin och hampa föreslår jag att hampan åter skall ligga i linje med linet.

With flax and hemp I propose to bring hemp back into line with flax.

| 4661 | **överkörd** | **run over** |
| | *adj* | |

Det var också viktigt att egenföretagarna nu behandlas på samma sätt som andra förare. Sett ur trafikanternas synpunkt spelar det nämligen ingen roll om man blir överkörd av en anställd chaufför eller av en chaufför som är egen företagare.

It was also important that self–employed people should now be treated in the same way as other drivers for, from the road user's point of view, it is immaterial whether he is run over by an employed or self–employed driver.

4662	**individ**	**individual**
	nn	Det gängse bidrag till upprätthållandet av den allmänna säkerheten som varje individ kan behöva lämna utgör inte utövande av offentlig makt.
		Merely making a contribution to the maintenance of public security, which any individual may be called upon to do, does not constitute exercise of official authority.
4663	**dramatisk**	**dramatic**
	adj	Sluta vara så dramatisk.
		Stop being so dramatic.
4664	**båge**	**arc**
	nn	Jag instämmer i kommentaren om att detta inte är en julgran eller en önskelista.
		I agree with the comment that this is not a Christmas tree or wish list.
4665	**bunker**	**bunker**
	nn	Jag har byggt en bunker i källaren som är stark nog att klara smällen.
		I built a bunker in the basement strong enough to withstand the blast.
4666	**element**	**element**
	nn	Om en cell i tabellen är aktiverad, så visar den här menyn kommandona som behövs för att formatera element i tabellen.
		If a sheet cell is activated then you see the commands for formatting the elements contained in the sheet.
4667	**uppäten**	**eaten**
	adj	I Jisreel kastades Ahabs hustru, Isebel, på Jehus befallning ut från ett fönster och blev sedan uppäten av hundar.
		Ahab's wife Jezebel became food for the scavenger dogs of Jezreel when she was dropped from a window at Jehu's command.
4668	**soda**	**soda**
	nn	Nej, jag tar en club soda med lime.
		A club soda and lime.
4669	**anteckna**	**note|jot**
	vb	Om de ovannämnda avvikelserna återfinns skall de antecknas i provningarapporten och fotografier av berörda delar av glasrutan skall bifogas rapporten.
		If the abovementioned deviations are found, they must be noted in the test report and photographs of the relevant parts of the glass pane attached to the report.
4670	**formellt**	**formally**
	adv	En särskild redogörelse som visar om de italienska myndigheterna hade för avsikt att på så sätt ge ensamrätt på flyglinjerna till något eller några av de lufttrafikföretag som formellt har godtagit trafikplikten.
		In particular, it must be stated whether the Italian authorities intended to create an exclusive right to operate the 18 routes for the carrier or carriers which formally accepted the obligations.
4671	**vissla**	**whistle; whistle**
	nn; vb	Det hörs visslande och bankande ljud från flygplanets undersida.
		There's a whistling and a banging noise from the bottom of the aircraft.
4672	**knöl**	**tuber|bump**
	nn	Kom nu, Albert, din gamla knöl!

Well, come on, Albert, you old bastard!

4673	**dyster**	**gloomy**

adj

Men han blev dyster vid de orden och gick bedrövad bort, för han hade många ägodelar.
But he grew sad at the saying and went off grieved, for he was holding many possessions.

| 4674 | **smidig** | **smooth\|flexible** |

adj

Jag tror att alla här anser att vi måste påskynda arbetet att färdigställa en politisk och ekonomisk union om livet ska fungera smidigt i unionen.
I think that everyone here believes that, if life is to proceed smoothly in the Union, we need to speed up the completion of political and economic union.

| 4675 | **garanti** | **guarantee\|guaranty** |

nn

Vilka garantier kan de ge för att det inte kommer att hända?
What guarantees can they give that this will not happen?

| 4676 | **tjänsteman** | **official** |

nn

Efter kontroll skall deklarationen undertecknas av den behörige tjänstemannen.
The declaration shall be signed by the competent official after it has been verified.

| 4677 | **skrämd** | **frightened** |

adj

Lyssna, när evakueringshelikoptern kraschade blev han skrämd.
Look, when the evac chopper went down, he probably got spooked.

| 4678 | **skörd** | **harvest\|yield** |

nn

Vi har en stor skörd på gång inom ett par veckor.
There's a big harvest coming up in a couple of weeks.

| 4679 | **clown** | **clown** |

nn

Varför inte visa clownerna vad vi kan?
Why don't we line it up for these clowns.

| 4680 | **flygning** | **flight** |

nn

Det har hänt mig också; inte på denna flygning men till exempel på en flygning mellan Bryssel och Milano.
That happened to me once, not on this flight but on a flight from Brussels to Milan.

| 4681 | **ledarskap** | **leadership** |

nn

Är du verkligen intresserad av ledarskap?
Are you truly interested in management?

| 4682 | **bekräftelse** | **confirmation** |

nn

Ordföranden förtjänar beröm för sin bekräftelse i dag på sin roll i Europa.
The President deserves praise for having, today, delivered himself of a fine affirmation of his role in Europe.

| 4683 | **födelsedagspresent** | **birthday present** |

nn

Var är min födelsedagspresent?
Where's my birthday present?

| 4684 | **blondin** | **blond** |

nn

Jag var tillsammans med en ledamot, vars namn jag inte tänker nämna – det börjar på S – och två mycket vackra kvinnliga tjänstemän från Europaparlamentet, som jag inte heller tänker nämna vid namn – V och T – den ena blondin och den andra brunett, och vi tittade på Strasbourgs stjärnhimmel för att se om vi kunde känna igen stjärnbilderna.

I was with a Member of Parliament, whom I will not mention by name – it starts with an S – and two beautiful European Parliament officials, whom I will not name either – V and T – one blond and the other brunette, and we gazed at the starry sky of Strasbourg and tried to pick out the constellations.

4685	**fastighet**	**real estate**
	nn	I annat fall måste de få rimlig ersättning så att de kan köpa en likvärdig fastighet.
		If this is not possible, they need to be granted a fair compensation that allows them to buy a similar property.
4686	**frusen**	**frozen**
	adj	Före detta livsmedel som innehåller djurprodukter; med eller utan bearbetning såsom färsk, frusen, torkad.
		Former foodstuff containing animal products; with or without treatment such as fresh, frozen, dried.
4687	**polismästare**	**police commissioner**
	nn	Ni får lov att tala med polismästare Jones om det här.
		You must speak to Chief Constable Jones about this.
4688	**incident**	**incident**
	nn	På begäran av en medlemsstat eller på eget initiativ kan kommissionen begära att en medlemsstat inkommer med relevant information om en specifik risk eller incident.
		At the request of a Member State, or on its own initiative, the Commission may request a Member State to provide any relevant information on a specific risk or incident.
4689	**slang**	**hose|tube**
	nn	Nu måste du svälja den här slangen.
		All right, now, you're gonna have to swallow this tube.
4690	**telefonsvarare**	**answering machine**
	nn	men inte säga det på telefonsvararen.
		And I don't wanna leave it on your voice-mail.
4691	**fortsättning**	**continuation**
	nn	Dagens debatt är i själva verket en fortsättning av den som fördes för två veckor sedan.
		Mr President, it is indeed the case that today's debate is in effect a continuation of the one held two weeks ago.
4692	**bortkastad**	**lost**
	adj	Vi i parlamentet kan besluta om de mest utomordentliga regler och förordningar, men om dessa regler och förordningar inte genomförs och följs av medlemsstaterna är vår tid här bortkastad.
		We in Parliament can decide on the most outstanding rules and regulations, but if those rules and regulations are not implemented and complied with in the Member States, we are wasting our time here.
4693	**skingra**	**dispel**
	vb	I synnerhet, och för att skingra varje tvivel, innehåller avdelning IV i stadgan ingenting som medför rättigheter tillämpliga på Polen eller Förenade kungariket som kan bli föremål för rättslig prövning, utom i den mån Polen eller Förenade kungariket har föreskrivit sådana rättigheter i sin nationella lagstiftning.
		In particular, and for the avoidance of doubt, nothing in Title IV of the Charter creates justiciable rights applicable to Poland or the United Kingdom except in so far as Poland or the United Kingdom has provided for such rights in its national law.

4694 vantar
nn

gloves

En dag gissar jag att vi kommer att anta ett direktiv som tvingar barn att bära hjälm när de går ut, eller att bära vantar när det är kallt.

One day, I think, we will pass a directive forcing children to wear a helmet when they go out or to wear gloves when it is cold.

4695 notera
vb

note

Vidare måste man notera den koppling som finns mellan säljmål och tilldelning av produkter: säljmålen baseras inte bara på de bilar som en tillverkare kan producera, utan också på de marknadsstrategier som en tillverkare vill använda i de olika medlemsstaterna.

Moreover, the existence of a link between sales targets and product allocation has to be noted: sales targets are not only based on the cars which a manufacturer can produce, they are also based on the marketing strategies a manufacturer wishes to pursue in the different Member States.

4696 mejl
nn

e-mail

Tack för ditt mejl!

Thanks for your email!

4697 befriad
adj

exempt

Unionen skall vara befriad från alla tullar, förbud och restriktioner vad avser import och export av varor som är avsedda för tjänstebruk.

The Union shall be exempt from all customs duties, prohibitions and restrictions on imports and exports in respect of articles intended for its official use.

4698 oviktig
adj

unimportant

Då är det synd att om vi analyserar den undersökningen i detalj, så kan vi hitta en marginalanteckning som verkligen inte är oviktig och som säger ordagrant: " The real figure is estimated between 5.000 and 6.000 deaths per year due to alcohol."

However, it is a shame that, if we were to examine this study closely, we would find a marginal note, which is not really insignificant and says: "The real figure being estimated at between 5 000 and 6 000 deaths per year due to alcohol."

4699 paraply
nn

umbrella

Det bör fungera som ett paraply och täcka alla tänkbara samarbetsområden.

It should work as an umbrella, covering all possible fields of cooperation.

4700 fattigdom
nn

poverty

Etniska minoriteter kämpar mot fördomar och fattigdom.

Ethnic minorities struggle against prejudice and poverty.

4701 predikan
nn

sermon

Fortsätt, ge mig en predikan, Pablo.

Go on, preach me a sermon, Pablo.

4702 brottas
vb

wrestle

Även om denna relativa utveckling är nog så glädjande kan den inte dölja det faktum att de särskilda problem som dessa regioner brottas med kvarstår, näringlivets beroende av utvecklingen på en osäker marknad och ett skört socialt nätverk.

Encouraging as this growth may be, it does not, however, mask the specific handicaps which these regions face, the fact that their productive sectors are dependent on trends in unreliable markets, and the fragility of their social fabric.

4703 frigivning

release

nn Deras frigivning är ett bevis för betydelsen av internationell solidaritet.

Their release is proof of the importance of international solidarity.

4704 invadera — **invade**

vb Som tur är säger de inte att de skall invadera Nederländerna.

At least they have said that they will not invade the Netherlands.

4705 omtänksam — **thoughtful**

adj Hon var kunnig, hon var engagerad, hon var nästan alltid glad, och hon var omtänksam.

She was well–informed; she was committed; she was almost always happy; and she was considerate.

4706 mån — **measure; careful**

nn; adj Såsom generaladvokat Poiares Maduro nämligen med rätta påpekat i sitt förslag till avgörande i målet Marks & Spencer är det inre sammanhanget i det nationella skattesystemet avsett att bevara helheten i dessa system, vilkas utformning avgörs av medlemsstaterna, i den mån som den inre marknaden inte begränsas utöver vad som är absolut nödvändigt.(

As Advocate General Poiares Maduro stated in his Opinion in Marks & Spencer, compliance with the principle of cohesion of national tax systems serves to protect the integrity of those systems, whose organisation is a matter for the Member States, provided they do not impede the internal market more than is necessary.

4707 rikt — **richly**

adv Så sent som för hundra år sedan var rykten det enda Azerbajdzjan var oerhört rikt på, även om Baku var och fortsätter att vara ett av världens ledande centrum för oljeproduktion.

Even one hundred years ago, Azerbaijan was an incredibly rich country by reputation alone, although Baku was and continues to be one of the world's leading centres of oil production.

4708 åsyn — **sight**

nn Kan du bara försvinna ur min åsyn?

Can you get out of my sight?

4709 utflykt — **excursion|tour**

nn Anordnande, bokning och förmedling av resor och utflykter.

Arranging, booking and organising of travel and tours.

4710 korruption — **corruption**

nn I Aten handlade det om bristande budgetansvar och korruption inom den offentliga sektorn, medan Dublins skulder beror på våghalsig bankverksamhet.

Whereas with Athens, it was fiscal irresponsibility and public sector corruption, Dublin's debt is due to reckless banking.

4711 informerad — **informed**

adj Det är obegripligt varför just bankerna skulle vara ovetande om dessa diskussioner, särskilt eftersom varje företag i en EU–medlemsstat – oavsett anslutningstidpunkt – obestridligen är skyldigt att hålla sig informerad om gällande rätt (detta kan också tyda på skillnader i förhållande till nationell lagstiftning.

It is difficult to see why the banks in particular should have been unaware of these discussions, especially as every undertaking in an Member State of the Community, irrespective of the date of the accession of that country, is under an indisputable obligation to acquaint itself with the law in force, which may well differ in some respects from the domestic law.

4712 kupp — **coup**

nn	För det första genomförde de fyra proserbiska medlemmarna av Jugoslaviens presidentskap en kupp i oktober 1991.
	First, there was the coup in October 1991 by the four pro–Serb members of the collective presidency of the SFRY.

4713 hov — **hoof | court**

nn — De hatar dig från hovarna till spetsen på din högaffel.

They hate you from your hooves to the top of your pitchfork.

4714 vik — **bay**

nn — Du finner en vik där fenisierna lägger till.

You'll reach a cove where Phoenician ships dock.

4715 slum — **slum**

nn — Slum som t.ex. Cité Soleil är särskilt känslig för smittan på grund av mycket dåliga hygieniska förhållanden och dålig tillgång till rent vatten.

Slums such as Cité Soleil are especially prone to contagion due to very bad hygiene conditions and poor access to clean water.

4716 pinka — **pee**

vb — Du har varit väldigt aggressiv, jag går ingenstans tills du låtit mig pinka.

You've been very aggressive, and I'm not moving until you let me pee.

4717 entusiastisk — **enthusiastic**

adj — Till en början ville min familj inte höra något om min nyvunna tro, trots att jag var så entusiastisk.

Initially, despite my enthusiasm, my family refused to listen to me about my newfound beliefs.

4718 konvent — **convention**

nn — Talmanskonferensen ska utse medlemmar i parlamentets delegationer till konvent, konferenser eller liknande organ där företrädare för parlament ska ingå. Talmanskonferensen ska ge delegationerna mandat som står i överensstämmelse med relevanta parlamentsresolutioner.

The Conference of Presidents shall designate members of Parliament's delegation to any convention, conference or similar body involving representatives of parliaments and confer a mandate upon it that conforms to any relevant Parliament resolutions.

4719 förödande — **devastating**

adj — Jag talar på deras vägnar, och för mina egna skotska väljare, som har bett mig att ta upp frågan om hur människor behandlas efter den förödande jordbävningen.

I speak on their behalf, as well as that of my own Scottish constituents, who have asked me to raise their concerns about the issue of how people are being treated after the devastating earthquake.

4720 bekostnad — **expense**

nn — EESK vill endast understryka kravet på att den avsevärda kostnadsbesparing som detta skulle ge inte får ske på bekostnad av kvaliteten på den information som lämnas ut. Åtgärden skulle i så fall bli kontraproduktiv.

The EESC would just stress the need for the considerable cost saving which should ensue not to be achieved to the detriment of the quality of the information disclosed – otherwise the initiative would be counterproductive.

4721 folkmassa — **crowd**

nn — Var?– Allt man ser är en folkmassa.

You can't see anything but a crowd.

4722 förhoppning — **hope**

nn	Vad beträffar den belgiska handlingsplanen så hänvisar den uttryckligen till ingripande av den Europeiska socialfondens mål 4 med förhoppning om att öka möjligheterna till att utbildningen av arbetare för att främja anställbarheten och utveckla möjligheterna för livslångt lärande – planen stöder faktiskt detta synsätt.

The Belgian action plan refers explicitly to the intervention of the European Social Fund Objective 4 with a view to increasing the possibilities for training for workers to promote employability and to develop possibilities for lifelong learning. The plan actually supports that point of view. |

4723 isolerad   **isolated**

adj

Under sådana omständigheter kan skada anses föreligga även då en större del av den sammanlagda unionsindustrin inte vållats någon skada, under förutsättning att den subventionerade importen är koncentrerad till en sådan isolerad marknad och att den subventionerade importen vållar skada för de producenter som står för hela eller nästan hela produktionen inom en sådan marknad.

In such circumstances, injury may be found to exist even where a major portion of the total Union industry is not injured, provided that there is a concentration of subsidised imports into such an isolated market and provided further that the subsidised imports are causing injury to the producers of all or almost all of the production within such a market.

4724 otålig   **impatient**

adj

Och alltid otålig att förinta nästa offer.

Always eager to consume his next victim.

4725 sorgsen   **sad | sorrowful**

adj

Slutligen, under det femte korståget – under belägringen av Damietta i Egypten – när han var sorgsen över korsfararnas uppträdande, sa han "Jag har sett ondska och synd".

Finally, during the fifth crusade – during the siege of Damietta in Egypt – saddened as he was by the behaviour of the crusaders, he said 'I have seen evil and sin'.

4726 vass   **sharp | edgy; reed**

adj; nn

Min kniv är vass.

My knife is sharp.

4727 kurva   **curve**

nn

Han kör genom kurva 19.

Here he comes through turn 19.

4728 auktoritet   **authority**

nn

I de skäl som lagts fram i ansökan om att upprätta denna byrå anges att den måste få en bredare auktoritet för att EU:s mål ska kunna uppnås, däribland en gemensam utrikespolitik.

The grounds for the application to establish the Agency state that it needs to be given broader authority to enable it to implement the aims of the EU, a common foreign policy included.

4729 regemente   **regiment**

nn

Mina hål är så långt från varandra att ett regemente kan passera obemärkt.

My holes are far enough apart you could run a regiment through and never see it!

4730 patriot   **patriot**

nn

Ni som patriot måste förstå det.

Being a patriot, I'm sure you understand.

4731 gummi — **rubber**

nn

Föredraganden nämner "plastsörjan", den drivande massan av plast och gummi i Stilla havet, och pekar på något som beskrivs som ett växande problem i Atlanten med drivande fiskenät.

The rapporteur mentions the 'plastic soup', the drifting mass of plastic and rubber in the Pacific Ocean, and notes what is described as an increasing problem in the Atlantic Ocean of lost fishing nets.

4732 primitiv — **primitive**

adj

Archaeopteryx, som är en fågel, en primitiv fågel, hade fortfarande den mycket primitiva handen.

Archaeopteryx, which is a bird, a primitive bird, still has that very primitive hand.

4733 husse — **master**

nn

Ja, husse älskar Fifi!

Yeah, master loves himself some Fifi!

4734 kemisk — **chemical**

adj

Det skulle kunna inträffa en kemisk olycka, en kemisk katastrof, i dag eller i morgon bitti.

There could be a chemical hazard, a chemical disaster, today, or tomorrow morning.

4735 kritisk — **critical|crucial**

adj

Det finns dock en kritisk nivå för beståndens fortlevnad.

However, there is a crucial level for the survival of the stocks.

4736 uggla — **owl**

nn

Ugglefjärilar har stora fläckar på vingarna som liknar ögonen på en uggla och som förgyller deras annars matta bruna vingar.

The dull owl butterflies have huge owllike eyespots to brighten up their brown attire.

4737 drift — **service|running**

nn

Syftet med denna förordning är att öka säkerheten vid skötsel och drift av ro–ro–fartyg samt att effektivare förebygga miljöförstöring vid reguljär trafik till eller från hamnar i Europeiska gemenskapen, genom att säkerställa

The purpose of this Regulation is to enhance the safe management, operation, and pollution prevention of ro–ro ferries operating to or from ports of the European Community on a regular service by ensuring:

4738 vandrande — **wandering|migratory**

adj

Kommissionen har lagt fram sitt förslag till förordning om tekniska åtgärder för att avhjälpa situationen för vissa bestånd av ständiga vandrande arter.

The Commission has presented its proposal for a regulation establishing technical measures to correct the situation of certain populations of highly migratory species.

4739 ångest — **anxiety**

nn

MJA pekar på fler fördelar för dem som har en andlig livssyn: "Studier i Australien har visat på stabilare äktenskap, mindre missbruk av alkohol och droger, lägre självmordsfrekvens, en mer negativ syn på självmord, mindre ångest och färre depressioner och större altruism bland religiösa."

Identifying other benefits for those who have a spiritual outlook on life, MJA says: "Australian studies have found greater marital stability, less alcohol and illicit drug use, lower rates of and more negative attitudes toward suicide, less anxiety and depression, and greater altruism among the religious."

4740 evakuering — **evacuation**

	nn	Evakueringen borde ha börjat.
		The evacuation should be under way.
4741	**borg**	**castle|bond**
	nn	Ingen säkerhet, borgen eller deposition, oavsett dess benämning, får krävas som garanti för betalning av kostnader och avgifter vid förfaranden om underhållsskyldighet.
		No security, bond or deposit, however described, shall be required to guarantee the payment of costs and expenses in proceedings concerning maintenance obligations.
4742	**kreativ**	**creative**
	adj	Vilken kreativ idé!
		What a creative idea!
4743	**statlig**	**state**
	adj	Krigsförbrytelser bör angripas med samma beslutsamhet, metoder och effektivitet på statlig och lokal nivå.
		War crimes should be pursued with equal determination, means and efficiency at both State and local level.
4744	**frekvens**	**frequency**
	nn	Ju högre frekvens desto finare känslighet, men också kortare räckvidd.
		The higher the frequency the finer the sensitivity, but the shorter the range.
4745	**klump**	**lump**
	nn	Ej hydrolyserat lecitin bildar en tydlig klump på ca 50 g.
		Non–hydrolysed lecithin will form a distinct mass of about 50 g.
4746	**symptom**	**symptom**
	nn	Det var ett tråkigt symptom på en bristande förmåga att utbyta information och verkställa beslut.
		It was sadly symptomatic of a lack of ability to share information and execute decisions.
4747	**ensamstående**	**detached**
	adj	Europaparlamentet beklagar att socialpolitikens effektivitet när det gäller att minska fattigdom sjönk med nästan 50 procent 2012 jämfört med 2005 i hushåll med endast en vuxen, något som främst omfattar änkor och ensamstående mödrar. Parlamentet finner det också oroande att socialpolitiken i vissa medlemsländer bara är en tredjedel så effektiv som det europeiska genomsnittet. Parlamentet uppmanar därför medlemsstaterna att stärka det sociala skyddet vid arbetslöshet som ett sätt att bekämpa den växande fattigdomen, framför allt bland kvinnor.
		Finds it regrettable that the effectiveness of social policies in reducing poverty fell by almost 50 % in 2012 compared with 2005 in homes with just one adult, a situation which includes most widows and single mothers; is also concerned that the effectiveness of the social policies implemented in certain Member States amounts to only one third of the European average; calls, therefore, on Member States to strengthen social policies which target in particular the unemployed, in order to tackle rising poverty, especially among women;
4748	**sökare**	**seeker**
	nn	Visa in sökanden, tack.
		Show the petitioners in, please.
4749	**sydväst**	**southwest**
	nn	Danmark är sydligast av de nordiska länderna och ligger sydväst om Sverige och söder om Norge.

Denmark is, among the Nordic countries, the southernmost, and is to the southwest of Sweden and south of Norway.

4750	**pir** *nn*	**pier|jetty** Horatio sa att offret vid piren hade samma typ av märken. *Horatio said that the victim at the jetty had the same thing.*

4751 **lyx**
nn
luxury
Ibland kan man unna sig lite lyx.
Sometimes you can indulge yourself in some luxury.

4752 **melodi**
nn
melody\|chant
Europaparlamentet påpekar att utbildning är det viktigaste verktyget för försoning. Parlamentet anser att den unga generationen i Bosnien och Hercegovina bör göra upp med det förflutna och dra lärdom av det, vilket unga människor gjorde i Europa efter andra världskriget. Framtidens melodi är att avskaffa skiljelinjerna, främja en ömsesidig förståelse och stärka solidariteten, toleransen, demokratin, de mänskliga rättigheterna och jämställdheten bland landets medborgare.
Points out that education is the primary vehicle for reconciliation; considers that the young generation in BiH should come to grips with the past and learn from it, as did young people in Europe after World War II, that the future lies in overcoming divisions, promoting mutual understanding and furthering the values of solidarity, tolerance, democracy, human rights and equality among the citizens of the country;

4753 **stråla**
vb
beam
Det kommer att få oss att stråla av självrättfärdighet.
It will give us a glow of self–righteousness.

4754 **kungarike**
nn
kingdom
Och den viktigaste av alla förträffliga gärningar är att lovprisa Jehova genom att predika de goda nyheterna om hans kungarike.
And the most important of all fine works is to praise Jehovah by preaching the good news of his Kingdom.

4755 **ungkarl**
nn
bachelor
Hur känns det att vara Gothams mest eftertraktade ungkarl?
Edward, how does it feel to be the city's newest, most–eligible bachelor?

4756 **diagnos**
nn
diagnosis
Tillräckliga kunskaper om orsaker, art, förlopp, följder, diagnos och behandling av sjukdomar hos djur, vare sig det gäller enskilda djur eller besättningar, inklusive särskilda kunskaper om de sjukdomar som kan överföras till människan.
Adequate knowledge of the causes, nature, course, effects, diagnosis and treatment of the diseases of animals, whether considered individually or in groups, including a special knowledge of the diseases which may be transmitted to humans.

4757 **röntgen**
nn
X-ray
Vi måste ha röntgat honom hundra gånger
We must have X-rayed him a hundred times.

4758 **lite grann**
adv; prn
just a trifle; some
Om man äter lite grann, hälften ungefär, då vill man ha den styrkan.
So if you're eating a small amount, half a can, you want that strength.

4759 **vitamin**
nn
vitamin
Han ger hälften av dem vitamin C. Han ger hälften av dem vitamin B12.

He gives half of them vitamin C. He gives half of them vitamin B12.

4760	**fjädra**	**spring**
	vb	Fjädra lite!
		Put some spring into it!
4761	**laboratorium**	**laboratory**
	nn	Jag har talat om parlamentet som ett laboratorium för överstatlig demokrati.
		I have spoken of this Parliament as a laboratory for supranational democracy.
4762	**spik**	**nail**
	nn	Han skadade sig på en rostig spik.
		He hurt himself on a rusty nail.
4763	**arbetande**	**working**
	adj	Man måste betala en arbetande polisman.
		I mean, you got to give a working police his due.
4764	**livlig**	**lively|brisk**
	adj	Diskussionen har också varit mycket livlig här – och inte bara här – när det har handlat om licensiering av nanomaterial och naturligtvis om avlägsnande av carcinogent material från kosmetiska produkter.
		There has also been a very lively discussion here – and not only here – on licensing nanomaterials and of course the elimination of carcinogenic materials from cosmetic products.
4765	**motsatt**	**opposite|opposed**
	adj	I motsats till vad dessa användare hävdade lämnades ingen sådan begäran in till kommissionen.
		In contrast to what was claimed, no such request was submitted to the Commission.
4766	**bäck**	**stream**
	nn	Om en fisk hittas död i en bäck, sjö eller en inrikes vattenled någonstans i Europeiska unionen blir det krig; någon dras inför domstol och folk dras inför rätta.
		If one fish is found dead in a stream, lake or inland waterway anywhere in the European Union, there is war; someone is taken to court, and people are brought to justice.
4767	**dansgolv**	**dance-floor**
	nn	Jag ska ta med dig ut ur klassrummet, till ett riktigt dansgolv.
		I'm draggin ' your ass out of class and onto a real dance floor.
4768	**blus**	**blouse**
	nn	Tröja, blus, du bär upp den bra.
		Sweater, blouse, you wear it well.
4769	**kommendörkapten**	**commander**
	nn	Varför blev du kommendörkapten?
		Why did you decide to become Commander?
4770	**rättfärdig**	**righteous**
	adj	Var och en har rätt till fysisk och mental integritet.
		Everyone has the right to respect for his or her physical and mental integrity.
4771	**husrannsakan**	**search**
	nn	Med stöd av paragraf 2 gör vi husrannsakan med Spindlar.
		Under authority of P. C. section 2, we are deploying Spyders into your complex to search it.

4772 smärtstillande

nn; adj

painkiller; analgesic

Ekonomiskt smärtstillande medel av detta slag kommer inte att minska vårt folks sociala lidande.

Economic analgesics of this kind will not ease the social suffering of our people.

4773 tills vidare

adv; adj

until further notice; for the time being

Jag planerar att bo på hotell tills vidare.

For the time being, I intend to stay at a hotel.

4774 intakt

adj

intact

Det offentliga utbildningssystemet förblir alltså intakt.

The public education system will therefore remain intact.

4775 förmån

nn

benefit|favor

Detta anslag är avsett att täcka kostnaden för projekt till förmån för minoriteter som centrumet genomför i samarbete med EU eller internationella organisationer.

This appropriation is intended to cover the cost of projects of the Centre in favour of minorities, in cooperation with EU or international organisations.

4776 majonnäs

nn

mayonnaise

Majonnäs och senap, majonnäs av vitlök och olja!

Mayonnaise and mustard, garlic mayonnaise!

4777 fristad

nn

sanctuary

Vad jag saknar i detta betänkande är ett tillkännagivande att en seger över talibanerna kräver en strategi gentemot Pakistan, vars territorium fortsätter att vara en fristad för terrorister. Alla vet att Pakistan ger logistikstöd till dessa terrorister.

What I do miss in this report is a statement that victory over the Taliban requires a strategy with respect to Pakistan, whose territory continues to be a safe haven for terrorists: everyone knows that it gives logistical support to those terrorists, as became evident again yesterday in the attack on the Indian Embassy in Kabul.

4778 tryckt

adj

printed

En dålig bok är dålig, oavsett tryck- eller papperskvalitetet.

A bad book is bad, however good the print quality or the paper.

4779 maximal

adj

maximum

Om effekten skall vara maximal är en utvidgning av funktionsområdet önskvärd.

If the effect is to be maximised, the scope needs to be extended.

4780 betvivla

vb

doubt

Det råder det ingen tvekan om, och vi har ingen anledning att betvivla det.

This is guaranteed; we have no reason to doubt it.

4781 förklädnad

nn

disguise

När det gäller innehållet får vi inte låta oss bedra av detta nya enorma kravs "förklädnad" Det gäller inte bara att ge ytterligare finansiella medel till en oberoende institution i syfte att tillämpa en effektiv penningpolitik till förmån för medlemsstaterna, utan också att indirekt ge ytterligare resurser till förmån för en teknokratisk struktur för att göra det möjligt för den att finansiera allt större funktionsbehov.

Secondly, with regard to the content, the 'dressing up' of this new exorbitant demand should not fool us. It is not simply a question of giving more financial resources to an independent institution so that it can apply an effective monetary policy which benefits the Member States, but also of, indirectly, creating additional resources for a technocratic structure so that it may finance its ever greater operational needs.

4782	**småsak**	**side issue**
	nn	Den här gången blir det bara en småsak.
		This time it's just gonna be a trifling matter.

4783	**besparing**	**conservation**
	nn	Effektivitet och besparing: det är inte en kostnad, det är en vinst.
		Efficiency and conservation: it's not a cost; it's a profit.

4784	**smickrande**	**flattering**
	adj	Den positiva bedömningen bekräftades nyligen genom en mycket smickrande kommentar från revisionsrätten om det snabba och effektiva sätt på vilket byrån hittills har arbetat.
		This positive assessment was confirmed recently by a very complimentary remark by the Court of Auditors about the prompt and effective way in which the Agency has carried out its work to date.

4785	**användbar**	**useful|usable**
	adj	Min ordbok är mycket användbar.
		My dictionary is very useful.

4786	**anbud**	**supply|offer**
	nn	Debatten om anbud och inköp skall utgå från en rad fakta.
		The debate on supply and demand must be based upon a number of facts.

4787	**väsnas**	**make noise**
	vb	Jag beordrade ungarna att vara tysta, men de fortstatte att väsnas.
		I ordered the children to stay quiet, but they kept on making noise.

4788	**förfogande**	**disposal**
	nn	Ordförandeskapet behöver Europaparlamentet och står därför till dess förfogande.
		The Presidency needs the European Parliament and is therefore at its disposal.

4789	**mosa**	**mash|pulp**
	vb	Eller åtminstone inte skulle försöka mosa dem med ett tåg.
		Or at least wouldn't try to flatten them with a train.

4790	**ögonbryn**	**eyebrow**
	nn	Men Kinsey intervjuade även en kvinna som kunde få orgasm genom att någon strök hennes ögonbryn.
		But also Kinsey interviewed a woman who could be brought to orgasm by having someone stroke her eyebrow.

4791	**skarp**	**sharp**
	adj	Detta står i skarp kontrast till Förenta staternas engagemang i denna del av världen.
		This contrasts sharply with the United States' efforts in that part of the world.

4792	**observation**	**observation**
	nn	Forskning och observation.
		Research and monitoring.

4793	**destination**	**destination**
	nn	Libyen kommer troligtvis att bli en destination för massdeportationer av invandrare.
		Libya is likely to become a mass deportation destination for migrants.

4794	**jämförelse**	**comparison**

nn

Jag tänker på de asiatiska tigrarna i jämförelse med de sydasiatiska länderna.

I am thinking of the Asian tigers compared with the Southern Asian countries.

4795 förutse   **foresee**

vb

I detta skäl anges att "[e]nhetliga regler bör öka möjligheten att förutse hur domstolarna kommer att döma och garantera rimlig avvägning mellan de intressen som den vars ansvar görs gällande och den skadelidande har."

According to that recital, '[u]niform rules should enhance the foreseeability of court decisions and ensure a reasonable balance between the interests of the person claimed to be liable and the person who has sustained damage ,'.

4796 krävande   **demanding**

adj

Är jag för krävande?

Am I too demanding?

4797 baklucka   **trunk**

nn

Jag har legat i bakluckor.

I've been sleeping in the trunks of cars.

4798 säd   **grain|seed**

nn

I de nordliga regionerna måste all säd torkas i särskilda torkar eftersom vattenhalten vid skörden ännu kan uppgå till 30 %.

In northern regions, the entire grain harvest must be dried in special dryers, since its moisture content at harvest may be as high as 30 %.

4799 real   **real; real**

adj; nn

Det är därför mycket sannolikt att 2005 års underskott kommer att bli lägre än den nuvarande uppdateringens beräknade underskott i de offentliga finanserna för 2005 på 1,5 % av BNP (baserat på en BNP-tillväxt i reala termer på 8,4 %).

Hence, the 2005 deficit outturn is very likely to be lower than the present update's estimated general government deficit for 2005 of 1.5% of GDP (based on real GDP growth of 8.4%).

4800 huvudroll   **lead**

nn

Europa borde spela en huvudroll i den nya politiska fas som inletts efter de senaste tragiska händelserna.

Europe must take the lead in the new political phase which has opened after the recent tragic events.

4801 flora   **flora**

nn

Nigerdeltat, vars flora och fauna en gång var bland de vackraste i världen, har kommit att bli en riktig avfallshög.

The Niger Delta, the flora and fauna of which were once among the most beautiful in the world, has become a veritable dump.

4802 album   **album**

nn

Det här blir hennes tredje album.

This will be her third album.

4803 irritera   **irritate**

vb

Och ni fäder, irritera inte era barn, utan fortsätt att uppfostra dem i Jehovas tuktan och allvarliga förmaning."

And you, fathers, do not be irritating your children, but go on bringing them up in the discipline and mental–regulating of Jehovah."

4804 ambition   **ambition**

nn

Däremot delar vi inte föredragandens ambition att inrätta ytterligare en EU–mekanism för fördelning av ekonomiskt stöd.

However, we do not share the rapporteur's ambition to set up a further EU mechanism for distributing financial assistance.

4805	**berömmelse**	**fame**

nn

Men ibland, när vi jagar berömmelse och tittarsiffror – – glömmer vi vårt löfte.

But sometimes, in the mad race for glory and ratings, we forget our promise.

4806	**måtte**	**must**

vb

Du måtte verkligen älska henne.

My, my, you must really love her.

4807	**handläggning**	**dealing**

nn

Det tekniska stödet omfattar åtgärder som rör förberedelser, övervakning, utvärdering, kontroll och handläggning och som krävs för genomförandet av Europeiska socialfonden.

Technical assistance covers preparatory, monitoring, evaluation, supervision and management measures required for implementation of the ESF.

4808	**felaktig**	**incorrect**

adj

Om det är en felaktig beskrivning eller felaktig terminologi, så är det beklagligt.

If the wrong description or wrong terminology is used then that is unfortunate.

4809	**därav**	**thereby**

adv

Därav framgår att "projekt av gemensamt intresse ska bidra till utbyggnaden av det transeuropeiska transportnätet genom skapande av ny transportinfrastruktur, genom återställande och uppgradering av befintlig transportinfrastruktur".

It is evident from these that '[p]rojects of common interest shall contribute to the development of the trans–European transport network through the creation of new transport infrastructure, through the rehabilitation and upgrading of the existing transport infrastructure'.

4810	**trilla**	**roll**

vb

Än i dag hjälper bibliska tankar mig att inte trilla ner i en negativ tankespiral.

And to this day, thoughts from the Bible keep my thinking from spiraling downward.

4811	**stick**	**prick|thrust**

nn

Jag tänker på Shakespeares Shylock; "Om ni sticker oss, blöder vi inte? Om ni kittlar oss, skrattar vi inte?"

I think of Shakespeare's Shylock: "If you prick us, do we not bleed, and if you tickle us, do we not laugh?"

4812	**fiske**	**fishing**

nn

Fiske av tonfisk hör till de typer av fiske som drabbas svårast av denna olagliga praxis.

Tuna fishing is one of the types of fishing worst affected by these illegal practices.

4813	**riksförbund**	**national association**

nn

I samarbete med BR (Bussbranschens Riksförbund) arrangeras ett flertal seminarier och debatter.

Several seminars and debates will be arranged in association with BR (Swedish Bus & Coach Federation).

4814	**bomull**	**cotton**

nn

Tre möjligheter anges för socker, men bara en för olivolja, tobak och bomull.

There is no point in awarding subsidies for ships to be built only then to pay
to have them scrapped.

4815	**pojkvän** *nn*	**boyfriend**

Jag är Marys pojkvän.
I'm Mary's boyfriend.

4816	**konstverk** *nn*	**artpiece**

"Medlemsstaterna skall för leveranser av begagnade varor, konstverk,
samlarföremål och antikviteter som görs av beskattningsbara återförsäljare
tillämpa en särskild ordning för beskattning av den beskattningsbara
återförsäljarens vinstmarginal i enlighet med bestämmelserna i detta
underavsnitt."
'In respect of the supply of second–hand goods, works of art, collectors'
items or antiques carried out by taxable dealers, Member States shall apply
a special scheme for taxing the profit margin made by the taxable dealer, in
accordance with the provisions of this Subsection.'

4817	**avslag** *nn*	**rejection**

Om det vid utgången av denna tidsfrist ännu inte har lämnats något svar, ska
detta anses vara ett tyst avslag som kan överklagas enligt punkt.
If at the end of that period no reply to the complaint has been received, this
shall be deemed to constitute an implied decision rejecting it, against which
an appeal may be lodged under paragraph.

4818	**friskt** *adv*	**freshly**

När åsnorna är på väg till marknaden på morgonen med sin tunga packning
kan de trava på ganska friskt.
On their way to market in the morning carrying their heavy loads, donkeys
may trot at quite a speed.

4819	**beröring** *nn*	**touch|contiguity**

I "All Shook Up", är en beröring inte en beröring, istället är det en rysning.
In "All Shook Up," a touch is not a touch, but a chill.

4820	**original** *nn*	**original**

Utfärdat i Bryssel den 26 juni 1999 på engelska och franska språken, vilka
båda texter är lika giltiga, i ett enda original som skall deponeras hos rådets
generalsekreterare, vilken skall överlämna bestyrkta kopior till samtliga
enheter som avses i artikel 8.1 i tillägg I till detta protokoll.
Done at Brussels, this twenty–sixth day of June nineteen hundred and
ninety–nine, in the English and French languages, both texts being equally
authentic, in a single original which shall be deposited with the Secretary–
General of the Council who shall transmit certified copies to all the entities
referred to in paragraph 1 of Article 8 contained in Appendix I to this
Protocol.

4821	**näringsminister** *nn*	**Minister for Enterprise and Energy**

Den 24 december 2003 inledde Italiens näringsminister ett extraordinärt
förfarande mot Parmalat SpA och utsåg Enrico Bondi till extraordinär
förvaltare för detta bolag.
On 24 December 2003 Parmalat SpA was admitted to extraordinary
administration proceedings by the Italian Ministry of Production Activities,
who appointed Mr Bondi as the extraordinary administrator of that
undertaking.

4822	**smuggla** *vb*	**smuggle**

I vissa fall skall det humanitära uppdraget ha tjänat som täckmantel för att
smuggla vapen åt UCK.
In some cases, humanitarian aid was used as a front for arms trafficking by
the KLA.

4823	**visning**	**viewing | exhibition**
	nn	Här växlar du mellan visning av namn på fältkommandon och deras innehåll.
		Use this command to switch between the display of field names or contents.
4824	**betydligt**	**considerably | meaningly**
	adv	Även om det föreligger en hög nivå av överföringar från 2012 till 2013, förväntas betydande framsteg eftersom förfallna överföringar kommer att minskas betydligt från 45 procent (2011 års överföringar) till uppskattningsvis 13 procent (2012 års överföringar).
		Although there is a high level of carry–overs from 2012 to 2013, significant progress is expected since cancellations of carry–overs will be considerably reduced from 45 % (2011 carry–overs) to estimated 13 % (2012 carry–overs).
4825	**onödigt**	**unnecessarily**
	adv	Därför är detta ändringsförslag onödigt och texten bör i alla händelser inte i föras in i artikel 8.3.
		It follows that this amendment is unnecessary, and in any case misplaced in Art 8(3).
4826	**förgifta**	**poison | drug**
	vb	iIbland kan de förgifta varandras barn.
		Sometimes they can even poison each other's children.
4827	**överstelöjtnant**	**lieutenant-colonel**
	nn	Övriga uppgifter: Integrerad i FARDC 2009 som överstelöjtnant, brigadbefälhavare i FARCD:s Kimia II–operationer, baserad i Ngungu–området.
		Other information: Integrated in the FARDC in 2009 as a Lieutenant Colonel, brigade commander in FARDC Kimia II Ops, based in Ngungu area.
4828	**parkerad**	**parked**
	adj	För det stora flertalet av dessa aktiviteter krävs mycket utrustning som ibland tar tid att förflytta och är tung (som dragfordonen för att flytta flygplanen) och måste vara parkerad i närhet av uppställningsplatserna för flygplanen och som, till skillnad från vad som har angivits, inte kan vara parkerad vid de gamla armébarackerna, dvs. utanför det område som är reserverat för flygplatsen och på andra sidan av en kraftigt trafikerad väg.
		Most of these operations require a large number of pieces of equipment, some of them slow and heavy (such as pusher tugs), which have to be parked near the aircraft positions and cannot, as has been suggested, be parked near the old army huts, i.e. outside the airport's reserved area and on the far side of a busy road.
4829	**vits**	**pun | joke**
	nn	Ingen i Europa skulle dra denna vits och hänvisa till kilojoule.
		Nobody anywhere in Europe would tell this joke using kilojoules.
4830	**förvara**	**store**
	vb	Gör säkerhetskopior av certifikaten och förvara dem på ett säkert ställe.
		You should make a copy of your certificates and keep them in a safe place.
4831	**handikappad**	**disabled**
	adj	Varje handikappad person , har , rätt till bidrag , .
		Every severely handicapped person , is entitled to , a special allowance , .
4832	**isolera**	**isolate | clothe; sequester**

vb; nn

Det är därför mycket svårt att isolera projekt som enbart är inriktade på turism.

It is therefore very difficult to isolate purely tourist projects.

4833 flinga — **flake**

nn

Det är inte flingor.

It's not corn-flakes.

4834 innehav — **holding**

nn

Investerarna har inga materiella rättigheter som skulle kunna påverka fondförvaltarens beslutsbefogenheter, men kan inom vissa fastställda gränser lösa in sitt innehav.

The investors do not hold any substantive rights that would affect the decision–making authority of the fund manager, but can redeem their interests within particular limits set by the fund.

4835 lem — **limb**

nn

Det får inte förekomma fall där man återsänder människor till tredjeländer där deras liv eller lem kommer att vara i fara.

There can be no case for returning people to third countries where their life or their limbs will then be in danger.

4836 profetia — **prophecy**

nn

Jag tillåter mig att inleda med en profetia: Den nuvarande kommissionen kommer nog inte att överleva nyåret 2004.

Madam President, allow me to begin with a prediction: the present Commission will scarcely survive into 2004.

4837 joint — **joint**

nn

Ett samarbete som inte inbegriper ett avtal om att skapa ett gemensamt bestämmande inflytande är inte ett joint venture i den betydelse som avses i denna standard.

Activities that have no contractual arrangement to establish joint control are not joint ventures for the purposes of this standard.

4838 fax — **fax**

nn

Välj faxdrivrutin i kombinationsfältet Fax och stäng dialogrutan med OK.

Select the Fax combo box of your fax driver and close the dialog by clicking OK.

4839 playboy — **playboy**

nn

För många alternativ. Vara en astronaut eller playboy.

Yeah, too many options– be an astronaut, be a playboy.

4840 brevbärare — **postman**

nn

Ja, och sen kan vi bilda allians med brevbäraren på samma gång!

Why don't we go ahead and make an alliance with the mailman?

4841 förrgår — **the day before yesterday**

adv

Ett beslut från kommissionen gällande åtta olika statliga stöd, som anmälts från belgisk sida, antogs i förrgår.

A Commission resolution for eight different state subsidies, which were announced and notified by the Belgian authorities, was passed the day before yesterday.

4842 lätta — **ease|lighten**

vb

Marys meningar är lätta att översätta.

Mary's sentences are easy to translate.

4843 städerska — **cleaner**

nn

Sedan den 25 mars 2004 arbetade María Socorro Martín Valor som städerska för CLECE i enlighet med detta avtal.

*Pursuant to that contract, Mrs Martín Valor was employed by CLECE as a
cleaner from 25 March 2004.*

4844	**svärmor**	**mother-in-law**

nn

Jag var hänvisad till att föreslå att hon skulle skänka det till sin svärmor.

I was reduced to suggesting that she give it to her mother–in–law.

4845	**omtanke**	**consideration**

nn

När jag ser tillbaka och tänker på alla de välsignelser som Jehova har gett
mig känner jag mig manad att säga som psalmisten: "Välsigna Jehova, , han
som förlåter all din missgärning, som botar alla dina sjukdomar, som
återkräver ditt liv från gravens djup, som kröner dig med kärleksfull
omtanke och barmhärtighet."

*Now when I look back and reflect on all the blessings Jehovah has bestowed
upon me, I feel moved to say as the psalmist did: "Bless Jehovah, . . . him
who is forgiving all your error, who is healing all your maladies, who is
reclaiming your life from the very pit, who is crowning you with loving–
kindness and mercies."*

4846	**blank**	**smooth|blank**

adj

Min skrivare skriver ut en blank sida efter varje dokument.

My printer prints a blank page after every document.

4847	**mjöl**	**flour**

nn

Andra slag, inbegripet ätbart mjöl av kött eller slaktbiprodukter.

Other, including edible flours and meals of meat or meat offal.

4848	**kännedom**	**knowledge**

nn

Personer som genomgår fortbildning om säkerhetsfrågor ska kunna visa att
de har kännedom om alla frågor som avses i punkt 1 innan de erhåller
tillstånd till oeskorterat tillträde till behörighetsområden.

*Each person undergoing security awareness training shall be required to
demonstrate understanding of all subjects referred to in point 1 before being
issued with an authorisation granting unescorted access to security
restricted areas.*

4849	**uppfyllelse**	**compliance**

nn

Dessutom drabbas företag av tunga administrativa bördor och höga
kostnader för uppfyllelse av skattskyldighet.

*Moreover, businesses are faced with heavy administrative burdens and high
tax compliance costs.*

4850	**anstränga**	**strain|extend**

vb

Om vi vill minska klimatförändringarna och mildra de överhängande
allvarliga konsekvenserna måste vi alla anstränga oss för att uppnå de
målsättningar vi har ställt upp.

*If we are to slow down climate change and mitigate its impending serious
consequences we must all direct our efforts towards achieving the objectives
that we have set.*

4851	**skinande**	**shiny**

adj

När Columbus första gången besökte Hispaniola 1492, gav han ett pärlband
av skinande bärnstenar till en ung hövding.

*When Columbus first visited Quisqueya in 1492, he presented a young island
chief with a strand of shiny amber beads.*

4852	**pulver**	**powder**

nn

Figur: Principiell utformning av en konstruktion med gummigranulat/pulver.

Figure: Schematic design of a structure with rubber granules / powder.

4853	**sändebud**	**envoy**

nn

Unionens särskilda sändebud Aldo Ajello försöker på plats hjälpa till att finna en lösning på den pågående konflikten. Kommissionen stöder också åtgärder för att finna en lösning på konflikten.

The EU's Great Lakes envoy, Mr Aldo Ajello, has been criss–crossing the region to facilitate the search for a solution to the conflict and the Commission is also supporting action to that end.

4854 **nedlåtande**

adj

condescending

Du behöver inte prata så nedlåtande till mig.

You know, you don't have to talk down to me.

4855 **fras**

nn

phrase

Jag vill avsluta med en klassisk fras: " Vänner av Platon, men ännu större vänner av sanningen" .

I should like to end by adapting a traditional saying: ' Friends of Plato, but friends of the truth even more' .

4856 **studsa**

nn; vb

bounce; bounce

Ursäkta om jag frågar, men skulle du vilja studsa lite med mig?

Pardon me for askin ', but you wouldn't happen to be interested, in doin ' a bit of bouncin ' with me, would ya?

4857 **genetiskt**

adj

genetic

Det är uppenbart att genetisk modifiering inte är en lek – riskerna är enorma.

It is obvious that genetic modification is not a game, the risks are huge.

4858 **oändligt**

adv

interminably

Jag ser det på samma sätt som Costa Ricas stora poet, Jorge Debravo, uttrycker det: "Framför allt är det underbart att veta att vi har makt att blåsa liv i de mest avlägsna ting som vi berör och vidga horisonterna utanför våra gränser, eftersom allt det vi ser blir oändligt, liksom vi."

I think, as the greatest Costa Rican poet, Jorge Debravo, said, 'it is wonderful, above all, to know that we have the power to bring to life the most remote things that we touch, to expand our horizons and not see any edges, because all the things that we see become, along with us, infinite'.

4859 **psykisk**

adj

psychological | psychic

Personer som har allvarliga funktionshinder av fysisk, mental eller psykisk art men som ändå kan delta på arbetsmarknaden.

Persons with serious disabilities which result from physical, mental or psychological impairments but who are capable of entering the labour market.

4860 **solglasögon**

nn

sunglasses

Pincenéer, Solglasögon, Glasögon, Ögonskärmar och glasögonartiklar.

Spectacles, sunglasses, eye glasses, eye shades and eyewear.

4861 **avlopp**

nn

drain

Herr talman, den flod jag talar om är inte ett avlopp utan ett Natura 2000– område, ett äkta våtmarksområde.

The river I am speaking of is not a sewer, Mr President, but a Natura 2000 site, a genuine river wetland.

4862 **festival**

nn

festival

Vi bygger på bra med meriter på denna festival— för att ge dräkter och Ong Bak till munkarna— som är en skyddsikon för våran by.

We are gathering for good merit at this festival, to give robes to the monks, and Ong– Bak, who is the protective icon for the well– being of our village.

4863 **på något vis**

adv

somehow

Den enda nackdelen är att kärnkraften på något vis har smugit sig in.

Its only drawback is that the production of nuclear energy has somehow crept in.

4864	**rop**	**cry|clamor**
	nn	

De mänskliga rättigheterna kränks varje dag, och ändå finns det personer här i parlamentet som stöder denna korrupta och ondskefulla regim. I likhet med de europeiska företag som fortsätter att göra affärer med Iran vill de inte se och inte höra de förtrycktas rop på hjälp.

The abuse of human rights is a daily fact of life, and yet we have people in this Parliament who support this corrupt and evil regime: just like those European companies which continue to do business with Iran, their eyes and ears are closed to the screams of the oppressed.

4865	**forn**	**former**
	adj	

För att ge en bild av konsumtionen av panellets i staden Barcelona räcker det med att konstatera att redan år 1920 köpte el Forn de Sant Jaume (ett av staden Barcelonas mest anrika konditorier) tusen kilo skalade pinjenötter enbart för framställning av panellets med pinjenötter.

To give an idea of the consumption of panellets in the city of Barcelona, suffice to say that already in 1920, the Forn de Sant Jaume (Saint James Bakery) (one of the most prestigious bakeries in the city of Barcelona) bought a thousand kilos of peeled pine–nuts to make only the pine–nut panellets.

4866	**frestande**	**tempting; tantalizing**
	adj; nn	

Det är sannerligen frestande att ge sig in i denna diskussion.

Mr President, it would be indeed tempting to enter into this debate.

4867	**leja**	**hire**
	vb	

De mätta måste låta leja sig för bröd.

The satisfied must hire themselves out for bread.

4868	**ogift**	**unmarried; single**
	adj; nn	

Det var därför han talade så varmt om att vara ogift.

For that reason, he spoke favorably of serving Jehovah as a single person.

4869	**miste**	**wrong**
	adv	

Detta har lett till allvarliga oroligheter och våldshandlingar, varvid bland annat i fjol tusentals civila miste livet.

This has led to serious unrest and violence in which thousands of civilians died last year.

4870	**återfå**	**regain|get back**
	vb	

Vi måste återfå vår ansvarskänsla, något som vi själva har efterfrågat.

We need to recover our sense of responsibility, which is what we are crying out for.

4871	**krocka**	**crash**
	vb	

Även om skatteincitament är det vanligaste stödinstrumentet skulle ett europeiskt system med obligatoriska skatteincitament dock falla utanför EU:s behörighetsområde och krocka med medlemsstaternas lagstiftningsbehörighet.

Although they are the most widely used promotion instrument, a European regulation of tax incentives would go beyond European Union competences and conflict with national legislative powers.

4872	**glöd**	**glow|fervor**
	nn	

Jag stöder gemenskapsinitiativ till förmån för tropiska skogar, men jag är förvånad över att man inte visar större glöd för att komma våra skövlade skogsmassiv till hjälp.

I support the Community initiatives in favour of the tropical forests, but I am astounded that there is not the same enthusiasm to come to the aid of our own devastated forests.

4873	**stadshus**	**town hall**
	nn	Uppdrar åt sin ordförande att vidarebefordra denna resolution till kommissionen, rådet, den portugisiska regeringen, Portugals parlament och Lissabons stadshus.
		5. Instructs its President to forward this resolution to the Commission, the Council, the Portuguese Government and Parliament and the Lisbon City Council.

4874	**förflytta**	**move|transfer**
	vb	Förflytta sig fritt inom medlemsstaternas territorium för detta ändamål.
		To move freely within the territory of Member States for this purpose.

4875	**hallucination**	**hallucination**
	nn	And he knew it was a hallucination. You don't have handkerchiefs in midair.
		Han visste att det var en hallucination, näsdukar hänger inte i luften.

4876	**tillverkad**	**made**
	adj	På hjulförsedda maskiner skall styrningen vara konstruerad och tillverkad så att kraften, vid plötsliga ratt– eller styrstångsrörelser på grund av stötar mot styrhjulen, reduceras.
		In the case of wheeled machinery, the steering system must be designed and constructed in such a way as to reduce the force of sudden movements of the steering wheel or the steering lever caused by shocks to the guide wheels.

4877	**omsorg**	**care|concern**
	nn	Värdepapperisering: Kreditgivarna bör utvärdera och övervaka risker och garantera insyn i lånen eller av de värdepapper med säkerhet i panträtter som de själva tillhandahållit, för att göra det möjligt för investerarna att adekvat iaktta vederbörlig omsorg.
		Securitisation: require originators to assess and monitor risk and ensure transparency of the debt or mortgage backed securities in order to allow investors to perform adequate due diligence.

4878	**kvarstå**	**remain**
	vb	Våra experter kommer sedan att granska förbudet och besluta om det måste kvarstå.
		Our experts will then review it and decide if it needs to remain in place.

4879	**sannolikt**	**probably**
	adv	Stora ändringar är ändringar som sannolikt kommer att påverka åtskiljandet av funktioner, effektiviteten i urvals–, tilldelnings–, kontroll– och betalningsmekanismer samt kommunikationen med kommissionen.
		Substantial changes are changes which are likely to have an impact on the separation of functions, on the effectiveness of selection, award, control and payment mechanisms and on communication with the Commission.

4880	**mäklare**	**broker**
	nn	Vi är faktiskt en ärlig mäklare, och vi bör vara kraftfulla i detta sammanhang.
		We are indeed an honest broker and we should be vigorous in that approach.

4881	**uråldrig**	**ancient**
	adj	Vi återvänder även till en uråldrig form av jämställdhet i äktenskapet.
		We're also returning to an ancient form of marriage equality.

| 4882 | **förtvivlad** | **desperate** |

	adj	Job känner sig fullständigt förtvivlad och säger: "Min själ känner vämjelse över livet."

In utter despair, Job says: "My soul certainly feels a loathing toward my life."

4883 motsvara

vb

correspond to|equal

Om en produkt kan konfigureras för att motsvara alla tre kategorierna krävs att uppgifter om konfigurationen med högst effekt lämnas in för samtliga kategorier.

If a product could be configured to meet all three categories, it would then have to submit data for the highest power configuration in all categories.

4884 förbindelse

nn

connection

3.5 Andra utrymmen än samlingsutrymmen, korridorer, allmänna toaletter, utrymmen av särskild kategori, andra trappor som krävs enligt regel 6.1.5, öppna däcksutrymmen och utrymmen enligt punkt .3.4.2 ovan får inte ha direkt förbindelse till trapphus..

3.5 Spaces other than public spaces, corridors, public toilets, special category spaces, other stairways required by regulation 6.1.5, open deck spaces and spaces covered by paragraph .3.4.2 are not permitted to have direct access to stairway enclosures..

4885 vilde

nn

savage

Ja, men vår vilde.

I know he is. But he's our savage.

4886 madrass

nn

mattress

Han sover på golvet på en tunn madrass, vilket jag har förstått att de andra häktade personerna också gör.

He is sleeping on a floor with a thin mattress, as I understand are the other prisoners.

4887 gröt

nn

porridge

Därför kan inte någon inom gemenskapen ställa sig upp och förklara att denna Europeiska union skulle vara en gryta, där pengarna bara rinner över på samma sätt som gröten gjorde i sagan.

That is why no one in the Community can stand up and say that the European Union is a pot overflowing with money, like the porridge in fairy tales.

4888 gårdag

nn

yesterday

Av gårdagens nyheter kunde vi utläsa att detta avtal har kunnat realiseras.

It was reported in yesterday's news that such an agreement has been achieved.

4889 intensivt

adv

intensively

Därför måste Europeiska unionen samarbeta intensivt med Ukraina, stärka demokratin i landet och påskynda dess integration i EU.

Therefore, the European Union must cooperate intensively with Ukraine, strengthening democracy in this country and speeding up its integration in the European Union.

4890 skjul

nn

shed|hovel

Hon är förberedd på att rengöra tänder, men när hon kommer dit får hon veta att det inte finns några läkare, inga tandläkare och att kliniken bara är ett skjul fullt av flugor.

She's prepared to clean teeth, but when she gets there, she finds out that there are no doctors, no dentists, and the clinic is just a hut full of flies.

4891 periskop

nn

periscope

Periskop ner.

Periscope going down!

4892	**upp och ner**	**up and down**
	adv	De studsade upp och ner.
		They bounced up and down.

4893	**sprängämne**	**explosive**
	nn	Det går inte att på ett tillfredsställande sätt upptäcka sprängämnen med en enda metod ensam – man måste alltid kombinera flera.
		No single technique allows a satisfactory detection of explosives; a combination of methods is always necessary.

4894	**ravin**	**ravine**
	nn	Framför oss låg en djup ravin och ännu ett berg.
		Ahead lay a deep ravine and another mountain.

4895	**klick**	**click**
	nn	För varje klick du känner när du vrider huven, ökar du dosen med 2 enheter.
		For every click you feel when you turn the cap, you set 2 units more.

4896	**vapenvila**	**cease-fire**
	nn	Vi måste gå för en global vapenvila.
		We have to go for a global truce.

4897	**kramp**	**cramp**
	nn	Lokala effekter (tillfällig kramp eller muskelförlamning).
		Local effects (temporary cramp or muscle paralysis).

4898	**törst**	**thirst**
	nn	Miljontals människor lämnas dock i hunger, törst och sjukdom.
		However, millions of people are being abandoned to hunger, thirst and sickness.

4899	**gnutta**	**ounce|hint**
	nn	Att agera för att hjälpa offren för denna katastrof att återuppbygga sina liv, sina hem och sin framtid är naturligtvis något som varje ledamot av parlamentet med en aldrig så liten gnutta sann medmänsklighet kommer att gå med på.
		Acting to help victims of this catastrophe rebuild their lives, homes and futures is surely something that any Member of this Parliament with a shred of humanity will agree on.

4900	**propaganda**	**propaganda**
	nn	Ni är för klok för att tro på idiotisk propaganda!
		I think you're too intelligent to believe such a propaganda!

4901	**arbetsgivaravgift**	**general payroll tax**
	nn	Finansieringssystemet för det särskilda systemet för anställda vid RATP utgjorde ett undantag från vad som stadgas i civilrätten: RATP stod som garant för att upprätthålla den ekonomiska balansen i systemet och den arbetsgivaravgift som RATP betalade in till det särskilda systemet hade inte någon befriande verkan
		In this respect, the financing system for the special scheme for RATP staff differed from the provisions under statutory law: RATP was the guarantor of the financial equilibrium of the scheme in question; the employer contribution paid by RATP to the special scheme did not constitute full discharge of its obligations

4902	**skarpt**	**sharply**
	adv	Därför tar jag mig friheten att uppmana EU–institutionernas ledare att skarpt fördöma ett sådant agerande och att be Europeiska unionens byrå för

grundläggande rättigheter att utarbeta en rapport om det faktiska läget och att övervaka situationen för minoriteterna i Ungern.

Therefore, I take the liberty of calling on the leaders of the EU institutions to firmly condemn such attitudes and to ask the Agency for Fundamental Rights to draw up a report on the facts and to monitor the situation faced by the minorities living in Hungary.

4903 fullfölja — **complete|carry out**

vb

Kommissionen ämnar fullfölja sina bemödanden för att främja utvecklingen av den sociala ekonomin i unionens olika initiativ och politik.

The Commission intends to pursue its efforts to promote the development of the social economy in the various policies and initiatives undertaken by the Union.

4904 bättra — **improve**

vb

Det har börjat bättra sig nu, så hav hopp!

Things have started to improve now, so there is cause for hope.

4905 ticka — **tick**

vb

Men när jag gör det, börjar klockan att ticka, förstår du?

But when I do, the clock starts, you understand?

4906 talesätt — **proverb**

nn

Fru Estrela! Vi har ett gammalt talesätt: δεῖ δή χρημάτων – pengar behövs.

Mrs Estrela, we have an ancient proverb, δεῖ δή χρημάτων – money is needed.

4907 afrikansk — **African**

adj

Afrikansk hästpest har inte förkommit i Egypten på mer än 30 år och den vaccination mot sjukdomen som före 1994 utfördes på en del av hästdjursbesättningen i de södra guvernementen Assuan, Quena och Sohaq upphörde för mer än ett år sedan.

Whereas African horse sickness has not occurred in Egypt for more than 30 years and vaccination against this disease, which has been carried out in a part of the equine population in the southern governorates Assuan, Quena and Sohaq until 1994, has been discounted since more than 1 year.

4908 framträdande — **prominent; appearance**

adj; nn

Jag välkomnar Siim Kallas, vår nye kommissionär, till hans första framträdande.

I welcome Mr Kallas, our new Commissioner, in his first appearance.

4909 snitt — **cut**

nn

Huvudet är skilt från resten av den halva slaktkroppen genom ett snitt genom atlaskotan.

The head is separated from the rest of the half-carcase by a straight cut parallel to the cranium.

4910 evigt — **forever**

adv

Till skillnad från de aronitiska prästerna har han ingen efterträdare, utan han lever för evigt, så att han fullt ut kan rädda dem han betjänar.

He has no successors, as did the Aaronic priests, but lives forever to save completely those to whom he ministers.

4911 övervakare — **monitor|supervisor**

nn

Det är ett av mina starkaste argument för en övervakare på EU-nivå.

That is one of my strongest arguments for a European level supervisor.

4912 mutant — **mutant**

nn

Hans avdelning har haft hand om mutant fenomenen ända sedan före min tid.

His department has been dealing with the mutant phenomenon since, before my time,

4913	**guru**	**guru**
	nn	Det försökte jag göra när nån fick mig att spränga min guru.
		that's what I was trying to do, and then somebody made me blow up my guru.

4914	**tub**	**tube**
	nn	Jag gör det här för att jag har ätit pastej från tub i 15 år.
		I'm doing this because I've been eating paste out of a tube for 15 years.

4915	**boende**	**living**
	nn	Jag vänder mig till er som polack och boende i vojvodskapet Wielkopolska.
		I am addressing you as a Pole and as a resident of the Wielkopolska voivodship.

4916	**stav**	**rod|staff**
	nn	Kasta ner min stav framför farao, så att han kan se prov på Guds makt.
		Cast down my staff before Pharaoh that he may see the power of God.

4917	**förakt**	**contempt|disregard**
	nn	En sådan handling från domstolens sida gränsar inte bara till förakt för Europaparlamentet, utan man underlåter också att följa Europaparlamentets arbetsordning och den polska strafflagen, enligt vilken inga straffrättsliga processer kan föras mot en ledamot förrän Europaparlamentet har fattat beslut i immunitetsfrågan.
		Not only does such action by the court amount to contempt of the European Parliament, but it also fails to comply with the European Parliament's Rules of Procedure and with the Polish Penal Code, pursuant to which no penal proceedings may be brought against a Member until the European Parliament has ruled on the issue of immunity.

4918	**städare**	**cleaner**
	nn	Men även vi kan – och bör – göra en insats, eftersom de bankmän, mäklare, städare, IT–tekniker, investeringsrådgivare, jurister och restauranganställda som strömmar ur våra tåg i stadskärnorna i Frankfurt, Paris, London och Bryssel är precis desamma som de 5 000 eller 6 000 personer som gick till sitt arbete i New York en dag och som aldrig någonsin kommer att komma hem.
		But we too can – and should – make a contribution, because the bankers, brokers, cleaners, IT technicians, investment advisers, lawyers and caterers who spill off our trains into city centres in Frankfurt, Paris, London and Brussels are just the same as those 5000 or 6000 people who turned up for work in New York one day and will never ever come home.

4919	**duva**	**dove**
	nn	Men sjukdomen finns också hos andra arter, som sparvar och duvor i Sydostasien.
		However, it also exists in other species such as sparrows and pigeons in south–east Asia.

4920	**varsin**	**each**
	adv	Anställningsavtal för AVS–sjömän skall upprättas mellan fartygsägarens ombud och sjömännen eller deras fackförening eller ombud; parterna skall få varsin kopia.
		The employment contracts of ACP seamen shall be drawn up between the shipowners' representative(s) and the seamen and/or their trade unions or representatives.

4921	**förbrytare**	**offender**

nn

Ja, vi måste följa aposteln Petrus råd: "Bevara ert uppförande gott bland nationerna, så att de, i den sak vari de talar nedsättande om er som förbrytare, kan ära Gud på dagen för hans inspektion, till följd av era förträffliga gärningar som de är ögonvittnen till."

Indeed, we must heed the apostle Peter's counsel: "Maintain your conduct fine among the nations, that, in the thing in which they are speaking against you as evildoers, they may as a result of your fine works of which they are eyewitnesses glorify God in the day for his inspection."

4922 löna **reward**

vb

Exempel på lyckad omställning till slutna bioenenergisystem visar att framställning av vissa former av bioenergi kan löna sig också för jordbruket och den regionala arbetsmarknaden i både ekonomiskt, ekologiskt och socialt hänseende.

Examples of successful transition to closed–loop bioenergy systems show certain types of bioenergy production to be economically, environmentally and socially advantageous, for both agriculture and regional labour markets.

4923 sponsor **sponsor**

nn

Då så, jag vill att vi ska vara seriösa med att hitta en sponsor.

Okay, well, then I want us to get more serious about finding a sponsor.

4924 målare **painter**

nn

Vilken annan kontinent kan göra anspråk på att ha så många musikgenier, enastående målare, skulptörer, arkitekter och andra internationellt berömda konstnärer?

What other continent can claim so many musical geniuses, outstanding painters, sculptors, architects and other internationally renowned artists?

4925 klå **thrash**

vb

Så du kunde klå upp mig.

I know, so you could kick my ass.

4926 plåster **patch|plaster**

nn

Vad han i övrigt föreslår är bara plåster på de sår som detta val orsakar.

The remainder of his proposals serve to dress the wounds that this option will cause.

4927 underteckna **sign**

vb

Jag uppmanar alltså innerligt Europeiska unionen att underteckna detta protokoll.

I am therefore hoping and praying that the European Union will sign this protocol.

4928 bål **trunk|bonfire**

nn

Vi har läst om ett bål av regelverk, vilket utan tvekan har behövts länge.

We have read of a bonfire of regulations, doubtless long overdue.

4929 visserligen **indeed**

adv

Undersökningen har visserligen bekräftat parternas uppgifter såtillvida att det finns standardiserade anslutningsmönster för de olika ventiltyperna, men att de ändå är begränsat utbytbara med avseende på funktionalitet och pris.

Although the investigation confirmed the information provided by the parties in that there are standardised connection designs for the various valve types, nevertheless their interchangeability as regards functionality and price is limited.

4930 sås **sauce**

nn

Och efter nio månader smärtsam återhämtning, äter han nu stek med A1–sås.

And after nine months of grueling recovery, he's now eating steak with A1 sauce.

4931	**nypa**		**pinch; pinch**
	nn; vb		Och det är vi redo att i frågasätta för en nypa ecu.

And it is going to be compromised for a handful of ECUs.

4932	**besatthet**	**obsession**
	nn	Patienten kan lida av besatthet, och vara självmordsbenägen.

Patient may suffer from obsession, with potential homicidal tendencies.

4933	**samtalsämne**	**topic of conversation**
	nn	Vi är dock förvånade över att strategin inte omfattar konsumentskydd på det medicinska området, t.ex. läkemedel och medicintekniska produkter, trots att sådana produkter varit ett stort samtalsämne i flera medlemsstater på grund av att konsumenter och patienter skadats.

Nevertheless, the EESC is surprised that the agenda does not cover consumer protection in the medical sector, namely pharmaceutical products and medical devices, despite the fact that these products have been at the heart of debate in several Member States due to harm caused to consumers and patients.

4934	**tillhörighet**	**belonging**
	nn	Ojämlikhet när det gäller tillgång till utbildning, arbetstillfällen och hälso– och sjukvård samt ojämlikhet som grundar sig på kön och etnisk tillhörighet är avgörande faktorer.

Inequalities experienced in access to education, employment and healthcare, as well as those based on gender and race are critical factors.

4935	**vetenskapligt**	**scientifically**
	adv	EU–lagstiftningen föreskriver att genetiskt modifierade organismer innan de förs in på marknaden måste godkännas på grundval av vetenskapligt fastställda standarder. EU har således ett strängt godkännandesystem. Kommissionen kommer även i fortsättningen att tillämpa denna lagstiftning.

The EU legal framework provides for a pre–marketing authorisation of GMOs, on the basis of effective, science based standards for authorisation, giving the EU a strict authorisation system.

4936	**kamel**	**camel**
	nn	De hade en kamel till övers.

They had one camel left over.

4937	**belgien**	**Belgium**
	nn	Efter uppgifterna under rubriken BELGIEN ska följande införas.

After the entry under the heading BELGIUM the following entries are inserted.

4938	**gudomlig**	**divine**
	adj	Vid den tiden planerade man för att hålla områdessammankomsten "Gudomlig styrelse" 1972 i Kampala, den första sammankomsten av det slaget i Uganda.

Right at that time, plans were being made to host the 1972 "Divine Rulership" District Assembly in Kampala, the first such convention to be held in Uganda.

4939	**dumhuvud**	**dunce**
	nn	Senare, dumhuvud!

Later, chump!

4940	**duk**	**cloth**

	nn	Som operationssjuksköterska måste man vara noggrann med att hålla steriliteten och räkna instrument och dukar så att allt stämmer före och efter en operation.

As a surgical nurse, one must be careful to maintain sterility and counting instruments and cloths so everything is correct before and after an operation.

4941 lärling   **apprentice|trainee**

nn   Jag är en lärling, och jobbar med dem som har jobbet på riktigt.

I'm an apprentice, and I work with the people who actually do the jobs in question.

4942 barmhärtig   **merciful**

adj   Jehova sade varnande att även om han är en barmhärtig och nådig Gud, kommer han "på inga villkor , att frita från straff".

Jehovah warned that although he is a God merciful and gracious, "by no means will he give exemption from punishment."

4943 teckning   **drawing**

nn   Jag menar att oavsett sammanhanget, så kan tecknaren åtminstone välja att INTE göra en teckning som kan förstärka hatet.

Well I believe that in any context anywhere, he always has the choice at least not to do a cartoon that will feed hatred.

4944 skridsko   **skate**

nn   Handdukar, huvudsakligen avsedda för sporter inklusive sporter relaterade till vatten–, surfing–, skridsko–, snö–, skid– och brädsporter.

Towels, primarily intended for sports to include sports relating to water, surf, skate, snow, ski and board sports.

4945 tapperhet   **bravery|valor**

nn   Under tiden, den utdragna fighten på mongoliska kanten i Arizona, där Rann Bishops kommendörer är trängda mot rena klippor i Grand Canyon, slåss för sina liv. på ljusare sidan, har frihetsnätverket belönat, denna veckas medalj av tapperhet till Dixie Reilly, en högstadie lärare i vetenskap, som använde sin egen hempc att patcha in i topphemliga utomjordiska system.

Meanwhile, the standoff continues on the Mongolian rim in Arizona, where the Rann Bishop commandos are hemmed against the sheer cliffs of the Grand Canyon, fighting for their lives. On the bright side, the Freedom Network has awarded, this week's Medal of Valour to Dixie Reilly, a high school science teacher, who used his home computer to patch into the top secret Alien Security System.

4946 säljare   **seller**

nn   Olika säljare har olika riktlinjer och kan eventuellt inte alltid uppfylla dina önskemål.

Policies vary by seller, so they may or may not be able to accommodate your request.

4947 egyptisk   **Egyptian**

adj   Enligt egyptisk lag är Shadia Nagui Ibrahim muslim, eftersom hennes far varit muslim.

Under Egyptian law, Shadia Nagui Ibrahim is a Muslim, because her father was once a Muslim.

4948 säkerhetsbälte   **seat belt**

nn   Men i själva verket är Bibelns moralnormer mer som ett säkerhetsbälte som skyddar en passagerare från skada.

In reality, though, the Bible's moral code is more like a seat belt that helps protect a passenger from harm.

4949 tu   **two**

num	Jag varnar dem som håller på att riva unionen i tu: i en inre krets och de övriga.
	I wish to warn all those who are ripping the Union in two, into an inner circle and the rest.

4950 överföra
vb

transfer|transmit

Frankrike skall åta sig att överföra Crédit Lyonnais till den privata sektorn senast i oktober 1999 under öppna, genomblickbara och icke–diskriminerande former.

France undertakes to transfer Crédit Lyonnais to the private sector no later than October 1999, in accordance with an open, transparent and non–discriminatory procedure.

4951 skymning
nn

dusk

Vad händer på ängen i skymningen?

What happens in the meadow at dusk?

4952 lokalisera
vb

locate

Det finns många giltiga skäl för ett företag att lokalisera sig i en viss region, även om inget stöd beviljas.

There are many valid reasons for a company to locate in a certain region, even without any aid being granted.

4953 putsa
vb

trim

Det kan ha sina goda sidor, men jag undrar om det är rätt att putsa till initiativen i detta skede.

It may have its good aspects, but I do not know if it is right to trim down the initiatives at that stage.

4954 förnedrande
adj

humiliating

Människohandel är ett avskyvärt brott som på ett särskilt lömskt och förnedrande sätt kränker människovärdet.

Trafficking in human beings is a heinous crime that, in a particularly insidious fashion, debases the very nature of what it is to be a human being.

4955 reportage
nn

reportage

Jag såg ett väldigt upprörande CNN-reportage om situationen vid Zhu Jiang-floden i Kina.

I watched a very disturbing report on CNN about the state of the Pearl River in China.

4956 budgetår
nn

financial year

Om en medlemsstats faktiska utgifter under ett visst budgetår är lägre än 75 % av det ursprungliga anslagen skall, enligt artikel 17.5 i förordning (EG) nr 1227/2000, de utgifter som godkänns för det följande budgetåret samt motsvarande totala areal minskas med en tredjedel av skillnaden mellan detta tröskelvärde och de faktiska utgifterna under det berörda budgetåret.

In accordance with Article 17(5) of Regulation (EC) No 1227/2000, where expenditure actually incurred by a Member State in a given financial year is less than 75 % of the initial allocation, the expenditure to be recognised for the following financial year, and the corresponding total area, are to be reduced by a third of the difference between this threshold and the actual expenditure incurred during the financial year in question.

4957 tjänstgöra
vb

serve

De kan tjänstgöra som en effektiv mötespunkt mellan universiteten och företagen.

They can serve as an effective meeting point between universities and businesses.

4958 darra
vb

tremble|quiver

Darra månde mina ben!

Shiver me timbers!

4959	**strupe**	**throat**
	nn	Eller anser ni, herr Schüssel, att man kan kräva av den förtryckte att han skall förhandla med förtryckarens händer kvar kring sin strupe?
		Or do you think, Mr Schüssel, that you can ask the oppressed to negotiate while the hands of his oppressor are still around his throat?

4960	**vanära**	**disgrace; dishonor**
	nn; vb	När Josef (förmodligen av Maria själv) fick veta att hon var havande, tänkte han skilja sig från henne i hemlighet i stället för att utsätta henne för offentlig vanära.
		When it came to Joseph's notice (likely through disclosure of the matter to him by Mary) that she was pregnant, he intended to divorce her secretly rather than expose her to public shame.

4961	**macka**	**sandwich**
	nn	Nu skålar vi och äter en macka!
		Let's toast and let's make a sandwich!

4962	**giftig**	**toxic|poisonous**
	adj	Är den här spindeln giftig?
		Is this spider poisonous?

4963	**spädbarn**	**infant**
	nn	Beredda spannmålsbaserade livsmedel och barnmat för spädbarn och småbarn enligt definitionerna i direktiv 2006/125/EG.
		Processed cereal–based foods and baby foods for infants and young children as defined by Directive 2006/125/EC.

4964	**brutal**	**brutal**
	adj	Monokulturer utvecklades och landet förstördes och underkastades en brutal regim.
		Monocultures were established, the country was destroyed and subjected to a brutal regime.

4965	**oduglig**	**unfit|incompetent**
	adj	Schengens informationssystem kommer aldrig att bli mer än en oduglig symbol så länge som de farliga Schengenöverenskommelserna gäller.
		The Schengen Information System will only ever be a useless gadget as long as the dangerous Schengen agreements are in place.

4966	**bägare**	**cup|goblet**
	nn	Du kan behålla dina ales, Du kan drick dem ur bägare!
		You can drink your fancy ales. You can drink 'em by the cup!

4967	**spänna**	**span|tighten**
	vb	För oss handlar dessa frågor inte om prestige, och det handlar inte om att spänna våra muskler eller om fåfänga.
		For us, these issues are not a matter of prestige, and are not about flexing our muscles or vanity.

4968	**avskyvärd**	**abominable**
	adj	Och så här säger Bibeln om dem som sysslar med ockultism: "Var och en som gör sådant är avskyvärd för Jehova."
		Regarding those who engage in occult practices, God's Word says: "Everybody doing these things is something detestable to Jehovah."

4969	**skörda**	**harvest**
	vb	Förslaget har utarbetats i samarbete med Europeiska rymdorganisationen och uppställer tre verksamhetsmål: att stärka grunden för

rymdverksamheten, att förbättra den vetenskapliga kunskapsbasen, att skörda marknads– och samhällsvinsterna.

It was drafted together with the European Space Agency and proposes three lines of approach: strengthening the foundation for space activities, enhancing scientific knowledge and reaping the benefits for markets and society.

4970	**såvitt**	**as far as**
	conj	Såvitt gäller detta åtagande förklarar sig undertecknad ha följande delgivningsadresser, i vart och ett av de andra länder som anges i punkt 1:

For the purpose of this undertaking the undersigned gives his or her address for service in each of the other countries referred to in paragraph 1 as:

4971	**ansträngning**	**effort|endeavour**
	nn	I fråga om transporter fortsatte stödet att inriktas på storskaliga projekt på de viktigaste sträckorna, och en särskild ansträngning gjordes för att uppnå en lämplig balans mellan väg och järnvägsprojekt.

For transport, the focus remained on large scale projects on the major routes and particular effort was made to successfully achieve an appropriate balance between road and rail projects.

4972	**kuslig**	**creepy**
	adj	Du är kuslig.

Cause you're creepy.

4973	**låga**	**flame; flame**
	nn; vb	När skall den låga tändas som gör processen med Europeiska unionen oåterkallelig?

When will the flame be lighted which makes the process of European Union irreversible?

4974	**biologi**	**biology**
	nn	Finns det en fransk biologi och en biologi i Bryssel?

So French biology is one thing and Brussels biology is quite another?

4975	**repa**	**scratch scratch**
	nn; vb	Antingen en vägolycka utomlands är en liten repa på en bil eller en tragedi där nära och kära blir skadade eller avlider, så skall stressen inte förstärkas eller förlängas längre än nödvändigt på grund av byråkrati vid behandlingen av gränsöverskridande skadeersättningsanspråk.

Whether a road accident abroad is a minor scratch on a car or a tragedy in which loved ones are hurt or lost, the stress should not be compounded or drawn out longer than necessary due to red tape in cross–border insurance claims.

4976	**fördom**	**prejudice**
	nn	Det är också viktigt att bekämpa fördomar och schablonföreställningar.

It is also important to fight prejudice and stereotypes.

4977	**i onödan**	**unnecessarily**
	adv	Vidare anser jag att det är oklokt att flytta runt människorna själva i onödan.

I also believe that it is unwise to start moving people around unnecessarily.

4978	**omgivning**	**environment|entourage**
	nn	EU måste främja det samarbete och den integration på regional och subregional nivå som utgör förutsättningar för politisk stabilitet, ekonomisk utveckling samt minskning av fattigdomen och de sociala skillnaderna i vår gemensamma omgivning".

The EU must act to promote the regional and sub–regional cooperation and integration that are preconditions for political stability, economic development and the reduction of poverty and social divisions in our shared environment".

4979	**gigantisk**	**giant**
	adj	Vi står nu inför en gigantisk energiomställning.
		We are currently on the brink of an enormous change–over of energy sources.

4980	**tonic**	**tonic**
	nn	Var får man gin och tonic?
		Where can one get a nice gin and tonic?

4981	**paddla**	**paddle; canoe**
	vb; nn	Nästa gång får du paddla.
		All right, next time, you're paddling.

4982	**undervisning**	**teaching|education**
	nn	Undervisning/utbildning och underhållning, all rrörande tillverkning, produktion, försäljning och konsumtion av whisky.
		Education and entertainment services, all relating to the manufacture, production, sale and consumption of whisky.

4983	**rasist**	**racist**
	nn	Hans advokat, en kvinna, antydde att jag var rasist eftersom alla de åtalade var muslimer.
		His barrister, a woman, implied I was a racist because all the defendants were Muslim.

4984	**obegriplig**	**incomprehensible**
	adj	Herr talman! Vi har fått in ett ändringsförslag 172, som innehåller en mening på engelska som är ganska obegriplig.
		Mr President, an Amendment No 172 has been tabled, which contains a phrase, in English, which is quite incomprehensible.

4985	**kaviar**	**caviar**
	nn	Vid detta toppmöte dränkte Prodi den tjetjenska frågan i vodka och kaviar.
		At this summit, indeed, Mr Prodi drowned the Chechen question in vodka and caviar.

4986	**sovande**	**sleeping**
	adj	Turismen fortsätter i stor utsträckning att vara en sovande jätte i medlemsländerna.
		Tourism remains a sleeping giant to a great extent in the Member States.

4987	**uppmärksamma**	**pay attention to**
	vb	Medlemsstaterna ska vara särskilt uppmärksamma på säkerheten för de personer som hanterar växtskyddsmedlet.
		Memberstates should pay particular attention to the operators and workers safety.

4988	**klädsel**	**dress|outfit**
	nn	Jag är inte så förtjust i din klädsel heller.
		I'm not too crazy about the outfit either.

4989	**prövning**	**examination**
	nn	ETF har mot bakgrund av dessa omständigheter gjort gällande att personaldomstolen inte, med beaktande av allmänintresset, tog hänsyn till de skäl som ETF hade åberopat och inte gjorde en korrekt prövning av huruvida ETF hade gjort en uppenbart oriktig bedömning.
		In the light of those factors, the ETF claims that the Tribunal did not take account, in the light of the general interest, of the grounds which it put

forward and did not carry out a proper review of manifest error of assessment; which constitutes an error of law.

| 4990 | **föreläsning** | **lecture** |

nn

Den 3:e mars höll Malmös unga muslimer en föreläsning i kommunala lokaler om "Palestinsk lobbyverksamhet i Sverige".

On March 3, the organization "Malmö's Young Muslims" held a lecture on municipal premises about "Palestinian lobbying in Sweden."

4991 bubbla
nn; vb

bubble; bubble

När den delas motsvaras varje lands bubbla av dess befolkningsmängd.

And when it burst, the size of its country bubble is the size of the population.

4992 utöva
vb

exercise | exert

Möjligheten att fritt utöva sin religion i Kina är starkt begränsad.

The ability to practise one's religion freely in China is strictly limited.

4993 ljuvlig
adj

lovely

DET var en ljuvlig dag den 20 november 2002 i staden Riobamba i Ecuador.

NOVEMBER 20, 2002, was a lovely day in the Ecuadoran city of Riobamba.

4994 verkan
nn

effect | action

Gemenskapslagstiftaren är behörig att vidta de straffrättsliga åtgärder som krävs för att garantera att de bestämmelser som denne utfärdar om skydd av immateriella rättigheter får full verkan.

The Community legislator has the power to take the criminal–law measures that are necessary to guarantee the full effectiveness of the rules it lays down on the protection of intellectual property.

4995 rand
nn

stripe | rand

Men för den sista sammankomstdagen gjordes en speciell anordning. Under eftermiddagssessionen skulle alla raser vara tillsammans på Rand Stadium i Johannesburg.

However, a special arrangement was made for the last day of the convention: All the races would be together at Rand Stadium in Johannesburg for the afternoon session.

4996 civiliserad
adj

civilized

Världen var indelad i två sektorer: en civiliserad hemisfär och en barbarisk hemisfär.

The world was divided into two sectors: a hemisphere of civilisation and a hemisphere of barbarism.

4997 anläggning
nn

layout | construction

Jag tänker på anläggning och underhåll av gasnät inom hela gemenskapen.

I refer to the construction and maintenance of gas networks across the Community.

4998 kull
nn

batch | tag

Och vi lekte kull!

And we played tag!

4999 tillfredsställa
vb

satisfy | gratify

Vi stöder framför allt dess strävan att balansera bördorna för företagen som skall tillhandahålla uppgifterna och den nödvändiga ökningen av informationen, för att samtidigt tillfredsställa exempelvis Europeiska monetära institutet och företagen.

We particularly approve of its desire to reconcile the burden on businesses, which must supply the data, with the increase in information needed to satisfy at the same time, for example, the European Monetary Institute and businesses themselves.

5000	**felaktigt**	**incorrectly**
	adv	Detta är felaktigt.
		This is incorrect.
5001	**pågående**	**ongoing**
	adj	Därför behöver KI–gruppen samråda med pågående innovationsinsatser och politik på området i EU och nationellt (se nästa avsnitt).
		Therefore the need of KICs liaising with ongoing EU and national innovation and policy activities on these matters (see next section).
5002	**sankt**	**St.; saint**
	prn; adj	Norra transeuropeiska gasledningsprojektet skall transportera rysk gas från ryska kusten norr om Sankt Petersburg.
		The Northern Trans–European gas pipeline project would transport Russian gas from the Russian coast north of St. Petersburg.
5003	**understöd**	**support|subsidy**
	nn	Mot den bakgrunden skulle kommittén emellertid gärna se kommissionsåtgärder för understöd, samordning och komplettering i fråga om idrott i medlemsstaterna och främjande av idrottens sociala, fostrande, hälsorelaterade och kulturella funktion, utan att för den skull kränka medlemsstaternas och idrottsorganisationernas självständighet och befogenheter.
		With this in mind, would still welcome supporting, coordinating or complementary measures by the Commission to foster sport in the Member States and to promote its social, educational, health–enhancing and cultural values, without interfering with the competences and autonomy of Member States and sporting organisations.
5004	**springande**	**running; running**
	adj; nn	Den springande punkten är huruvida Opel Europe kan bli lönsamt igen på medellång sikt.
		The crucial question will be whether Opel Europe can be profitable again in the medium term.
5005	**rökare**	**smoker**
	nn	Effektiv lagstiftning bör medföra att både berörda företag och enskilda rökare har juridiskt ansvar att följa reglerna.
		Effective legislation should impose legal responsibilities for compliance on both affected business establishments and individual smokers, and should provide penalties for violations, which should apply to businesses and, possibly, smokers.
5006	**avskuren**	**cut off**
	adj	Lårvenen avskuren?
		Severed femoral artery?
5007	**design**	**design**
	nn	Jabras headset är marknadsledande med enkla, användarvänliga ljudlösningar som erbjuder utmärkt ljudkvalitet, innovativ design och fler olika komfortabla bärstilar.
		Jabra headsets lead the industry with simple, easy to use audio device solutions that feature comfortable wearing style options, exceptional sound quality and innovative design.
5008	**påminnelse**	**reminder**
	nn	Den 11 september är helt enkelt en påminnelse om att även osäkerheten har globaliserats.
		11 September reminded us that the breakdown of security is also a global phenomenon.

5009 dansk
adj; nn

danish; dane

Fångster av makrill i farvattnen i ICES–område IIa (norskt vatten norr om 62 ° nord) som gjorts av fartyg under dansk flagg eller som är registrerade i Danmark skall anses ha uttömt den kvot som tilldelats Danmark för 1997.

Catches of mackerel in the waters of ICES division IIa (Norwegian waters north of 62 °N) by vessels flying the flag of Denmark or registered in Denmark are deemed to have exhausted the quota allocated to Denmark for 1997.

5010 missbrukare
nn

abuser

En missbrukare kan under inga förhållanden lämna lokalerna med drogerna.

An abuser may not under any circumstances leave the premises with the drugs.

5011 begåvning
nn

talent | aptitude

Vi anser därför att han förtjänade en lista med kandidater till kommissionen med en begåvning och förmåga som skulle kunna bidra till att förverkliga hans ambitiösa planer.

We therefore believe that he deserved to receive a list of Commission candidates with the talent and ability to help make a reality of his ambitious plans.

5012 fredlig
adj

peaceful | gentle

Av denna anledning kan jag inte förstå varför mina kolleger inte vill att punkt 9 ska ingå i resolutionen, för detta skulle uppmuntra till fredlig dialog i stället för det rådande förtrycket.

For this reason, I cannot understand why my fellow Members do not want paragraph 9 to be included in the resolution, because this would encourage peaceful dialogue rather than the prevailing oppression.

5013 dialekt
nn

dialect

Fastän hon kan ha läst med en expert på dialekt och grammatik.

Although she may have studied with an expert dialectician and grammarian.

5014 middagstid
nn

midday | dinnertime

För det första ber utskottet för jordbruk och landsbygdens utveckling och parlamentet, genom den omröstning som kommer att ske vid middagstid, er att styra marknaden genom ett kvotsystem och ett skyddsnät för att undvika ett drastiskt prisfall.

First of all, the Committee on Agriculture and Rural Development and Parliament, by means of the vote which will follow at midday, are asking you for market management via a system of quotas and a safety net in order to avoid a drastic fall in prices.

5015 rouge
nn

rouge

Gianni Pittella har rätt: en dust av puder, en gnutta rouge, kanske lite ull över ögonen, men inget mer än ett tomt skal.

Mr Pittella is right: a dab of powder, a touch of rouge, perhaps a little wool pulled over the eyes, but nothing more than an empty shell.

5016 värdering
nn

valuation | assessment

Det skall alltid ske en individuell värdering av den enskilda kandidaten.

There should always be individual assessment of individual candidates.

5017 apotek
nn

pharmacy

Agentur för datorprogramvara för inspektion av apotek.

Agency of computer software for pharmacy inspection.

5018 uppfriskande

refreshing

adj

Det är förståeligt att sådana människor törstar efter den bibliska sanningens uppfriskande vatten.

Understandably, such people are thirsty for the refreshing waters of Bible truth.

5019	**rät**	**straight**

adj

Om skyddsanordningens horisontella längd, på vilken belastningen skall påföras, inte bildar en rät linje som är vinkelrät mot belastningsriktningen skall det utrymme som uppstår fyllas ut så att belastningen fördelas över hela längden.

Where the horizontal length of the protection structure to which the load is to be applied does not constitute a straight line normal to the direction of application of the load, the space shall be packed so as to distribute the load over this length.

5020	**anor**	**ancestry**

nn

Linköping har anor från medeltiden och har behållit sin prägel av gammal lärdoms- och kulturstad.

The history of Linköping goes back to medieval times and it has retained its atmosphere of an old site of learning and culture.

5021	**privilegium**	**privilege**

nn

Den lagstadgade revisionen har utformats för att säkerställa att detta privilegium inte missbrukas.

The statutory audit is designed to ensure that privilege is not abused.

5022	**rulle**	**roll**

nn

Det är ett misstag att tro att det är de personer som börjar röka som själva rullar sina cigaretter.

It is a fallacy that those who have just taken up smoking are most likely to roll their own cigarettes.

5023	**tös**	**girl**

nn

Wat får inte föra, han följer som en tös!

And Wat doesn't lead, he follows like a girl!

5024	**vas**	**vase**

nn

Inte heller en klart synlig spricka i en ny, aldrig så dyr vas, kan den sjätte månaden efter köpet betraktas som en brist, som existerade redan vid utlämnandet av produkten.

Nor can I present the glaring crack in a new expensive vase that was there when I bought it as a fault some six months later.

5025	**registrerad**	**registered**

adj

Den föreslagna produktdefinitionen kan jämföras med en registrerad ursprungsbeteckning.

The product definition proposed is comparable with that of a registered designation of origin.

Adjectives

2502	lugnande-nn; adj	soothing; reposeful
2505	bruten-adj	broken
2506	näst-adj; adv; prp	second; next; next to
2510	förtjust-adj	delighted
2511	slagen-adj	beaten
2518	dyr-adj	expensive
2547	diskret-adj	discreet
2552	kvinnlig-adj	female|feminine
2554	live-adj; adv	live; live
2576	central-adj; nn	central; central
2585	blåst-adj; nn	blown; wind
2589	bekymrad-adj	concerned
2591	upphetsad-adj	excited|on fire
2594	orange-adj; nn	Orange; Orange
2597	kåt-adj	horny|sexy
2599	sexuell-adj	sexual
2600	rejäl-adj	proper|good
2604	medvetslös-adj	unconscious|insensible
2616	livrädd-adj	terrified
2620	dödlig-adj	lethal|fatal
2621	paranoid-adj; nn	paranoid; paranoiac
2628	våldsam-adj	violent|furious
2635	främst-adv; adj	principally; uppermost
2637	allierad-nn; adj	ally; allied
2640	förlorad-adj	lost
2646	mjuk-adj	soft|smooth
2652	nykter-adj	sober
2658	uttråkad-adj	bored
2661	torr-adj	dry
2667	unik-adj	unique
2672	sugen-adj	peckish
2686	engelsk-adj	English
2687	onödig-adj	unnecessary|wasted
2699	kriminell-adj	criminal|flash
2712	deprimerad-adj	depressed
2725	begåvad-adj	talented|brainy
2728	gömd-adj	hidden
2729	lojal-adj	loyal
2733	avgörande-adj; nn	crucial|decisive; decision
2739	rörande-prp; adj	concerning; touching
2740	judisk-adj	Jew
2743	nationellt-adj	national
2744	oförskämd-adj	insolent|impudent
2749	fylld-adj	full|stuffed
2755	laddad-adj	charged
2763	grekisk-adj	Greek
2767	himla-adj; vb	awful; turn up one's eyes
2771	övrigt-adj	other
2775	särskild-adj; adv	special|separate; separately
2790	logiskt-adj	logical
2796	brun-adj	brown
2797	irriterande-adj	annoying|irritating
2800	otäckt-adj; adv	uncovered; nastily
2818	ensamt-adj; adv	alone; by myself
2821	positiv-adj; nn	positive; hurdy-gurdy
2826	i mitten av-adj	central
2828	internationell-adj	international
2844	fullständig-adj	full|complete
2850	gripen-adj	seized
2852	mogen-adj	mature|mellow
2861	trolig-adj	likely|credible
2863	trogen-adj	faithful
2869	religiös-adj	religious
2872	patetisk-adj	pathetic
2873	allergisk-adj	allergic
2888	täckt-adj	covered
2900	medicinsk-adj	medical
2910	skild-adj	separate
2911	lustig-adj	funny|droll
2917	långsam-adj	lingering|tardy
2921	smal-adj	narrow|slim
2923	brådskande-adj	urgent|hurried
2932	blivande-adj	future
2933	fångad-adj	captured
2934	rättvis-adj	equitable|fair
2936	sällsynt-adj	rare
2940	fräck-adj	cheeky|brazen
2943	ytterst-adv; adj	exceedingly; extreme
2945	lämplig-adj	suitable|appropriate
2950	mystisk-adj	mysterious|mystic
2951	värdefull-adj	valuable
2960	generös-adj	generous
2971	lovande-adj	promising|auspicious
2978	sexig-adj	sexy
2980	elegant-adj; adv	elegant; handsomely
2991	sammanträffande-nn; adj	meeting|coincidence; coincident
2997	blond-adj	blonde|fair

3002	**förlovad**-*adj*	engaged
3003	**våt**-*adj*	wet
3007	**oväntad**-*adj*	unexpected
3008	**blott**-*adv; adj; con*	only; mere; if only
3009	**professionell**-*adj*	professional
3014	**samtlig**-*adj*	all
3023	**begravd**-*adj*	buried
3025	**framgångsrik**-*adj*	successful
3029	**tillgänglig**-*adj*	available|accessible
3033	**värt**-*adj*	worthy
3035	**uppriktig**-*adj*	sincere|frank
3036	**värdig**-*adj*	worthy
3038	**naturlig**-*adj*	natural|unaffected
3043	**stinkande**-*adj*	stinking
3051	**arbetslös**-*adj*	unemployed|jobless
3052	**riskabel**-*adj*	risky|perilous
3057	**packad**-*adj*	packed|packaged
3067	**allmän**-*adj*	general|public
3068	**tjusig**-*adj*	charming
3073	**attraktiv**-*adj*	attractive
3074	**pålitlig**-*adj*	reliable|trustworthy
3075	**mysig**-*adj*	cozy
3076	**ärad**-*adj*	honored
3086	**hopplös**-*adj; nn*	hopeless; redemption
3101	**federal**-*adj*	federal
3104	**frivillig**-*adj; nn*	voluntary; volunteer
3105	**negativ**-*adj; nn*	negative; negative
3112	**saknad**-*adj; nn*	missing|lamented; regret
3113	**rasande**-*adj*	furious
3123	**enrum**-*adj*	one-room
3131	**bunden**-*adj*	bound
3134	**motbjudande**-*adj*	obnoxious|repulsive
3141	**fånig**-*adj*	silly|inane
3143	**läcker**-*adj*	delicious
3151	**charmerande**-*adj*	charming
3152	**manlig**-*adj*	male|masculine
3155	**permanent**-*adj; adv; nn*	permanent; permanently; permanent wave
3161	**succé**-*nn; adj*	strike; best-selling
3168	**ivrig**-*adj*	eager|avid
3170	**kapabel**-*adj*	capable
3171	**rå**-*adj; nn*	raw|crude; boundary
3172	**godkänd**-*adj*	approved
3181	**kraftig**-*adj*	powerful|heavy
3187	**ovan**-*adv; prp; adj*	new; above; unaccustomed
3202	**otäck**-*adj; nn*	nasty|horrid; wickedness
3207	**stressad**-*adj*	stressed
3213	**hederlig**-*adj*	honest|upright
3232	**fysisk**-*adj*	physical
3233	**delvis**-*adv; adj*	partly; partial
3237	**artig**-*adj*	polite|courteous
3241	**ljuv**-*adj*	delightful
3245	**mjukt**-*adv; adj*	smoothly; soft
3246	**len**-*adj*	soft
3251	**brinnande**-*adj; adv*	burning|passionate; in
3259	**färgad**-*adj*	colored
3262	**blek**-*adj*	pallid
3271	**suverän**-*adj; nn*	sovereign; sovereign
3278	**rask**-*adj; nn*	brisk; shebang
3281	**udda**-*adj*	odd|unequal
3283	**övergiven**-*adj; nn*	abandoned; orphan
3284	**social**-*adj*	social
3286	**ekonomisk**-*adj*	economic|financial
3287	**menig**-*nn; adj*	enlisted man; private
3290	**global**-*adj*	global
3292	**pigg**-*adj; nn*	alert|spirited; spike
3294	**rörd**-*adj*	moved
3295	**delad**-*adj*	shared|split
3298	**prima**-*adj*	first-rate|first-chop
3299	**nationell**-*adj; adv*	national; nationally
3301	**charmig**-*adj*	charming
3304	**officiell**-*adj*	official
3307	**oberoende**-*adj; adv; nn*	unattached; independently; freedom
3308	**generad**-*adj*	embarrassed|self-conscious
3309	**komplett**-*adj; adv*	complete; absolutely
3312	**utvald**-*adj*	choice|picked
3318	**tillåten**-*adj*	allowed
3319	**efterbliven**-*adj*	backward
3322	**utländsk**-*adj*	foreign
3332	**flott**-*adj; nn*	classy|swanky; grease
3333	**utmattad**-*adj*	exhausted|beat
3335	**skämt**-*nn; adj*	joke|joking; foul
3341	**hemlös**-*adj*	homeless
3344	**less**-*adj*	sick
3346	**lesbisk**-*adj*	lesbian
3350	**såld**-*adj*	sold

3353	**grundläggande-**adj; nn	fundamental; constitutive
3354	**baserad-**adj	based
3362	**given-**adj	given
3371	**hjälplös-**adj	helpless
3383	**rutten-**adj	rotten
3384	**elektrisk-**adj	electrical
3388	**lagom-**adj; adv; nn	just right; just enough; moderation
3394	**fruktad-**adj	dreaded
3407	**trång-**adj	narrow
3408	**bitter-**adj	bitter|severe
3412	**vidrig-**adj	obnoxious|disgusting
3413	**övertygande-**adj; nn; adv	convincing; cogent; forcefully
3414	**berusad-**adj; adv	drunk; out
3429	**absurd-**adj	absurd|fantastic
3430	**fjärran-**nn; adj; adv	distance; far; far
3437	**skött-**adj	managed
3444	**förberedd-**adj	prepared
3449	**frost-**nn; adj	frost; frosty
3451	**yttersta-**adj	utmost|utter
3452	**dold-**adj	hidden|concealed
3465	**förvirrande-**adj	confusing
3470	**konstant-**adj; nn; adv	constant; constant; constantly
3479	**akut-**adj	acute
3481	**skraj-**adj	afraid
3488	**inställd-**adj	adjusted
3493	**fördömd-**adj	damned|cursed
3505	**minst sagt-**adj	to say the least
3513	**idiotisk-**adj	idiotic
3515	**övrig-**adj	remaining
3519	**förskräcklig-**adj	dreadful
3526	**from-**adj	pious
3528	**mild-**adj	mild|gentle
3530	**översta-**adj	top
3536	**blodig-**adj	bloody|deadly
3550	**otrevlig-**adj	unpleasant
3552	**uppmärksam-**adj	attentive|aware
3556	**romersk-**adj	Roman
3571	**bakre-**adj	back
3572	**bortrest-**adj	gone away
3581	**säkrad-**adj	secured
3584	**förbaskad-**adj	damn|confounded
3593	**troende-**nn; adj	believer; believing
3595	**avslutad-**adj	completed
3596	**besvärlig-**adj	awkward|troublesome
3602	**pervers-**nn; adj	pervert; perverted
3614	**tydlig-**adj	clear|distinct
3620	**misstänksam-**adj	suspicious|distrustful
3627	**ironisk-**adj	ironic
3641	**gällande-**adj	current
3653	**dumt-**adj	dumb
3656	**klassisk-**adj	classic
3665	**välsignad-**adj	blessed
3666	**hysterisk-**adj	hysterical
3670	**inkommande-**adj; nn	incoming; incomer
3672	**aktiv-**adj; nn	live; active
3681	**jämn-**adj	smooth|uniform
3685	**förnuftig-**adj	sensible|reasonable
3686	**utbildad-**adj	trained
3689	**stekt-**adj	fried
3691	**nyttig-**adj	useful|wholesome
3693	**stående-**adj; nn	standing; stand
3700	**allsmäktig-**adj	omnipotent
3708	**sökande-**nn; adj	applicant|search; searching
3711	**involverad-**adj	interested|involved
3715	**effektiv-**adj	effective|efficacious
3716	**övre-**adj	upper
3718	**i gång-**adj	under way
3739	**aggressiv-**adj	aggressive
3742	**blandad-**adj	mixed|compositive
3744	**tunn-**adj	thin|light
3765	**illamående-**nn; adj	nausea; sick
3769	**offentlig-**adj	public|open
3773	**färsk-**adj	fresh
3780	**mager-**adj	lean|skinny
3781	**gammaldags-**nn; adj	old time; old-fashioned
3795	**typisk-**adj	typical
3797	**bedårande-**adj	adorable
3804	**överdriven-**adj	exaggerative|excessive
3813	**lönlös-**adj	useless
3814	**åtalad-**adj; nn	prosecuted; indictee
3816	**grov-**adj	bearish|rough
3824	**naiv-**adj	naive|simplistic
3826	**utsatt-**adj	exposed
3835	**daglig-**adj	daily
3837	**briljant-**adj; nn	brilliant; brilliant
3859	**tät-**adj; sfx; nn	close|thick; proof; head

3864	**iskall**-*adj; nn*	icy; freezing cold
3878	**odödlig**-*adj*	immortality
3882	**vetenskaplig**-*adj*	scientific
3884	**dödande**-*adj; nn*	killing|lethal; killing
3886	**hedrad**-*adj*	honored
3899	**hygglig**-*adj*	decent
3903	**pensionerad**-*adj; nn*	retired; retiree
3913	**städad**-*adj*	tidy
3922	**mental**-*adj*	mental
3923	**omedelbar**-*adj*	immediate
3925	**avancerad**-*adj*	advanced
3927	**biträdande**-*adj*	assistant|deputy
3938	**oändlig**-*adj*	infinite|endless
3939	**medium**-*adj; nn*	medium; medium
3945	**skyddad**-*adj*	sheltered
3956	**mätt**-*adj*	full
3966	**bad**-*nn; adj*	bathe; begged
3985	**ädel**-*adj*	noble
3986	**avslappnad**-*adj*	relaxed
3992	**ledande**-*adj; nn*	leading; conduction
4005	**automatisk**-*adj*	automatic
4007	**sorglig**-*adj*	sad|sorrowful
4011	**innerst**-*adj*	innermost
4025	**omgiven**-*adj*	surrounded
4039	**märkvärdig**-*adj*	remarkable
4042	**långsiktigt**-*adj*	long-term
4045	**barnslig**-*adj*	childish
4047	**opassande**-*adj; adv*	improper; improperly
4052	**snuskig**-*adj*	filthy|grubby
4057	**förlamad**-*adj*	paralytic
4060	**pressad**-*adj*	forced
4061	**sund**-*adj; nn*	sound|sane; sound
4067	**arabisk**-*adj*	Arab
4072	**arrogant**-*adj*	arrogant|haughty
4073	**vete**-*nn; adj*	wheat; wheaten
4079	**moralisk**-*adj*	moral
4085	**förstående**-*adj*	understanding
4089	**framstående**-*adj*	prominent
4091	**lokalt**-*nn; adj*	place; local
4093	**historisk**-*adj*	historical
4096	**häpnadsväckande**-*adj*	amazing
4098	**krossad**-*adj; adv*	crushed; in tatters
4103	**årlig**-*adj*	annual
4106	**deprimerande**-*adj*	depressing
4109	**omfattande**-*adj*	comprehensive
4114	**underhållande**-*adj; nn*	entertaining; maintenance
4116	**ofarlig**-*adj*	harmless
4126	**skrikande**-*nn; adj*	screaming; vociferous
4127	**oroad**-*adj*	alarmed
4129	**nödvändig**-*adj*	necessary
4130	**instängd**-*adj; adv*	confined; cabined
4131	**tillräcklig**-*adj*	sufficient|adequate
4134	**delaktig**-*adj*	involved
4135	**fräsch**-*adj*	fresh
4136	**ursprunglig**-*adj*	original
4138	**tänkande**-*adj; nn*	thinking; thinking
4142	**begränsad**-*adj*	limited
4146	**stabil**-*adj*	stable
4149	**erkänd**-*adj*	recognized
4151	**förgången**-*adj*	past|bygone
4154	**nedre**-*adj*	lower
4157	**platt**-*adj; adv; nn*	flat; flat; planchet
4174	**hyfsat**-*adj; adv*	decent; decently
4182	**ideal**-*adj; nn*	ideal; exemplar
4192	**girig**-*adj*	greedy|grabby
4195	**rapp**-*nn; adj*	lash; quick
4196	**talande**-*adj*	speaking
4215	**mexikansk**-*adj*	Mexican
4216	**kraftfull**-*adj*	powerful
4225	**eländig**-*adj*	terrible
4226	**uppenbar**-*adj*	obvious
4227	**utslagen**-*adj; nn*	eliminated; outcast
4228	**sträng**-*nn; adj*	string|chord; strict
4232	**gripande**-*adj; nn*	gripping; capture
4233	**lam**-*adj*	lame|paralysed
4238	**genial**-*adj*	ingenious
4240	**resande**-*nn; adj*	traveler|salesman; traveling
4245	**överst**-*adv; nn; adj*	at the top; tops; uppermost
4260	**biologisk**-*adj*	biological
4264	**frånvarande**-*adj; nn*	absent; absentee
4269	**framstå**-*vb; adj*	appear; stand out
4276	**tänkbar**-*adj*	conceivable|thinkable
4280	**frän**-*adj*	acrid|rank
4287	**gen**-*adj*	direct
4291	**sentimental**-*adj*	sentimental
4297	**byggd**-*adj*	built|made
4302	**misslyckad**-*adj*	unsuccessful

4310	**slutgiltig**-*adj*	definitive|final
4312	**undermedveten**-*adj*	subconscious
4313	**föräldralös**-*adj; nn*	orphan; orphan
4314	**anständig**-*adj*	decent|respectable
4319	**omgående**-*adv; adj*	immediately; immediate
4329	**klumpig**-*adj*	clumsy|awkward
4330	**smickrad**-*adj*	flattered
4349	**lyckad**-*adj*	successful
4354	**anhörig**-*adj*	relative
4358	**sinnessjuk**-*adj; nn*	insane; lunatic
4364	**klipsk**-*adj*	shrewd
4366	**sårbar**-*adj*	vulnerable
4369	**tapper**-*adj*	brave|valiant
4374	**sekulär**-*adj*	secular
4383	**avtalad**-*adj*	contracted
4390	**nedåt**-*adj; adv; prp*	down; down; down
4397	**överlägsen**-*adj*	superior
4403	**spak**-*nn; adj*	lever; manageable
4404	**fientlig**-*adj*	hostile
4405	**irriterad**-*adv; adj*	prickly; crotchety
4417	**tränad**-*adj*	trained
4426	**tragisk**-*adj*	tragic
4433	**erfaren**-*adj*	experienced
4439	**förenad**-*adj*	united
4441	**garanterat**-*adj*	guaranteed
4446	**genetisk**-*adj*	genetic
4450	**stel**-*adj*	rigid|stiff
4452	**rostad**-*adj*	roasted
4456	**genant**-*adj*	embarrassing
4457	**kvalificerad**-*adj*	qualified
4458	**chockerande**-*adj*	shocking
4464	**självsäker**-*adj*	self-confident
4466	**övernaturlig**-*adj*	supernatural
4476	**sliten**-*adv; adj*	downtrodden; well-worn
4485	**främre**-*adj*	front
4486	**tilltalad**-*adj*	pleased
4491	**oundviklig**-*adj*	inevitable
4492	**skärpt**-*adj*	sharp|bright
4493	**stadig**-*adj*	steady|fast
4500	**försvinnande**-*nn; adj; adv*	disappearance; vanishing; exceedingly
4502	**maskerad**-*nn; adj*	masquerade; masked
4510	**anonym**-*adj; nn*	anonymous; anonym
4516	**organiserad**-*adj*	organized
4518	**noggrann**-*adj; adv*	careful; precisely
4520	**europeisk**-*adj*	European
4529	**missnöjd**-*adj*	dissatisfied
4532	**dyrbar**-*adj*	expensive
4543	**inspirerande**-*adj*	inspiring
4544	**laglig**-*adj*	legal|lawful
4546	**tvingad**-*adj*	forced
4553	**polsk**-*adj*	polish
4558	**välkomnande**-*adj; nn*	welcoming; welcome
4562	**blygsam**-*adj*	modest|unassuming
4563	**kylig**-*adj*	cool|chilly
4564	**eventuell**-*adj*	any
4575	**vilsen**-*adj*	lost
4580	**stum**-*adj*	mute|speechless
4584	**störande**-*adj; nn*	disturbing; disturbance
4597	**afghansk**-*adj*	Afghani
4598	**förfärlig**-*adj*	awful
4605	**bakad**-*adj*	baked
4616	**underrättad**-*adj*	informed
4638	**hängiven**-*adj*	dedicated
4643	**illegal**-*adj*	illegal
4645	**bred**-*adj*	wide
4648	**jättestor**-*adj*	enormous
4651	**extrem**-*adj*	extreme
4656	**antiken**-*adj*	antiquity
4657	**intensiv**-*adj*	intensive|intens
4659	**islamistisk**-*adj*	Islamic
4661	**överkörd**-*adj*	run over
4663	**dramatisk**-*adj*	dramatic
4667	**uppäten**-*adj*	eaten
4673	**dyster**-*adj*	gloomy
4674	**smidig**-*adj*	smooth|flexible
4677	**skrämd**-*adj*	frightened
4686	**frusen**-*adj*	frozen
4692	**bortkastad**-*adj*	lost
4697	**befriad**-*adj*	exempt
4698	**oviktig**-*adj*	unimportant
4705	**omtänksam**-*adj*	thoughtful
4706	**mån**-*nn; adj*	measure; careful
4711	**informerad**-*adj*	informed
4717	**entusiastisk**-*adj*	cnthusiastic
4719	**förödande**-*adj*	devastating
4723	**isolerad**-*adj*	isolated
4724	**otålig**-*adj*	impatient

4725	**sorgsen**-*adj*	sad|sorrowful		4964	**brutal**-*adj*	brutal
4726	**vass**-*adj; nn*	sharp|edgy; reed		4965	**oduglig**-*adj*	unfit|incompetent
4732	**primitiv**-*adj*	primitive		4968	**avskyvärd**-*adj*	abominable
4734	**kemisk**-*adj*	chemical		4972	**kuslig**-*adj*	creepy
4735	**kritisk**-*adj*	critical|crucial		4979	**gigantisk**-*adj*	giant
4738	**vandrande**-*adj*	wandering|migratory		4984	**obegriplig**-*adj*	incomprehensible
4742	**kreativ**-*adj*	creative		4986	**sovande**-*adj*	sleeping
4743	**statlig**-*adj*	state		4993	**ljuvlig**-*adj*	lovely
4747	**ensamstående**-*adj*	detached		4996	**civiliserad**-*adj*	civilized
4763	**arbetande**-*adj*	working		5001	**pågående**-*adj*	ongoing
4764	**livlig**-*adj*	lively|brisk		5002	**sankt**-*prn; adj*	St.; saint
4765	**motsatt**-*adj*	opposite|opposed		5004	**springande**-*adj; nn*	running; running
4770	**rättfärdig**-*adj*	righteous		5006	**avskuren**-*adj*	cut off
4772	**smärtstillande**-*nn; adj*	painkiller; analgesic		5009	**dansk**-*adj; nn*	danish; dane
4773	**tills vidare**-*adv; adj*	until further notice; for the time being		5012	**fredlig**-*adj*	peaceful|gentle
				5018	**uppfriskande**-*adj*	refreshing
4774	**intakt**-*adj*	intact		5019	**rät**-*adj*	straight
4778	**tryckt**-*adj*	printed		5025	**registrerad**-*adj*	registered
4779	**maximal**-*adj*	maximum				
4784	**smickrande**-*adj*	flattering				
4785	**användbar**-*adj*	useful|usable				
4791	**skarp**-*adj*	sharp				
4796	**krävande**-*adj*	demanding				
4799	**real**-*adj; nn*	real; real				
4808	**felaktig**-*adj*	incorrect				
4828	**parkerad**-*adj*	parked				
4831	**handikappad**-*adj*	disabled				
4846	**blank**-*adj*	smooth|blank				
4851	**skinande**-*adj*	shiny				
4854	**nedlåtande**-*adj*	condescending				
4857	**genetiskt**-*adj*	genetic				
4859	**psykisk**-*adj*	psychological|psychic				
4865	**forn**-*adj*	former				
4866	**frestande**-*adj; nn*	tempting; tantalizing				
4868	**ogift**-*adj; nn*	unmarried; single				
4876	**tillverkad**-*adj*	made				
4881	**uråldrig**-*adj*	ancient				
4882	**förtvivlad**-*adj*	desperate				
4907	**afrikansk**-*adj*	African				
4908	**framträdande**-*adj; nn*	prominent; appearance				
4938	**gudomlig**-*adj*	divine				
4942	**barmhärtig**-*adj*	merciful				
4947	**egyptisk**-*adj*	Egyptian				
4954	**förnedrande**-*adj*	humiliating				
4962	**giftig**-*adj*	toxic|poisonous				

Adverbs

2501	generellt-*adv*	generally
2503	öster-*adv; nn*	east; east
2504	då och då-*adv*	now and then
2506	näst-*adj; adv; prp*	second; next; next to
2528	praktiskt-*adv*	practically
2535	offentligt-*adv*	in public
2553	utifrån-*adv*	from the outside
2554	live-*adj; adv*	live; live
2560	sexuellt-*adv*	sexually
2570	över huvud taget-*adv*	at all
2577	överhuvudtaget-*adv*	on the whole
2586	inomhus-*adv*	indoors
2588	halvvägs-*adv; nn*	half-way; midway
2625	bakifrån-*adv*	from behind
2635	främst-*adv; adj*	principally; uppermost
2638	ovanligt-*adv*	unusually
2657	möjligen-*adv*	possibly|probably
2671	jäkligt-*adv*	devilish|friggin
2684	såväl , som-*adv*	as well as
2704	förgäves-*adv*	vainly
2710	i morse-*adv*	this morning
2719	vidrigt-*adv*	offensively|repulsive
2726	vilt-*nn; adv*	game; wild
2742	internationellt-*adv*	internationally
2754	nämligen-*adv; con*	namely; for
2756	utomlands-*adv*	abroad
2758	back-*adv; nn*	back; back
2775	särskild-*adj; adv*	special|separate; separately
2788	förfärligt-*adv*	awfully
2789	uppriktigt-*adv*	sincerely
2799	snarast-*adv*	rather
2800	otäckt-*adj; adv*	uncovered; nastily
2803	väster-*adv; nn*	west; the west
2808	utomhus-*adv*	outdoors
2817	gott om-*adv*	plenty of
2818	ensamt-*adj; adv*	alone; by myself
2832	däremot-*adv*	on the contrary
2843	därmed-*adv*	consequently
2887	jämnt-*adv*	level
2935	häromkring-*adv*	hereabout
2939	sammanlagt-*adv*	in total
2942	ljust-*adv*	brightly
2943	ytterst-*adv; adj*	exceedingly; extreme
2944	miljontals-*adv*	hundreds of billions
2954	fastän-*con; adv*	although; not but
2968	ikapp-*adv*	in competition
2972	än så länge-*adv*	so far
2980	elegant-*adj; adv*	elegant; handsomely
2994	innanför-*prp; adv*	within; within
3008	blott-*adv; adj; con*	only; mere; if only
3018	ovanpå-*prp; adv*	on; on the top of
3039	först och främst-*adv*	first and foremost
3044	återigen-*adv*	again
3050	oberoende av-*adv*	irrespective of
3053	hädanefter-*adv*	henceforth
3059	omkull-*adv*	over
3088	stadigt-*adv*	firmly
3089	inifrån-*adv*	from within
3091	sannerligen-*adv*	indeed|really
3097	i förväg-*adv*	in advance
3116	rimligt-*adv*	fair
3117	elakt-*adv*	spitefully
3119	slutändan-*adv*	ultimately
3138	modigt-*adv*	courageously
3153	ärligt-*adv*	honestly|sincerely
3154	historiskt-*adv*	historically
3155	permanent-*adj; adv; nn*	permanent; permanently; permanent wave
3187	ovan-*adv; prp; adj*	new; above; unaccustomed
3188	i likhet med-*adv*	in conformity with
3199	svagt-*adv*	low|weak
3212	vad som helst-*prn; adv*	anything; whatever
3233	delvis-*adv; adj*	partly; partial
3245	mjukt-*adv; adj*	smoothly; soft
3248	magiskt-*adv*	magically
3251	brinnande-*adj; adv*	burning|passionate; in
3256	positivt-*adv*	positively
3263	baklänges-*adv*	backwards
3299	nationell-*adj; adv*	national; nationally
3307	oberoende-*adj; adv; nn*	unattached; independently; freedom
3309	komplett-*adj; adv*	complete; absolutely
3336	småningom-*adv*	gradually
3339	smärtsamt-*adv*	painfully

3361	**gång på gång**-*adv*	repeatedly	3958	**smått**-*adv*	small
3369	**dessvärre**-*adv*	unfortunately	3959	**bortsett från**-*prp; adv*	but for; barring
3381	**tätt**-*adv*	tight|closely			
3388	**lagom**-*adj; adv; nn*	just right; just enough; moderation	3974	**tillfälligt**-*adv*	temporarily
			3990	**parallellt**-*adv*	parallel
3411	**tvärs**-*adv*	across	3993	**söder om**-*adv*	south
3413	**övertygande**-*adj; nn; adv*	convincing; cogent; forcefully	3995	**strax efter**-*adv*	shortly after
			3997	**varmt**-*adv*	warm
3414	**berusad**-*adj; adv*	drunk; out	4019	**traditionellt**-*adv*	traditionally
3419	**negativt**-*adv*	negatively	4020	**drygt**-*adv*	full
3430	**fjärran**-*nn; adj; adv*	distance; far; far	4040	**i natt**-*adv*	overnight
3457	**noggrant**-*adv*	carefully	4047	**opassande**-*adj; adv*	improper; improperly
3470	**konstant**-*adj; nn; adv*	constant; constant; constantly	4062	**till synes**-*adv*	seemingly
3472	**fullkomligt**-*adv*	downright	4066	**i anslutning till**-*adv; phr*	in conjunction with; in adherence to
3475	**möjligtvis**-*adv*	possibly			
3477	**solo**-*adv; nn*	solo; solo	4098	**krossad**-*adj; adv*	crushed; in tatters
3539	**utöver**-*prp; adv*	beyond; over and above	4119	**tekniskt**-*adv*	technically
			4130	**instängd**-*adj; adv*	confined; cabined
3555	**fruktansvärt**-*adv*	awfully	4157	**platt**-*adj; adv; nn*	flat; flat; planchet
3575	**varannan**-*prn; adv*	every other; indiscriminately	4168	**oförskämt**-*adv*	impudently
			4174	**hyfsat**-*adj; adv*	decent; decently
3613	**väsentligt**-*adv*	substantially	4200	**förr eller senare**-*adv*	sooner or later
3638	**effektivt**-*adv*	effectively			
3644	**märkligt**-*adv*	notably	4245	**överst**-*adv; nn; adj*	at the top; tops; uppermost
3651	**nödvändigtvis**-*adv*	necessarily			
3660	**därpå**-*adv*	thereon	4248	**socialt**-*adv*	socially
3663	**avgjort**-*adv*	definitely	4249	**avsiktligt**-*adv*	intentionally|wittingly
3664	**i kombination med**-*adv*	in combination with	4252	**likaså**-*adv*	also
			4253	**framöver**-*adv*	forwards
3683	**oväntat**-*adv*	unexpectedly	4267	**överraskande**-*nn; adv*	surprising; surprisingly
3698	**så gott som**-*adv*	virtually			
3705	**allmänt**-*adv*	generally	4279	**vida**-*adv*	far
3723	**nedanför**-*adv; prp*	below; below	4293	**kontinuerligt**-*adv*	continuously
3757	**apropå**-*prp; adv*	with regard to; by the way	4316	**uppifrån**-*adv*	from above
			4318	**fram och tillbaka**-*adv*	to and fro
3758	**mängd**-*nn; adv*	amount|variety; no end of			
			4319	**omgående**-*adv; adj*	immediately; immediate
3778	**självfallet**-*adv*	of course			
3782	**nedför**-*adv; prp*	down; down	4333	**fräckt**-*adv*	impudently
3822	**lyckligtvis**-*adv*	fortunately|happily	4362	**dramatiskt**-*adv*	dramatically
3840	**alias**-*adv; nn*	alias; alias	4368	**hederligt**-*adv*	fair|honestly
3852	**bokstavligen**-*adv*	literatim	4376	**ekonomiskt**-*adv*	economically
3856	**dagligen**-*adv*	day-to-day	4382	**härligt**-*adv*	fine|lovely
3867	**säkerligen**-*adv*	Certainly	4390	**nedåt**-*adj; adv; prp*	down; down; down
3904	**mestadels**-*adv*	mostly	4405	**irriterad**-*adv; adj*	prickly; crotchety
3912	**inombords**-*adv*	inboard	4425	**för alltid**-*adv*	forever
3947	**psykiskt**-*adv*	mentally	4448	**tungt**-*adv*	heavy

4476	**sliten**-*adv; adj*	downtrodden; well-worn
4484	**i viss mån**-*adv*	to some degree
4487	**olyckligtvis**-*adv*	unfortunately| unhappily
4500	**försvinnande**-*nn; adj; adv*	disappearance; vanishing; exceedingly
4518	**noggrann**-*adj; adv*	careful; precisely
4522	**bokstavligt**-*adv*	literally
4560	**regelbundet**-*adv*	regularly
4561	**radikalt**-*adv*	radically
4603	**till fullo**-*adv*	in full
4613	**kritiskt**-*adv*	critical
4641	**manuellt**-*adv*	manually
4646	**stört**-*adv*	absolutely
4670	**formellt**-*adv*	formally
4707	**rikt**-*adv*	richly
4758	**lite grann**-*adv; prn*	just a trifle; some
4773	**tills vidare**-*adv; adj*	until further notice; for the time being
4809	**därav**-*adv*	thereby
4818	**friskt**-*adv*	freshly
4824	**betydligt**-*adv*	considerably| meaningly
4825	**onödigt**-*adv*	unnecessarily
4841	**förrgår**-*adv*	the day before yesterday
4858	**oändligt**-*adv*	interminably
4863	**på något vis**-*adv*	somehow
4869	**miste**-*adv*	wrong
4879	**sannolikt**-*adv*	probably
4889	**intensivt**-*adv*	intensively
4892	**upp och ner**-*adv*	up and down
4902	**skarpt**-*adv*	sharply
4910	**evigt**-*adv*	forever
4920	**varsin**-*adv*	each
4929	**visserligen**-*adv*	indeed
4935	**vetenskapligt**-*adv*	scientifically
4977	**i onödan**-*adv*	unnecessarily
5000	**felaktigt**-*adv*	incorrectly

Conjunctions

2754	**nämligen**-*adv; con*	namely; for
2824	**så pass**-*con*	that
2954	**fastän**-*con; adv*	although; not but
3008	**blott**-*adv; adj; con*	only; mere; if only
4350	**förutsatt att**-*con*	providing that
4970	**såvitt**-*con*	as far as

Prepositions

2506	**näst**-*adj; adv; prp*	second; next; next to
2739	**rörande**-*prp; adj*	concerning; touching
2833	**i närheten av**-*prp*	near
2981	**vid sidan av**-*prp*	alongside
2994	**innanför**-*prp; adv*	within; within
3018	**ovanpå**-*prp; adv*	on; on the top of
3187	**ovan**-*adv; prp; adj*	new; above; unaccustomed
3242	**till förmån för**-*prp*	in favor of
3539	**utöver**-*prp; adv*	beyond; over and above
3723	**nedanför**-*adv; prp*	below; below
3757	**apropå**-*prp; adv*	with regard to; by the way
3782	**nedför**-*adv; prp*	down; down
3866	**gentemot**-*prp*	against
3959	**bortsett från**-*prp; adv*	but for; barring
3983	**i jämförelse med**-*prp*	against as
4266	**invändning**-*nn; prp*	objection; but
4331	**i motsats till**-*prp*	in contrast to
4390	**nedåt**-*adj; adv; prp*	down; down; down
4521	**med avseende på**-*prp*	with respect to

Pronouns

2876	**vem som helst-***prn*	anyone
2896	**dom-***nn; prn*	judgment|cathedral; they
3056	**somlig-***prn*	some
3212	**vad som helst-***prn; adv*	anything; whatever
3575	**varannan-***prn; adv*	every other; indiscriminately
4235	**med flera-***prn*	and others
4758	**lite grann-***adv; prn*	just a trifle; some
5002	**sankt-***prn; adj*	St.; saint

Nouns

2502	lugnande-*nn; adj*	soothing; reposeful
2503	öster-*adv; nn*	east; east
2507	trosa-*nn*	briefs
2508	smäll-*nn*	bang|slap
2513	terapi-*nn*	therapy
2515	parti-*nn*	party
2516	aktie-*nn*	share
2517	kompani-*nn*	company
2520	chaufför-*nn*	driver
2521	potatis-*nn*	potato
2522	kåk-*nn*	shanty
2523	potta-*nn*	potty
2524	uttalande-*nn*	pronouncing
2525	liter-*nn*	liter
2526	allesammans-*nn*	all of them|everyone
2527	karaktär-*nn*	character|nature
2529	cirkus-*nn*	circus
2530	rike-*nn*	kingdom|country
2531	underkläder-*nn*	underwear|lingerie
2532	öst-*nn*	east
2533	tugga-*nn; vb*	chew|bite; chew
2534	lakan-*nn*	sheet
2536	insats-*nn*	input
2537	mått-*nn*	measure|dimensions
2539	singel-*nn*	single
2541	bagage-*nn*	luggage
2543	värdighet-*nn*	dignity
2545	budskap-*nn*	message
2548	lucka-*nn*	hatch|gap
2549	kista-*nn*	coffin
2550	vardagsrum-*nn*	living room
2551	oväsen-*nn*	noise|commotion
2555	skåp-*nn*	cabinet|cupboard
2556	knarkare-*nn*	junkie
2557	avsikt-*nn*	intention|objective
2559	version-*nn*	version
2561	psykolog-*nn*	psychologist
2562	klipp-*nn*	cut|clip
2563	brist-*nn*	lack|shortage
2564	plåga-*nn; vb*	torment; torment
2566	fästman-*nn*	fiance
2568	personlighet-*nn*	personality
2571	explosion-*nn*	explosion
2572	smör-*nn*	butter
2573	detektiv-*nn*	sleuth
2574	puls-*nn*	pulse
2575	begäran-*nn*	request|demand
2576	central-*adj; nn*	central; central
2578	haka-*vb; nn*	hook; jaw
2579	skylt-*nn*	sign|shingle
2580	uppförande-*nn*	conduct|behaviour
2581	hastighet-*nn*	speed|rate
2583	räkning-*nn*	account|counting
2584	trafik-*nn*	traffic
2585	blåst-*adj; nn*	blown; wind
2587	recept-*nn*	recipe|prescription
2588	halvvägs-*adv; nn*	half-way; midway
2590	telegram-*nn*	telegram|cable
2592	januari-*nn*	january
2593	troll-*nn*	troll
2594	orange-*adj; nn*	Orange; Orange
2596	rådgivare-*nn*	advisor|counsellor
2598	telefonsamtal-*nn*	telephone call
2601	garantera-*vb; nn*	ensure; guarantee
2605	hälsning-*nn*	greeting|salutation
2606	parfym-*nn*	perfume
2607	fas-*nn*	phase|aspect
2608	tuggummi-*nn*	chewing gum
2609	dricks-*nn*	tip
2610	brottsling-*nn*	criminal|delinquent
2611	maffia-*nn*	maffia
2612	skurk-*nn*	villain|heavy
2613	förräderi-*nn*	treason|sell-out
2614	utbyte-*nn*	exchange|yield
2615	over-*nn*	over
2618	gitarr-*nn*	guitar
2619	utmaning-*nn*	challenge
2621	paranoid-*adj; nn*	paranoid; paranoiac
2622	stress-*nn*	pressure|stress
2623	byrå-*nn*	bureau
2624	biff-*nn*	steak
2626	poesi-*nn*	poetry
2627	bacon-*nn*	Bacon
2629	stöt-*nn*	shock|impulse
2630	brygga-*nn; vb*	bridge; pier
2631	slips-*nn*	tie
2633	slant-*nn*	coin
2634	baron-*nn*	baron

2636	**spruta**-*nn; vb*	syringe|sprayer; spray	2714	**struntprat**-*nn*	nonsense
2637	**allierad**-*nn; adj*	ally; allied	2715	**skiva**-*nn; vb*	disc; slice
2639	**terrorist**-*nn*	terrorist	2716	**trollkarl**-*nn*	wizard|magician
2641	**vägnar**-*nnpl*	behalf	2717	**samarbete**-*nn*	cooperation
2643	**vittnesmål**-*nn*	testimony	2718	**åsna**-*nn*	ass
2644	**mönster**-*nn*	pattern|model	2720	**burk**-*nn*	jar|can
2645	**olyckshändelse**-*nn*	accident	2721	**ekonomi**-*nn*	economy
2647	**inflytande**-*nn*	influence|impact	2722	**aska**-*nn*	ash
2648	**hån**-*nn*	mockery|scorn	2723	**övervåning**-*nn*	upstairs
2649	**framsida**-*nn*	front|face	2724	**trakt**-*nn*	region|clime
2650	**skräck**-*nn*	horror	2726	**vilt**-*nn; adv*	game; wild
2651	**konjak**-*nn*	brandy	2727	**last**-*nn*	load|cargo
2653	**tragedi**-*nn*	tragedy	2730	**revolver**-*nn*	revolver
2654	**panna**-*nn*	boiler|forehead	2731	**dräkt**-*nn*	apparel|costume
2655	**agenda**-*nn*	agenda	2733	**avgörande**-*adj; nn*	crucial|decisive; decision
2656	**rektor**-*nn*	principal	2734	**pryl**-*nn*	awl
2659	**nerv**-*nn*	nerve	2735	**utpressning**-*nn*	extortion
2662	**slump**-*nn*	chance|accident	2736	**varg**-*nn*	wolf
2664	**sektor**-*nn*	sector	2737	**menad**-*nn*	maenad
2666	**stål**-*nn*	steel	2738	**dimma**-*nn; vb*	fog|mist; bedim
2668	**snurra**-*vb; nn*	spin|turn; swivel	2745	**världskrig**-*nn*	world war
2669	**upplevelse**-*nn*	experience	2746	**guvernör**-*nn*	governor
2670	**syre**-*nn*	oxygen	2747	**jungfru**-*nn*	maiden
2674	**häll**-*nn*	slab	2748	**välsignelse**-*nn*	blessing
2675	**marsch**-*nn*	route-march	2750	**smälta**-*vb; nn*	melt|digest; smelt
2677	**förskott**-*nn*	advance|imprest	2751	**uppror**-*nn*	rebellion|mutiny
2679	**museum**-*nn*	museum	2752	**tillträde**-*nn*	access|entry
2680	**gin**-*nn*	gin	2758	**back**-*adv; nn*	back; back
2681	**organisation**-*nn*	organization	2760	**nation**-*nn*	nation
2682	**ros**-*nn*	praise	2761	**effekt**-*nn*	effect
2685	**kål**-*nn*	cabbage|cole	2762	**verksamhet**-*nn*	activity
2688	**blixt**-*nn*	flash	2764	**utgivare**-*nn*	publisher
2689	**greve**-*nn*	earl	2765	**förnuft**-*nn*	sense
2692	**högkvarter**-*nn*	headquarters	2766	**skägg**-*nn*	beard
2693	**affärsman**-*nn*	businessman	2768	**böter**-*nn*	fine|forfeit
2695	**lopp**-*nn*	race|course	2769	**tvilling**-*nn*	twin
2696	**ambassad**-*nn*	embassy	2770	**kongress**-*nn*	congress
2700	**bilolycka**-*nn*	motor accident	2772	**cigarr**-*nn*	cigar
2701	**husdjur**-*nn*	domestic animal	2773	**skick**-*nn*	condition|order
2703	**allmänhet**-*nn*	public|general	2774	**privatliv**-*nn*	privacy
2705	**kyrkogård**-*nn*	cemetery	2776	**sallad**-*nn*	salad
2706	**intelligens**-*nn*	intellect	2777	**generation**-*nn*	generation
2709	**moral**-*nn*	morality|morale	2778	**kultur**-*nn*	culture
2711	**handduk**-*nn*	towel	2779	**ryck**-*nn*	jerk|snatch
2713	**tradition**-*nn*	tradition	2780	**kö**-*nn*	queue

2781	**tå**-*nn*	toe	
2783	**flagga**-*nn; vb*	flag; flag	
2785	**mobiltelefon**-*nn*	cellphone	
2792	**våldtäkt**-*nn*	rape	
2798	**knep**-*nn*	trick|wiles	
2801	**gymnasium**-*nn*	gymnasium	
2802	**resurs**-*nn*	resource	
2803	**väster**-*adv; nn*	west; the west	
2804	**uppfattning**-*nn*	opinion|idea	
2805	**sherry**-*nn*	sherry	
2806	**horn**-*nn*	horn	
2807	**foster**-*nn*	fetus|offspring	
2809	**kommentar**-*nn*	comment|annotation	
2810	**motell**-*nn*	motel	
2811	**smycke**-*nn*	jewelry|jewel	
2812	**brådska**-*nn; vb*	hurry; hurry	
2813	**villa**-*nn*	villa|bungalow	
2814	**säsong**-*nn*	season	
2820	**koka**-*vb; nn*	boil|cook; clod	
2821	**positiv**-*adj; nn*	positive; hurdy-gurdy	
2822	**status**-*nn*	status	
2823	**stöld**-*nn*	theft|steal	
2825	**vite**-*nn*	penalty	
2827	**anteckning**-*nn*	note	
2830	**skal**-*nn*	shell|peel	
2831	**ambassadör**-*nn*	ambassador	
2834	**täckmantel**-*nn*	cover	
2835	**britt**-*nn*	Briton	
2836	**sår**-*nn*	wound|sore	
2837	**charm**-*nn*	charm|attraction	
2838	**hugg**-*nn*	grab|cut	
2839	**balans**-*nn*	balance	
2840	**id**-*nn*	ID	
2845	**manus**-*nn*	script	
2847	**halsband**-*nn*	necklace	
2848	**frisyr**-*nn*	hairstyle|haircut	
2849	**undergång**-*nn*	downfall	
2853	**studio**-*nn*	studio	
2854	**barndom**-*nn*	childhood|infancy	
2855	**arv**-*nn*	heritage|legacy	
2856	**alibi**-*nn*	alibi	
2857	**välgörenhet**-*nn*	charity	
2858	**gruva**-*nn*	mine	
2859	**guide**-*nn*	guide	
2860	**nöt**-*nn*	nut	
2862	**princip**-*nn*	principle	
2864	**engelsman**-*nn*	Englishman	
2865	**doft**-*nn*	fragrance|scent	
2867	**hobby**-*nn*	hobby	
2868	**uttryck**-*nn*	expression|term	
2870	**bidrag**-*nn*	contribution|grant	
2871	**filt**-*nn*	blanket|felt	
2874	**bonde**-*nn*	peasant	
2875	**försäkring**-*nn*	insurance|assurance	
2877	**häromdagen**-*nn*	the other day	
2878	**helgon**-*nn*	saint	
2879	**metall**-*nn*	metal	
2880	**julklapp**-*nn*	Christmas present	
2881	**mysterium**-*nn*	mystery|mystification	
2882	**hacka**-*vb; nn*	hack|pick; pick	
2884	**krok**-*nn*	hook|crook	
2885	**juice**-*nn*	juice	
2886	**symbol**-*nn*	symbol	
2889	**titel**-*nn*	title	
2890	**varv**-*nn*	turn|lap	
2892	**cigg**-*nn*	cigarette	
2893	**centimeter**-*nn*	centimeter	
2894	**vision**-*nn*	vision	
2896	**dom**-*nn; prn*	judgment|cathedral; they	
2897	**anka**-*nn*	duck	
2898	**leverans**-*nn*	delivery	
2899	**muskel**-*nn*	muscle	
2901	**like**-*nn*	equal	
2902	**palm**-*nn*	palm	
2903	**storebror**-*nn*	big brother	
2905	**konung**-*nn*	King	
2906	**änka**-*nn*	widow	
2907	**medalj**-*nn*	medal	
2908	**sopor**-*nn*	trash	
2912	**grekland**-*nn*	Greece	
2913	**vård**-*nn*	care|monument	
2915	**tacksamhet**-*nn*	gratitude	
2916	**flit**-*nn*	diligence	
2918	**rast**-*nn*	break	
2919	**väktare**-*nn*	guard	
2920	**baksäte**-*nn*	rear seat	
2922	**musiker**-*nn*	musician	
2924	**yra**-*vb; nn*	rave; frenzy	
2925	**pil**-*nn*	arrow	
2926	**motsats**-*nn*	contrast	
2927	**dansare**-*nn*	dancer	

2928	**järn**-*nn*	iron	
2929	**lada**-*nn*	barn	
2930	**bokstav**-*nn*	letter	
2931	**tempel**-*nn*	sanctuary	
2937	**disk**-*nn*	disk|counter	
2938	**final**-*nn*	finals	
2941	**skottlossning**-*nn*	shooting|gunfire	
2946	**cirkel**-*nn*	circle	
2947	**betalning**-*nn*	payment	
2948	**förstånd**-*nn*	understanding|sense	
2949	**pannkaka**-*nn*	pancake	
2953	**polisman**-*nn*	policeman	
2955	**palats**-*nn*	palace	
2956	**schema**-*nn*	schedule	
2957	**karate**-*nn*	karate	
2958	**räddning**-*nn*	rescue|salvation	
2961	**bostad**-*nn*	residence|accommodation	
2962	**strumpa**-*nn*	stocking	
2963	**tunnelbana**-*nn*	subway	
2965	**skift**-*nn*	turn|relay	
2966	**tält**-*nn*	tent	
2969	**tass**-*nn*	paw	
2973	**tandläkare**-*nn*	dentist	
2974	**åtgärd**-*nn*	measure	
2975	**nöd**-*nn*	need|distress	
2976	**chips**-*nn*	chips	
2977	**gömställe**-*nn*	hideaway	
2979	**intet**-*nn*	nil	
2982	**solnedgång**-*nn*	sunset	
2983	**rekord**-*nn*	record	
2984	**bur**-*nn*	cage|crate	
2985	**ansökan**-*nn*	application	
2986	**gram**-*nn*	gram	
2988	**latin**-*nn*	Latin	
2989	**anklagad**-*nn*	accused	
2991	**sammanträffande**-*nn; adj*	meeting|coincidence; coincident	
2992	**schweiz**-*nn*	Switzerland	
2993	**direktör**-*nn*	director|governor	
2995	**droppe**-*nn*	drop	
2996	**hinder**-*nn*	obstacle|hindrance	
2998	**organ**-*nn*	organ	
2999	**israel**-*nn; nn*	Israeli; Israel	
3004	**kyl**-*nn*	fridge	
3005	**inställning**-*nn*	attitude|adjustment	
3006	**hjul**-*nn*	wheel	
3010	**moln**-*nn*	cloud	
3011	**bolag**-*nn*	company	
3012	**ersättare**-*nn*	substitute|proxy	
3013	**process**-*nn*	process	
3015	**härskare**-*nn*	ruler	
3017	**beundrare**-*nn*	fan|admirer	
3019	**strategi**-*nn*	strategy	
3020	**helsike**-*nn*	hell	
3021	**bakhåll**-*nn*	ambush	
3022	**skärm**-*nn*	screen	
3026	**påve**-*nn*	pope	
3027	**matte**-*nn*	maths	
3030	**aktivitet**-*nn*	activity	
3031	**järnväg**-*nn*	railway|rail	
3032	**profil**-*nn*	profile	
3034	**backe**-*nn*	slope	
3040	**godhet**-*nn*	goodness	
3041	**sträcka**-*vb; nn*	stretch|reach; distance	
3042	**muta**-*nn; vb*	bribe; bribe	
3045	**fnask**-*nn*	hooker	
3046	**teknologi**-*nn*	technology	
3047	**medlidande**-*nn*	compassion|sympathy	
3048	**elefant**-*nn*	elephant	
3049	**underhållning**-*nn*	entertainment	
3054	**grepp**-*nn*	grip|handle	
3055	**konsert**-*nn*	concert	
3058	**hertig**-*nn*	Duke	
3060	**fyr**-*nn*	lighthouse|lad	
3061	**honung**-*nn*	honey	
3063	**februari**-*nn*	February	
3064	**grevinna**-*nn*	countess	
3065	**gissning**-*nn*	guess	
3066	**omdöme**-*nn*	opinion|judgement	
3069	**invånare**-*nn*	residents|inhabitant	
3070	**beredskap**-*nn*	preparedness	
3071	**önskning**-*nn*	desire	
3072	**öre**-*nn*	bean|cent	
3077	**klagomål**-*nn*	complaint|plaint	
3078	**ved**-*nn*	firewood	
3079	**tequila**-*nn*	tequila	
3080	**langare**-*nn*	pusher|peddler	
3081	**remissinstans**-*nn*	body considering proposed legislation	
3082	**skapare**-*nn*	maker	
3083	**trampa**-*vb; nn*	tread; pedal	

3084	**italienare**-*nn*	Italian	3158	**sky**-*nn; vb*	sky; shun
3085	**dumskalle**-*nn*	blockhead|imbecile	3159	**funktion**-*nn*	function
3086	**hopplös**-*adj; nn*	hopeless; redemption	3160	**svit**-*nn*	suite|sequence
3087	**sup**-*nn*	drink	3161	**succé**-*nn; adj*	strike; best-selling
3090	**spion**-*nn*	spy	3162	**smekmånad**-*nn*	honeymoon
3092	**fat**-*nn*	barrel	3163	**gärning**-*nn*	act|work
3093	**gräl**-*nn*	quarrel|argument	3164	**bakväg**-*nn*	back way
3094	**best**-*nn*	beast|monster	3165	**kommitté**-*nn*	commission
3095	**syskon**-*nn*	sibling	3167	**pluton**-*nn*	platoon
3096	**motorcykel**-*nn*	motorcycle	3169	**teve**-*nn*	television
3098	**utveckling**-*nn*	development|progress	3171	**rå**-*adj; nn*	raw|crude; boundary
3099	**bonus**-*nn*	bonus	3173	**transport**-*nn*	transport|transportation
3100	**stig**-*nn*	path|trail			
3103	**miljö**-*nn*	environment|setting	3174	**polisstation**-*nn*	police station
3104	**frivillig**-*adj; nn*	voluntary; volunteer	3175	**nazist**-*nn*	nazi
3105	**negativ**-*adj; nn*	negative; negative	3176	**möbel**-*nn*	piece of furniture
3109	**filosofi**-*nn*	philosophy	3177	**tumme**-*nn*	thumb
3110	**insekt**-*nn*	insect	3179	**servitris**-*nn*	waitress
3111	**höjdare**-*nn*	bigwig	3180	**revolution**-*nn*	revolution
3112	**saknad**-*adj; nn*	missing|lamented; regret	3182	**intrång**-*nn*	infringement|intrusion
3114	**fanskap**-*nn*	devilry	3184	**existens**-*nn*	existence|life
3115	**tortyr**-*nn*	torture	3185	**skytt**-*nn*	marksman|shot
3118	**kappa**-*nn*	coat	3186	**mustasch**-*nn*	mustache
3120	**mottagning**-*nn*	reception	3192	**ugn**-*nn*	oven
3121	**munk**-*nn*	monk	3193	**pirat**-*nn*	pirae
3125	**ände**-*nn*	termination	3194	**släpa**-*vb; nn*	drag|drudge; sledge
3126	**sörja**-*vb; nn*	mourn|grieve; sludge	3196	**kandidat**-*nn*	candidate|aspirant
3127	**fluga**-*nn*	mania|fly|bow tie	3198	**bedrägeri**-*nn*	fraud|deception
3128	**anklagelse**-*nn*	accusation|allegation	3200	**vett**-*nn*	wit
3129	**utslag**-*nn*	rash|decision	3201	**ris**-*nn*	rice
3135	**tron**-*nn*	throne	3202	**otäck**-*adj; nn*	nasty|horrid; wickedness
3136	**tablett**-*nn*	tablet|tabloid			
3137	**överlevnad**-*nn*	survival	3203	**hänsyn**-*nn*	regard
3139	**block**-*nn*	block|pad	3204	**härom**-*nn*	from here
3140	**ankomst**-*nn*	arrival	3205	**nödsituation**-*nn*	emergency
3142	**webbläsare**-*nn*	browser	3206	**instrument**-*nn*	instrument|engine
3144	**kredit**-*nn*	credit	3208	**konsekvens**-*nn*	consequence
3145	**skinka**-*nn*	pork	3209	**server**-*nn*	server
3146	**grönsaker**-*nn*	vegetables	3211	**spänning**-*nn*	voltage|tension
3148	**rök**-*nn*	smoke	3215	**summa**-*nn*	amount|figure
3149	**tjockis**-*nn*	fatty	3216	**disciplin**-*nn*	discipline
3150	**äckel**-*nn*	disgust	3217	**galenskap**-*nn*	madness|insanity
3155	**permanent**-*adj; adv; nn*	permanent; permanently; permanent wave	3218	**uppgörelse**-*nn*	settlement|agreement
			3219	**gard**-*nn*	guard
			3220	**hälla**-*vb; nn*	stick|pour; strap
3157	**producent**-*nn*	producer	3221	**färja**-*nn; vb*	ferry; ferry

3222	**mäster**-*nn*	master	3302	**batteri**-*nn*	battery
3223	**besked**-*nn*	information|answer	3303	**anmälan**-*nn*	report|notice
3224	**smula**-*nn*	crumb	3305	**rökning**-*nn*	smoking
3225	**inkräktare**-*nn*	intruder|invader	3306	**kudde**-*nn*	pillow
3227	**skala**-*nn; vb*	scale; skin	3307	**oberoende**-*adj; adv; nn*	unattached; independently; freedom
3228	**botemedel**-*nn*	cure			
3229	**fläck**-*nn*	spot|stain	3310	**turist**-*nn*	tourist
3231	**sjuksköterska**-*nn*	nurse	3315	**galax**-*nn*	galaxy
3234	**fransman**-*nn*	Frenchman	3320	**koppling**-*nn*	coupling|connection
3235	**ingång**-*nn*	entrance	3321	**medhjälpare**-*nn*	aide|assistant
3236	**tvål**-*nn*	soap	3323	**grädde**-*nn*	cream
3238	**ruta**-*nn; vb*	square; check	3324	**stycke**-*nn*	paragraph|piece
3239	**åtal**-*nn*	prosecution	3326	**tennis**-*nn*	tennis
3240	**utgång**-*nn*	exit|expiry	3327	**vetenskapsman**-*nn*	scientist
3244	**badkar**-*nn*	bathtub	3329	**kvalitet**-*nn*	quality|grade
3247	**psykopat**-*nn*	psycho	3330	**pop**-*nn*	pop (music)
3250	**ensamhet**-*nn*	loneliness|solitude	3331	**beskydd**-*nn*	protection
3253	**trottoar**-*nn*	pavement|footway	3332	**flott**-*adj; nn*	classy|swanky; grease
3254	**smuts**-*nn*	dirt|dirtiness			
3255	**pumpa**-*nn; vb*	pumpkin; pump	3335	**skämt**-*nn; adj*	joke|joking; foul
3257	**stövel**-*nn*	boot	3338	**befordran**-*nn*	promotion
3260	**bang**-*nn*	sonic bang	3342	**smörja**-*vb; nn*	lubricate|grease; rubbish
3261	**objekt**-*nn*	object			
3264	**medvetande**-*nn*	consciousness	3345	**tonåring**-*nn*	teenager
3267	**förståelse**-*nn*	understanding	3347	**käk**-*nn*	grub|nosh
3269	**inspelning**-*nn*	recording	3348	**lobby**-*nn*	lobby
3271	**suverän**-*adj; nn*	sovereign; sovereign	3349	**dvärg**-*nn*	dwarf|gnome
3272	**hockey**-*nn*	hockey|field hockey	3351	**tvåa**-*nn*	second|deuce
3273	**stipendium**-*nn*	scholarship	3352	**hallick**-*nn*	pimp
3274	**bänk**-*nn*	desk	3353	**grundläggande**-*adj; nn*	fundamental; constitutive
3275	**plast**-*nn*	plastic			
3276	**slit**-*nn*	toil|drudgery	3355	**testamente**-*nn*	bequeathing
3277	**handske**-*nn*	glove|gauntlet	3356	**kjol**-*nn*	skirt
3278	**rask**-*adj; nn*	brisk; shebang	3358	**tobak**-*nn*	tobacco
3279	**kompanjon**-*nn*	partner	3359	**sektion**-*nn*	section
3282	**massage**-*nn*	massage	3363	**centralbank**-*nn*	central bank
3283	**övergiven**-*adj; nn*	abandoned; orphan	3365	**dödsfall**-*nn*	death
3285	**fil**-*nn*	file	3366	**minister**-*nn*	minister
3287	**menig**-*nn; adj*	enlisted man; private	3367	**påk**-*nn*	cudgel
3288	**kyla**-*nn; vb*	cold; chill	3372	**kuvert**-*nn*	envelope
3289	**fotograf**-*nn*	photographer	3373	**erkännande**-*nn*	acknowledgment
3291	**division**-*nn*	division	3374	**tallrik**-*nn*	plate|platter
3292	**pigg**-*adj; nn*	alert|spirited; spike	3376	**självförsvar**-*nn*	self-defence
3293	**kol**-*nn*	carbon	3377	**revisor**-*nn*	auditor
3296	**förfader**-*nn*	ancestor|forefather	3378	**reträtt**-*nn*	retreat|backdown
3300	**studie**-*nn*	study	3379	**besvikelse**-*nn*	disappointment

3380	**os**-*nn; abr*	smell; Olympic Games
3382	**syd**-*nn*	south
3388	**lagom**-*adj; adv; nn*	just right; just enough; moderation
3389	**perspektiv**-*nn*	perspective
3390	**smörgås**-*nn*	bread and butter
3393	**konkurrenskraft**-*nn*	competitiveness
3395	**täckning**-*nn*	cover|protection
3397	**finka**-*nn*	stir|jug
3398	**förnamn**-*nn*	first name
3399	**sköterska**-*nn*	nurse
3401	**svans**-*nn*	tail
3402	**gränd**-*nn*	alley|lane
3403	**väntan**-*nn*	waiting|expectation
3404	**meny**-*nn*	menu
3405	**vagina**-*nn*	vagina
3406	**bruk**-*nn*	use|service
3410	**kommunikation**-*nn*	communication
3413	**övertygande**-*adj; nn; adv*	convincing; cogent; forcefully
3415	**väsen**-*nn*	essence|being
3417	**exemplar**-*nn*	copy|specimen
3420	**våg**-*nn*	wave
3421	**stämning**-*nn*	atmosphere|mood
3422	**läppstift**-*nn*	lipstick
3423	**spjut**-*nn*	spear
3424	**underhåll**-*nn*	maintenance
3426	**ensak**-*nn*	my affair
3428	**avsked**-*nn*	farewell|dismissal
3430	**fjärran**-*nn; adj; adv*	distance; far; far
3433	**potential**-*nn*	potential
3435	**standard**-*nn*	standard
3436	**magasin**-*nn*	magazine|warehouse
3438	**lök**-*nn*	onion
3439	**hosta**-*nn; vb*	cough; cough
3443	**lillasyster**-*nn*	kid sister
3446	**bakdörr**-*nn*	back door
3447	**hjälm**-*nn*	helmet
3448	**bartender**-*nn*	bartender
3449	**frost**-*nn; adj*	frost; frosty
3450	**neger**-*nn*	negro
3453	**revben**-*nn*	ribs
3455	**lunga**-*nn*	lung
3456	**reception**-*nn*	reception
3458	**instinkt**-*nn*	instinct
3459	**kedja**-*nn; vb*	chain; chain
3460	**anhängare**-*nn*	supporter
3461	**lax**-*nn*	salmon
3464	**prioritet**-*nn*	priority
3466	**patrull**-*nn*	patrol
3467	**protokoll**-*nn*	protocol
3469	**gym**-*nn*	gym
3470	**konstant**-*adj; nn; adv*	constant; constant; constantly
3471	**lina**-*nn*	line
3473	**te**-*nn*	tea
3476	**nödläge**-*nn*	emergency|distress
3477	**solo**-*adv; nn*	solo; solo
3478	**tillfällighet**-*nn*	coincidence|accident
3480	**dämpa**-*vb; nn*	dampen; cushion
3483	**opera**-*nn*	opera
3484	**taktik**-*nn*	tactics
3485	**ryttare**-*nn*	horserider
3487	**giftermål**-*nn*	marriage|match
3489	**börda**-*nn; vb*	burden|weight; cumber
3490	**upplysning**-*nn*	information
3491	**rutin**-*nn*	routine
3494	**svamp**-*nn*	mushroom
3495	**rullstol**-*nn*	wheelchair
3497	**lönnmördare**-*nn*	assassin
3498	**kärnvapen**-*nn*	nuclear weapon
3500	**not**-*nn*	note|memorandum
3502	**kast**-*nn*	throw|caste
3504	**turnering**-*nn*	tournament
3506	**utegångsförbud**-*nn*	curfew
3507	**motto**-*nn*	motto
3508	**klinik**-*nn*	clinic
3509	**ceremoni**-*nn*	ceremony
3510	**egenskap**-*nn*	property|capacity
3512	**medkänsla**-*nn*	sympathy|feeling
3514	**tupplur**-*nn*	nap
3516	**torg**-*nn*	square
3518	**dagsljus**-*nn*	daylight
3520	**genombrott**-*nn*	breakthrough
3521	**kärna**-*nn; vb*	core|churn; churn
3522	**kondom**-*nn*	condom
3523	**hop**-*nn*	heap|bunch
3525	**publicitet**-*nn*	publicity
3529	**äpple**-*nn*	apple
3531	**vana**-*nn*	habit|experience
3532	**period**-*nn*	period
3533	**analys**-*nn*	analysis

3535	**pub**-*nn*	pub	
3537	**spis**-*nn*	stove|kitchen-range	
3540	**nagel**-*nn*	nail	
3541	**hammare**-*nn*	malleus	
3542	**dos**-*nn*	dose|shot	
3543	**kärra**-*nn*	cart|truck	
3544	**maka**-*nn; vb*	wife|spouse; edge	
3545	**demokrati**-*nn*	democracy	
3546	**gamling**-*nn*	old man	
3547	**höst**-*nn*	autumn	
3548	**vildmark**-*nn*	wilderness	
3551	**flock**-*nn*	flock	
3553	**holland**-*nn*	holland	
3554	**ånger**-*nn*	regret	
3557	**århundrade**-*nn*	century	
3558	**häkte**-*nn*	custody	
3559	**konversation**-*nn*	conversation	
3560	**genväg**-*nn*	short cut	
3561	**hövding**-*nn*	chief	
3563	**republik**-*nn*	republic	
3564	**kex**-*nn*	biscuit	
3565	**journal**-*nn*	journal|logbook	
3566	**köpare**-*nn*	buyer	
3567	**nederlag**-*nn*	defeat	
3568	**missil**-*nn*	missile	
3569	**underrättelsetjänst**-*nn*	intelligence service	
3570	**omelett**-*nn*	omelette	
3574	**parlament**-*nn*	Parliament	
3576	**finanser**-*nn*	finances	
3577	**ask**-*nn*	box	
3578	**uppträdande**-*nn*	behavior|performance	
3579	**nybörjare**-*nn*	beginner	
3580	**sändning**-*nn*	transmission|sending	
3582	**kylskåp**-*nn*	refrigerator|fridge	
3586	**odds**-*nn*	odds	
3588	**visdom**-*nn*	wisdom	
3589	**piska**-*nn; vb*	whip; whip	
3590	**spindel**-*nn*	spider|mandrel	
3591	**liga**-*nn*	league	
3592	**webbsida**-*nn*	web page	
3593	**troende**-*nn; adj*	believer; believing	
3594	**misshandel**-*nn*	beatings|maltreatment	
3597	**kavalleri**-*nn*	cavalry	
3599	**matsal**-*nn*	dining room	
3600	**kampanj**-*nn*	campaign	
3601	**pinne**-*nn*	perch|stake	
3602	**pervers**-*nn; adj*	pervert; perverted	
3603	**barmhärtighet**-*nn*	mercy|charity	
3604	**misslyckande**-*nn*	failure	
3605	**tjur**-*nn*	bull	
3606	**lösenord**-*nn*	password	
3607	**avtryck**-*nn*	impression|print	
3608	**självförtroende**-*nn*	self-confidence|self-reliance	
3609	**ego**-*nn*	ego	
3610	**korea**-*nn*	Korea	
3612	**pipa**-*nn; vb*	pipe; beep	
3615	**käke**-*nn*	jaw|mandible	
3616	**fitta**-*nn*	pussy|beaver	
3617	**famn**-*nn*	bosom	
3618	**avskeda**-*vb; nn*	dismiss; cashier	
3619	**skandal**-*nn*	scandal	
3621	**ärlighet**-*nn*	honesty	
3622	**sax**-*nn*	scissors	
3623	**fänrik**-*nn*	second lieutenant	
3624	**ingenjör**-*nn*	engineer	
3625	**älskarinna**-*nn*	mistress	
3628	**poker**-*nn*	poker	
3629	**licens**-*nn*	license	
3631	**figur**-*nn*	figure|diagram	
3633	**förvar**-*nn*	custody	
3634	**tvätt**-*nn*	laundry	
3635	**kombination**-*nn*	combination	
3636	**veranda**-*nn*	porch|veranda	
3639	**kassa**-*nn*	cash	
3640	**lättnad**-*nn*	relief|relaxation	
3643	**blogg**-*nn*	blog	
3646	**päls**-*nn*	fleece	
3648	**illusion**-*nn*	illusion|delusion	
3650	**uppsats**-*nn*	essay	
3652	**övervakning**-*nn*	monitoring	
3654	**tango**-*nn*	tango	
3655	**handlingsplan**-*nn*	action plan	
3657	**lamm**-*nn*	baa lamb	
3658	**atmosfär**-*nn*	atmosphere	
3659	**bandit**-*nn*	bandit|thug	
3661	**islamist**-*nn*	islamist	
3662	**skådespelerska**-*nn*	actress	
3668	**soluppgång**-*nn*	sunrise	
3669	**orgasm**-*nn*	orgasm	
3670	**inkommande**-*adj; nn*	incoming; incomer	

3672	**aktiv**-*adj; nn*	live; active
3673	**sympati**-*nn*	sympathy
3674	**avrättning**-*nn*	execution
3676	**sperma**-*nn*	sperm
3677	**delfin**-*nn*	dolphin
3678	**sjöman**-*nn*	sailor|seaman
3684	**valp**-*nn*	puppy|pup
3688	**psykologi**-*nn*	psychology
3690	**skvaller**-*nn*	gossip|slander
3692	**mikrofon**-*nn*	microphone
3693	**stående**-*adj; nn*	standing; stand
3694	**målning**-*nn*	painting
3695	**tum**-*nn*	inch
3696	**klo**-*nn*	claw
3697	**terapeut**-*nn*	therapist
3699	**produkt**-*nn*	product
3702	**korg**-*nn*	basket
3703	**utbrott**-*nn*	outbreak|outburst
3704	**växt**-*nn*	growth|tumour
3708	**sökande**-*nn; adj*	applicant|search; searching
3709	**njutning**-*nn*	enjoyment|treat
3710	**gåta**-*nn*	riddle|puzzle
3712	**lo**-*nn*	lynx|Swedish Trade Union Confederation
3713	**livsstil**-*nn*	way of life
3714	**kalkon**-*nn*	turkey
3717	**förband**-*nn*	dressing
3719	**skärpa**-*nn; vb*	sharpness; sharpen
3720	**picknick**-*nn*	picnic
3721	**håla**-*nn*	den|burrow
3722	**hotellrum**-*nn*	hotel room
3724	**diskussion**-*nn*	discussion
3725	**klämma**-*nn; vb*	clamp|clip; squeeze
3727	**poet**-*nn*	poet
3728	**legitimation**-*nn*	identification
3729	**kines**-*nn*	Chinese
3730	**utvecklingsland**-*nn*	developing country
3731	**pung**-*nn*	pouch|sack
3732	**raket**-*nn*	rocket|missile
3733	**nyfikenhet**-*nn*	curiosity
3734	**romare**-*nn*	roman
3736	**skida**-*nn; vb*	ski; sheathe
3737	**underverk**-*nn*	miracle|marvel
3738	**register**-*nn*	register|index
3740	**vinkel**-*nn*	corner
3741	**betjänt**-*nn*	valet
3743	**måltavla**-*nn*	target
3745	**sändare**-*nn*	transmitter
3747	**replik**-*nn*	reply
3748	**regissör**-*nn*	director|producer
3749	**set**-*nn*	set
3750	**hy**-*nn*	complexion
3751	**staket**-*nn*	railing
3752	**granat**-*nn*	garnet
3753	**moder**-*nn*	mother
3754	**stall**-*nn*	stable
3755	**ägodel**-*nn*	property
3756	**svåger**-*nn*	brother-in-law
3758	**mängd**-*nn; adv*	amount|variety; no end of
3759	**temperatur**-*nn*	temperature
3760	**överordnad**-*nn*	superior
3761	**skicklighet**-*nn*	skill|expertness
3762	**längtan**-*nn*	longing|desire
3763	**angrepp**-*nn*	attack|assault
3764	**elektricitet**-*nn*	electricity
3765	**illamående**-*nn; adj*	nausea; sick
3766	**klassiker**-*nn*	classic
3767	**mode**-*nn*	fashion
3768	**efterrätt**-*nn*	desert
3770	**blandning**-*nn*	mixture|blend
3771	**åtlöje**-*nn*	ridicule
3772	**investering**-*nn*	investment
3774	**hylla**-*nn; vb*	shelf; acknowledge
3775	**takt**-*nn*	rate|beat
3776	**bevakning**-*nn*	coverage
3777	**fiskare**-*nn*	fisherman
3781	**gammaldags**-*nn; adj*	old time; old-fashioned
3783	**ersättning**-*nn*	replacement|compensation
3784	**läder**-*nn*	leather
3785	**pest**-*nn*	pest|menace
3788	**kommunist**-*nn*	communist
3790	**kommando**-*nn*	command
3792	**spö**-*nn*	rod
3793	**elände**-*nn*	misery|distress
3794	**sångare**-*nn*	singer
3796	**blodtryck**-*nn*	blood pressure
3799	**flygvapen**-*nn*	air force
3800	**rond**-*nn*	round
3801	**specialitet**-*nn*	specialty
3805	**policy**-*nn*	policy

3806	**satellit**-*nn*	satellite	
3808	**redaktör**-*nn*	editor	
3810	**ränta**-*nn*	interest	
3811	**räv**-*nn*	fox	
3812	**skojare**-*nn; phr*	rascal; son of a gun	
3814	**åtalad**-*adj; nn*	prosecuted; indictee	
3815	**premiärminister**-*nn*	Prime Minister	
3817	**käpp**-*nn*	cane	
3818	**styck**-*nn*	piece	
3819	**konkurs**-*nn*	bankruptcy	
3820	**skälla**-*vb; nn*	bark; woof	
3821	**beta**-*nn; vb*	beta|beet; break	
3823	**resväska**-*nn*	suitcase	
3825	**aptit**-*nn*	appetite	
3827	**stank**-*nn*	stench	
3828	**gardin**-*nn*	curtain|blind	
3829	**buske**-*nn*	scrub	
3830	**övertid**-*nn*	overtime	
3831	**koordinat**-*nn*	coordinate	
3832	**ekorre**-*nn*	squirrel	
3833	**parkering**-*nn*	parking	
3836	**imperium**-*nn*	empire	
3837	**briljant**-*adj; nn*	brilliant; brilliant	
3838	**bloss**-*nn*	smoke|torch	
3839	**hytt**-*nn*	cabin	
3840	**alias**-*adv; nn*	alias; alias	
3842	**manöver**-*nn*	maneuver|evolution	
3843	**arkiv**-*nn*	archives	
3845	**vykort**-*nn*	postcard	
3846	**civilisation**-*nn*	civilization	
3848	**galler**-*nn*	grill|grate	
3849	**fjant**-*nn*	jerk	
3851	**husvagn**-*nn*	caravan	
3853	**mens**-*nn*	period	
3854	**fysik**-*nn*	physics	
3855	**fack**-*nn*	trade	
3857	**union**-*nn*	Union	
3858	**stam**-*nn*	tribe|stem	
3859	**tät**-*adj; sfx; nn*	close|thick; proof; head	
3860	**kvitto**-*nn*	receipt |acknowledgment	
3861	**yxa**-*nn*	ax|hatchet	
3862	**tändsticka**-*nn*	match	
3863	**stötta**-*nn; vb*	prop|chock; prop	
3864	**iskall**-*adj; nn*	icy; freezing cold	
3865	**inspiration**-*nn*	inspiration	

3868	**försprång**-*nn*	lead
3869	**förvirring**-*nn*	confusion
3870	**jeans**-*nn*	jeans
3872	**lera**-*nn*	clay|mud
3873	**tull**-*nn*	customs|duty
3874	**handstil**-*nn*	writing|handwriting
3875	**juridik**-*nn*	law
3876	**nord**-*nn*	North
3879	**befolkning**-*nn*	population
3880	**påhitt**-*nn*	fabrication|figment
3881	**intuition**-*nn*	intuition
3883	**avundsjuka**-*nn*	envy
3884	**dödande**-*adj; nn*	killing|lethal; killing
3885	**rikedom**-*nn*	wealth|richness
3887	**kavaj**-*nn*	jacket
3888	**porträtt**-*nn*	portrait
3891	**uppställning**-*nn*	line-up
3894	**spricka**-*nn; vb*	crack|flaw; crack
3895	**majs**-*nn*	maize
3896	**förtjänst**-*nn*	earnings|profit
3898	**alkoholist**-*nn*	alcoholic
3902	**ve**-*nn*	woe
3903	**pensionerad**-*adj; nn*	retired; retiree
3905	**upplopp**-*nn*	riot
3906	**permission**-*nn*	leave
3907	**ursprung**-*nn*	origin
3908	**budbärare**-*nn*	messenger
3910	**turné**-*nn*	tour
3911	**störning**-*nn*	interference| disturbance
3914	**staty**-*nn*	statue
3915	**distrikt**-*nn*	district|division
3917	**fullmäktige**-*nn*	council
3918	**kommunfullmäktige**-*nn*	town council
3919	**nyliberal**-*nn*	neoliberal
3920	**sked**-*nn*	spoon
3921	**fullmakt**-*nn*	mandate
3924	**interpellation**-*nn*	question
3928	**beskyddare**-*nn*	patron|guardian
3930	**säck**-*nn*	sack|bag
3931	**Norge**-*nn*	Norway
3932	**litteratur**-*nn*	literature
3933	**presskonferens**-*nn*	press conference
3934	**narkotika**-*nn*	drug
3935	**avsnitt**-*nn*	section|sector

3936	**följd**-*nn*	sequence|consequence	4013	**fildelare**-*nn*	file sharer
3937	**mekaniker**-*nn*	mechanic	4015	**reserv**-*nn*	reserve
3939	**medium**-*adj; nn*	medium; medium	4016	**slutsats**-*nn*	conclusion|inference
3940	**kloster**-*nn*	monastery	4017	**fynd**-*nn*	bargain|find
3941	**medarbetare**-*nn*	collaborator	4018	**beredning**-*nn*	processing|preperation
3942	**fenomen**-*nn*	phenomenon	4022	**trygghet**-*nn*	security
3944	**uppvisning**-*nn*	display|review	4023	**info**-*nn*	info
3950	**hetta**-*nn; vb*	heat; heat	4024	**biskop**-*nn*	bishop
3951	**förväntning**-*nn*	expectancy	4026	**bäring**-*nn*	bearing
3952	**hjärtinfarkt**-*nn*	coronary	4027	**uppsikt**-*nn*	supervision
3953	**signatur**-*nn*	signature	4028	**kollektivtrafik**-*nn*	public transport
3954	**lår**-*nn*	thigh	4029	**jeep**-*nn*	jeep
3957	**vänlighet**-*nn*	friendliness|kindness	4030	**anspråk**-*nn*	claim|pretence
3961	**narkotikum**-*nnpl*	narcotic	4031	**bekännelse**-*nn*	confession
3964	**zigenare**-*nn*	gypsy	4033	**länk**-*nn*	link|chain
3966	**bad**-*nn; adj*	bathe; begged	4034	**arvinge**-*nn*	heir
3967	**tripp**-*nn*	trip	4035	**myt**-*nn*	fable
3968	**stackare**-*nn*	wretch	4036	**klan**-*nn*	clan
3969	**trohet**-*nn*	fidelity|allegiance	4037	**frys**-*nn*	freezer
3970	**kändis**-*nn*	celebrity	4038	**torped**-*nn*	torpedo
3971	**skattepengar**-*nn*	tax dollars	4041	**tråd**-*nn*	wire|thread
3972	**överfall**-*nn*	assault	4044	**peruk**-*nn*	wig
3973	**invasion**-*nn*	invasion	4049	**kirurg**-*nn*	surgeon
3975	**ungdomsförbund**-*nn*	youth association	4050	**influensa**-*nn*	influenza
3976	**artist**-*nn*	artist	4051	**stängsel**-*nn*	fence
3977	**jazz**-*nn*	jazz	4053	**bly**-*nn*	lead
3978	**fruntimmer**-*nn*	woman|broad	4054	**bunt**-*nn*	bundle|wad
3980	**mellanmål**-*nn*	snack	4055	**salong**-*nn*	salon|lounge
3981	**kassaskåp**-*nn*	safe	4056	**beställning**-*nn*	ordering
3984	**utgift**-*nn*	expense	4058	**romantik**-*nn*	romance
3987	**medborgarskap**-*nn*	citizenship	4059	**vaka**-*nn; vb*	watch; watch
3988	**solsken**-*nn*	sunshine	4061	**sund**-*adj; nn*	sound|sane; sound
3989	**rang**-*nn*	rank|degree	4063	**gest**-*nn*	gesture
3992	**ledande**-*adj; nn*	leading; conduction	4064	**amatör**-*nn*	amateur
3994	**halva**-*nn*	half	4065	**rot**-*nn*	root
3996	**ketchup**-*nn*	ketchup	4070	**specialist**-*nn*	specialist
3998	**engagemang**-*nn*	commitment|involvement	4073	**vete**-*nn; adj*	wheat; wheaten
4000	**försäljare**-*nn*	vendor|salesman	4074	**halka**-*vb; nn*	slip; slipperiness
4002	**pärla**-*nn; vb*	pearl; sparkle	4076	**ritning**-*nn*	drawing
4003	**Polen**-*nn*	Poland	4078	**stege**-*nn*	ladder
4006	**matematik**-*nn*	mathematics	4081	**försäljning**-*nn*	sale
4008	**morgondag**-*nn*	tomorrow	4083	**demonstration**-*nn*	demonstration
4009	**portfölj**-*nn*	portfolio	4084	**handtag**-*nn*	handle
4010	**rånare**-*nn*	robber	4087	**zon**-*nn*	zone
4012	**räckhåll**-*nn*	reach	4088	**trumma**-*vb; nn*	drum; barrel

4090	**fotspår**-*nn*	footprint		4164	**blues**-*nn*	blues
4091	**lokalt**-*nn; adj*	place; local		4165	**fokus**-*nn*	focus
4092	**handel**-*nn*	trade		4166	**bräda**-*nn; vb*	board; cut out
4094	**partnerskap**-*nn*	partnerships		4167	**blodprov**-*nn*	blood sample
4097	**sadel**-*nn*	saddle		4169	**konferens**-*nn*	conference
4099	**säte**-*nn*	seat		4170	**syfta**-*nn; vb*	aims; aim
4100	**fullträff**-*nn*	direct hit		4171	**hjärnskakning**-*nn*	concussion
4101	**dryck**-*nn*	drink		4172	**uppskattning**-*nn*	estimate|appreciation
4102	**argument**-*nn*	argument		4173	**förebild**-*nn*	model|archetype
4104	**vätska**-*nn*	liquid|fluid		4176	**fastland**-*nn*	Mainland
4105	**strålning**-*nn*	radiation		4178	**önskemål**-*nn*	desire
4107	**överdos**-*nn*	overdose		4179	**harmoni**-*nn*	harmony
4108	**fallskärm**-*nn*	parachute		4180	**vetskap**-*nn*	knowledge
4111	**lya**-*nn*	lair|den		4181	**mästerverk**-*nn*	chef d'oeuvre
4112	**rytm**-*nn*	rhythm		4182	**ideal**-*adj; nn*	ideal; exemplar
4113	**svartsjuka**-*nn*	jealousy		4183	**logik**-*nn*	logic
4114	**underhållande**-*adj; nn*	entertaining; maintenance		4186	**svett**-*nn*	sweat|exudation
4115	**eskort**-*nn*	escort		4187	**räka**-*nn; vb*	shrimp; prawn
4117	**tidvatten**-*nn*	tide		4188	**hummer**-*nn*	lobster
4118	**apparat**-*nn*	apparatus|device		4190	**gren**-*nn*	branch|crotch
4120	**presentation**-*nn*	presentation		4191	**abort**-*nn*	abortion
4121	**bot**-*nn*	cure		4194	**kapell**-*nn*	chapel
4122	**segel**-*nn*	sail		4195	**rapp**-*nn; adj*	lash; quick
4125	**ficklampa**-*nn*	flashlight		4197	**nål**-*nn*	needle
4126	**skrikande**-*nn; adj*	screaming; vociferous		4198	**storhet**-*nn*	greatness
4132	**innehåll**-*nn*	content		4199	**mössa**-*nn*	cap
4133	**misstanke**-*nn*	suspicion		4201	**trams**-*nn*	nonsense
4137	**kämpe**-*nn*	fighter		4202	**grek**-*nn*	greek
4138	**tänkande**-*adj; nn*	thinking; thinking		4203	**miljonär**-*nn*	millionaire
4139	**församling**-*nn*	assembly|parish		4204	**näsduk**-*nn*	handkerchief
4140	**blad**-*nn*	leaf|page		4205	**beskrivning**-*nn*	description
4141	**hemland**-*nn*	homeland		4206	**referens**-*nn*	reference
4143	**uppfinning**-*nn*	invention|contrivance		4208	**kritik**-*nn*	criticism|critics
4144	**delstat**-*nn*	Federal State		4209	**börs**-*nn*	exchange
4145	**bandage**-*nn*	bandage		4210	**tändare**-*nn*	lighter
4148	**territorium**-*nn*	territory		4211	**tomat**-*nn*	tomato
4150	**längd**-*nn*	length		4214	**motion**-*nn*	exercise
4153	**sedel**-*nn*	banknote		4217	**färdighet**-*nn*	skill|proficiency
4155	**huvudsak**-*nn*	main point		4220	**termin**-*nn*	semester
4157	**platt**-*adj; adv; nn*	flat; flat; planchet		4221	**integritet**-*nn*	integrity
4158	**fusk**-*nn*	cheating|cheats		4223	**färd**-*nn*	journey|trip
4159	**brunn**-*nn*	well		4224	**verkstad**-*nn*	workshop
4160	**citat**-*nn*	quote|tag		4227	**utslagen**-*adj; nn*	eliminated; outcast
4161	**mo**-*nn*	fine sand		4228	**sträng**-*nn; adj*	string|chord; strict
4162	**platta**-*nn*	plate|flat		4230	**kammare**-*nn*	chamber
				4231	**luffare**-*nn*	bum|vagabond

4232	**gripande-**_adj; nn_	gripping; capture	
4236	**sköld-**_nn_	shield	
4237	**arbetsgivare-**_nn_	employer	
4239	**svårighet-**_nn_	difficulty|hardship	
4240	**resande-**_nn; adj_	traveler|salesman; traveling	
4241	**klunk-**_nn_	gulp|quaff	
4242	**kikare-**_nn_	binoculars	
4243	**vifta-**_vb; nn_	wag|whisk; whisk	
4244	**vitlök-**_nn_	garlic	
4245	**överst-**_adv; nn; adj_	at the top; tops; uppermost	
4246	**premiär-**_nn_	premiere	
4247	**skelett-**_nn_	skeleton	
4251	**avfall-**_nn_	waste|refuse	
4255	**inälvor-**_nn_	intestines|offal	
4259	**budget-**_nn_	budget	
4261	**ytterdörr-**_nn_	front door	
4262	**försvarare-**_nn_	defender	
4263	**smitta-**_nn; vb_	infection; infect	
4264	**frånvarande-**_adj; nn_	absent; absentee	
4265	**uppehåll-**_nn_	break|stay	
4266	**invändning-**_nn; prp_	objection; but	
4267	**överraskande-**_nn; adv_	surprising; surprisingly	
4270	**slagfält-**_nn_	battlefield	
4271	**kläm-**_nn_	force	
4274	**klimatfråga-**_nn_	climate issue	
4275	**korsning-**_nn_	crossing|junction	
4278	**dödsstraff-**_nn_	capital punishment	
4281	**gräsmatta-**_nn_	lawn|gras mats	
4282	**citron-**_nn_	lemon	
4283	**kon-**_nn_	cone	
4284	**utlänning-**_nn_	foreigner	
4285	**slaktare-**_nn_	butcher	
4286	**domedag-**_nn_	Doomsday	
4288	**inblandning-**_nn_	involvement	
4289	**insikt-**_nn_	insight	
4290	**fotografi-**_nn_	photography|photograph	
4294	**avgång-**_nn_	departure	
4295	**brasa-**_nn_	campfire	
4296	**förman-**_nn_	foreman|supervisor	
4298	**hunger-**_nn_	hunger	
4299	**volym-**_nn_	volume|capacity	
4303	**förening-**_nn_	compound|association	
4304	**skrot-**_nn_	scrap	
4306	**colombia-**_nn_	Colombia	
4307	**kaliber-**_nn_	caliber	
4308	**pudding-**_nn_	puddinG	
4309	**balkong-**_nn_	balcony	
4313	**föräldralös-**_adj; nn_	orphan; orphan	
4315	**frälsare-**_nn_	savior	
4317	**rabatt-**_nn_	discount	
4321	**banan-**_nn_	banana	
4322	**beröm-**_nn_	praise|credit	
4323	**tandborste-**_nn_	toothbrush	
4324	**hemstad-**_nn_	home town	
4325	**groda-**_nn_	frog	
4326	**titan-**_nn_	titan	
4327	**nätverk-**_nn_	network	
4328	**styvfar-**_nn_	stepfather	
4332	**gnäll-**_nn_	whine|creak	
4335	**vrak-**_nn_	wreck	
4336	**upplägg-**_nn_	setup	
4337	**kind-**_nn_	chin	
4339	**hycklare-**_nn_	hypocrite	
4340	**skuldkänsla-**_nn_	sense of guilt	
4341	**entré-**_nn_	entrance	
4342	**medbrottsling-**_nn_	accomplice	
4344	**ändring-**_nn_	change	
4345	**hink-**_nn_	bucket	
4346	**näve-**_nn_	fist	
4347	**återvändsgränd-**_nn_	blind alley|impasse	
4348	**bataljon-**_nn_	battalion	
4351	**boulevard-**_nn_	boulevard	
4352	**körsbär-**_nn_	cherry	
4353	**dike-**_nn_	trench|dike	
4355	**astronaut-**_nn_	astronaut	
4356	**tick-**_nn_	tic	
4357	**myra-**_nn_	ant	
4358	**sinnessjuk-**_adj; nn_	insane; lunatic	
4359	**paragraf-**_nn_	paragraph|section	
4365	**spade-**_nn_	spade	
4367	**skrapa-**_nn; vb_	scratch; scrape	
4370	**representant-**_nn_	delegate	
4371	**souvenir-**_nn_	keepsake	
4372	**övertygelse-**_nn_	conviction	
4373	**reporänta-**_nn_	prime rate	
4375	**hare-**_nn_	hare|coward	
4377	**dagis-**_nn_	kindergarten	
4378	**signalspaning-**_nn_	signals intelligence	

4379	**brandman**-*nn*	fire-fighter
4380	**varsel**-*nn*	notice
4385	**drama**-*nn*	drama
4387	**jurist**-*nn*	jurist
4389	**senap**-*nn*	mustard
4391	**boxning**-*nn*	boxing
4392	**redskap**-*nn*	gear|tool
4393	**ryggrad**-*nn*	spine
4394	**expedition**-*nn*	expedition
4398	**skapelse**-*nn*	creature
4399	**muslim**-*nn*	muslim
4403	**spak**-*nn; adj*	lever; manageable
4408	**spader**-*nn*	spades
4409	**underskrift**-*nn*	signature
4410	**institut**-*nn*	institution
4411	**krympling**-*nn*	cripple
4412	**fullmåne**-*nn*	full moon
4413	**depression**-*nn*	depression
4415	**förråd**-*nn*	storehouse|stock
4416	**koncentration**-*nn*	concentration
4418	**samlag**-*nn*	coition|sex
4419	**sonson**-*nn*	grandson
4421	**fjärrkontroll**-*nn*	remote control
4422	**investerare**-*nn*	investor
4423	**kap**-*nn*	cop|bargain|cape
4424	**övertag**-*nn*	advantage
4427	**duell**-*nn*	duel
4430	**sammanbrott**-*nn*	breakdown
4431	**bom**-*nn*	bar
4432	**förolämpning**-*nn*	insult|offense
4434	**hangarfartyg**-*nn*	aircraft carrier
4435	**rustning**-*nn*	armor
4436	**dessert**-*nn*	dessert
4437	**etnicitet**-*nn*	ethnicity
4438	**kemi**-*nn*	chemistry
4440	**förtvivlan**-*nn*	despair
4442	**frälsning**-*nn*	salvation|deliverance
4444	**befogenhet**-*nn*	authority
4445	**ark**-*nn*	sheet|ark
4449	**nos**-*nn*	nose|snout
4451	**bläck**-*nn*	ink
4453	**ballong**-*nn*	balloon
4455	**getto**-*nn*	ghetto
4459	**sikt**-*nn*	term|view
4460	**godkännande**-*nn*	approval
4462	**skrov**-*nn*	body|hull

4463	**arkitekt**-*nn*	architect
4467	**vaktmästare**-*nn*	caretaker
4468	**vistelse**-*nn*	stay
4470	**kran**-*nn*	crane|tap
4471	**avkomma**-*nn*	offspring
4472	**tittare**-*nn*	viewer
4473	**hasch**-*nn*	hashish
4474	**ryggsäck**-*nn*	backpack
4475	**uppoffring**-*nn*	sacrifice
4478	**arena**-*nn*	arena
4479	**lock**-*nn*	lid|cover
4480	**vårdnad**-*nn*	custody
4481	**stadium**-*nn*	phase
4488	**hjort**-*nn*	deer
4489	**bröstvårta**-*nn*	titty|nipple
4490	**kustbevakning**-*nn*	coastguard
4494	**konflikt**-*nn*	conflict|clash
4497	**födsel**-*nn*	birth|childbirth
4499	**privatdetektiv**-*nn*	private detective
4500	**försvinnande**-*nn; adj; adv*	disappearance; vanishing; exceedingly
4501	**kackerlacka**-*nn*	cockroach
4502	**maskerad**-*nn; adj*	masquerade; masked
4505	**marin**-*nn*	marine
4506	**laser**-*nn*	laser
4507	**infektion**-*nn*	infection
4508	**hage**-*nn*	pasture
4509	**annons**-*nn*	advertisement
4510	**anonym**-*adj; nn*	anonymous; anonym
4511	**invandrare**-*nn*	immigrant
4512	**gärningsman**-*nn*	perpetrator
4515	**återkomst**-*nn*	return|comeback
4519	**saft**-*nn*	juice
4523	**nedräkning**-*nn*	countdown
4524	**handled**-*nn*	wrist
4525	**återhämtning**-*nn*	recovery
4526	**radar**-*nn*	radar
4527	**fjäder**-*nn*	spring|feather
4528	**landsman**-*nn*	compatriot
4530	**levebröd**-*nn*	livelihood
4531	**jordnöt**-*nn*	peanut
4533	**konspiration**-*nn*	conspiracy
4535	**entusiasm**-*nn*	enthusiasm
4536	**svärson**-*nn*	son-in-law
4539	**öppning**-*nn*	opening

4540	**streck**-*nn*	line	4606	**syra**-*nn*	acid
4541	**mästerskap**-*nn*	championship	4608	**lunginflammation**-*nn*	pneumonia
4542	**laddning**-*nn*	charge|loading			
4545	**komedi**-*nn*	comedy	4609	**stab**-*nn*	staff
4547	**storbritannien**-*abr; nn*	UK; Britain	4610	**folkrörelse**-*nn*	popular movement
			4611	**farao**-*nn*	pharaoh
4548	**utställning**-*nn*	exhibition	4614	**trans**-*nn*	trance
4549	**skrev**-*nn*	crotch	4617	**matlagning**-*nn*	cooking
4551	**kår**-*nn*	corps	4618	**kabel**-*nn*	cable|wire
4554	**brottslighet**-*nn*	crime	4619	**blåmärke**-*nn*	bruise
4555	**nyårsafton**-*nn*	New Year's eve	4620	**kompass**-*nn*	compass
4556	**förhandling**-*nn*	negotiation	4621	**midja**-*nn*	waist|middle
4557	**krut**-*nn*	gunpowder	4622	**gods**-*nn*	goods
4558	**välkomnande**-*adj; nn*	welcoming; welcome	4623	**löv**-*nn*	leaf
			4625	**inbördeskrig**-*nn*	civil war
4559	**oljud**-*nn*	noise	4626	**får**-*av; nn*	mayst; sheep
4565	**träsk**-*nn*	swamp|marsh	4627	**brudgum**-*nn*	groom
4566	**uppenbarelse**-*nn*	apparition	4628	**delägare**-*nn*	partner
4568	**gästfrihet**-*nn*	hospitality	4630	**horisont**-*nn*	horizon
4569	**funktionsnedsättning**-*nn*	disability	4631	**materia**-*nn*	matter
			4632	**bås**-*nn*	cubicle|crib
4572	**diet**-*nn*	diet	4633	**födelse**-*nn*	birth
4573	**padda**-*nn*	toad	4634	**martyr**-*nn*	martyr
4574	**oväder**-*nn*	storm	4635	**inrikespolitik**-*nn*	domestic policy
4576	**läsare**-*nn*	reader	4636	**lott**-*nn*	lot|share
4577	**kapsel**-*nn*	capsule	4637	**förflyttning**-*nn*	displacement
4578	**vegetarian**-*nn*	vegetarian	4639	**fritid**-*nn*	spare-time
4579	**gunga**-*nn; vb*	swing; swing	4640	**deadline**-*nn*	deadline
4581	**textstorlek**-*nn*	font size	4642	**norm**-*nn*	standard
4582	**inkomst**-*nn*	income|earnings	4644	**pack**-*nn*	mob|trash
4584	**störande**-*adj; nn*	disturbing; disturbance	4649	**kalas**-*nn*	party|feast
			4650	**språng**-*nn*	leap|spring
4586	**svält**-*nn*	starvation	4653	**örn**-*nn*	eagle
4587	**regeringsform**-*nn*	government	4654	**flykting**-*nn*	refugee
4588	**beräkning**-*nn*	calculation|estimate	4658	**uppväxt**-*nn*	growth
4589	**förstörelse**-*nn*	destruction	4660	**lin**-*nn*	flax
4590	**gran**-*nn*	deal	4662	**individ**-*nn*	individual
4591	**kossa**-*nn*	cow	4664	**båge**-*nn*	arc
4592	**pedofil**-*nn*	pedophile	4665	**bunker**-*nn*	bunker
4593	**konkurrens**-*nn*	competition	4666	**element**-*nn*	element
4594	**prostituerad**-*nn*	prostitute	4668	**soda**-*nn*	soda
4595	**ombud**-*nn*	agent	4671	**vissla**-*nn; vb*	whistle; whistle
4596	**huvudstad**-*nn*	capital	4672	**knöl**-*nn*	tuber|bump
4599	**uppståndelse**-*nn*	commotion|resurrection	4675	**garanti**-*nn*	guarantee|guaranty
			4676	**tjänsteman**-*nn*	official
4601	**frånvaro**-*nn*	absence	4678	**skörd**-*nn*	harvest|yield
4602	**omväxling**-*nn*	variation			

4679	**clown**-*nn*	clown	
4680	**flygning**-*nn*	flight	
4681	**ledarskap**-*nn*	leadership	
4682	**bekräftelse**-*nn*	confirmation	
4683	**födelsedagspresent**-*nn*	birthday present	
4684	**blondin**-*nn*	blond	
4685	**fastighet**-*nn*	real estate	
4687	**polismästare**-*nn*	police commissioner	
4688	**incident**-*nn*	incident	
4689	**slang**-*nn*	hose|tube	
4690	**telefonsvarare**-*nn*	answering machine	
4691	**fortsättning**-*nn*	continuation	
4694	**vantar**-*nn*	gloves	
4696	**mejl**-*nn*	e-mail	
4699	**paraply**-*nn*	umbrella	
4700	**fattigdom**-*nn*	poverty	
4701	**predikan**-*nn*	sermon	
4703	**frigivning**-*nn*	release	
4706	**mån**-*nn; adj*	measure; careful	
4708	**åsyn**-*nn*	sight	
4709	**utflykt**-*nn*	excursion|tour	
4710	**korruption**-*nn*	corruption	
4712	**kupp**-*nn*	coup	
4713	**hov**-*nn*	hoof|court	
4714	**vik**-*nn*	bay	
4715	**slum**-*nn*	slum	
4718	**konvent**-*nn*	convention	
4720	**bekostnad**-*nn*	expense	
4721	**folkmassa**-*nn*	crowd	
4722	**förhoppning**-*nn*	hope	
4726	**vass**-*adj; nn*	sharp|edgy; reed	
4727	**kurva**-*nn*	curve	
4728	**auktoritet**-*nn*	authority	
4729	**regemente**-*nn*	regiment	
4730	**patriot**-*nn*	patriot	
4731	**gummi**-*nn*	rubber	
4733	**husse**-*nn*	master	
4736	**uggla**-*nn*	owl	
4737	**drift**-*nn*	service|running	
4739	**ångest**-*nn*	anxiety	
4740	**evakuering**-*nn*	evacuation	
4741	**borg**-*nn*	castle|bond	
4744	**frekvens**-*nn*	frequency	
4745	**klump**-*nn*	lump	
4746	**symptom**-*nn*	symptom	
4748	**sökare**-*nn*	seeker	
4749	**sydväst**-*nn*	southwest	
4750	**pir**-*nn*	pier|jetty	
4751	**lyx**-*nn*	luxury	
4752	**melodi**-*nn*	melody|chant	
4754	**kungarike**-*nn*	kingdom	
4755	**ungkarl**-*nn*	bachelor	
4756	**diagnos**-*nn*	diagnosis	
4757	**röntgen**-*nn*	X-ray	
4759	**vitamin**-*nn*	vitamin	
4761	**laboratorium**-*nn*	laboratory	
4762	**spik**-*nn*	nail	
4766	**bäck**-*nn*	stream	
4767	**dansgolv**-*nn*	dance-floor	
4768	**blus**-*nn*	blouse	
4769	**kommendörkapten**-*nn*	commander	
4771	**husrannsakan**-*nn*	search	
4772	**smärtstillande**-*nn; adj*	painkiller; analgesic	
4775	**förmån**-*nn*	benefit|favor	
4776	**majonnäs**-*nn*	mayonnaise	
4777	**fristad**-*nn*	sanctuary	
4781	**förklädnad**-*nn*	disguise	
4782	**småsak**-*nn*	side issue	
4783	**besparing**-*nn*	conservation	
4786	**anbud**-*nn*	supply|offer	
4788	**förfogande**-*nn*	disposal	
4790	**ögonbryn**-*nn*	eyebrow	
4792	**observation**-*nn*	observation	
4793	**destination**-*nn*	destination	
4794	**jämförelse**-*nn*	comparison	
4797	**baklucka**-*nn*	trunk	
4798	**säd**-*nn*	grain|seed	
4799	**real**-*adj; nn*	real; real	
4800	**huvudroll**-*nn*	lead	
4801	**flora**-*nn*	flora	
4802	**album**-*nn*	album	
4804	**ambition**-*nn*	ambition	
4805	**berömmelse**-*nn*	fame	
4807	**handläggning**-*nn*	dealing	
4811	**stick**-*nn*	prick|thrust	
4812	**fiske**-*nn*	fishing	
4813	**riksförbund**-*nn*	national association	
4814	**bomull**-*nn*	cotton	
4815	**pojkvän**-*nn*	boyfriend	

4816	**konstverk**-*nn*	artpiece	
4817	**avslag**-*nn*	rejection	
4819	**beröring**-*nn*	touch|contiguity	
4820	**original**-*nn*	original	
4821	**näringsminister**-*nn*	Minister for Enterprise and Energy	
4823	**visning**-*nn*	viewing|exhibition	
4827	**överstelöjtnant**-*nn*	lieutenant-colonel	
4829	**vits**-*nn*	pun|joke	
4832	**isolera**-*vb; nn*	isolate|clothe; sequester	
4833	**flinga**-*nn*	flake	
4834	**innehav**-*nn*	holding	
4835	**lem**-*nn*	limb	
4836	**profetia**-*nn*	prophecy	
4837	**joint**-*nn*	joint	
4838	**fax**-*nn*	fax	
4839	**playboy**-*nn*	playboy	
4840	**brevbärare**-*nn*	postman	
4843	**städerska**-*nn*	cleaner	
4844	**svärmor**-*nn*	mother-in-law	
4845	**omtanke**-*nn*	consideration	
4847	**mjöl**-*nn*	flour	
4848	**kännedom**-*nn*	knowledge	
4849	**uppfyllelse**-*nn*	compliance	
4852	**pulver**-*nn*	powder	
4853	**sändebud**-*nn*	envoy	
4855	**fras**-*nn*	phrase	
4856	**studsa**-*nn; vb*	bounce; bounce	
4860	**solglasögon**-*nn*	sunglasses	
4861	**avlopp**-*nn*	drain	
4862	**festival**-*nn*	festival	
4864	**rop**-*nn*	cry|clamor	
4866	**frestande**-*adj; nn*	tempting; tantalizing	
4868	**ogift**-*adj; nn*	unmarried; single	
4872	**glöd**-*nn*	glow|fervor	
4873	**stadshus**-*nn*	town hall	
4875	**hallucination**-*nn*	hallucination	
4877	**omsorg**-*nn*	care|concern	
4880	**mäklare**-*nn*	broker	
4884	**förbindelse**-*nn*	connection	
4885	**vilde**-*nn*	savage	
4886	**madrass**-*nn*	mattress	
4887	**gröt**-*nn*	porridge	
4888	**gårdag**-*nn*	yesterday	
4890	**skjul**-*nn*	shed|hovel	
4891	**periskop**-*nn*	periscope	
4893	**sprängämne**-*nn*	explosive	
4894	**ravin**-*nn*	ravine	
4895	**klick**-*nn*	click	
4896	**vapenvila**-*nn*	cease-fire	
4897	**kramp**-*nn*	cramp	
4898	**törst**-*nn*	thirst	
4899	**gnutta**-*nn*	ounce|hint	
4900	**propaganda**-*nn*	propaganda	
4901	**arbetsgivaravgift**-*nn*	general payroll tax	
4906	**talesätt**-*nn*	proverb	
4908	**framträdande**-*adj; nn*	prominent; appearance	
4909	**snitt**-*nn*	cut	
4911	**övervakare**-*nn*	monitor|supervisor	
4912	**mutant**-*nn*	mutant	
4913	**guru**-*nn*	guru	
4914	**tub**-*nn*	tube	
4915	**boende**-*nn*	living	
4916	**stav**-*nn*	rod|staff	
4917	**förakt**-*nn*	contempt|disregard	
4918	**städare**-*nn*	cleaner	
4919	**duva**-*nn*	dove	
4921	**förbrytare**-*nn*	offender	
4923	**sponsor**-*nn*	sponsor	
4924	**målare**-*nn*	painter	
4926	**plåster**-*nn*	patch|plaster	
4928	**bål**-*nn*	trunk|bonfire	
4930	**sås**-*nn*	sauce	
4931	**nypa**-*nn; vb*	pinch; pinch	
4932	**besatthet**-*nn*	obsession	
4933	**samtalsämne**-*nn*	topic of conversation	
4934	**tillhörighet**-*nn*	belonging	
4936	**kamel**-*nn*	camel	
4937	**belgien**-*nn*	Belgium	
4939	**dumhuvud**-*nn*	dunce	
4940	**duk**-*nn*	cloth	
4941	**lärling**-*nn*	apprentice|trainee	
4943	**teckning**-*nn*	drawing	
4944	**skridsko**-*nn*	skate	
4945	**tapperhet**-*nn*	bravery|valor	
4946	**säljare**-*nn*	seller	
4948	**säkerhetsbälte**-*nn*	seat belt	
4951	**skymning**-*nn*	dusk	
4955	**reportage**-*nn*	reportage	
4956	**budgetår**-*nn*	financial year	

4959	**strupe**-*nn*	throat
4960	**vanära**-*nn; vb*	disgrace; dishonor
4961	**macka**-*nn*	sandwich
4963	**spädbarn**-*nn*	infant
4966	**bägare**-*nn*	cup|goblet
4971	**ansträngning**-*nn*	effort|endeavour
4973	**låga**-*nn; vb*	flame; flame
4974	**biologi**-*nn*	biology
4975	**repa**-*nn; vb*	scratch scratch
4976	**fördom**-*nn*	prejudice
4978	**omgivning**-*nn*	environment| entourage
4980	**tonic**-*nn*	tonic
4981	**paddla**-*vb; nn*	paddle; canoe
4982	**undervisning**-*nn*	teaching|education
4983	**rasist**-*nn*	racist
4985	**kaviar**-*nn*	caviar
4988	**klädsel**-*nn*	dress|outfit
4989	**prövning**-*nn*	examination
4990	**föreläsning**-*nn*	lecture
4991	**bubbla**-*nn; vb*	bubble; bubble
4994	**verkan**-*nn*	effect|action
4995	**rand**-*nn*	stripe|rand
4997	**anläggning**-*nn*	layout|construction
4998	**kull**-*nn*	batch|tag
5003	**understöd**-*nn*	support|subsidy
5004	**springande**-*adj; nn*	running; running
5005	**rökare**-*nn*	smoker
5007	**design**-*nn*	design
5008	**påminnelse**-*nn*	reminder
5009	**dansk**-*adj; nn*	danish; dane
5010	**missbrukare**-*nn*	abuser
5011	**begåvning**-*nn*	talent|aptitude
5013	**dialekt**-*nn*	dialect
5014	**middagstid**-*nn*	midday|dinnertime
5015	**rouge**-*nn*	rouge
5016	**värdering**-*nn*	valuation|assessment
5017	**apotek**-*nn*	pharmacy
5020	**anor**-*nn*	ancestry
5021	**privilegium**-*nn*	privilege
5022	**rulle**-*nn*	roll
5023	**tös**-*nn*	girl
5024	**vas**-*nn*	vase

Verbs

2509	**bete sig**-*vb*	behave
2512	**explodera**-*vb*	explode|burst
2514	**svettas**-*vb*	sweat
2519	**nöja sig**-*vb*	be satisfied
2533	**tugga**-*nn; vb*	chew|bite; chew
2538	**dumpa**-*vb*	dump
2542	**knäcka**-*vb*	crack
2544	**smyga**-*vb*	creep|slip
2546	**skiljas**-*vb*	divorce|part
2558	**parkera**-*vb*	park
2564	**plåga**-*nn; vb*	torment; torment
2565	**strida**-*vb*	fight|conflict
2567	**uppföra**-*vb*	build|behave
2569	**färdas**-*vb*	travel
2578	**haka**-*vb; nn*	hook; jaw
2582	**lata**-*vb*	be lazy
2595	**ignorera**-*vb*	ignore
2601	**garantera**-*vb; nn*	ensure; guarantee
2602	**krama**-*vb*	hug|squeeze
2603	**anklaga**-*vb*	accuse|charge
2617	**knäppa**-*vb*	snap|buckle
2630	**brygga**-*nn; vb*	bridge; pier
2632	**förvandla**-*vb*	turn|metamorphose
2636	**spruta**-*nn; vb*	syringe|sprayer; spray
2660	**bestå**-*vb*	consist|continue
2663	**höja**-*vb*	raise|improve
2665	**tyda**-*vb*	interpret|decipher
2668	**snurra**-*vb; nn*	spin|turn; swivel
2673	**släcka**-*vb*	put out|extinguish
2676	**bota**-*vb*	cure|remedy
2678	**förvåna**-*vb*	amaze|be surprised
2683	**glädja**-*vb*	delight|rejoice
2690	**duscha**-*vb*	take a shower
2691	**reagera**-*vb*	react
2694	**försörja**-*vb*	support
2697	**ducka**-*vb*	duck
2698	**attackera**-*vb*	attack
2702	**kliva**-*vb*	climb
2707	**straffa**-*vb*	punish
2708	**bekämpa**-*vb*	combat|fight
2715	**skiva**-*nn; vb*	disc; slice
2732	**intressera**-*vb*	interest
2738	**dimma**-*nn; vb*	fog|mist; bedim
2741	**lasta**-*vb*	load|take in
2750	**smälta**-*vb; nn*	melt|digest; smelt
2753	**spola**-*vb*	flush|rinse
2757	**hugga**-*vb*	chop|cut
2759	**svälta**-*vb*	starve
2767	**himla**-*adj; vb*	awful; turn up one's eyes
2783	**flagga**-*nn; vb*	flag; flag
2784	**förneka**-*vb*	deny|negate
2786	**plugga**-*vb*	plug|grind
2787	**övergiva**-*vb*	abandon|discard
2791	**utmana**-*vb*	challenge|defy
2793	**bekanta**-*vb*	acquaint
2794	**smita**-*vb; phr*	run away|vamoose; take French leave
2795	**motsätta sig**-*vb*	oppose
2812	**brådska**-*nn; vb*	hurry; hurry
2815	**informera**-*vb*	inform|instruct
2816	**bevaka**-*vb*	watch
2819	**imponera**-*vb*	make an impression
2820	**koka**-*vb; nn*	boil|cook; clod
2829	**sopa**-*vb*	sweep|scavenge
2841	**servera**-*vb*	serve
2842	**beskydda**-*vb*	protect
2846	**hedra**-*vb*	honor|embalm
2851	**locka**-*vb*	entice|appeal to
2866	**bilda**-*vb*	form|educate
2882	**hacka**-*vb; nn*	hack|pick; pick
2891	**försiggå**-*vb*	take place|be going on
2895	**boxas**-*vb*	box
2904	**korsa**-*vb*	cross|traverse
2909	**hävda**-*vb*	claim|assert
2914	**rekommendera**-*vb*	recommend|register
2924	**yra**-*vb; nn*	rave; frenzy
2952	**motstå**-*vb*	resist
2959	**ange**-*vb*	indicate|state
2964	**utspela sig**-*vb*	take place
2967	**stryka**-*vb*	delete|iron
2970	**skruva**-*vb*	screw|twist
2987	**avvakta**-*vb*	wait on
2990	**krypa**-*vb*	crawl
3000	**undervisa**-*vb*	teach|educate
3001	**begripa**-*vb*	comprehend|see
3016	**bekymra**-*vb*	worry|trouble
3024	**uppnå**-*vb*	achieve|compass
3028	**knuffa**-*vb*	shoulder|shove
3037	**glida**-*vb*	slide|slip

3041	**sträcka**-*vb; nn*	stretch|reach; distance	3317	**stödja**-*vb*	support|prop
3042	**muta**-*nn; vb*	bribe; bribe	3325	**knyta**-*vb*	tie|establish
3062	**vandra**-*vb*	hike|walk	3328	**klappa**-*vb*	pat|clap
3083	**trampa**-*vb; nn*	tread; pedal	3334	**utveckla**-*vb*	develop
3106	**klandra**-*vb*	blame|criticize	3337	**rasa**-*vb*	rage|tumble
3107	**skåla**-*vb*	scoop	3340	**kommunicera**-*vb*	communicate
3108	**genomföra**-*vb*	implement|carry through	3342	**smörja**-*vb; nn*	lubricate|grease; rubbish
3122	**brista**-*vb*	burst|rupture	3343	**gapa**-*vb*	gape|stare
3124	**anlita**-*vb*	hire|brief|engage	3357	**växla**-*vb*	switch|change
3126	**sörja**-*vb; nn*	mourn|grieve; sludge	3360	**gnälla**-*vb*	whine|gripe
3130	**uppfostra**-*vb*	raise|educate	3364	**påbörja**-*vb*	commence
3132	**smälla**-*vb*	pop	3370	**tjafsa**-*vb*	yap
3133	**beordra**-*vb*	order	3375	**vinka**-*vb*	wave
3156	**medge**-*vb*	allow|admit	3385	**inbilla**-*vb*	imagine
3158	**sky**-*nn; vb*	sky; shun	3386	**avguda**-*vb*	worship|adore
3166	**värma**-*vb*	heat	3387	**anställa**-*vb*	hire|take on
3178	**käka**-*vb*	have some grub	3391	**tveka**-*vb*	hesitate|be doubtful
3183	**besvara**-*vb*	answer	3392	**svänga**-*vb*	swing|pivot
3189	**utforska**-*vb*	explore	3396	**klia**-*vb*	scratch
3190	**förena**-*vb*	reconcile|join	3400	**avgå**-*vb*	resign|retire
3191	**förbättra**-*vb*	improve	3409	**drunkna**-*vb*	drown
3194	**släpa**-*vb; nn*	drag|drudge; sledge	3416	**utplåna**-*vb*	obliterate|delete
3195	**rusa**-*vb*	rush|speed	3418	**avlägsna**-*vb*	remove|eliminate
3197	**ägna**-*vb*	devote|apply	3425	**anpassa**-*vb*	adapt|adjust
3210	**utgå**-*vb*	emanate	3427	**förhöra**-*vb*	interrogate
3214	**radera**-*vb*	delete|rub out	3431	**bedöma**-*vb*	judge|criticize
3220	**hälla**-*vb; nn*	stick|pour; strap	3432	**skåda**-*vb*	behold
3221	**färja**-*nn; vb*	ferry; ferry	3434	**utgöra**-*vb*	form
3226	**uppträda**-*vb*	appear|behave	3439	**hosta**-*nn; vb*	cough; cough
3227	**skala**-*nn; vb*	scale; skin	3440	**svälja**-*vb*	swallow
3230	**operera**-*vb*	operate	3441	**ansvara**-*vb*	be responsible for
3238	**ruta**-*nn; vb*	square; check	3445	**framföra**-*vb*	perform|convey
3243	**intervjua**-*vb*	interview	3454	**rikta**-*vb*	direct|aim
3249	**aktivera**-*vb*	activate	3459	**kedja**-*nn; vb*	chain; chain
3252	**tjata**-*vb*	badger	3462	**reparera**-*vb*	repair|refit
3255	**pumpa**-*nn; vb*	pumpkin; pump	3463	**spana**-*vb*	scout|spy
3258	**överväga**-*vb*	consider|debate	3468	**buga**-*vb*	bow
3265	**spendera**-*vb*	spend	3474	**slutföra**-*vb*	finish
3266	**antyda**-*vb*	suggest|imply	3480	**dämpa**-*vb; nn*	dampen; cushion
3268	**matcha**-*vb*	match	3482	**steka**-*vb*	fry
3280	**svimma**-*vb*	faint	3486	**fuska**-*vb*	cheat
3288	**kyla**-*nn; vb*	cold; chill	3489	**börda**-*nn; vb*	burden|weight; cumber
3297	**retas**-*vb*	banter|tease	3492	**bespara**-*vb*	spare
3313	**baka**-*vb*	bake	3499	**tolerera**-*vb*	tolerate
3316	**tömma**-*vb*	empty|drain	3501	**minska**-*vb*	reduce|decrease

3503	**tillägga**-*vb*	add	3798	**jämföra**-*vb*	compare
3511	**gräla**-*vb*	quarrel|scold	3802	**rycka**-*vb*	twitch|jerk|pull
3517	**spotta**-*vb*	spit	3807	**bomba**-*vb*	bomb
3521	**kärna**-*nn; vb*	core|churn; churn	3809	**neka**-*vb*	deny
3524	**överdriva**-*vb*	exaggerate|overstate	3820	**skälla**-*vb; nn*	bark; woof
3527	**repetera**-*vb*	repeat	3821	**beta**-*nn; vb*	beta|beet; break
3534	**sväva**-*vb*	float	3834	**tortera**-*vb*	torture
3538	**borsta**-*vb*	brush	3841	**protestera**-*vb*	protest
3544	**maka**-*nn; vb*	wife|spouse; edge	3844	**vika**-*vb*	fold
3549	**vrida**-*vb*	turn|twist	3847	**godta**-*vb*	accept
3562	**krascha**-*vb*	crash	3850	**retirera**-*vb*	retreat
3573	**skina**-*vb*	shine|lighten	3863	**stötta**-*nn; vb*	prop|chock; prop
3585	**uttala**-*vb*	express|pronounce	3871	**segra**-*vb*	win|prevail
3587	**odla**-*vb*	grow|cultivate	3877	**upprätthålla**-*vb*	maintain
3589	**piska**-*nn; vb*	whip; whip	3889	**nita**-*vb*	rivet|clench
3598	**tröttna**-*vb*	tire	3890	**beröra**-*vb*	touch|refer to
3611	**utreda**-*vb*	investigate	3892	**investera**-*vb*	invest
3612	**pipa**-*nn; vb*	pipe; beep	3893	**checka**-*vb*	check
3618	**avskeda**-*vb; nn*	dismiss; cashier	3894	**spricka**-*nn; vb*	crack|flaw; crack
3626	**förinta**-*vb*	annihilate|blast	3897	**invänta**-*vb*	await
3630	**lossa**-*vb*	loosen|unload	3900	**viska**-*vb*	whisper
3632	**mäta**-*vb*	measure	3901	**taga**-*vb*	take|march|move
3642	**skona**-*vb*	spare|favour	3909	**missta**-*vb*	mistake
3645	**mala**-*vb*	grind	3916	**blinka**-*vb*	flash
3647	**ifrågasätta**-*vb*	question|propose	3926	**marschera**-*vb*	march
3649	**kidnappa**-*vb*	kidnap	3929	**stava**-*vb*	spell
3667	**blockera**-*vb*	block	3943	**instämma**-*vb*	concur|summon
3671	**tillverka**-*vb*	manufacture|make	3946	**löpa**-*vb*	run
3675	**förråda**-*vb*	betray|reveal	3949	**strypa**-*vb*	strangle|choke
3679	**bromsa**-*vb*	brake	3950	**hetta**-*nn; vb*	heat; heat
3682	**åstadkomma**-*vb*	achieve	3955	**droppa**-*vb*	drip|ooze
3687	**skryta**-*vb*	boast|boast of	3960	**förbjuda**-*vb*	prohibit|ban
3706	**tränga**-*vb*	drive|press	3962	**bedra**-*vb*	deceive|cheat
3707	**övervaka**-*vb*	monitor|oversee	3963	**störta**-*vb*	overthrow|topple
3719	**skärpa**-*nn; vb*	sharpness; sharpen	3965	**ruttna**-*vb*	rot
3725	**klämma**-*nn; vb*	clamp|clip; squeeze	3979	**avstå**-*vb*	refrain|give up
3726	**kapa**-*vb*	hijack|sever	3982	**prisa**-*vb*	praise|glorify
3735	**hejda**-*vb*	stop|head off	3991	**trösta**-*vb*	comfort
3736	**skida**-*nn; vb*	ski; sheathe	3999	**missförstå**-*vb*	misunderstand
3746	**fotografera**-*vb*	photograph|photo	4001	**röja**-*vb*	display|reveal
3774	**hylla**-*nn; vb*	shelf; acknowledge	4002	**pärla**-*nn; vb*	pearl; sparkle
3779	**avundas**-*vb*	envy	4004	**drabba**-*vb*	affect|hit
3786	**erövra**-*vb*	conquer|win	4014	**storma**-*vb*	storm
3787	**våldta**-*vb*	rape	4021	**annullera**-*vb*	cancel|annul
3789	**greja**-*vb*	fix	4032	**läka**-*vb*	heal
3791	**raka**-*vb*	shave	4043	**skvallra**-*vb*	blab|gossip

4046	**godkänna**-*vb*	approve|authorize		4273	**uppehålla**-*vb*	detain|keep
4048	**inge**-*vb*	command|present		4277	**rykta**-*vb*	groom|comb
4059	**vaka**-*nn; vb*	watch; watch		4292	**tigga**-*vb*	beg|mooch
4068	**betrakta**-*vb*	regard|look at		4300	**till rätta**-*vb*	correct
4069	**uträtta**-*vb*	perform|execute		4301	**återställa**-*vb*	restore
4071	**svinga**-*vb*	swing|wield		4305	**krysta**-*vb*	strain
4074	**halka**-*vb; nn*	slip; slipperiness		4311	**bekänna**-*vb*	confess|avow
4075	**bidra**-*vb*	pitch in		4320	**spegla**-*vb*	reflect
4077	**kretsa**-*vb*	revolve		4338	**böja**-*vb*	bend|bow
4080	**producera**-*vb*	produce		4343	**observera**-*vb;*	note|observe
4082	**adoptera**-*vb*	adopt		4360	**bosätta sig**-*vb*	settle down
4086	**analysera**-*vb*	analyze		4361	**utsätta**-*vb*	expose
4088	**trumma**-*vb; nn*	drum; barrel		4363	**påpeka**-*vb*	point out
4095	**löna sig**-*vb*	pay		4367	**skrapa**-*nn; vb*	scratch; scrape
4110	**promenera**-*vb*	walk		4381	**tilltala**-*vb*	address|speak to
4123	**organisera**-*vb*	organize		4384	**hångla**-*vb*	neck|snog
4124	**förföra**-*vb*	seduce		4386	**inträffa**-*vb*	occur|fall
4128	**bevittna**-*vb*	witness|attest		4388	**peta**-*vb*	poke
4147	**uppfylla**-*vb*	meet|fulfill		4395	**citera**-*vb*	quote
4152	**döpa**-*vb*	baptize		4396	**diska**-*vb*	wash
4156	**uppstå**-*vb*	arise|emerge		4400	**markera**-*vb*	mark|select
4166	**bräda**-*nn; vb*	board; cut out		4401	**inkludera**-*vb*	include
4170	**syfta**-*nn; vb*	aims; aim		4402	**definiera**-*vb*	define
4175	**skänka**-*vb*	give|donate		4406	**härska**-*vb*	rule|sway
4177	**kräkas**-*vb*	vomit		4407	**avrätta**-*vb*	execute
4184	**klargöra**-*vb*	clarify|make clear		4414	**trotsa**-*vb*	defy|brave
4185	**ansluta**-*vb*	connect|join		4420	**infinna sig**-*vb*	appear
4187	**räka**-*nn; vb*	shrimp; prawn		4428	**förlita sig**-*vb*	rely
4189	**maila**-*vb*	e-mail		4429	**förolämpa**-*vb*	insult|offend
4193	**hissa**-*vb*	hoist		4443	**kommentera**-*vb*	comment
4207	**vårda**-*vb*	look after|attend		4447	**eliminera**-*vb*	eliminate
4212	**syna**-*vb*	inspect		4454	**uppmuntra**-*vb*	encourage
4213	**stamma**-*vb*	stutter|stem		4465	**slakta**-*vb*	slaughter
4218	**tolka**-*vb*	interpret|construe		4469	**svida**-*vb*	smart
4219	**cykla**-*vb*	bicycle		4477	**utrota**-*vb*	eradicate
4222	**strömma**-*vb*	flow|stream		4482	**angripa**-*vb*	attack|affect
4229	**värka**-*vb*	ache|pain		4483	**underskatta**-*vb*	underestimate
4243	**vifta**-*vb; nn*	wag|whisk; whisk		4496	**behärska**-*vb*	control|overrule
4250	**rena**-*vb*	clean|purify		4503	**åldras**-*vb*	age
4254	**ärva**-*vb*	inherit		4513	**behaga**-*vb*	please|appeal to
4256	**gasa**-*vb*	gas		4517	**dofta**-*vb*	smell
4257	**kopiera**-*vb*	copy		4534	**förakta**-*vb*	despise|scorn
4263	**smitta**-*nn; vb*	infection; infect		4537	**para**-*vb*	pair
4268	**hysa**-*vb*	house|harbor		4538	**plantera**-*vb*	plant
4269	**framstå**-*vb; adj*	appear; stand out		4550	**undgå**-*vb*	avoid|escape
4272	**mogna**-*vb*	mature|ripen		4552	**spritta**-*vb*	startle

4567	**elda**-*vb*	fire	4903	**fullfölja**-*vb*	complete|carry out
4570	**vistas**-*vb*	reside	4904	**bättra**-*vb*	improve
4571	**underhålla**-*vb*	maintain|entertain	4905	**ticka**-*vb*	tick
4579	**gunga**-*nn; vb*	swing; swing	4922	**löna**-*vb*	reward
4583	**stressa**-*vb*	stress	4925	**klå**-*vb*	thrash
4585	**kväva**-*vb*	choke|smother	4927	**underteckna**-*vb*	sign
4600	**stupa**-*vb*	fall	4931	**nypa**-*nn; vb*	pinch; pinch
4604	**ingripa**-*vb*	intervene	4950	**överföra**-*vb*	transfer|transmit
4607	**banka**-*vb*	beat|knock	4952	**lokalisera**-*vb*	locate
4612	**närvara**-*vb*	be present	4953	**putsa**-*vb*	trim
4615	**borra**-*vb*	drill|sink	4957	**tjänstgöra**-*vb*	serve
4624	**trolla**-*vb*	conjure	4958	**darra**-*vb*	tremble|quiver
4626	**får**-*av; nn*	mayst; sheep	4960	**vanära**-*nn; vb*	disgrace; dishonor
4629	**berömma**-*vb*	praise	4967	**spänna**-*vb*	span|tighten
4647	**dränka**-*vb*	drown|swamp	4969	**skörda**-*vb*	harvest
4655	**massera**-*vb*	massage	4973	**låga**-*nn; vb*	flame; flame
4669	**anteckna**-*vb*	note|jot	4975	**repa**-*nn; vb*	scratch scratch
4671	**vissla**-*nn; vb*	whistle; whistle	4981	**paddla**-*vb; nn*	paddle; canoe
4693	**skingra**-*vb*	dispel	4987	**uppmärksamma**-*vb*	pay attention to
4695	**notera**-*vb*	note	4991	**bubbla**-*nn; vb*	bubble; bubble
4702	**brottas**-*vb*	wrestle	4992	**utöva**-*vb*	exercise|exert
4704	**invadera**-*vb*	invade	4999	**tillfredsställa**-*vb*	satisfy|gratify
4716	**pinka**-*vb*	pee			
4753	**stråla**-*vb*	beam			
4760	**fjädra**-*vb*	spring			
4780	**betvivla**-*vb*	doubt			
4787	**väsnas**-*vb*	make noise			
4789	**mosa**-*vb*	mash|pulp			
4795	**förutse**-*vb*	foresee			
4803	**irritera**-*vb*	irritate			
4806	**måtte**-*vb*	must			
4810	**trilla**-*vb*	roll			
4822	**smuggla**-*vb*	smuggle			
4826	**förgifta**-*vb*	poison|drug			
4830	**förvara**-*vb*	store			
4832	**isolera**-*vb; nn*	isolate|clothe; sequester			
4842	**lätta**-*vb*	ease|lighten			
4850	**anstränga**-*vb*	strain|extend			
4856	**studsa**-*nn; vb*	bounce; bounce			
4867	**leja**-*vb*	hire			
4870	**återfå**-*vb*	regain|get back			
4871	**krocka**-*vb*	crash			
4874	**förflytta**-*vb*	move|transfer			
4878	**kvarstå**-*vb*	remain			
4883	**motsvara**-*vb*	correspond to|equal			

Alphabetical order

A

4191	**abort**-*nn*	abortion
3429	**absurd**-*adj*	absurd|fantastic
3150	**äckel**-*nn*	disgust
3985	**ädel**-*adj*	noble
4082	**adoptera**-*vb*	adopt
2693	**affärsman**-*nn*	businessman
4597	**afghansk**-*adj*	Afghani
4907	**afrikansk**-*adj*	African
2655	**agenda**-*nn*	agenda
3739	**aggressiv**-*adj*	aggressive
3197	**ägna**-*vb*	devote|apply
3755	**ägodel**-*nn*	property
4234	**aids**-*abr*	AIDS
2516	**aktie**-*nn*	share
3672	**aktiv**-*adj; nn*	live; active
3249	**aktivera**-*vb*	activate
3030	**aktivitet**-*nn*	activity
3479	**akut**-*adj*	acute
4802	**album**-*nn*	album
4503	**åldras**-*vb*	age
3840	**alias**-*adv; nn*	alias; alias
2856	**alibi**-*nn*	alibi
3898	**alkoholist**-*nn*	alcoholic
2873	**allergisk**-*adj*	allergic
2526	**allesammans**-*nn*	all of them|everyone
2637	**allierad**-*nn; adj*	ally; allied
3067	**allmän**-*adj*	general|public
2703	**allmänhet**-*nn*	public|general
3705	**allmänt**-*adv*	generally
3700	**allsmäktig**-*adj*	omnipotent
3625	**älskarinna**-*nn*	mistress
4064	**amatör**-*nn*	amateur
2696	**ambassad**-*nn*	embassy
2831	**ambassadör**-*nn*	ambassador
4804	**ambition**-*nn*	ambition
2972	**än så länge**-*adv*	so far
4086	**analysera**-*vb*	analyze
3533	**analys**-*nn*	analysis
4786	**anbud**-*nn*	supply|offer
3125	**ände**-*nn*	termination
4344	**ändring**-*nn*	change

3554	**ånger**-*nn*	regret
4739	**ångest**-*nn*	anxiety
2959	**ange**-*vb*	indicate|state
3763	**angrepp**-*nn*	attack|assault
4482	**angripa**-*vb*	attack|affect
3460	**anhängare**-*nn*	supporter
4354	**anhörig**-*adj*	relative
2897	**anka**-*nn*	duck
2906	**änka**-*nn*	widow
2989	**anklagad**-*nn*	accused
2603	**anklaga**-*vb*	accuse|charge
3128	**anklagelse**-*nn*	accusation|allegation
3140	**ankomst**-*nn*	arrival
4997	**anläggning**-*nn*	layout|construction
3124	**anlita**-*vb*	hire|brief|engage
3303	**anmälan**-*nn*	report|notice
4509	**annons**-*nn*	advertisement
4021	**annullera**-*vb*	cancel|annul
4510	**anonym**-*adj; nn*	anonymous; anonym
5020	**anor**-*nn*	ancestry
3425	**anpassa**-*vb*	adapt|adjust
4185	**ansluta**-*vb*	connect|join
2985	**ansökan**-*nn*	application
4030	**anspråk**-*nn*	claim|pretence
3387	**anställa**-*vb*	hire|take on
4314	**anständig**-*adj*	decent|respectable
4850	**anstränga**-*vb*	strain|extend
4971	**ansträngning**-*nn*	effort|endeavour
3441	**ansvara**-*vb*	be responsible for
4669	**anteckna**-*vb*	note|jot
2827	**anteckning**-*nn*	note
4656	**antiken**-*adj*	antiquity
3266	**antyda**-*vb*	suggest|imply
4785	**användbar**-*adj*	useful|usable
5017	**apotek**-*nn*	pharmacy
4118	**apparat**-*nn*	apparatus|device
3529	**äpple**-*nn*	apple
3757	**apropå**-*prp; adv*	with regard to; by the way
3825	**aptit**-*nn*	appetite
4067	**arabisk**-*adj*	Arab
3076	**ärad**-*adj*	honored
4763	**arbetande**-*adj*	working
4901	**arbetsgivaravgift**-*nn*	general payroll tax
4237	**arbetsgivare**-*nn*	employer
3051	**arbetslös**-*adj*	unemployed|jobless

4478	**arena**-*nn*	arena
4102	**argument**-*nn*	argument
3557	**århundrade**-*nn*	century
4463	**arkitekt**-*nn*	architect
3843	**arkiv**-*nn*	archives
4445	**ark**-*nn*	sheet|ark
4103	**årlig**-*adj*	annual
3621	**ärlighet**-*nn*	honesty
3153	**ärligt**-*adv*	honestly|sincerely
4072	**arrogant**-*adj*	arrogant|haughty
3237	**artig**-*adj*	polite|courteous
3976	**artist**-*nn*	artist
3948	**arton**-*num*	eighteen
4254	**ärva**-*vb*	inherit
4034	**arvinge**-*nn*	heir
2855	**arv**-*nn*	heritage|legacy
2722	**aska**-*nn*	ash
3577	**ask**-*nn*	box
2718	**åsna**-*nn*	ass
3682	**åstadkomma**-*vb*	achieve
4355	**astronaut**-*nn*	astronaut
4708	**åsyn**-*nn*	sight
3814	**åtalad**-*adj; nn*	prosecuted; indictee
3239	**åtal**-*nn*	prosecution
4870	**återfå**-*vb*	regain|get back
4525	**återhämtning**-*nn*	recovery
3044	**återigen**-*adv*	again
4515	**återkomst**-*nn*	return|comeback
4301	**återställa**-*vb*	restore
4347	**återvändsgränd**-*nn*	blind alley|impasse
2974	**åtgärd**-*nn*	measure
3771	**åtlöje**-*nn*	ridicule
3658	**atmosfär**-*nn*	atmosphere
2698	**attackera**-*vb*	attack
3701	**åttonde**-*num*	eighth
3073	**attraktiv**-*adj*	attractive
4728	**auktoritet**-*nn*	authority
4005	**automatisk**-*adj*	automatic
3925	**avancerad**-*adj*	advanced
4251	**avfall**-*nn*	waste|refuse
4294	**avgång**-*nn*	departure
3400	**avgå**-*vb*	resign|retire
3663	**avgjort**-*adv*	definitely
2733	**avgörande**-*adj; nn*	crucial|decisive; decision
3386	**avguda**-*vb*	worship|adore

4471	**avkomma**-*nn*	offspring
3418	**avlägsna**-*vb*	remove|eliminate
4861	**avlopp**-*nn*	drain
4407	**avrätta**-*vb*	execute
3674	**avrättning**-*nn*	execution
4249	**avsiktligt**-*adv*	intentionally|wittingly
2557	**avsikt**-*nn*	intention|objective
3618	**avskeda**-*vb; nn*	dismiss; cashier
3428	**avsked**-*nn*	farewell|dismissal
5006	**avskuren**-*adj*	cut off
4968	**avskyvärd**-*adj*	abominable
4817	**avslag**-*nn*	rejection
3986	**avslappnad**-*adj*	relaxed
3595	**avslutad**-*adj*	completed
3935	**avsnitt**-*nn*	section|sector
3979	**avstå**-*vb*	refrain|give up
4383	**avtalad**-*adj*	contracted
3607	**avtryck**-*nn*	impression|print
3779	**avundas**-*vb*	envy
3883	**avundsjuka**-*nn*	envy
2987	**avvakta**-*vb*	wait on

B

2758	**back**-*adv; nn*	back; back
3034	**backe**-*nn*	slope
4766	**bäck**-*nn*	stream
2627	**bacon**-*nn*	Bacon
3244	**badkar**-*nn*	bathtub
3966	**bad**-*nn; adj*	bathe; begged
2541	**bagage**-*nn*	luggage
4966	**bägare**-*nn*	cup|goblet
4664	**båge**-*nn*	arc
4605	**bakad**-*adj*	baked
3313	**baka**-*vb*	bake
3446	**bakdörr**-*nn*	back door
3021	**bakhåll**-*nn*	ambush
2625	**bakifrån**-*adv*	from behind
3263	**baklänges**-*adv*	backwards
4797	**baklucka**-*nn*	trunk
3571	**bakre**-*adj*	back
2920	**baksäte**-*nn*	rear seat
3164	**bakväg**-*nn*	back way
2839	**balans**-*nn*	balance
4309	**balkong**-*nn*	balcony
4453	**ballong**-*nn*	balloon

4928	**bål**-*nn*	trunk|bonfire
4321	**banan**-*nn*	banana
4145	**bandage**-*nn*	bandage
3659	**bandit**-*nn*	bandit|thug
3260	**bang**-*nn*	sonic bang
4607	**banka**-*vb*	beat|knock
3274	**bänk**-*nn*	desk
4026	**bäring**-*nn*	bearing
4942	**barmhärtig**-*adj*	merciful
3603	**barmhärtighet**-*nn*	mercy|charity
2854	**barndom**-*nn*	childhood|infancy
4045	**barnslig**-*adj*	childish
2634	**baron**-*nn*	baron
3448	**bartender**-*nn*	bartender
3354	**baserad**-*adj*	based
4632	**bås**-*nn*	cubicle|crib
4348	**bataljon**-*nn*	battalion
3302	**batteri**-*nn*	battery
4904	**bättra**-*vb*	improve
3797	**bedårande**-*adj*	adorable
3431	**bedöma**-*vb*	judge|criticize
3198	**bedrägeri**-*nn*	fraud|deception
3962	**bedra**-*vb*	deceive|cheat
4444	**befogenhet**-*nn*	authority
3879	**befolkning**-*nn*	population
3338	**befordran**-*nn*	promotion
4697	**befriad**-*adj*	exempt
2575	**begäran**-*nn*	request|demand
2725	**begåvad**-*adj*	talented|brainy
5011	**begåvning**-*nn*	talent|aptitude
4142	**begränsad**-*adj*	limited
3023	**begravd**-*adj*	buried
3001	**begripa**-*vb*	comprehend|see
4513	**behaga**-*vb*	please|appeal to
4496	**behärska**-*vb*	control|overrule
2708	**bekämpa**-*vb*	combat|fight
4311	**bekänna**-*vb*	confess|avow
4031	**bekännelse**-*nn*	confession
2793	**bekanta**-*vb*	acquaint
4720	**bekostnad**-*nn*	expense
4682	**bekräftelse**-*nn*	confirmation
2589	**bekymrad**-*adj*	concerned
3016	**bekymra**-*vb*	worry|trouble
4937	**belgien**-*nn*	Belgium
3133	**beordra**-*vb*	order
4588	**beräkning**-*nn*	calculation|estimate

4018	**beredning**-*nn*	processing|preperation
3070	**beredskap**-*nn*	preparedness
4629	**berömma**-*vb*	praise
4805	**berömmelse**-*nn*	fame
4322	**beröm**-*nn*	praise|credit
3890	**beröra**-*vb*	touch|refer to
4819	**beröring**-*nn*	touch|contiguity
3414	**berusad**-*adj; adv*	drunk; out
4932	**besatthet**-*nn*	obsession
3223	**besked**-*nn*	information|answer
4205	**beskrivning**-*nn*	description
3928	**beskyddare**-*nn*	patron|guardian
2842	**beskydda**-*vb*	protect
3331	**beskydd**-*nn*	protection
3492	**bespara**-*vb*	spare
4783	**besparing**-*nn*	conservation
4056	**beställning**-*nn*	ordering
2660	**bestå**-*vb*	consist|continue
3094	**best**-*nn*	beast|monster
3183	**besvara**-*vb*	answer
3596	**besvärlig**-*adj*	awkward|troublesome
3379	**besvikelse**-*nn*	disappointment
2947	**betalning**-*nn*	payment
3821	**beta**-*nn; vb*	beta|beet; break
2509	**bete sig**-*vb*	behave
3741	**betjänt**-*nn*	valet
4068	**betrakta**-*vb*	regard|look at
4780	**betvivla**-*vb*	doubt
4824	**betydligt**-*adv*	considerably meaningly
3017	**beundrare**-*nn*	fan|admirer
2816	**bevaka**-*vb*	watch
3776	**bevakning**-*nn*	coverage
4128	**bevittna**-*vb*	witness|attest
2870	**bidrag**-*nn*	contribution|grant
4075	**bidra**-*vb*	pitch in
2624	**biff**-*nn*	steak
2866	**bilda**-*vb*	form|educate
2700	**bilolycka**-*nn*	motor accident
4974	**biologi**-*nn*	biology
4260	**biologisk**-*adj*	biological
4024	**biskop**-*nn*	bishop
3927	**biträdande**-*adj*	assistant|deputy
3408	**bitter**-*adj*	bitter|severe
4451	**bläck**-*nn*	ink
4140	**blad**-*nn*	leaf|page

4619	**blåmärke**-*nn*	bruise
3742	**blandad**-*adj*	mixed|compositive
3770	**blandning**-*nn*	mixture|blend
4846	**blank**-*adj*	smooth|blank
2585	**blåst**-*adj; nn*	blown; wind
3262	**blek**-*adj*	pallid
3916	**blinka**-*vb*	flash
2932	**blivande**-*adj*	future
2688	**blixt**-*nn*	flash
3667	**blockera**-*vb*	block
3139	**block**-*nn*	block|pad
3536	**blodig**-*adj*	bloody|deadly
4167	**blodprov**-*nn*	blood sample
3796	**blodtryck**-*nn*	blood pressure
3643	**blogg**-*nn*	blog
2997	**blond**-*adj*	blonde|fair
4684	**blondin**-*nn*	blond
3838	**bloss**-*nn*	smoke|torch
3008	**blott**-*adv; adj; con*	only; mere; if only
4164	**blues**-*nn*	blues
4768	**blus**-*nn*	blouse
4562	**blygsam**-*adj*	modest|unassuming
4053	**bly**-*nn*	lead
4915	**boende**-*nn*	living
4338	**böja**-*vb*	bend|bow
3852	**bokstavligen**-*adv*	literatim
4522	**bokstavligt**-*adv*	literally
2930	**bokstav**-*nn*	letter
3011	**bolag**-*nn*	company
3807	**bomba**-*vb*	bomb
4431	**bom**-*nn*	bar
4814	**bomull**-*nn*	cotton
2874	**bonde**-*nn*	peasant
3099	**bonus**-*nn*	bonus
3489	**börda**-*nn; vb*	burden|weight; cumber
4741	**borg**-*nn*	castle|bond
4615	**borra**-*vb*	drill|sink
4209	**börs**-*nn*	exchange
3538	**borsta**-*vb*	brush
4692	**bortkastad**-*adj*	lost
3572	**bortrest**-*adj*	gone away
3959	**bortsett från**-*prp; adv*	but for; barring
4360	**bosätta sig**-*vb*	settle down
2961	**bostad**-*nn*	residence| accommodation
2676	**bota**-*vb*	cure|remedy
3228	**botemedel**-*nn*	cure
2768	**böter**-*nn*	fine|forfeit
4121	**bot**-*nn*	cure
4351	**boulevard**-*nn*	boulevard
2895	**boxas**-*vb*	box
4391	**boxning**-*nn*	boxing
4166	**bräda**-*nn; vb*	board; cut out
2923	**brådskande**-*adj*	urgent|hurried
2812	**brådska**-*nn; vb*	hurry; hurry
4379	**brandman**-*nn*	fire-fighter
4295	**brasa**-*nn*	campfire
4645	**bred**-*adj*	wide
4840	**brevbärare**-*nn*	postman
3837	**briljant**-*adj; nn*	brilliant; brilliant
3251	**brinnande**-*adj; adv*	burning|passionate; in
3122	**brista**-*vb*	burst|rupture
2563	**brist**-*nn*	lack|shortage
2835	**britt**-*nn*	Briton
3679	**bromsa**-*vb*	brake
4489	**bröstvårta**-*nn*	titty|nipple
4702	**brottas**-*vb*	wrestle
4554	**brottslighet**-*nn*	crime
2610	**brottsling**-*nn*	criminal|delinquent
4627	**brudgum**-*nn*	groom
3406	**bruk**-*nn*	use|service
2796	**brun**-*adj*	brown
4159	**brunn**-*nn*	well
4964	**brutal**-*adj*	brutal
2505	**bruten**-*adj*	broken
2630	**brygga**-*nn; vb*	bridge; pier
4991	**bubbla**-*nn; vb*	bubble; bubble
3908	**budbärare**-*nn*	messenger
4956	**budgetår**-*nn*	financial year
4259	**budget**-*nn*	budget
2545	**budskap**-*nn*	message
3468	**buga**-*vb*	bow
3131	**bunden**-*adj*	bound
4665	**bunker**-*nn*	bunker
4054	**bunt**-*nn*	bundle|wad
2720	**burk**-*nn*	jar|can
2984	**bur**-*nn*	cage|crate
3829	**buske**-*nn*	scrub
4297	**byggd**-*adj*	built|made
2623	**byrå**-*nn*	bureau

C

2893	**centimeter**-*nn*	centimeter
2576	**central**-*adj; nn*	central; central
3363	**centralbank**-*nn*	central bank
3509	**ceremoni**-*nn*	ceremony
3151	**charmerande**-*adj*	charming
3301	**charmig**-*adj*	charming
2837	**charm**-*nn*	charm|attraction
2520	**chaufför**-*nn*	driver
3893	**checka**-*vb*	check
2976	**chips**-*nn*	chips
4458	**chockerande**-*adj*	shocking
2772	**cigarr**-*nn*	cigar
2892	**cigg**-*nn*	cigarette
2946	**cirkel**-*nn*	circle
2529	**cirkus**-*nn*	circus
4160	**citat**-*nn*	quote|tag
4395	**citera**-*vb*	quote
4282	**citron**-*nn*	lemon
3846	**civilisation**-*nn*	civilization
4996	**civiliserad**-*adj*	civilized
4679	**clown**-*nn*	clown
4306	**colombia**-*nn*	Colombia
4219	**cykla**-*vb*	bicycle

D

2504	**då och då**-*adv*	now and then
4377	**dagis**-*nn*	kindergarten
3835	**daglig**-*adj*	daily
3856	**dagligen**-*adv*	day-to-day
3518	**dagsljus**-*nn*	daylight
3480	**dämpa**-*vb; nn*	dampen; cushion
2927	**dansare**-*nn*	dancer
4767	**dansgolv**-*nn*	dance-floor
5009	**dansk**-*adj; nn*	danish; dane
4809	**därav**-*adv*	thereby
2832	**däremot**-*adv*	on the contrary
2843	**därmed**-*adv*	consequently
3660	**därpå**-*adv*	thereon
4958	**darra**-*vb*	tremble|quiver
4640	**deadline**-*nn*	deadline
4402	**definiera**-*vb*	define
3295	**delad**-*adj*	shared|split
4628	**delägare**-*nn*	partner

4134	**delaktig**-*adj*	involved
3677	**delfin**-*nn*	dolphin
4144	**delstat**-*nn*	Federal State
3233	**delvis**-*adv; adj*	partly; partial
3545	**demokrati**-*nn*	democracy
4083	**demonstration**-*nn*	demonstration
4413	**depression**-*nn*	depression
2712	**deprimerad**-*adj*	depressed
4106	**deprimerande**-*adj*	depressing
5007	**design**-*nn*	design
4436	**dessert**-*nn*	dessert
3369	**dessvärre**-*adv*	unfortunately
4793	**destination**-*nn*	destination
2573	**detektiv**-*nn*	sleuth
4756	**diagnos**-*nn*	diagnosis
5013	**dialekt**-*nn*	dialect
4572	**diet**-*nn*	diet
4353	**dike**-*nn*	trench|dike
2738	**dimma**-*nn; vb*	fog|mist; bedim
2993	**direktör**-*nn*	director|governor
3216	**disciplin**-*nn*	discipline
4396	**diska**-*vb*	wash
2937	**disk**-*nn*	disk|counter
2547	**diskret**-*adj*	discreet
3724	**diskussion**-*nn*	discussion
3915	**distrikt**-*nn*	district|division
3291	**division**-*nn*	division
3884	**dödande**-*adj; nn*	killing|lethal; killing
2620	**dödlig**-*adj*	lethal|fatal
3365	**dödsfall**-*nn*	death
4278	**dödsstraff**-*nn*	capital punishment
4517	**dofta**-*vb*	smell
2865	**doft**-*nn*	fragrance|scent
3452	**dold**-*adj*	hidden|concealed
4286	**domedag**-*nn*	Doomsday
2896	**dom**-*nn; prn*	judgment|cathedral; they
4152	**döpa**-*vb*	baptize
3542	**dos**-*nn*	dose|shot
4004	**drabba**-*vb*	affect|hit
2731	**dräkt**-*nn*	apparel|costume
4385	**drama**-*nn*	drama
4663	**dramatisk**-*adj*	dramatic
4362	**dramatiskt**-*adv*	dramatically
4647	**dränka**-*vb*	drown|swamp
2609	**dricks**-*nn*	tip

4737	**drift**-*nn*	service|running
3955	**droppa**-*vb*	drip|ooze
2995	**droppe**-*nn*	drop
3409	**drunkna**-*vb*	drown
4101	**dryck**-*nn*	drink
4020	**drygt**-*adv*	full
2697	**ducka**-*vb*	duck
4427	**duell**-*nn*	duel
4940	**duk**-*nn*	cloth
4939	**dumhuvud**-*nn*	dunce
2538	**dumpa**-*vb*	dump
3085	**dumskalle**-*nn*	blockhead|imbecile
3653	**dumt**-*adj*	dumb
2690	**duscha**-*vb*	take a shower
4919	**duva**-*nn*	dove
3349	**dvärg**-*nn*	dwarf|gnome
2518	**dyr**-*adj*	expensive
4532	**dyrbar**-*adj*	expensive
4673	**dyster**-*adj*	gloomy

E

3715	**effektiv**-*adj*	effective|efficacious
3638	**effektivt**-*adv*	effectively
2761	**effekt**-*nn*	effect
3319	**efterbliven**-*adj*	backward
3768	**efterrätt**-*nn*	desert
3510	**egenskap**-*nn*	property|capacity
3609	**ego**-*nn*	ego
4947	**egyptisk**-*adj*	Egyptian
2721	**ekonomi**-*nn*	economy
3286	**ekonomisk**-*adj*	economic|financial
4376	**ekonomiskt**-*adv*	economically
3832	**ekorre**-*nn*	squirrel
3117	**elakt**-*adv*	spitefully
3793	**elände**-*nn*	misery|distress
4225	**eländig**-*adj*	terrible
4567	**elda**-*vb*	fire
3048	**elefant**-*nn*	elephant
2980	**elegant**-*adj; adv*	elegant; handsomely
3764	**elektricitet**-*nn*	electricity
3384	**elektrisk**-*adj*	electrical
4666	**element**-*nn*	element
4447	**eliminera**-*vb*	eliminate
3998	**engagemang**-*nn*	commitment|involvement

2686	**engelsk**-*adj*	English
2864	**engelsman**-*nn*	Englishman
3123	**enrum**-*adj*	one-room
3426	**ensak**-*nn*	my affair
3250	**ensamhet**-*nn*	loneliness|solitude
4747	**ensamstående**-*adj*	detached
2818	**ensamt**-*adj; adv*	alone; by myself
4341	**entré**-*nn*	entrance
4535	**entusiasm**-*nn*	enthusiasm
4717	**entusiastisk**-*adj*	enthusiastic
4433	**erfaren**-*adj*	experienced
4149	**erkänd**-*adj*	recognized
3373	**erkännande**-*nn*	acknowledgment
3786	**erövra**-*vb*	conquer|win
3012	**ersättare**-*nn*	substitute|proxy
3783	**ersättning**-*nn*	replacement|compensation
4115	**eskort**-*nn*	escort
4437	**etnicitet**-*nn*	ethnicity
3442	**etta**-*num*	one
4520	**europeisk**-*adj*	European
4740	**evakuering**-*nn*	evacuation
4564	**eventuell**-*adj*	any
4910	**evigt**-*adv*	forever
3417	**exemplar**-*nn*	copy|specimen
3184	**existens**-*nn*	existence|life
4394	**expedition**-*nn*	expedition
2512	**explodera**-*vb*	explode|burst
2571	**explosion**-*nn*	explosion
4651	**extrem**-*adj*	extreme

F

3855	**fack**-*nn*	trade
4108	**fallskärm**-*nn*	parachute
3617	**famn**-*nn*	bosom
2933	**fångad**-*adj*	captured
3141	**fånig**-*adj*	silly|inane
3623	**fänrik**-*nn*	second lieutenant
3114	**fanskap**-*nn*	devilry
4611	**farao**-*nn*	pharaoh
4626	**får**-*av; nn*	mayst; sheep
2569	**färdas**-*vb*	travel
4217	**färdighet**-*nn*	skill|proficiency
4223	**färd**-*nn*	journey|trip
3259	**färgad**-*adj*	colored

3221	**färja**-*nn; vb*	ferry; ferry	
3773	**färsk**-*adj*	fresh	
2607	**fas**-*nn*	phase|aspect	
2954	**fastän**-*con; adv*	although; not but	
4685	**fastighet**-*nn*	real estate	
4176	**fastland**-*nn*	Mainland	
2566	**fästman**-*nn*	fiance	
3092	**fat**-*nn*	barrel	
4700	**fattigdom**-*nn*	poverty	
4838	**fax**-*nn*	fax	
3063	**februari**-*nn*	February	
3101	**federal**-*adj*	federal	
4808	**felaktig**-*adj*	incorrect	
5000	**felaktigt**-*adv*	incorrectly	
4334	**femma**-*num*	fifth	
2540	**femtio**-*num*	fifty	
3942	**fenomen**-*nn*	phenomenon	
4862	**festival**-*nn*	festival	
4125	**ficklampa**-*nn*	flashlight	
4404	**fientlig**-*adj*	hostile	
3631	**figur**-*nn*	figure|diagram	
4013	**fildelare**-*nn*	file sharer	
3285	**fil**-*nn*	file	
3109	**filosofi**-*nn*	philosophy	
2871	**filt**-*nn*	blanket|felt	
2938	**final**-*nn*	finals	
3576	**finanser**-*nn*	finances	
3397	**finka**-*nn*	stir|jug	
3777	**fiskare**-*nn*	fisherman	
4812	**fiske**-*nn*	fishing	
3616	**fitta**-*nn*	pussy|beaver	
4527	**fjäder**-*nn*	spring|feather	
4760	**fjädra**-*vb*	spring	
3849	**fjant**-*nn*	jerk	
3430	**fjärran**-*nn; adj; adv*	distance; far; far	
4421	**fjärrkontroll**-*nn*	remote control	
3314	**fjorton**-*num*	fourteen	
3229	**fläck**-*nn*	spot|stain	
2783	**flagga**-*nn; vb*	flag; flag	
4258	**fler och fler**-*phr*	more and more	
4833	**flinga**-*nn*	flake	
2916	**flit**-*nn*	diligence	
3551	**flock**-*nn*	flock	
4801	**flora**-*nn*	flora	
3332	**flott**-*adj; nn*	classy|swanky; grease	
3127	**fluga**-*nn*	mania|fly|bow tie	

4680	**flygning**-*nn*	flight
3799	**flygvapen**-*nn*	air force
4654	**flykting**-*nn*	refugee
3045	**fnask**-*nn*	hooker
4683	**födelsedagspresent** -*nn*	birthday present
4633	**födelse**-*nn*	birth
4497	**födsel**-*nn*	birth|childbirth
4165	**fokus**-*nn*	focus
3936	**följd**-*nn*	sequence|consequence
4721	**folkmassa**-*nn*	crowd
4610	**folkrörelse**-*nn*	popular movement
4425	**för alltid**-*adv*	forever
4534	**förakta**-*vb*	despise|scorn
4917	**förakt**-*nn*	contempt|disregard
4313	**föräldralös**-*adj; nn*	orphan; orphan
3717	**förband**-*nn*	dressing
3584	**förbaskad**-*adj*	damn|confounded
3191	**förbättra**-*vb*	improve
3444	**förberedd**-*adj*	prepared
4884	**förbindelse**-*nn*	connection
3960	**förbjuda**-*vb*	prohibit|ban
4921	**förbrytare**-*nn*	offender
3493	**fördömd**-*adj*	damned|cursed
4976	**fördom**-*nn*	prejudice
4173	**förebild**-*nn*	model|archetype
4990	**föreläsning**-*nn*	lecture
4439	**förenad**-*adj*	united
3190	**förena**-*vb*	reconcile|join
4303	**förening**-*nn*	compound|association
3296	**förfader**-*nn*	ancestor|forefather
4598	**förfärlig**-*adj*	awful
2788	**förfärligt**-*adv*	awfully
4874	**förflytta**-*vb*	move|transfer
4637	**förflyttning**-*nn*	displacement
4788	**förfogande**-*nn*	disposal
4124	**förföra**-*vb*	seduce
4151	**förgången**-*adj*	past|bygone
2704	**förgäves**-*adv*	vainly
4826	**förgifta**-*vb*	poison|drug
4556	**förhandling**-*nn*	negotiation
4722	**förhoppning**-*nn*	hope
3427	**förhöra**-*vb*	interrogate
3626	**förinta**-*vb*	annihilate|blast
4781	**förklädnad**-*nn*	disguise
4057	**förlamad**-*adj*	paralytic

4428	**förlita sig**-*vb*	rely
2640	**förlorad**-*adj*	lost
3002	**förlovad**-*adj*	engaged
4296	**förman**-*nn*	foreman|supervisor
4775	**förmån**-*nn*	benefit|favor
4670	**formellt**-*adv*	formally
4865	**forn**-*adj*	former
3398	**förnamn**-*nn*	first name
4954	**förnedrande**-*adj*	humiliating
2784	**förneka**-*vb*	deny|negate
3685	**förnuftig**-*adj*	sensible|reasonable
2765	**förnuft**-*nn*	sense
4719	**förödande**-*adj*	devastating
4429	**förolämpa**-*vb*	insult|offend
4432	**förolämpning**-*nn*	insult|offense
4200	**förr eller senare**-*adv*	sooner or later
3675	**förråda**-*vb*	betray|reveal
2613	**förräderi**-*nn*	treason|sell-out
4415	**förråd**-*nn*	storehouse|stock
4841	**förrgår**-*adv*	the day before yesterday
2875	**försäkring**-*nn*	insurance|assurance
4000	**försäljare**-*nn*	vendor|salesman
4081	**försäljning**-*nn*	sale
4139	**församling**-*nn*	assembly|parish
2891	**försiggå**-*vb*	take place|be going on
2677	**förskott**-*nn*	advance|imprest
3519	**förskräcklig**-*adj*	dreadful
2694	**försörja**-*vb*	support
3868	**försprång**-*nn*	lead
3039	**först och främst**-*adv*	first and foremost
3267	**förståelse**-*nn*	understanding
4085	**förstående**-*adj*	understanding
2948	**förstånd**-*nn*	understanding|sense
4589	**förstörelse**-*nn*	destruction
4262	**försvarare**-*nn*	defender
4500	**försvinnande**-*nn; adj; adv*	disappearance; vanishing; exceedingly
3896	**förtjänst**-*nn*	earnings|profit
2510	**förtjust**-*adj*	delighted
4691	**fortsättning**-*nn*	continuation
4882	**förtvivlad**-*adj*	desperate
4440	**förtvivlan**-*nn*	despair
4350	**förutsatt att**-*con*	providing that
4795	**förutse**-*vb*	foresee
2678	**förvåna**-*vb*	amaze|be surprised
2632	**förvandla**-*vb*	turn|metamorphose
3951	**förväntning**-*nn*	expectancy
4830	**förvara**-*vb*	store
3633	**förvar**-*nn*	custody
3465	**förvirrande**-*adj*	confusing
3869	**förvirring**-*nn*	confusion
2807	**foster**-*nn*	fetus|offspring
3746	**fotografera**-*vb*	photograph|photo
4290	**fotografi**-*nn*	photography| photograph
3289	**fotograf**-*nn*	photographer
4090	**fotspår**-*nn*	footprint
2940	**fräck**-*adj*	cheeky|brazen
4333	**fräckt**-*adv*	impudently
4315	**frälsare**-*nn*	savior
4442	**frälsning**-*nn*	salvation|deliverance
4318	**fram och tillbaka**-*adv*	to and fro
3445	**framföra**-*vb*	perform|convey
3025	**framgångsrik**-*adj*	successful
4253	**framöver**-*adv*	forwards
4485	**främre**-*adj*	front
2649	**framsida**-*nn*	front|face
2635	**främst**-*adv; adj*	principally; uppermost
4089	**framstående**-*adj*	prominent
4269	**framstå**-*vb; adj*	appear; stand out
4908	**framträdande**-*adj; nn*	prominent; appearance
4280	**frän**-*adj*	acrid|rank
3234	**fransman**-*nn*	Frenchman
4264	**frånvarande**-*adj; nn*	absent; absentee
4601	**frånvaro**-*nn*	absence
4135	**fräsch**-*adj*	fresh
4855	**fras**-*nn*	phrase
5012	**fredlig**-*adj*	peaceful|gentle
4744	**frekvens**-*nn*	frequency
4866	**frestande**-*adj; nn*	tempting; tantalizing
4703	**frigivning**-*nn*	release
4818	**friskt**-*adv*	freshly
4777	**fristad**-*nn*	sanctuary
2848	**frisyr**-*nn*	hairstyle|haircut
4639	**fritid**-*nn*	spare-time
3104	**frivillig**-*adj; nn*	voluntary; volunteer
3526	**from**-*adj*	pious

3449	**frost**-*nn; adj*	frost; frosty
3394	**fruktad**-*adj*	dreaded
3555	**fruktansvärt**-*adv*	awfully
3978	**fruntimmer**-*nn*	woman|broad
4686	**frusen**-*adj*	frozen
4037	**frys**-*nn*	freezer
4903	**fullfölja**-*vb*	complete|carry out
3472	**fullkomligt**-*adv*	downright
3917	**fullmäktige**-*nn*	council
3921	**fullmakt**-*nn*	mandate
4412	**fullmåne**-*nn*	full moon
2844	**fullständig**-*adj*	full|complete
4100	**fullträff**-*nn*	direct hit
3159	**funktion**-*nn*	function
4569	**funktionsnedsättning**-*nn*	disability
3486	**fuska**-*vb*	cheat
4158	**fusk**-*nn*	cheating|cheats
2749	**fylld**-*adj*	full|stuffed
4017	**fynd**-*nn*	bargain|find
3060	**fyr**-*nn*	lighthouse|lad
3311	**fyrtio**-*num*	forty
3854	**fysik**-*nn*	physics
3232	**fysisk**-*adj*	physical

G

3315	**galax**-*nn*	galaxy
3217	**galenskap**-*nn*	madness|insanity
3641	**gällande**-*adj*	current
3848	**galler**-*nn*	grill|grate
3546	**gamling**-*nn*	old man
3781	**gammaldags**-*nn; adj*	old time; old-fashioned
3361	**gång på gång**-*adv*	repeatedly
3343	**gapa**-*vb*	gape|stare
4441	**garanterat**-*adj*	guaranteed
2601	**garantera**-*vb; nn*	ensure; guarantee
4675	**garanti**-*nn*	guarantee|guaranty
4888	**gårdag**-*nn*	yesterday
3828	**gardin**-*nn*	curtain|blind
3219	**gard**-*nn*	guard
3163	**gärning**-*nn*	act|work
4512	**gärningsman**-*nn*	perpetrator
4256	**gasa**-*vb*	gas
4568	**gästfrihet**-*nn*	hospitality
3710	**gåta**-*nn*	riddle|puzzle

4287	**gen**-*adj*	direct
4456	**genant**-*adj*	embarrassing
3308	**generad**-*adj*	embarrassed|self-conscious
2777	**generation**-*nn*	generation
2501	**generellt**-*adv*	generally
2960	**generös**-*adj*	generous
4446	**genetisk**-*adj*	genetic
4857	**genetiskt**-*adj*	genetic
4238	**genial**-*adj*	ingenious
3520	**genombrott**-*nn*	breakthrough
3108	**genomföra**-*vb*	implement|carry through
3866	**gentemot**-*prp*	against
3560	**genväg**-*nn*	short cut
4063	**gest**-*nn*	gesture
4455	**getto**-*nn*	ghetto
3487	**giftermål**-*nn*	marriage|match
4962	**giftig**-*adj*	toxic|poisonous
4979	**gigantisk**-*adj*	giant
2680	**gin**-*nn*	gin
4192	**girig**-*adj*	greedy|grabby
3065	**gissning**-*nn*	guess
2618	**gitarr**-*nn*	guitar
3362	**given**-*adj*	given
2683	**glädja**-*vb*	delight|rejoice
3037	**glida**-*vb*	slide|slip
3290	**global**-*adj*	global
4872	**glöd**-*nn*	glow|fervor
3360	**gnälla**-*vb*	whine|gripe
4332	**gnäll**-*nn*	whine|creak
4899	**gnutta**-*nn*	ounce|hint
3040	**godhet**-*nn*	goodness
3172	**godkänd**-*adj*	approved
4460	**godkännande**-*nn*	approval
4046	**godkänna**-*vb*	approve|authorize
4622	**gods**-*nn*	goods
3847	**godta**-*vb*	accept
2728	**gömd**-*adj*	hidden
2977	**gömställe**-*nn*	hideaway
2817	**gott om**-*adv*	plenty of
3323	**grädde**-*nn*	cream
3511	**gräla**-*vb*	quarrel|scold
3093	**gräl**-*nn*	quarrel|argument
2986	**gram**-*nn*	gram
3752	**granat**-*nn*	garnet
3402	**gränd**-*nn*	alley|lane

4590	gran-*nn*	deal
4281	gräsmatta-*nn*	lawn|gras mats
3789	greja-*vb*	fix
2763	grekisk-*adj*	Greek
2912	grekland-*nn*	Greece
4202	grek-*nn*	greek
4190	gren-*nn*	branch|crotch
3054	grepp-*nn*	grip|handle
2689	greve-*nn*	earl
3064	grevinna-*nn*	countess
4232	gripande-*adj; nn*	gripping; capture
2850	gripen-*adj*	seized
4325	groda-*nn*	frog
3146	grönsaker-*nn*	vegetables
4887	gröt-*nn*	porridge
3816	grov-*adj*	bearish|rough
3353	grundläggande-*adj; nn*	fundamental; constitutive
2858	gruva-*nn*	mine
4938	gudomlig-*adj*	divine
2859	guide-*nn*	guide
4731	gummi-*nn*	rubber
4579	gunga-*nn; vb*	swing; swing
4913	guru-*nn*	guru
2746	guvernör-*nn*	governor
2801	gymnasium-*nn*	gymnasium
3469	gym-*nn*	gym

H

2882	hacka-*vb; nn*	hack|pick; pick
3053	hädanefter-*adv*	henceforth
4508	hage-*nn*	pasture
2578	haka-*vb; nn*	hook; jaw
3558	häkte-*nn*	custody
3721	håla-*nn*	den|burrow
4074	halka-*vb; nn*	slip; slipperiness
3220	hälla-*vb; nn*	stick|pour; strap
3352	hallick-*nn*	pimp
2674	häll-*nn*	slab
4875	hallucination-*nn*	hallucination
2847	halsband-*nn*	necklace
2605	hälsning-*nn*	greeting|salutation
3994	halva-*nn*	half
2588	halvvägs-*adv; nn*	half-way; midway
3541	hammare-*nn*	malleus

2711	handduk-*nn*	towel
4092	handel-*nn*	trade
4831	handikappad-*adj*	disabled
4807	handläggning-*nn*	dealing
4524	handled-*nn*	wrist
3655	handlingsplan-*nn*	action plan
3277	handske-*nn*	glove|gauntlet
3874	handstil-*nn*	writing|handwriting
4084	handtag-*nn*	handle
4434	hangarfartyg-*nn*	aircraft carrier
4638	hängiven-*adj*	dedicated
4384	hångla-*vb*	neck|snog
2648	hån-*nn*	mockery|scorn
3203	hänsyn-*nn*	regard
4096	häpnadsväckande-*adj*	amazing
4375	hare-*nn*	hare|coward
4382	härligt-*adv*	fine|lovely
4179	harmoni-*nn*	harmony
2877	häromdagen-*nn*	thc other day
2935	häromkring-*adv*	hereabout
3204	härom-*nn*	from here
3015	härskare-*nn*	ruler
4406	härska-*vb*	rule|sway
4473	hasch-*nn*	hashish
2581	hastighet-*nn*	speed|rate
2909	hävda-*vb*	claim|assert
3213	hederlig-*adj*	honest|upright
4368	hederligt-*adv*	fair|honestly
3886	hedrad-*adj*	honored
2846	hedra-*vb*	honor|embalm
3735	hejda-*vb*	stop|head off
2878	helgon-*nn*	saint
3020	helsike-*nn*	hell
4141	hemland-*nn*	homeland
3341	hemlös-*adj*	homeless
4324	hemstad-*nn*	home town
3058	hertig-*nn*	Duke
3950	hetta-*nn; vb*	heat; heat
2767	himla-*adj; vb*	awful; turn up one's eyes
2996	hinder-*nn*	obstacle|hindrance
4345	hink-*nn*	bucket
4193	hissa-*vb*	hoist
4093	historisk-*adj*	historical
3154	historiskt-*adv*	historically
3447	hjälm-*nn*	helmet

3371	**hjälplös**-*adj*	helpless
4171	**hjärnskakning**-*nn*	concussion
3952	**hjärtinfarkt**-*nn*	coronary
4488	**hjort**-*nn*	deer
3006	**hjul**-*nn*	wheel
2867	**hobby**-*nn*	hobby
3272	**hockey**-*nn*	hockey|field hockey
2692	**högkvarter**-*nn*	headquarters
2663	**höja**-*vb*	raise|improve
3111	**höjdare**-*nn*	bigwig
3553	**holland**-*nn*	holland
3061	**honung**-*nn*	honey
3523	**hop**-*nn*	heap|bunch
3086	**hopplös**-*adj; nn*	hopeless; redemption
4630	**horisont**-*nn*	horizon
2806	**horn**-*nn*	horn
3439	**hosta**-*nn; vb*	cough; cough
3547	**höst**-*nn*	autumn
3722	**hotellrum**-*nn*	hotel room
3561	**hövding**-*nn*	chief
4713	**hov**-*nn*	hoof|court
2757	**hugga**-*vb*	chop|cut
2838	**hugg**-*nn*	grab|cut
4188	**hummer**-*nn*	lobster
4298	**hunger**-*nn*	hunger
2701	**husdjur**-*nn*	domestic animal
4771	**husrannsakan**-*nn*	search
4733	**husse**-*nn*	master
3851	**husvagn**-*nn*	caravan
4800	**huvudroll**-*nn*	lead
4155	**huvudsak**-*nn*	main point
4596	**huvudstad**-*nn*	capital
4339	**hycklare**-*nn*	hypocrite
4174	**hyfsat**-*adj; adv*	decent; decently
3899	**hygglig**-*adj*	decent
3774	**hylla**-*nn; vb*	shelf; acknowledge
3750	**hy**-*nn*	complexion
4268	**hysa**-*vb*	house|harbor
3666	**hysterisk**-*adj*	hysterical
3839	**hytt**-*nn*	cabin

I

4066	**i anslutning till**-*adv; phr*	in conjunction with; in adherence to
4652	**i fjol**-*phr*	last year
3097	**i förväg**-*adv*	in advance
4498	**i fred**-*phr*	in peace
3718	**i gång**-*adj*	under way
3983	**i jämförelse med**-*prp*	against as
3664	**i kombination med**-*adv*	in combination with
3188	**i likhet med**-*adv*	in conformity with
2826	**i mitten av**-*adj*	central
2710	**i morse**-*adv*	this morning
4331	**i motsats till**-*prp*	in contrast to
2833	**i närheten av**-*prp*	near
4040	**i natt**-*adv*	overnight
2782	**i och med**-*phr*	as a result of
4977	**i onödan**-*adv*	unnecessarily
4504	**i relation till**-*phr*	in relation to
4484	**i viss mån**-*adv*	to some degree
4182	**ideal**-*adj; nn*	ideal; exemplar
3513	**idiotisk**-*adj*	idiotic
2840	**id**-*nn*	ID
3647	**ifrågasätta**-*vb*	question|propose
2595	**ignorera**-*vb*	ignore
2968	**ikapp**-*adv*	in competition
3765	**illamående**-*nn; adj*	nausea; sick
4643	**illegal**-*adj*	illegal
3648	**illusion**-*nn*	illusion|delusion
3836	**imperium**-*nn*	empire
2819	**imponera**-*vb*	make an impression
4255	**inälvor**-*nn*	intestines|offal
3385	**inbilla**-*vb*	imagine
4288	**inblandning**-*nn*	involvement
4625	**inbördeskrig**-*nn*	civil war
4688	**incident**-*nn*	incident
4662	**individ**-*nn*	individual
4507	**infektion**-*nn*	infection
4420	**infinna sig**-*vb*	appear
4050	**influensa**-*nn*	influenza
2647	**inflytande**-*nn*	influence|impact
4023	**info**-*nn*	info
4711	**informerad**-*adj*	informed
2815	**informera**-*vb*	inform|instruct
3235	**ingång**-*nn*	entrance
3624	**ingenjör**-*nn*	engineer
4048	**inge**-*vb*	command|present
4604	**ingripa**-*vb*	intervene
3089	**inifrån**-*adv*	from within

4401	**inkludera**-*vb*	include
3670	**inkommande**-*adj; nn*	incoming; incomer
4582	**inkomst**-*nn*	income|earnings
3225	**inkräktare**-*nn*	intruder|invader
2994	**innanför**-*prp; adv*	within; within
4132	**innehåll**-*nn*	content
4834	**innehav**-*nn*	holding
4011	**innerst**-*adj*	innermost
3912	**inombords**-*adv*	inboard
2586	**inomhus**-*adv*	indoors
4635	**inrikespolitik**-*nn*	domestic policy
2536	**insats**-*nn*	input
3110	**insekt**-*nn*	insect
4289	**insikt**-*nn*	insight
3269	**inspelning**-*nn*	recording
3865	**inspiration**-*nn*	inspiration
4543	**inspirerande**-*adj*	inspiring
3488	**inställd**-*adj*	adjusted
3005	**inställning**-*nn*	attitude|adjustment
3943	**instämma**-*vb*	concur|summon
4130	**instängd**-*adj; adv*	confined; cabined
3458	**instinkt**-*nn*	instinct
4410	**institut**-*nn*	institution
3206	**instrument**-*nn*	instrument|engine
4774	**intakt**-*adj*	intact
4221	**integritet**-*nn*	integrity
2706	**intelligens**-*nn*	intellect
4657	**intensiv**-*adj*	intensive|intens
4889	**intensivt**-*adv*	intensively
2828	**internationell**-*adj*	international
2742	**internationellt**-*adv*	internationally
3924	**interpellation**-*nn*	question
3243	**intervjua**-*vb*	interview
2979	**intet**-*nn*	nil
4386	**inträffa**-*vb*	occur|fall
3182	**intrång**-*nn*	infringement|intrusion
2732	**intressera**-*vb*	interest
3881	**intuition**-*nn*	intuition
4704	**invadera**-*vb*	invade
3069	**invånare**-*nn*	residents|inhabitant
4266	**invändning**-*nn; prp*	objection; but
4511	**invandrare**-*nn*	immigrant
3897	**invänta**-*vb*	await
3973	**invasion**-*nn*	invasion
4422	**investerare**-*nn*	investor
3892	**investera**-*vb*	invest
3772	**investering**-*nn*	investment
3711	**involverad**-*adj*	interested|involved
3627	**ironisk**-*adj*	ironic
4405	**irriterad**-*adv; adj*	prickly; crotchety
2797	**irriterande**-*adj*	annoying|irritating
4803	**irritera**-*vb*	irritate
3864	**iskall**-*adj; nn*	icy; freezing cold
4659	**islamistisk**-*adj*	Islamic
3661	**islamist**-*nn*	islamist
4723	**isolerad**-*adj*	isolated
4832	**isolera**-*vb; nn*	isolate|clothe; sequester
2999	**israel**-*nn; nn*	Israeli; Israel
3084	**italienare**-*nn*	Italian
3168	**ivrig**-*adj*	eager|avid

J

2671	**jäkligt**-*adv*	devilish|friggin
3798	**jämföra**-*vb*	compare
4794	**jämförelse**-*nn*	comparison
3681	**jämn**-*adj*	smooth|uniform
2887	**jämnt**-*adv*	level
2592	**januari**-*nn*	january
2928	**järn**-*nn*	iron
3031	**järnväg**-*nn*	railway|rail
4648	**jättestor**-*adj*	enormous
3977	**jazz**-*nn*	jazz
3870	**jeans**-*nn*	jeans
4029	**jeep**-*nn*	jeep
4837	**joint**-*nn*	joint
4531	**jordnöt**-*nn*	peanut
3565	**journal**-*nn*	journal|logbook
2740	**judisk**-*adj*	Jew
2885	**juice**-*nn*	juice
2880	**julklapp**-*nn*	Christmas present
2747	**jungfru**-*nn*	maiden
3875	**juridik**-*nn*	law
4387	**jurist**-*nn*	jurist

K

4618	**kabel**-*nn*	cable|wire
4501	**kackerlacka**-*nn*	cockroach
3178	**käka**-*vb*	have some grub

3615	**käke**-*nn*	jaw|mandible	4988	**klädsel**-*nn*	dress|outfit
3347	**käk**-*nn*	grub|nosh	3077	**klagomål**-*nn*	complaint|plaint
2522	**kåk**-*nn*	shanty	3725	**klämma**-*nn; vb*	clamp|clip; squeeze
4649	**kalas**-*nn*	party|feast	4271	**kläm**-*nn*	force
4307	**kaliber**-*nn*	caliber	3106	**klandra**-*vb*	blame|criticize
3714	**kalkon**-*nn*	turkey	4036	**klan**-*nn*	clan
2685	**kål**-*nn*	cabbage|cole	3328	**klappa**-*vb*	pat|clap
4936	**kamel**-*nn*	camel	4184	**klargöra**-*vb*	clarify|make clear
4230	**kammare**-*nn*	chamber	3766	**klassiker**-*nn*	classic
3600	**kampanj**-*nn*	campaign	3656	**klassisk**-*adj*	classic
4137	**kämpe**-*nn*	fighter	4925	**klå**-*vb*	thrash
3196	**kandidat**-*nn*	candidate|aspirant	3396	**klia**-*vb*	scratch
3970	**kändis**-*nn*	celebrity	4895	**klick**-*nn*	click
4848	**kännedom**-*nn*	knowledge	4274	**klimatfråga**-*nn*	climate issue
3170	**kapabel**-*adj*	capable	3508	**klinik**-*nn*	clinic
3726	**kapa**-*vb*	hijack|sever	2562	**klipp**-*nn*	cut|clip
4194	**kapell**-*nn*	chapel	4364	**klipsk**-*adj*	shrewd
4423	**kap**-*nn*	cop|bargain|cape	2702	**kliva**-*vb*	climb
3118	**kappa**-*nn*	coat	3696	**klo**-*nn*	claw
3817	**käpp**-*nn*	cane	3940	**kloster**-*nn*	monastery
4577	**kapsel**-*nn*	capsule	4329	**klumpig**-*adj*	clumsy|awkward
2527	**karaktär**-*nn*	character|nature	4745	**klump**-*nn*	lump
2957	**karate**-*nn*	karate	4241	**klunk**-*nn*	gulp|quaff
3521	**kärna**-*nn; vb*	core|churn; churn	2542	**knäcka**-*vb*	crack
4551	**kår**-*nn*	corps	2617	**knäppa**-*vb*	snap|buckle
3498	**kärnvapen**-*nn*	nuclear weapon	2556	**knarkare**-*nn*	junkie
3543	**kärra**-*nn*	cart|truck	2798	**knep**-*nn*	trick|wiles
3639	**kassa**-*nn*	cash	4672	**knöl**-*nn*	tuber|bump
3981	**kassaskåp**-*nn*	safe	3028	**knuffa**-*vb*	shoulder|shove
3502	**kast**-*nn*	throw|caste	3325	**knyta**-*vb*	tie|establish
2597	**kåt**-*adj*	horny|sexy	2820	**koka**-*vb; nn*	boil|cook; clod
3887	**kavaj**-*nn*	jacket	4028	**kollektivtrafik**-*nn*	public transport
3597	**kavalleri**-*nn*	cavalry	3293	**kol**-*nn*	carbon
4985	**kaviar**-*nn*	caviar	3635	**kombination**-*nn*	combination
3459	**kedja**-*nn; vb*	chain; chain	4545	**komedi**-*nn*	comedy
4438	**kemi**-*nn*	chemistry	3790	**kommando**-*nn*	command
4734	**kemisk**-*adj*	chemical	4769	**kommendörkapten**-*nn*	commander
3996	**ketchup**-*nn*	ketchup			
3564	**kex**-*nn*	biscuit	2809	**kommentar**-*nn*	comment|annotation
3649	**kidnappa**-*vb*	kidnap	4443	**kommentera**-*vb*	comment
4242	**kikare**-*nn*	binoculars	3165	**kommitté**-*nn*	commission
4337	**kind**-*nn*	chin	3918	**kommunfullmäktige**-*nn*	town council
3729	**kines**-*nn*	Chinese			
4049	**kirurg**-*nn*	surgeon	3340	**kommunicera**-*vb*	communicate
2549	**kista**-*nn*	coffin	3410	**kommunikation**-*nn*	communication
3356	**kjol**-*nn*	skirt	3788	**kommunist**-*nn*	communist

2517	**kompani**-*nn*	company
3279	**kompanjon**-*nn*	partner
4620	**kompass**-*nn*	compass
3309	**komplett**-*adj; adv*	complete; absolutely
4416	**koncentration**-*nn*	concentration
3522	**kondom**-*nn*	condom
4169	**konferens**-*nn*	conference
4494	**konflikt**-*nn*	conflict|clash
2770	**kongress**-*nn*	congress
2651	**konjak**-*nn*	brandy
3393	**konkurrenskraft**-*nn*	competitiveness
4593	**konkurrens**-*nn*	competition
3819	**konkurs**-*nn*	bankruptcy
2780	**kö**-*nn*	queue
4283	**kon**-*nn*	cone
3208	**konsekvens**-*nn*	consequence
3055	**konsert**-*nn*	concert
4533	**konspiration**-*nn*	conspiracy
3470	**konstant**-*adj; nn; adv*	constant; constant; constantly
4816	**konstverk**-*nn*	artpiece
4293	**kontinuerligt**-*adv*	continuously
2905	**konung**-*nn*	king
4718	**konvent**-*nn*	convention
3559	**konversation**-*nn*	conversation
3831	**koordinat**-*nn*	coordinate
3566	**köpare**-*nn*	buyer
4257	**kopiera**-*vb*	copy
3320	**koppling**-*nn*	coupling|connection
3610	**korea**-*nn*	Korea
3702	**korg**-*nn*	basket
4710	**korruption**-*nn*	corruption
2904	**korsa**-*vb*	cross|traverse
4352	**körsbär**-*nn*	cherry
4275	**korsning**-*nn*	crossing|junction
4591	**kossa**-*nn*	cow
4216	**kraftfull**-*adj*	powerful
3181	**kraftig**-*adj*	powerful|heavy
4177	**kräkas**-*vb*	vomit
2602	**krama**-*vb*	hug|squeeze
4897	**kramp**-*nn*	cramp
4470	**kran**-*nn*	crane|tap
3562	**krascha**-*vb*	crash
4796	**krävande**-*adj*	demanding
4742	**kreativ**-*adj*	creative
3144	**kredit**-*nn*	credit

4077	**kretsa**-*vb*	revolve
2699	**kriminell**-*adj*	criminal|flash
4208	**kritik**-*nn*	criticism|critics
4735	**kritisk**-*adj*	critical|crucial
4613	**kritiskt**-*adv*	critical
4871	**krocka**-*vb*	crash
2884	**krok**-*nn*	hook|crook
4098	**krossad**-*adj; adv*	crushed; in tatters
4557	**krut**-*nn*	gunpowder
4411	**krympling**-*nn*	cripple
2990	**krypa**-*vb*	crawl
4305	**krysta**-*vb*	strain
3306	**kudde**-*nn*	pillow
4998	**kull**-*nn*	batch|tag
2778	**kultur**-*nn*	culture
4754	**kungarike**-*nn*	kingdom
4712	**kupp**-*nn*	coup
4727	**kurva**-*nn*	curve
4972	**kuslig**-*adj*	creepy
4490	**kustbevakning**-*nn*	coastguard
3372	**kuvert**-*nn*	envelope
4457	**kvalificerad**-*adj*	qualified
3329	**kvalitet**-*nn*	quality|grade
4878	**kvarstå**-*vb*	remain
4585	**kväva**-*vb*	choke|smother
2552	**kvinnlig**-*adj*	female|feminine
3860	**kvitto**-*nn*	receipt| acknowledgment
3288	**kyla**-*nn; vb*	cold; chill
4563	**kylig**-*adj*	cool|chilly
3004	**kyl**-*nn*	fridge
3582	**kylskåp**-*nn*	refrigerator|fridge
2705	**kyrkogård**-*nn*	cemetery

L

4761	**laboratorium**-*nn*	laboratory
3143	**läcker**-*adj*	delicious
2929	**lada**-*nn*	barn
2755	**laddad**-*adj*	charged
4542	**laddning**-*nn*	charge|loading
3784	**läder**-*nn*	leather
4973	**låga**-*nn; vb*	flame; flame
4544	**laglig**-*adj*	legal|lawful
3388	**lagom**-*adj; adv; nn*	just right; just enough; moderation
2534	**lakan**-*nn*	sheet

4032	**läka**-*vb*	heal	
4233	**lam**-*adj*	lame|paralysed	
3657	**lamm**-*nn*	baa lamb	
2945	**lämplig**-*adj*	suitable|appropriate	
4528	**landsman**-*nn*	compatriot	
3080	**langare**-*nn*	pusher|peddler	
4150	**längd**-*nn*	length	
2917	**långsam**-*adj*	lingering|tardy	
4042	**långsiktigt**-*adj*	long-term	
3762	**längtan**-*nn*	longing|desire	
4033	**länk**-*nn*	link|chain	
3422	**läppstift**-*nn*	lipstick	
4941	**lärling**-*nn*	apprentice|trainee	
3954	**lår**-*nn*	thigh	
4576	**läsare**-*nn*	reader	
4506	**laser**-*nn*	laser	
2741	**lasta**-*vb*	load|take in	
2727	**last**-*nn*	load|cargo	
2582	**lata**-*vb*	be lazy	
2988	**latin**-*nn*	Latin	
4842	**lätta**-*vb*	ease|lighten	
3640	**lättnad**-*nn*	relief|relaxation	
3461	**lax**-*nn*	salmon	
3992	**ledande**-*adj; nn*	leading; conduction	
4681	**ledarskap**-*nn*	leadership	
3728	**legitimation**-*nn*	identification	
4867	**leja**-*vb*	hire	
4835	**lem**-*nn*	limb	
3246	**len**-*adj*	soft	
3872	**lera**-*nn*	clay|mud	
3346	**lesbisk**-*adj*	lesbian	
3344	**less**-*adj*	sick	
4530	**levebröd**-*nn*	livelihood	
2898	**leverans**-*nn*	delivery	
3629	**licens**-*nn*	license	
3591	**liga**-*nn*	league	
4252	**likaså**-*adv*	also	
2901	**like**-*nn*	equal	
3443	**lillasyster**-*nn*	kid sister	
3471	**lina**-*nn*	line	
4660	**lin**-*nn*	flax	
4758	**lite grann**-*adv; prn*	just a trifle; some	
2525	**liter**-*nn*	liter	
3932	**litteratur**-*nn*	literature	
2554	**live**-*adj; adv*	live; live	
4764	**livlig**-*adj*	lively|brisk	

2616	**livrädd**-*adj*	terrified
3713	**livsstil**-*nn*	way of life
2942	**ljust**-*adv*	brightly
3241	**ljuv**-*adj*	delightful
4993	**ljuvlig**-*adj*	lovely
3348	**lobby**-*nn*	lobby
2851	**locka**-*vb*	entice|appeal to
4479	**lock**-*nn*	lid|cover
4183	**logik**-*nn*	logic
2790	**logiskt**-*adj*	logical
2729	**lojal**-*adj*	loyal
4952	**lokalisera**-*vb*	locate
4091	**lokalt**-*nn; adj*	place; local
3438	**lök**-*nn*	onion
4095	**löna sig**-*vb*	pay
4922	**löna**-*vb*	reward
3813	**lönlös**-*adj*	useless
3712	**lo**-*nn*	lynx|Swedish Trade Union Confederation
3497	**lönnmördare**-*nn*	assassin
3946	**löpa**-*vb*	run
2695	**lopp**-*nn*	race|course
3606	**lösenord**-*nn*	password
3630	**lossa**-*vb*	loosen|unload
4636	**lott**-*nn*	lot|share
2971	**lovande**-*adj*	promising|auspicious
4623	**löv**-*nn*	leaf
2548	**lucka**-*nn*	hatch|gap
4231	**luffare**-*nn*	bum|vagabond
2502	**lugnande**-*nn; adj*	soothing; reposeful
3455	**lunga**-*nn*	lung
4608	**lunginflammation**-*nn*	pneumonia
2911	**lustig**-*adj*	funny|droll
4111	**lya**-*nn*	lair|den
4349	**lyckad**-*adj*	successful
3822	**lyckligtvis**-*adv*	fortunately|happily
4751	**lyx**-*nn*	luxury

M

4961	**macka**-*nn*	sandwich
4886	**madrass**-*nn*	mattress
2611	**maffia**-*nn*	maffia
3436	**magasin**-*nn*	magazine|warehouse
3780	**mager**-*adj*	lean|skinny
3248	**magiskt**-*adv*	magically

4189	**maila**-*vb*	e-mail	3941	**medarbetare**-*nn*	collaborator
4776	**majonnäs**-*nn*	mayonnaise	3987	**medborgarskap**-*nn*	citizenship
3895	**majs**-*nn*	maize	4342	**medbrottsling**-*nn*	accomplice
3544	**maka**-*nn; vb*	wife|spouse; edge	3156	**medge**-*vb*	allow|admit
4880	**mäklare**-*nn*	broker	3321	**medhjälpare**-*nn*	aide|assistant
4924	**målare**-*nn*	painter	2900	**medicinsk**-*adj*	medical
3645	**mala**-*vb*	grind	3939	**medium**-*adj; nn*	medium; medium
3694	**målning**-*nn*	painting	3512	**medkänsla**-*nn*	sympathy|feeling
3743	**måltavla**-*nn*	target	3047	**medlidande**-*nn*	compassion|sympathy
3758	**mängd**-*nn; adv*	amount|variety; no end of	3264	**medvetande**-*nn*	consciousness
3152	**manlig**-*adj*	male|masculine	2604	**medvetslös**-*adj*	unconscious|insensible
4706	**mån**-*nn; adj*	measure; careful	4696	**mejl**-*nn*	e-mail
3842	**manöver**-*nn*	maneuver|evolution	3937	**mekaniker**-*nn*	mechanic
4641	**manuellt**-*adv*	manually	3980	**mellanmål**-*nn*	snack
2845	**manus**-*nn*	script	4752	**melodi**-*nn*	melody|chant
4505	**marin**-*nn*	marine	2737	**menad**-*nn*	maenad
4400	**markera**-*vb*	mark|select	3287	**menig**-*nn; adj*	enlisted man; private
3644	**märkligt**-*adv*	notably	3853	**mens**-*nn*	period
4039	**märkvärdig**-*adj*	remarkable	3922	**mental**-*adj*	mental
3926	**marschera**-*vb*	march	3404	**meny**-*nn*	menu
2675	**marsch**-*nn*	route-march	3904	**mestadels**-*adv*	mostly
4634	**martyr**-*nn*	martyr	2879	**metall**-*nn*	metal
4502	**maskerad**-*nn; adj*	masquerade; masked	4215	**mexikansk**-*adj*	Mexican
3282	**massage**-*nn*	massage	5014	**middagstid**-*nn*	midday|dinnertime
4655	**massera**-*vb*	massage	4621	**midja**-*nn*	waist|middle
3222	**mäster**-*nn*	master	3692	**mikrofon**-*nn*	microphone
4541	**mästerskap**-*nn*	championship	3528	**mild**-*adj*	mild|gentle
4181	**mästerverk**-*nn*	chef d'oeuvre	4203	**miljonär**-*nn*	millionaire
3632	**mäta**-*vb*	measure	3103	**miljö**-*nn*	environment|setting
3268	**matcha**-*vb*	match	2944	**miljontals**-*adv*	hundreds of billions
4006	**matematik**-*nn*	mathematics	3366	**minister**-*nn*	minister
4631	**materia**-*nn*	matter	3501	**minska**-*vb*	reduce|decrease
4617	**matlagning**-*nn*	cooking	3505	**minst sagt**-*adj*	to say the least
3599	**matsal**-*nn*	dining room	5010	**missbrukare**-*nn*	abuser
3956	**mätt**-*adj*	full	3999	**missförstå**-*vb*	misunderstand
3027	**matte**-*nn*	maths	3594	**misshandel**-*nn*	beatings|maltreatment
4806	**måtte**-*vb*	must	3568	**missil**-*nn*	missile
2537	**mått**-*nn*	measure|dimensions	4302	**misslyckad**-*adj*	unsuccessful
4779	**maximal**-*adj*	maximum	3604	**misslyckande**-*nn*	failure
4521	**med avseende på**-*prp*	with respect to	4529	**missnöjd**-*adj*	dissatisfied
4235	**med flera**-*prn*	and others	4133	**misstanke**-*nn*	suspicion
3680	**med hänvisning till**-*phr*	with reference to	3620	**misstänksam**-*adj*	suspicious|distrustful
3102	**med stöd av**-*phr*	with the support of	3909	**missta**-*vb*	mistake
2907	**medalj**-*nn*	medal	4869	**miste**-*adv*	wrong
			4847	**mjöl**-*nn*	flour

2646	**mjuk**-*adj*	soft|smooth	
3245	**mjukt**-*adv; adj*	smoothly; soft	
3176	**möbel**-*nn*	piece of furniture	
2785	**mobiltelefon**-*nn*	cellphone	
3767	**mode**-*nn*	fashion	
3753	**moder**-*nn*	mother	
3138	**modigt**-*adv*	courageously	
2852	**mogen**-*adj*	mature|mellow	
4272	**mogna**-*vb*	mature|ripen	
2657	**möjligen**-*adv*	possibly|probably	
3475	**möjligtvis**-*adv*	possibly	
3010	**moln**-*nn*	cloud	
4161	**mo**-*nn*	fine sand	
2644	**mönster**-*nn*	pattern|model	
4079	**moralisk**-*adj*	moral	
2709	**moral**-*nn*	morality|morale	
4008	**morgondag**-*nn*	tomorrow	
4789	**mosa**-*vb*	mash|pulp	
4199	**mössa**-*nn*	cap	
3134	**motbjudande**-*adj*	obnoxious|repulsive	
2810	**motell**-*nn*	motel	
4214	**motion**-*nn*	exercise	
3096	**motorcykel**-*nn*	motorcycle	
2926	**motsats**-*nn*	contrast	
2795	**motsätta sig**-*vb*	oppose	
4765	**motsatt**-*adj*	opposite|opposed	
2952	**motstå**-*vb*	resist	
4883	**motsvara**-*vb*	correspond to|equal	
3120	**mottagning**-*nn*	reception	
3507	**motto**-*nn*	motto	
3121	**munk**-*nn*	monk	
2679	**museum**-*nn*	museum	
2922	**musiker**-*nn*	musician	
2899	**muskel**-*nn*	muscle	
4399	**muslim**-*nn*	muslim	
3186	**mustasch**-*nn*	mustache	
3042	**muta**-*nn; vb*	bribe; bribe	
4912	**mutant**-*nn*	mutant	
4357	**myra**-*nn*	ant	
3075	**mysig**-*adj*	cozy	
2881	**mysterium**-*nn*	mystery|mystification	
2950	**mystisk**-*adj*	mysterious|mystic	
4035	**myt**-*nn*	fable	

N

3540	**nagel**-*nn*	nail	
4163	**någon som helst**-*phr*	none whatsoever	
3824	**naiv**-*adj*	naive|simplistic	
4197	**nål**-*nn*	needle	
2754	**nämligen**-*adv; con*	namely; for	
4821	**näringsminister**-*nn*	Minister for Enterprise and Energy	
3934	**narkotika**-*nn*	drug	
3961	**narkotikum**-*nnpl*	narcotic	
4612	**närvara**-*vb*	be present	
4204	**näsduk**-*nn*	handkerchief	
2506	**näst**-*adj; adv; prp*	second; next; next to	
3299	**nationell**-*adj; adv*	national; nationally	
2743	**nationellt**-*adj*	national	
2760	**nation**-*nn*	nation	
3038	**naturlig**-*adj*	natural|unaffected	
4327	**nätverk**-*nn*	network	
4346	**näve**-*nn*	fist	
3175	**nazist**-*nn*	nazi	
3723	**nedanför**-*adv; prp*	below; below	
4390	**nedåt**-*adj; adv; prp*	down; down; down	
3567	**nederlag**-*nn*	defeat	
3782	**nedför**-*adv; prp*	down; down	
4854	**nedlåtande**-*adj*	condescending	
4523	**nedräkning**-*nn*	countdown	
4154	**nedre**-*adj*	lower	
3105	**negativ**-*adj; nn*	negative; negative	
3419	**negativt**-*adv*	negatively	
3450	**neger**-*nn*	negro	
3809	**neka**-*vb*	deny	
2659	**nerv**-*nn*	nerve	
3368	**nionde**-*num*	ninth	
3889	**nita**-*vb*	rivet|clench	
3709	**njutning**-*nn*	enjoyment|treat	
3476	**nödläge**-*nn*	emergency|distress	
2975	**nöd**-*nn*	need|distress	
3205	**nödsituation**-*nn*	emergency	
4129	**nödvändig**-*adj*	necessary	
3651	**nödvändigtvis**-*adv*	necessarily	
4518	**noggrann**-*adj; adv*	careful; precisely	
3457	**noggrant**-*adv*	carefully	
2519	**nöja sig**-*vb*	be satisfied	
3876	**nord**-*nn*	North	
3931	**Norge**-*nn*	Norway	
4642	**norm**-*nn*	standard	
3637	**norr om**-*phr*	north of	

4449	**nos**-*nn*	nose|snout
4695	**notera**-*vb*	note
3500	**not**-*nn*	note|memorandum
2860	**nöt**-*nn*	nut
4555	**nyårsafton**-*nn*	New Year's eve
3579	**nybörjare**-*nn*	beginner
3733	**nyfikenhet**-*nn*	curiosity
2652	**nykter**-*adj*	sober
3919	**nyliberal**-*nn*	neoliberal
4931	**nypa**-*nn; vb*	pinch; pinch
3691	**nyttig**-*adj*	useful|wholesome

O

3938	**oändlig**-*adj*	infinite|endless
4858	**oändligt**-*adv*	interminably
4984	**obegriplig**-*adj*	incomprehensible
3050	**oberoende av**-*adv*	irrespective of
3307	**oberoende**-*adj; adv; nn*	unattached; independently; freedom
3261	**objekt**-*nn*	object
4792	**observation**-*nn*	observation
4343	**observera**-*vb;*	note|observe
3586	**odds**-*nn*	odds
3587	**odla**-*vb*	grow|cultivate
3878	**odödlig**-*adj*	immortality
4965	**oduglig**-*adj*	unfit|incompetent
4116	**ofarlig**-*adj*	harmless
3769	**offentlig**-*adj*	public|open
2535	**offentligt**-*adv*	in public
3304	**officiell**-*adj*	official
2744	**oförskämd**-*adj*	insolent|impudent
4168	**oförskämt**-*adv*	impudently
4868	**ogift**-*adj; nn*	unmarried; single
4790	**ögonbryn**-*nn*	eyebrow
4559	**oljud**-*nn*	noise
4487	**olyckligtvis**-*adv*	unfortunately|unhappily
2645	**olyckshändelse**-*nn*	accident
4595	**ombud**-*nn*	agent
3066	**omdöme**-*nn*	opinion|judgement
3923	**omedelbar**-*adj*	immediate
3570	**omelett**-*nn*	omelette
4109	**omfattande**-*adj*	comprehensive
4319	**omgående**-*adv; adj*	immediately; immediate

4025	**omgiven**-*adj*	surrounded
4978	**omgivning**-*nn*	environment|entourage
3059	**omkull**-*adv*	over
4877	**omsorg**-*nn*	care|concern
4845	**omtanke**-*nn*	consideration
4705	**omtänksam**-*adj*	thoughtful
4602	**omväxling**-*nn*	variation
2687	**onödig**-*adj*	unnecessary|wasted
4825	**onödigt**-*adv*	unnecessarily
4178	**önskemål**-*nn*	desire
3071	**önskning**-*nn*	desire
4047	**opassande**-*adj; adv*	improper; improperly
3483	**opera**-*nn*	opera
3230	**operera**-*vb*	operate
4539	**öppning**-*nn*	opening
2594	**orange**-*adj; nn*	Orange; Orange
3072	**öre**-*nn*	bean|cent
2681	**organisation**-*nn*	organization
4516	**organiserad**-*adj*	organized
4123	**organisera**-*vb*	organize
2998	**organ**-*nn*	organ
3669	**orgasm**-*nn*	orgasm
4820	**original**-*nn*	original
4653	**örn**-*nn*	eagle
4127	**oroad**-*adj*	alarmed
3380	**os**-*nn; abr*	smell; Olympic Games
2503	**öster**-*adv; nn*	east; east
2532	**öst**-*nn*	east
3202	**otäck**-*adj; nn*	nasty|horrid; wickedness
2800	**otäckt**-*adj; adv*	uncovered; nastily
4724	**otålig**-*adj*	impatient
3550	**otrevlig**-*adj*	unpleasant
4491	**oundviklig**-*adj*	inevitable
4574	**oväder**-*nn*	storm
3187	**ovan**-*adv; prp; adj*	new; above; unaccustomed
2638	**ovanligt**-*adv*	unusually
3018	**ovanpå**-*prp; adv*	on; on the top of
3007	**oväntad**-*adj*	unexpected
3683	**oväntat**-*adv*	unexpectedly
2551	**oväsen**-*nn*	noise|commotion
2570	**över huvud taget**-*adv*	at all
4107	**överdos**-*nn*	overdose

3524	**överdriva**-*vb*	exaggerate|overstate
3804	**överdriven**-*adj*	exaggerative|excessive
3972	**överfall**-*nn*	assault
4950	**överföra**-*vb*	transfer|transmit
2787	**övergiva**-*vb*	abandon|discard
3283	**övergiven**-*adj; nn*	abandoned; orphan
2577	**överhuvudtaget**-*adv*	on the whole
4661	**överkörd**-*adj*	run over
4397	**överlägsen**-*adj*	superior
3137	**överlevnad**-*nn*	survival
4466	**övernaturlig**-*adj*	supernatural
2615	**over**-*nn*	over
3760	**överordnad**-*nn*	superior
4267	**överraskande**-*nn; adv*	surprising; surprisingly
3530	**översta**-*adj*	top
4245	**överst**-*adv; nn; adj*	at the top; tops; uppermost
4827	**överstelöjtnant**-*nn*	lieutenant-colonel
4424	**övertag**-*nn*	advantage
3830	**övertid**-*nn*	overtime
3413	**övertygande**-*adj; nn; adv*	convincing; cogent; forcefully
4372	**övertygelse**-*nn*	conviction
3258	**överväga**-*vb*	consider|debate
4911	**övervakare**-*nn*	monitor|supervisor
3707	**övervaka**-*vb*	monitor|oversee
3652	**övervakning**-*nn*	monitoring
2723	**övervåning**-*nn*	upstairs
4698	**oviktig**-*adj*	unimportant
3716	**övre**-*adj*	upper
3515	**övrig**-*adj*	remaining
2771	**övrigt**-*adj*	other

P

4863	**på något vis**-*adv*	somehow
3364	**påbörja**-*vb*	commence
3057	**packad**-*adj*	packed|packaged
4644	**pack**-*nn*	mob|trash
4573	**padda**-*nn*	toad
4981	**paddla**-*vb; nn*	paddle; canoe
5001	**pågående**-*adj*	ongoing
3880	**påhitt**-*nn*	fabrication|figment
3367	**påk**-*nn*	cudgel

2955	**palats**-*nn*	palace
3074	**pålitlig**-*adj*	reliable|trustworthy
2902	**palm**-*nn*	palm
3646	**päls**-*nn*	fleece
5008	**påminnelse**-*nn*	reminder
2654	**panna**-*nn*	boiler|forehead
2949	**pannkaka**-*nn*	pancake
4363	**påpeka**-*vb*	point out
4359	**paragraf**-*nn*	paragraph|section
3990	**parallellt**-*adv*	parallel
2621	**paranoid**-*adj; nn*	paranoid; paranoiac
4699	**paraply**-*nn*	umbrella
4537	**para**-*vb*	pair
2606	**parfym**-*nn*	perfume
4828	**parkerad**-*adj*	parked
2558	**parkera**-*vb*	park
3833	**parkering**-*nn*	parking
3574	**parlament**-*nn*	Parliament
4002	**pärla**-*nn; vb*	pearl; sparkle
2515	**parti**-*nn*	party
4094	**partnerskap**-*nn*	partnerships
2872	**patetisk**-*adj*	pathetic
4730	**patriot**-*nn*	patriot
3466	**patrull**-*nn*	patrol
3026	**påve**-*nn*	pope
4592	**pedofil**-*nn*	pedophile
3903	**pensionerad**-*adj; nn*	retired; retiree
3532	**period**-*nn*	period
4891	**periskop**-*nn*	periscope
3155	**permanent**-*adj; adv; nn*	permanent; permanently; permanent wave
3906	**permission**-*nn*	leave
2568	**personlighet**-*nn*	personality
3389	**perspektiv**-*nn*	perspective
4044	**peruk**-*nn*	wig
3602	**pervers**-*nn; adj*	pervert; perverted
3785	**pest**-*nn*	pest|menace
4388	**peta**-*vb*	poke
3720	**picknick**-*nn*	picnic
3292	**pigg**-*adj; nn*	alert|spirited; spike
2925	**pil**-*nn*	arrow
4716	**pinka**-*vb*	pee
3601	**pinne**-*nn*	perch|stake
3612	**pipa**-*nn; vb*	pipe; beep
3193	**pirat**-*nn*	pirae

4750	**pir**-*nn*	pier|jetty	4080	**producera**-*vb*	produce
3589	**piska**-*nn; vb*	whip; whip	3699	**produkt**-*nn*	product
2564	**plåga**-*nn; vb*	torment; torment	3009	**professionell**-*adj*	professional
4538	**plantera**-*vb*	plant	4836	**profetia**-*nn*	prophecy
4926	**plåster**-*nn*	patch|plaster	3032	**profil**-*nn*	profile
3275	**plast**-*nn*	plastic	4110	**promenera**-*vb*	walk
4157	**platt**-*adj; adv; nn*	flat; flat; planchet	4900	**propaganda**-*nn*	propaganda
4162	**platta**-*nn*	plate|flat	4594	**prostituerad**-*nn*	prostitute
4839	**playboy**-*nn*	playboy	3841	**protestera**-*vb*	protest
2786	**plugga**-*vb*	plug|grind	3467	**protokoll**-*nn*	protocol
3167	**pluton**-*nn*	platoon	4989	**prövning**-*nn*	examination
2626	**poesi**-*nn*	poetry	2734	**pryl**-*nn*	awl
3727	**poet**-*nn*	poet	4859	**psykisk**-*adj*	psychological|psychic
4815	**pojkvän**-*nn*	boyfriend	3947	**psykiskt**-*adv*	mentally
3628	**poker**-*nn*	poker	3688	**psykologi**-*nn*	psychology
4003	**Polen**-*nn*	Poland	2561	**psykolog**-*nn*	psychologist
3805	**policy**-*nn*	policy	3247	**psykopat**-*nn*	psycho
2953	**polisman**-*nn*	policeman	3525	**publicitet**-*nn*	publicity
4687	**polismästare**-*nn*	police commissioner	3535	**pub**-*nn*	pub
3174	**polisstation**-*nn*	police station	4308	**pudding**-*nn*	puddinG
4553	**polsk**-*adj*	polish	2574	**puls**-*nn*	pulse
3330	**pop**-*nn*	pop (music)	4852	**pulver**-*nn*	powder
4009	**portfölj**-*nn*	portfolio	3255	**pumpa**-*nn; vb*	pumpkin; pump
3888	**porträtt**-*nn*	portrait	3731	**pung**-*nn*	pouch|sack
2821	**positiv**-*adj; nn*	positive; hurdy-gurdy	4953	**putsa**-*vb*	trim
3256	**positivt**-*adv*	positively			
2521	**potatis**-*nn*	potato		**R**	
3433	**potential**-*nn*	potential			
2523	**potta**-*nn*	potty	3171	**rå**-*adj; nn*	raw|crude; boundary
2528	**praktiskt**-*adv*	practically	4317	**rabatt**-*nn*	discount
4701	**predikan**-*nn*	sermon	4012	**räckhåll**-*nn*	reach
3815	**premiärminister**-*nn*	Prime Minister	4526	**radar**-*nn*	radar
4246	**premiär**-*nn*	premiere	2958	**räddning**-*nn*	rescue|salvation
4120	**presentation**-*nn*	presentation	3214	**radera**-*vb*	delete|rub out
4060	**pressad**-*adj*	forced	2596	**rådgivare**-*nn*	advisor|counsellor
3933	**presskonferens**-*nn*	press conference	4561	**radikalt**-*adv*	radically
3298	**prima**-*adj*	first-rate|first-chop	4187	**räka**-*nn; vb*	shrimp; prawn
4732	**primitiv**-*adj*	primitive	3791	**raka**-*vb*	shave
2862	**princip**-*nn*	principle	3732	**raket**-*nn*	rocket|missile
3464	**prioritet**-*nn*	priority	2583	**räkning**-*nn*	account|counting
3982	**prisa**-*vb*	praise|glorify	4010	**rånare**-*nn*	robber
4499	**privatdetektiv**-*nn*	private detective	4995	**rand**-*nn*	stripe|rand
2774	**privatliv**-*nn*	privacy	3989	**rang**-*nn*	rank|degree
5021	**privilegium**-*nn*	privilege	3810	**ränta**-*nn*	interest
3013	**process**-*nn*	process	4195	**rapp**-*nn; adj*	lash; quick
3157	**producent**-*nn*	producer	3113	**rasande**-*adj*	furious

3337	**rasa**-*vb*	rage|tumble
4983	**rasist**-*nn*	racist
3278	**rask**-*adj; nn*	brisk; shebang
2918	**rast**-*nn*	break
5019	**rät**-*adj*	straight
4770	**rättfärdig**-*adj*	righteous
2934	**rättvis**-*adj*	equitable|fair
4894	**ravin**-*nn*	ravine
3811	**räv**-*nn*	fox
2691	**reagera**-*vb*	react
4799	**real**-*adj; nn*	real; real
3456	**reception**-*nn*	reception
2587	**recept**-*nn*	recipe|prescription
3808	**redaktör**-*nn*	editor
4392	**redskap**-*nn*	gear|tool
4206	**referens**-*nn*	reference
4560	**regelbundet**-*adv*	regularly
4729	**regemente**-*nn*	regiment
4587	**regeringsform**-*nn*	government
3748	**regissör**-*nn*	director|producer
3738	**register**-*nn*	register|index
5025	**registrerad**-*adj*	registered
2600	**rejäl**-*adj*	proper|good
2914	**rekommendera**-*vb*	recommend|register
2983	**rekord**-*nn*	record
2656	**rektor**-*nn*	principal
2869	**religiös**-*adj*	religious
3081	**remissinstans**-*nn*	body considering proposed legislation
4250	**rena**-*vb*	clean|purify
4975	**repa**-*nn; vb*	scratch scratch
3462	**reparera**-*vb*	repair|refit
3527	**repetera**-*vb*	repeat
3747	**replik**-*nn*	reply
4373	**reporänta**-*nn*	prime rate
4955	**reportage**-*nn*	reportage
4370	**representant**-*nn*	delegate
3563	**republik**-*nn*	republic
4240	**resande**-*nn; adj*	traveler|salesman; traveling
4015	**reserv**-*nn*	reserve
2802	**resurs**-*nn*	resource
3823	**resväska**-*nn*	suitcase
3297	**retas**-*vb*	banter|tease
3850	**retirera**-*vb*	retreat
3378	**reträtt**-*nn*	retreat|backdown
3453	**revben**-*nn*	ribs
3377	**revisor**-*nn*	auditor
3180	**revolution**-*nn*	revolution
2730	**revolver**-*nn*	revolver
3885	**rikedom**-*nn*	wealth|richness
2530	**rike**-*nn*	kingdom|country
4813	**riksförbund**-*nn*	national association
4707	**rikt**-*adv*	richly
3454	**rikta**-*vb*	direct|aim
3116	**rimligt**-*adv*	fair
3052	**riskabel**-*adj*	risky|perilous
3201	**ris**-*nn*	rice
4076	**ritning**-*nn*	drawing
4001	**röja**-*vb*	display|reveal
5005	**rökare**-*nn*	smoker
3305	**rökning**-*nn*	smoking
3148	**rök**-*nn*	smoke
4058	**romantik**-*nn*	romance
3734	**romare**-*nn*	roman
3556	**romersk**-*adj*	Roman
3800	**rond**-*nn*	round
4757	**röntgen**-*nn*	X-ray
4864	**rop**-*nn*	cry|clamor
2739	**rörande**-*prp; adj*	concerning; touching
3294	**rörd**-*adj*	moved
2682	**ros**-*nn*	praise
4452	**rostad**-*adj*	roasted
4065	**rot**-*nn*	root
5015	**rouge**-*nn*	rouge
5022	**rulle**-*nn*	roll
3495	**rullstol**-*nn*	wheelchair
3195	**rusa**-*vb*	rush|speed
4435	**rustning**-*nn*	armor
3238	**ruta**-*nn; vb*	square; check
3491	**rutin**-*nn*	routine
3383	**rutten**-*adj*	rotten
3965	**ruttna**-*vb*	rot
3802	**rycka**-*vb*	twitch|jerk|pull
2779	**ryck**-*nn*	jerk|snatch
4393	**ryggrad**-*nn*	spine
4474	**ryggsäck**-*nn*	backpack
4277	**rykta**-*vb*	groom|comb
4112	**rytm**-*nn*	rhythm
3485	**ryttare**-*nn*	horserider

S

3698	**så gott som**-*adv*	virtually	3359	**sektion**-*nn*	section
2824	**så pass**-*con*	that	2664	**sektor**-*nn*	sector
3930	**säck**-*nn*	sack|bag	4374	**sekulär**-*adj*	secular
4097	**sadel**-*nn*	saddle	4389	**senap**-*nn*	mustard
4798	**säd**-*nn*	grain|seed	4291	**sentimental**-*adj*	sentimental
4519	**saft**-*nn*	juice	2841	**servera**-*vb*	serve
4948	**säkerhetsbälte**-*nn*	seat belt	3209	**server**-*nn*	server
3867	**säkerligen**-*adv*	Certainly	3179	**servitris**-*nn*	waitress
3112	**saknad**-*adj; nn*	missing|lamented; regret	3749	**set**-*nn*	set
			2978	**sexig**-*adj*	sexy
3581	**säkrad**-*adj*	secured	3270	**sexton**-*num*	sixteen
3350	**såld**-*adj*	sold	2599	**sexuell**-*adj*	sexual
4946	**säljare**-*nn*	seller	2560	**sexuellt**-*adv*	sexually
2776	**sallad**-*nn*	salad	2805	**sherry**-*nn*	sherry
2936	**sällsynt**-*adj*	rare	4378	**signalspaning**-*nn*	signals intelligence
4055	**salong**-*nn*	salon|lounge	3953	**signatur**-*nn*	signature
2717	**samarbete**-*nn*	cooperation	4459	**sikt**-*nn*	term|view
4418	**samlag**-*nn*	coition|sex	2539	**singel**-*nn*	single
4430	**sammanbrott**-*nn*	breakdown	4358	**sinnessjuk**-*adj; nn*	insane; lunatic
2939	**sammanlagt**-*adv*	in total	3778	**självfallet**-*adv*	of course
2991	**sammanträffande**-*nn; adj*	meeting|coincidence; coincident	3376	**självförsvar**-*nn*	self-defence
4933	**samtalsämne**-*nn*	topic of conversation	3608	**självförtroende**-*nn*	self-confidence|self-reliance
3014	**samtlig**-*adj*	all	4464	**självsäker**-*adj*	self-confident
3745	**sändare**-*nn*	transmitter	3678	**sjöman**-*nn*	sailor|seaman
4853	**sändebud**-*nn*	envoy	3231	**sjuksköterska**-*nn*	nurse
3580	**sändning**-*nn*	transmission|sending	3432	**skåda**-*vb*	behold
3794	**sångare**-*nn*	singer	3662	**skådespelerska**-*nn*	actress
5002	**sankt**-*prn; adj*	St.; saint	2766	**skägg**-*nn*	beard
3091	**sannerligen**-*adv*	indeed|really	3227	**skala**-*nn; vb*	scale; skin
4879	**sannolikt**-*adv*	probably	3107	**skåla**-*vb*	scoop
4366	**sårbar**-*adj*	vulnerable	3820	**skälla**-*vb; nn*	bark; woof
2836	**sår**-*nn*	wound|sore	2830	**skal**-*nn*	shell|peel
2775	**särskild**-*adj; adv*	special|separate; separately	3335	**skämt**-*nn; adj*	joke|joking; foul
			3619	**skandal**-*nn*	scandal
4930	**sås**-*nn*	sauce	4175	**skänka**-*vb*	give|donate
2814	**säsong**-*nn*	season	3082	**skapare**-*nn*	maker
3806	**satellit**-*nn*	satellite	4398	**skapelse**-*nn*	creature
4099	**säte**-*nn*	seat	2555	**skåp**-*nn*	cabinet|cupboard
2684	**såväl , som**-*adv*	as well as	3022	**skärm**-*nn*	screen
4970	**såvitt**-*con*	as far as	4791	**skarp**-*adj*	sharp
3622	**sax**-*nn*	scissors	3719	**skärpa**-*nn; vb*	sharpness; sharpen
2956	**schema**-*nn*	schedule	4492	**skärpt**-*adj*	sharp|bright
2992	**schweiz**-*nn*	Switzerland	4902	**skarpt**-*adv*	sharply
4153	**sedel**-*nn*	banknote	3971	**skattepengar**-*nn*	tax dollars
4122	**segel**-*nn*	sail	3920	**sked**-*nn*	spoon
3871	**segra**-*vb*	win|prevail			

4247	**skelett**-*nn*	skeleton	
3761	**skicklighet**-*nn*	skill|expertness	
2773	**skick**-*nn*	condition|order	
3736	**skida**-*nn; vb*	ski; sheathe	
2965	**skift**-*nn*	turn|relay	
2910	**skild**-*adj*	separate	
2546	**skiljas**-*vb*	divorce|part	
4851	**skinande**-*adj*	shiny	
3573	**skina**-*vb*	shine|lighten	
4693	**skingra**-*vb*	dispel	
3145	**skinka**-*nn*	pork	
2715	**skiva**-*nn; vb*	disc; slice	
4890	**skjul**-*nn*	shed|hovel	
3812	**skojare**-*nn; phr*	rascal; son of a gun	
4236	**sköld**-*nn*	shield	
3642	**skona**-*vb*	spare|favour	
4969	**skörda**-*vb*	harvest	
4678	**skörd**-*nn*	harvest|yield	
3399	**sköterska**-*nn*	nurse	
3437	**skött**-*adj*	managed	
2941	**skottlossning**-*nn*	shooting|gunfire	
2650	**skräck**-*nn*	horror	
3481	**skraj**-*adj*	afraid	
4677	**skrämd**-*adj*	frightened	
4367	**skrapa**-*nn; vb*	scratch; scrape	
4549	**skrev**-*nn*	crotch	
4944	**skridsko**-*nn*	skate	
4126	**skrikande**-*nn; adj*	screaming; vociferous	
4304	**skrot**-*nn*	scrap	
4462	**skrov**-*nn*	body|hull	
2970	**skruva**-*vb*	screw|twist	
3687	**skryta**-*vb*	boast|boast of	
4340	**skuldkänsla**-*nn*	sense of guilt	
2612	**skurk**-*nn*	villain|heavy	
3690	**skvaller**-*nn*	gossip|slander	
4043	**skvallra**-*vb*	blab|gossip	
3945	**skyddad**-*adj*	sheltered	
2579	**skylt**-*nn*	sign|shingle	
4951	**skymning**-*nn*	dusk	
3158	**sky**-*nn; vb*	sky; shun	
3185	**skytt**-*nn*	marksman|shot	
2673	**släcka**-*vb*	put out|extinguish	
2511	**slagen**-*adj*	beaten	
4270	**slagfält**-*nn*	battlefield	
4285	**slaktare**-*nn*	butcher	
4465	**slakta**-*vb*	slaughter	

4689	**slang**-*nn*	hose|tube	
2633	**slant**-*nn*	coin	
3194	**släpa**-*vb; nn*	drag|drudge; sledge	
2631	**slips**-*nn*	tie	
4476	**sliten**-*adv; adj*	downtrodden; well-worn	
3276	**slit**-*nn*	toil|drudgery	
4715	**slum**-*nn*	slum	
2662	**slump**-*nn*	chance|accident	
3119	**slutändan**-*adv*	ultimately	
3474	**slutföra**-*vb*	finish	
4310	**slutgiltig**-*adj*	definitive|final	
4016	**slutsats**-*nn*	conclusion|inference	
2921	**smal**-*adj*	narrow|slim	
3132	**smälla**-*vb*	pop	
2508	**smäll**-*nn*	bang|slap	
2750	**smälta**-*vb; nn*	melt|digest; smelt	
3336	**småningom**-*adv*	gradually	
3339	**smärtsamt**-*adv*	painfully	
4772	**smärtstillande**-*nn; adj*	painkiller; analgesic	
4782	**småsak**-*nn*	side issue	
3958	**smått**-*adv*	small	
3162	**smekmånad**-*nn*	honeymoon	
4330	**smickrad**-*adj*	flattered	
4784	**smickrande**-*adj*	flattering	
4674	**smidig**-*adj*	smooth|flexible	
2794	**smita**-*vb; phr*	run away|vamoose; take French leave	
4263	**smitta**-*nn; vb*	infection; infect	
3390	**smörgås**-*nn*	bread and butter	
3342	**smörja**-*vb; nn*	lubricate|grease; rubbish	
2572	**smör**-*nn*	butter	
4822	**smuggla**-*vb*	smuggle	
3224	**smula**-*nn*	crumb	
3254	**smuts**-*nn*	dirt|dirtiness	
2811	**smycke**-*nn*	jewelry|jewel	
2544	**smyga**-*vb*	creep|slip	
2799	**snarast**-*adv*	rather	
4909	**snitt**-*nn*	cut	
2668	**snurra**-*vb; nn*	spin|turn; swivel	
4052	**snuskig**-*adj*	filthy|grubby	
3284	**social**-*adj*	social	
4248	**socialt**-*adv*	socially	
4668	**soda**-*nn*	soda	
3993	**söder om**-*adv*	south	

3708	**sökande**-*nn; adj*	applicant|search; searching	
4748	**sökare**-*nn*	seeker	
4860	**solglasögon**-*nn*	sunglasses	
2982	**solnedgång**-*nn*	sunset	
3477	**solo**-*adv; nn*	solo; solo	
3988	**solsken**-*nn*	sunshine	
3668	**soluppgång**-*nn*	sunrise	
3056	**somlig**-*prn*	some	
4419	**sonson**-*nn*	grandson	
2829	**sopa**-*vb*	sweep|scavenge	
2908	**sopor**-*nn*	trash	
4007	**sorglig**-*adj*	sad|sorrowful	
4725	**sorgsen**-*adj*	sad|sorrowful	
3126	**sörja**-*vb; nn*	mourn|grieve; sludge	
4371	**souvenir**-*nn*	keepsake	
4986	**sovande**-*adj*	sleeping	
4963	**spädbarn**-*nn*	infant	
4365	**spade**-*nn*	spade	
4408	**spader**-*nn*	spades	
4403	**spak**-*nn; adj*	lever; manageable	
3463	**spana**-*vb*	scout|spy	
4967	**spänna**-*vb*	span|tighten	
3211	**spänning**-*nn*	voltage|tension	
4070	**specialist**-*nn*	specialist	
3801	**specialitet**-*nn*	specialty	
4320	**spegla**-*vb*	reflect	
3265	**spendera**-*vb*	spend	
3676	**sperma**-*nn*	sperm	
4762	**spik**-*nn*	nail	
3590	**spindel**-*nn*	spider|mandrel	
3090	**spion**-*nn*	spy	
3537	**spis**-*nn*	stove|kitchen-range	
3423	**spjut**-*nn*	spear	
2753	**spola**-*vb*	flush|rinse	
3792	**spö**-*nn*	rod	
4923	**sponsor**-*nn*	sponsor	
3517	**spotta**-*vb*	spit	
4893	**sprängämne**-*nn*	explosive	
4650	**språng**-*nn*	leap|spring	
3894	**spricka**-*nn; vb*	crack|flaw; crack	
5004	**springande**-*adj; nn*	running; running	
4552	**spritta**-*vb*	startle	
2636	**spruta**-*nn; vb*	syringe|sprayer; spray	
4146	**stabil**-*adj*	stable	
4609	**stab**-*nn*	staff	
3968	**stackare**-*nn*	wretch	
3913	**städad**-*adj*	tidy	
4918	**städare**-*nn*	cleaner	
4843	**städerska**-*nn*	cleaner	
4493	**stadig**-*adj*	steady|fast	
3088	**stadigt**-*adv*	firmly	
4481	**stadium**-*nn*	phase	
4873	**stadshus**-*nn*	town hall	
3693	**stående**-*adj; nn*	standing; stand	
3751	**staket**-*nn*	railing	
3754	**stall**-*nn*	stable	
2666	**stål**-*nn*	steel	
4213	**stamma**-*vb*	stutter|stem	
3421	**stämning**-*nn*	atmosphere|mood	
3858	**stam**-*nn*	tribe|stem	
3435	**standard**-*nn*	standard	
4051	**stängsel**-*nn*	fence	
3827	**stank**-*nn*	stench	
4743	**statlig**-*adj*	state	
2822	**status**-*nn*	status	
3914	**staty**-*nn*	statue	
3929	**stava**-*vb*	spell	
4916	**stav**-*nn*	rod|staff	
4078	**stege**-*nn*	ladder	
3482	**steka**-*vb*	fry	
3689	**stekt**-*adj*	fried	
4450	**stel**-*adj*	rigid|stiff	
4811	**stick**-*nn*	prick|thrust	
3100	**stig**-*nn*	path|trail	
3043	**stinkande**-*adj*	stinking	
3273	**stipendium**-*nn*	scholarship	
3317	**stödja**-*vb*	support|prop	
2823	**stöld**-*nn*	theft|steal	
4584	**störande**-*adj; nn*	disturbing; disturbance	
4547	**storbritannien**-*abr; nn*	UK; Britain	
2903	**storebror**-*nn*	big brother	
4198	**storhet**-*nn*	greatness	
4014	**storma**-*vb*	storm	
3911	**störning**-*nn*	interference|disturbance	
4646	**stört**-*adv*	absolutely	
3963	**störta**-*vb*	overthrow|topple	
2629	**stöt**-*nn*	shock|impulse	
3863	**stötta**-*nn; vb*	prop|chock; prop	
3257	**stövel**-*nn*	boot	

3041	**sträcka**-*vb; nn*	stretch|reach; distance
2707	**straffa**-*vb*	punish
4753	**stråla**-*vb*	beam
4105	**strålning**-*nn*	radiation
4228	**sträng**-*nn; adj*	string|chord; strict
3019	**strategi**-*nn*	strategy
3995	**strax efter**-*adv*	shortly after
4540	**streck**-*nn*	line
3207	**stressad**-*adj*	stressed
4583	**stressa**-*vb*	stress
2622	**stress**-*nn*	pressure|stress
2565	**strida**-*vb*	fight|conflict
4222	**strömma**-*vb*	flow|stream
2962	**strumpa**-*nn*	stocking
2714	**struntprat**-*nn*	nonsense
4959	**strupe**-*nn*	throat
2967	**stryka**-*vb*	delete|iron
3949	**strypa**-*vb*	strangle|choke
3300	**studie**-*nn*	study
2853	**studio**-*nn*	studio
4856	**studsa**-*nn; vb*	bounce; bounce
4580	**stum**-*adj*	mute|speechless
4600	**stupa**-*vb*	fall
3324	**stycke**-*nn*	paragraph|piece
3818	**styck**-*nn*	piece
4328	**styvfar**-*nn*	stepfather
3161	**succé**-*nn; adj*	strike; best-selling
2672	**sugen**-*adj*	peckish
3215	**summa**-*nn*	amount|figure
4061	**sund**-*adj; nn*	sound|sane; sound
3087	**sup**-*nn*	drink
3271	**suverän**-*adj; nn*	sovereign; sovereign
3756	**svåger**-*nn*	brother-in-law
3199	**svagt**-*adv*	low|weak
3440	**svälja**-*vb*	swallow
2759	**svälta**-*vb*	starve
4586	**svält**-*nn*	starvation
3494	**svamp**-*nn*	mushroom
3392	**svänga**-*vb*	swing|pivot
3401	**svans**-*nn*	tail
4239	**svårighet**-*nn*	difficulty|hardship
4844	**svärmor**-*nn*	mother-in-law
4536	**svärson**-*nn*	son-in-law
4113	**svartsjuka**-*nn*	jealousy
3534	**sväva**-*vb*	float
2514	**svettas**-*vb*	sweat

4186	**svett**-*nn*	sweat|exudation
4469	**svida**-*vb*	smart
3280	**svimma**-*vb*	faint
4071	**svinga**-*vb*	swing|wield
3160	**svit**-*nn*	suite|sequence
3382	**syd**-*nn*	south
4749	**sydväst**-*nn*	southwest
4170	**syfta**-*nn; vb*	aims; aim
2886	**symbol**-*nn*	symbol
3673	**sympati**-*nn*	sympathy
4746	**symptom**-*nn*	symptom
4212	**syna**-*vb*	inspect
4606	**syra**-*nn*	acid
2670	**syre**-*nn*	oxygen
3095	**syskon**-*nn*	sibling

T

3136	**tablett**-*nn*	tablet|tabloid
2834	**täckmantel**-*nn*	cover
3395	**täckning**-*nn*	cover|protection
2915	**tacksamhet**-*nn*	gratitude
2888	**täckt**-*adj*	covered
3901	**taga**-*vb*	take|march|move
3484	**taktik**-*nn*	tactics
3775	**takt**-*nn*	rate|beat
4196	**talande**-*adj*	speaking
4906	**talesätt**-*nn*	proverb
3374	**tallrik**-*nn*	plate|platter
2966	**tält**-*nn*	tent
4210	**tändare**-*nn*	lighter
4323	**tandborste**-*nn*	toothbrush
2973	**tandläkare**-*nn*	dentist
3862	**tändsticka**-*nn*	match
3654	**tango**-*nn*	tango
4138	**tänkande**-*adj; nn*	thinking; thinking
4276	**tänkbar**-*adj*	conceivable|thinkable
2781	**tå**-*nn*	toe
4369	**tapper**-*adj*	brave|valiant
4945	**tapperhet**-*nn*	bravery|valor
2969	**tass**-*nn*	paw
3859	**tät**-*adj; sfx; nn*	close|thick; proof; head
3381	**tätt**-*adv*	tight|closely
4943	**teckning**-*nn*	drawing
4119	**tekniskt**-*adv*	technically

3046	**teknologi**-*nn*	technology	4472	**tittare**-*nn*	viewer
2598	**telefonsamtal**-*nn*	telephone call	3370	**tjafsa**-*vb*	yap
4690	**telefonsvarare**-*nn*	answering machine	4676	**tjänsteman**-*nn*	official
2590	**telegram**-*nn*	telegram|cable	4957	**tjänstgöra**-*vb*	serve
2931	**tempel**-*nn*	sanctuary	3252	**tjata**-*vb*	badger
3759	**temperatur**-*nn*	temperature	3149	**tjockis**-*nn*	fatty
3473	**te**-*nn*	tea	3605	**tjur**-*nn*	bull
3326	**tennis**-*nn*	tennis	3068	**tjusig**-*adj*	charming
3079	**tequila**-*nn*	tequila	3358	**tobak**-*nn*	tobacco
3697	**terapeut**-*nn*	therapist	3499	**tolerera**-*vb*	tolerate
2513	**terapi**-*nn*	therapy	4218	**tolka**-*vb*	interpret|construe
4220	**termin**-*nn*	semester	4211	**tomat**-*nn*	tomato
4148	**territorium**-*nn*	territory	3316	**tömma**-*vb*	empty|drain
2639	**terrorist**-*nn*	terrorist	3345	**tonåring**-*nn*	teenager
3355	**testamente**-*nn*	bequeathing	4980	**tonic**-*nn*	tonic
3169	**teve**-*nn*	television	3516	**torg**-*nn*	square
4581	**textstorlek**-*nn*	font size	4038	**torped**-*nn*	torpedo
3803	**tia**-*num*	ten	2661	**torr**-*adj*	dry
4905	**ticka**-*vb*	tick	4898	**törst**-*nn*	thirst
4356	**tick**-*nn*	tic	3834	**tortera**-*vb*	torture
4117	**tidvatten**-*nn*	tide	3115	**tortyr**-*nn*	torture
4292	**tigga**-*vb*	beg|mooch	5023	**tös**-*nn*	girl
3242	**till förmån för**-*prp*	in favor of	4019	**traditionellt**-*adv*	traditionally
4603	**till fullo**-*adv*	in full	2713	**tradition**-*nn*	tradition
3147	**till känna**-*phr*	acknowledge	4041	**tråd**-*nn*	wire|thread
4300	**till rätta**-*vb*	correct	2584	**trafik**-*nn*	traffic
4062	**till synes**-*adv*	seemingly	2653	**tragedi**-*nn*	tragedy
3503	**tillägga**-*vb*	add	4426	**tragisk**-*adj*	tragic
3318	**tillåten**-*adj*	allowed	2724	**trakt**-*nn*	region|clime
3478	**tillfällighet**-*nn*	coincidence|accident	3083	**trampa**-*vb; nn*	tread; pedal
3974	**tillfälligt**-*adv*	temporarily	4201	**trams**-*nn*	nonsense
4999	**tillfredsställa**-*vb*	satisfy|gratify	4417	**tränad**-*adj*	trained
3029	**tillgänglig**-*adj*	available|accessible	3407	**trång**-*adj*	narrow
4934	**tillhörighet**-*nn*	belonging	3706	**tränga**-*vb*	drive|press
4131	**tillräcklig**-*adj*	sufficient|adequate	4614	**trans**-*nn*	trance
4773	**tills vidare**-*adv; adj*	until further notice; for the time being	3173	**transport**-*nn*	transport |transportation
4486	**tilltalad**-*adj*	pleased	4565	**träsk**-*nn*	swamp|marsh
4381	**tilltala**-*vb*	address|speak to	3496	**trea**-*num*	third
2752	**tillträde**-*nn*	access|entry	4461	**tredjedel**-*num*	third
4876	**tillverkad**-*adj*	made	2883	**tretton**-*num*	thirteen
3671	**tillverka**-*vb*	manufacture|make	4810	**trilla**-*vb*	roll
3583	**tionde**-*num*	tenth	3967	**tripp**-*nn*	trip
4495	**tiotusen**-*num*	ten thousand	3593	**troende**-*nn; adj*	believer; believing
4326	**titan**-*nn*	titan	2863	**trogen**-*adj*	faithful
2889	**titel**-*nn*	title	3969	**trohet**-*nn*	fidelity|allegiance

2861	**trolig**-*adj*	likely|credible
4624	**trolla**-*vb*	conjure
2716	**trollkarl**-*nn*	wizard|magician
2593	**troll**-*nn*	troll
3135	**tron**-*nn*	throne
2507	**trosa**-*nn*	briefs
3991	**trösta**-*vb*	comfort
4414	**trotsa**-*vb*	defy|brave
3598	**tröttna**-*vb*	tire
3253	**trottoar**-*nn*	pavement|footway
4088	**trumma**-*vb; nn*	drum; barrel
4778	**tryckt**-*adj*	printed
4022	**trygghet**-*nn*	security
4914	**tub**-*nn*	tube
2533	**tugga**-*nn; vb*	chew|bite; chew
2608	**tuggummi**-*nn*	chewing gum
3873	**tull**-*nn*	customs|duty
3177	**tumme**-*nn*	thumb
3695	**tum**-*nn*	inch
4448	**tungt**-*adv*	heavy
3744	**tunn**-*adj*	thin|light
2963	**tunnelbana**-*nn*	subway
4949	**tu**-*num*	two
3514	**tupplur**-*nn*	nap
3310	**turist**-*nn*	tourist
3910	**turné**-*nn*	tour
3504	**turnering**-*nn*	tournament
3351	**tvåa**-*nn*	second|deuce
3236	**tvål**-*nn*	soap
3411	**tvärs**-*adv*	across
3634	**tvätt**-*nn*	laundry
3391	**tveka**-*vb*	hesitate|be doubtful
2769	**tvilling**-*nn*	twin
4546	**tvingad**-*adj*	forced
2665	**tyda**-*vb*	interpret|decipher
3614	**tydlig**-*adj*	clear|distinct
3795	**typisk**-*adj*	typical

U

3281	**udda**-*adj*	odd|unequal
4736	**uggla**-*nn*	owl
3192	**ugn**-*nn*	oven
4514	**under förutsättning att**-*phr*	provided that
2849	**undergång**-*nn*	downfall
4114	**underhållande**-*adj; nn*	entertaining; maintenance
4571	**underhålla**-*vb*	maintain|entertain
3049	**underhållning**-*nn*	entertainment
3424	**underhåll**-*nn*	maintenance
2531	**underkläder**-*nn*	underwear|lingerie
4312	**undermedveten**-*adj*	subconscious
4616	**underrättad**-*adj*	informed
3569	**underrättelsetjänst**-*nn*	intelligence service
4483	**underskatta**-*vb*	underestimate
4409	**underskrift**-*nn*	signature
5003	**understöd**-*nn*	support|subsidy
4927	**underteckna**-*vb*	sign
3737	**underverk**-*nn*	miracle|marvel
3000	**undervisa**-*vb*	teach|educate
4982	**undervisning**-*nn*	teaching|education
4550	**undgå**-*vb*	avoid|escape
3975	**ungdomsförbund**-*nn*	youth association
4755	**ungkarl**-*nn*	bachelor
2667	**unik**-*adj*	unique
3857	**union**-*nn*	union
4892	**upp och ner**-*adv*	up and down
4667	**uppäten**-*adj*	eaten
4273	**uppehålla**-*vb*	detain|keep
4265	**uppehåll**-*nn*	break|stay
4226	**uppenbar**-*adj*	obvious
4566	**uppenbarelse**-*nn*	apparition
2804	**uppfattning**-*nn*	opinion|idea
4143	**uppfinning**-*nn*	invention|contrivance
2580	**uppförande**-*nn*	conduct|behaviour
2567	**uppföra**-*vb*	build|behave
3130	**uppfostra**-*vb*	raise|educate
5018	**uppfriskande**-*adj*	refreshing
4147	**uppfylla**-*vb*	meet|fulfill
4849	**uppfyllelse**-*nn*	compliance
3218	**uppgörelse**-*nn*	settlement|agreement
2591	**upphetsad**-*adj*	excited|on fire
4316	**uppifrån**-*adv*	from above
4336	**upplägg**-*nn*	setup
2669	**upplevelse**-*nn*	experience
3905	**upplopp**-*nn*	riot
3490	**upplysning**-*nn*	information
3552	**uppmärksam**-*adj*	attentive|aware
4987	**uppmärksamma**-*vb*	pay attention to
4454	**uppmuntra**-*vb*	encourage

3024	**uppnå**-*vb*	achieve|compass
4475	**uppoffring**-*nn*	sacrifice
3877	**upprätthålla**-*vb*	maintain
3035	**uppriktig**-*adj*	sincere|frank
2789	**uppriktigt**-*adv*	sincerely
2751	**uppror**-*nn*	rebellion|mutiny
3650	**uppsats**-*nn*	essay
4027	**uppsikt**-*nn*	supervision
4172	**uppskattning**-*nn*	estimate|appreciation
3891	**uppställning**-*nn*	line-up
4599	**uppståndelse**-*nn*	commotion|resurrection
4156	**uppstå**-*vb*	arise|emerge
3578	**uppträdande**-*nn*	behavior|performance
3226	**uppträda**-*vb*	appear|behave
4658	**uppväxt**-*nn*	growth
3944	**uppvisning**-*nn*	display|review
4881	**uråldrig**-*adj*	ancient
4136	**ursprunglig**-*adj*	original
3907	**ursprung**-*nn*	origin
2642	**usch**-*int*	yuk!
3686	**utbildad**-*adj*	trained
3703	**utbrott**-*nn*	outbreak|outburst
2614	**utbyte**-*nn*	exchange|yield
3506	**utegångsförbud**-*nn*	curfew
4709	**utflykt**-*nn*	excursion|tour
3189	**utforska**-*vb*	explore
3240	**utgång**-*nn*	exit|expiry
3210	**utgå**-*vb*	emanate
3984	**utgift**-*nn*	expense
2764	**utgivare**-*nn*	publisher
3434	**utgöra**-*vb*	form
2553	**utifrån**-*adv*	from the outside
3322	**utländsk**-*adj*	foreign
4284	**utlänning**-*nn*	foreigner
2791	**utmana**-*vb*	challenge|defy
2619	**utmaning**-*nn*	challenge
3333	**utmattad**-*adj*	exhausted|beat
2808	**utomhus**-*adv*	outdoors
2756	**utomlands**-*adv*	abroad
4992	**utöva**-*vb*	exercise|exert
3539	**utöver**-*prp; adv*	beyond; over and above
3416	**utplåna**-*vb*	obliterate|delete
2735	**utpressning**-*nn*	extortion
4069	**uträtta**-*vb*	perform|execute
3611	**utreda**-*vb*	investigate
4477	**utrota**-*vb*	eradicate
3826	**utsatt**-*adj*	exposed
4361	**utsätta**-*vb*	expose
4227	**utslagen**-*adj; nn*	eliminated; outcast
3129	**utslag**-*nn*	rash|decision
2964	**utspela sig**-*vb*	take place
4548	**utställning**-*nn*	exhibition
2524	**uttalande**-*nn*	pronouncing
3585	**uttala**-*vb*	express|pronounce
2658	**uttråkad**-*adj*	bored
2868	**uttryck**-*nn*	expression|term
3312	**utvald**-*adj*	choice|picked
3334	**utveckla**-*vb*	develop
3098	**utveckling**-*nn*	development|progress
3730	**utvecklingsland**-*nn*	developing country

V

3212	**vad som helst**-*prn; adv*	anything; whatever
3405	**vagina**-*nn*	vagina
2641	**vägnar**-*nnpl*	behalf
3420	**våg**-*nn*	wave
4059	**vaka**-*nn; vb*	watch; watch
2919	**väktare**-*nn*	guard
4467	**vaktmästare**-*nn*	caretaker
2628	**våldsam**-*adj*	violent|furious
2792	**våldtäkt**-*nn*	rape
3787	**våldta**-*vb*	rape
2857	**välgörenhet**-*nn*	charity
4558	**välkomnande**-*adj; nn*	welcoming; welcome
3684	**valp**-*nn*	puppy|pup
3665	**välsignad**-*adj*	blessed
2748	**välsignelse**-*nn*	blessing
3531	**vana**-*nn*	habit|experience
4960	**vanära**-*nn; vb*	disgrace; dishonor
4738	**vandrande**-*adj*	wandering|migratory
3062	**vandra**-*vb*	hike|walk
3957	**vänlighet**-*nn*	friendliness|kindness
3403	**väntan**-*nn*	waiting|expectation
4694	**vantar**-*nn*	gloves
4896	**vapenvila**-*nn*	cease-fire
3575	**varannan**-*prn; adv*	every other; indiscriminately
2550	**vardagsrum**-*nn*	living room
4207	**vårda**-*vb*	look after|attend

2951	**värdefull**-*adj*	valuable	3844	**vika**-*vb*	fold
5016	**värdering**-*nn*	valuation|assessment	4714	**vik**-*nn*	bay
3036	**värdig**-*adj*	worthy	4885	**vilde**-*nn*	savage
2543	**värdighet**-*nn*	dignity	3548	**vildmark**-*nn*	wilderness
4480	**vårdnad**-*nn*	custody	2813	**villa**-*nn*	villa|bungalow
2913	**vård**-*nn*	care|monument	4575	**vilsen**-*adj*	lost
2736	**varg**-*nn*	wolf	2726	**vilt**-*nn; adv*	game; wild
4229	**värka**-*vb*	ache|pain	3375	**vinka**-*vb*	wave
2745	**världskrig**-*nn*	world war	3740	**vinkel**-*nn*	corner
3166	**värma**-*vb*	heat	3588	**visdom**-*nn*	wisdom
3997	**varmt**-*adv*	warm	2894	**vision**-*nn*	vision
4380	**varsel**-*nn*	notice	3900	**viska**-*vb*	whisper
4920	**varsin**-*adv*	each	4823	**visning**-*nn*	viewing|exhibition
3033	**värt**-*adj*	worthy	4929	**visserligen**-*adv*	indeed
2890	**varv**-*nn*	turn|lap	4671	**vissla**-*nn; vb*	whistle; whistle
3415	**väsen**-*nn*	essence|being	4570	**vistas**-*vb*	reside
3613	**väsentligt**-*adv*	substantially	4468	**vistelse**-*nn*	stay
4787	**väsnas**-*vb*	make noise	4759	**vitamin**-*nn*	vitamin
5024	**vas**-*nn*	vase	2825	**vite**-*nn*	penalty
4726	**vass**-*adj; nn*	sharp|edgy; reed	4244	**vitlök**-*nn*	garlic
2803	**väster**-*adv; nn*	west; the west	4829	**vits**-*nn*	pun|joke
3003	**våt**-*adj*	wet	2643	**vittnesmål**-*nn*	testimony
4104	**vätska**-*nn*	liquid|fluid	4299	**volym**-*nn*	volume|capacity
3357	**växla**-*vb*	switch|change	4335	**vrak**-*nn*	wreck
3704	**växt**-*nn*	growth|tumour	3549	**vrida**-*vb*	turn|twist
3078	**ved**-*nn*	firewood	3845	**vykort**-*nn*	postcard
4578	**vegetarian**-*nn*	vegetarian			
2876	**vem som helst**-*prn*	anyone		**W**	
3902	**ve**-*nn*	woe			
3636	**veranda**-*nn*	porch|veranda	3142	**webbläsare**-*nn*	browser
4994	**verkan**-*nn*	effect|action	3592	**webbsida**-*nn*	web page
2762	**verksamhet**-*nn*	activity			
4224	**verkstad**-*nn*	workshop		**Y**	
2559	**version**-*nn*	version			
4073	**vete**-*nn; adj*	wheat; wheaten	2924	**yra**-*vb; nn*	rave; frenzy
3882	**vetenskaplig**-*adj*	scientific	4261	**ytterdörr**-*nn*	front door
4935	**vetenskapligt**-*adv*	scientifically	3451	**yttersta**-*adj*	utmost|utter
3327	**vetenskapsman**-*nn*	scientist	2943	**ytterst**-*adv; adj*	exceedingly; extreme
4180	**vetskap**-*nn*	knowledge	3861	**yxa**-*nn*	ax|hatchet
3200	**vett**-*nn*	wit			
2981	**vid sidan av**-*prp*	alongside		**Z**	
4279	**vida**-*adv*	far			
3412	**vidrig**-*adj*	obnoxious|disgusting	3964	**zigenare**-*nn*	gypsy
2719	**vidrigt**-*adv*	offensively|repulsive	4087	**zon**-*nn*	zone
4243	**vifta**-*vb; nn*	wag|whisk; whisk			

Contact, Further Reading and Resources

For more tools, tips & tricks visit our site www.mostusedwords.com. We publish various language learning resources.

We hope that you will find this frequency dictionary a handy tool. If you like this dictionary, please let others know about it, so they can enjoy it too. Or leave a review/comment online, e.g. on social media, blogs or on forums.

Frequency Dictionaries

Frequency Dictionaries in this series:

Swedish Frequency Dictionary 1 – Essential Vocabulary – 2500 Most Common Swedish Words
Swedish Frequency Dictionary 2 - Intermediate Vocabulary – 2501-5000 Most Common Swedish Words
Swedish Frequency Dictionary 3 - Advanced Vocabulary – 5001-7500 Most Common Swedish Words
Swedish Frequency Dictionary 4 - Intermediate Vocabulary – 7500-10000 Most Common Swedish Words

Please visit our website www.mostusedwords.com/frequency-dictionary/Swedish for more inforation.

Our goal is to provide language learnings with frequency dictionaries for every major and minor language there is to be found on this planet. You can view our selection on www.mostusedwords.com/frequency-dictionary

Bilingual books

We're creating a selection of parallel texts, and our selection is ever expanding.

To further help you in your language learning journey, all our bilingual books come with a dictionary included, created for that particular book.

Current bilingual books available are English, Spanish, Portuguese, Italian, French, and German

For more information, check www.mostusedwords.com/parallel-texts. Check back regularly for new books and languages.

Other language learning methods

You'll find reviews of other 3rd party language learning applications, software, audio courses, and apps. There are so many available, and some are (much) better than others.

Check out our reviews at www.mostusedwords.com/reviews.

Contact

If you have any questions, you can contact us through e-mail info@mostusedwords.com.